刘文明 ◎ 主著

全球史概论

北京大学出版社
PEKING UNIVERSITY PRESS

图书在版编目（CIP）数据

全球史概论 / 刘文明主著 . —北京：北京大学出版社，2021.12
ISBN 978-7-301-32711-1

Ⅰ.① 全… Ⅱ.① 刘… Ⅲ.①世界史—教材 Ⅳ.①K107

中国版本图书馆CIP数据核字（2021）第226631号

书　　　名	全球史概论
	QUANQIUSHI GAILUN
著作责任者	刘文明　主著
责 任 编 辑	刘书广
标 准 书 号	ISBN 978-7-301-32711-1
出 版 发 行	北京大学出版社
地　　　址	北京市海淀区成府路205号　100871
网　　　址	http://www.pup.cn　　新浪微博：@北京大学出版社
电 子 信 箱	编辑部 wsz@pup.cn　　总编室 zpup@pup.cn
电　　　话	邮购部 010-62752015　发行部 010-62750672　编辑部 010-62707742
印 刷 者	涿州市星河印刷有限公司
经 销 者	新华书店
	720毫米×1020毫米　16开本　25印张　354千字
	2021年12月第1版　2023年8月第2次印刷
定　　　价	78.00元

本书为国家社会科学基金重大项目"西方史学史谱系中的文明史范式研究"（19ZDA237）的阶段性成果之一。

前　言

　　20世纪晚期，随着经济全球化的发展，世界历史一体化进程及相关问题引起了历史学者的关注，于是首先在经济发达并且大力倡导全球化的美国，出现了一个新的历史研究领域——"全球史"。以威廉·麦克尼尔、斯塔夫里阿诺斯等人为代表的早期全球史学者，最初只是着眼于教学领域的全球通史编纂，倡导从全球和互动的视角来审视世界历史。后来这种视角运用于历史研究，发展成为一种新的史学思潮并扩展到世界各国。因此，全球史的出现是历史学界对现实世界中全球化趋势的一种学术回应。

　　全球史作为一个研究领域，主要关注跨国家、跨文化、跨民族、跨地区的历史现象，包括不同文化的碰撞与交流、国际移民与流散社群、跨文化贸易、物种交流与生态变迁、帝国扩张与殖民、不同区域的历史比较等，强调从不同文明间的互动来理解世界历史进程，并由此探寻全球化进程中的社会变迁以及全球性与地方性的关系。在这种研究的影响下，从关联、互动、比较的视角来考察历史的方法为许多历史学者所接受，由此出现了一种历史学的"全球转向"，全球史作为一种史学方法也发展起来。全球史从超越民族国家边界的广阔情境中来理解历史，是对民族国家史的有益补充。

　　全球史在发展过程中，不同文化背景和学科背景的学者纷纷加入其中，导致了对全球史的不同理解，由此出现了全球史的多元实践。有人强调跨文化互动，有人倾向于交互比较，有人从"跨国史"来理解民族国家，有人从互动网络来重新审视帝国史和海洋史，还有人从物种交流来考察生态环境变迁，如此等等，这些正是本书重点阐述的内容。

2004年，在刘新成教授的倡议下，我们成立了国内第一个全球史研究中心，并于2007年开始培养全球史专业研究生。我一直承担"全球史理论与方法"课程的教学，在教学中遇到的一个困难，就是没有适合学生的教材。虽然近年来有几本介绍全球史的外文著作译成了中文，但有的书已落后于全球史的快速发展，有的书因晦涩难懂而不宜作为入门读物，因此感到有必要撰写一本全面介绍全球史的入门著作，本书便是这种想法的结果。

本书作者及撰写分工如下：

刘文明（首都师范大学教授）：导言、第一章第一节和第二节二、第二章、第三章、第五章、第七章、第八章第一节、第九章、附录。

徐善伟（上海师范大学教授）：第四章。

夏继果（首都师范大学教授）：第八章第二节。

孙岳（首都师范大学教授）：第十章。

魏孝稷（安徽大学讲师）：第六章。

邢科（中国社会科学院副研究员）：第一章第二节一。

刘文明

2021 年 5 月 18 日

目 录

导　言

　　美国历史学家娜塔莉·泽蒙·戴维斯（Natalie Zemon Davis）擅长对历史人物的传记式书写，她的《马丁·盖尔归来》（1983）便是这种研究的代表作。2006 年，她又出版了一本得到史学界高度评价的著作——《行者诡道：一个 16 世纪文人的双重世界》。书中的主人公是 16 世纪一个被西班牙海盗俘虏的穆斯林，故事便围绕他在两个世界的跨文化生活而展开。他被俘前在伊斯兰世界里名叫哈桑·瓦桑（al-Hasan al-Wazzan），被俘后在基督教世界中则称为利奥·阿非利加努斯（Leo Africanus）。瓦桑出生于穆斯林统治时期西班牙的格拉纳达，随着基督徒的"收复失地运动"，他们一家逃往菲斯（属今天的摩洛哥）。瓦桑在菲斯长大并成为一名外交官，代表菲斯出使过非洲许多国家，与一些穆斯林统治者有交往。然而，他在 1518 年的一次出访归程中被西班牙海盗俘虏，并被当作礼物送给了教皇利奥十世。此后他生活在基督教世界，改名为利奥·阿非利加努斯，学习并掌握了意大利语和拉丁语，并且融入到意大利人文主义者的圈子。他把有关非洲的地理、文化和风俗介绍给基督教世界，留下了包括《非洲志》在内的几部手稿。1527 年，当神圣罗马帝国的军队攻陷并洗劫罗马之时，阿非利加努斯逃回北非，其身份又变回为一名穆斯林。在这本书中，戴维斯在书写方法上仍然保持了从原始资料出发来"深描"个人命运的特点。不过,与《马丁·盖尔归来》相比,该书中的主人公被放在了一个更大的空间中来审视,16世纪的伊斯兰世界和基督教世界及其关系成为理解瓦桑(阿非利加努斯)个人命运的结构性因素。显然,戴维斯的微观史出现了"全球转向",全球史领域两份权威刊物《世界历史杂志》和《全球史杂志》都有书评给予了高度评价。

英国历史学家琳达·科莉(Linda Colley)在从全球视角探讨英帝国史方面取得了不少成果,她的《不列颠人:1707—1837年的民族塑造》(2003)就从英国对外战争的角度讨论了不列颠民族观念的形成,这在很大程度上是一种宏大叙事。然而,她于2007年出版的《伊丽莎白·马什的磨难:世界历史中的一位妇女》,则以18世纪中后期生活于英帝国的中产阶级妇女伊丽莎白·马什(Elizabeth Marsh)的艰辛经历为中心,以个人传记的方式编织和讲述了一个全球史的故事。伊丽莎白的父母相识于牙买加并在回到英国后生下了伊丽莎白。1755年他们移居地中海的梅诺卡岛(Menorca)。1756年英法七年战争爆发,法军进攻该岛,他们一家前往直布罗陀,而伊丽莎白则准备回英国与一位海军军官完婚。然而,就在回国途中,船只被摩洛哥海盗劫持,她差一点成了摩洛哥苏丹的性奴。由于此次摩洛哥人的劫持是国家行为,目的在于要求与英国谈判和开展贸易,因此两个月之后人质被释放。但伊丽莎白的命运由此被改变,最后与一个曾同她一起在船上被俘的英国商人结婚。然而,伊丽莎白的丈夫因七年战争的影响而破产,于是前往印度受雇于英国东印度公司,伊丽莎白也到了印度。但她在印度的生活并不平静,北美独立运动的兴起冲击了东印度公司,伊丽莎白的丈夫被公司裁员,由此全家丧失了经济来源。1779年伊丽莎白的丈夫去世,她和孩子在加尔各答度过了一生中最后的时光。科莉把伊丽莎白的经历置于大英帝国全球扩张这一大框架下来叙述,把她的个人命运与当时的大英帝国及全球化联系起来,使个人传记的书写转化成了一种深入理解全球史的途径。

如果说戴维斯从微观走向了宏观，那么科莉则从宏观走向了微观，她们最终在"全球微观史"（Global Microhistory）这里实现了会师。"全球微观史"这一概念首先由欧阳泰（Tonio Andrade）提出，他在 2010 年的一篇论文中讲述了郑成功收复台湾过程中一个卷入其中的农民的悲惨故事，试图以此来彰显跨文化联系和全球性转变中的"人"的悲欢离合，并就此提出："我们应该采用微观和人物传记的研究方法，帮助我们将真实的人填充到'模式'和'理论'中去，书写一种或者可以称为'全球微观史'的历史。"[1] 可以说，欧阳泰提出这一概念是对近年来全球史研究微观化趋势及相关研究实践的一种恰当概括。

那么，什么是全球史？这个问题很难用一个简约的定义予以概括。因为全球史从出现到现在，经历了一个发展变化的过程。在这一过程中，不同国家、不同学术背景的许多学者参与到了对全球史的讨论和研究，这些不同维度的探讨造成了对全球史理解的多元化。

一、什么是全球史

全球史在 20 世纪 60 年代兴起之时，几乎等同于一种宏大的全球历史的书写，威廉·H. 麦克尼尔、斯塔夫里阿诺斯等早期的全球史开拓者也正是这样设想和付诸实践的。因为他们意识到了当时美国大学中普遍实行的"西方文明史"通识教学的缺陷，认为有必要以一种"反欧洲中心主义"的全球史取而代之，于是开始了全球史的教学和教材编纂实践，此为全球史在美国的发端。因此，麦克尼尔的《西方的兴起》（1963）和《世界史》（1967），

---

[1] 欧阳泰：《一个中国农民、两个非洲男孩和一个将军——全球微观史的研究取向》，《全球史评论》第七辑，2014 年 12 月，第 45 页。

斯塔夫里阿诺斯的《人类全球史》（1962）和《全球通史》（1966）等早期全球史著作，均为世界通史著作。随后，菲利普·柯丁、阿尔弗雷德·克罗斯比等学者也加入到全球史探索的行列，但他们的思路并不是大而全的世界通史，而是某一方面的专题史，例如柯丁的《世界历史上的跨文化贸易》（1984），克罗斯比的《哥伦布大交换》（1972）和《生态帝国主义》（1986）。当然，此时的麦克尼尔也出版了几本专题性的全球史著作，如《瘟疫与人》（1976）和《竞逐权力》（1982）等。

20 世纪 90 年代之后，全球史发展进入到一个新阶段。一方面，宏观全球史著作继续得到发展，如理查德·布利特等人编写的《大地与人：一部全球史》（1997），贡德·弗兰克的《白银资本》（1998），杰里·本特利和赫伯特·齐格勒编写的《传统与相遇：全球视角的历史》（2000）（中译名《新全球史》）等。另一方面，全球史作为一个培养研究生的学科在美国确立，促使了全球史研究走向实证化。于是出现了像本特利这样致力于界定全球史研究范畴的学者。他提出，全球史主要是对世界历史上跨文化互动现象的研究，包括移民与流散社群、跨文化贸易、物种传播与交流、文化碰撞与交流、帝国扩张与殖民等研究主题。这种探索极大地推动了全球史从宏观叙事向微观实证研究的发展，出现了唐纳德·怀特的《世界与非洲的弹丸之地：冈比亚纽米地区的全球化史》（1997）这种微观个案取向的全球史著作。

进入 21 世纪之后，全球史研究在宏观世界史、中观专题史和微观个案史方面都发展起来，并取得了不少成果。中观专题史方面的代表性著作，如彭慕兰的《大分流》（2000），C.A. 贝利的《现代世界的诞生（1780—1914）》（2004），于尔根·奥斯特哈默的《世界的演变：19 世纪史》（2009）等。微观个案史方面的代表性著作，如大卫·阿米蒂奇的《独立宣言：一种全球史》（2007），斯文·贝克特的《棉花帝国：一部资本主义全球史》（2014），以及《行者诡道》和《伊丽莎白·马什的磨难》等等。

从全球史书写的发展演变可以看出，全球史的研究从最初探讨西方的兴起等宏大命题，逐渐走向了对全球化进程中流动和互动的人或事物的多样化研究，微观化、实证化和多元化的探索成为全球史研究的一种重要趋势。

实际上，不同学者对全球史的不同书写，也反映了他们对"全球史"这个概念的不同理解。有什么样的全球史概念，就会有什么样的全球史著作。如果认为全球史应该书写全球，结果就会写出一部宏观世界史。如果认为全球史只是一种"全球性"视角的历史，也可以从一种广阔视野来考察微观的人、物或者事件，那么这种研究的结果就会写出一部在特定空间内进行关联性分析和叙事的全球史。

也正因为如此，一些全球史学者甚至用不同的概念来表述"全球史"。在西方学术界，全球史的变体概念就有世界史、新世界史、新全球史、跨国史、跨文化史、交结史（entangled history）、连接史（connected history）等不同术语。这些术语的差异无论从字面上看有多大，但其内核是一致的，那就是：这些历史都是从关联、互动和整体的视角来审视跨国家、跨文化或跨地区的历史现象，并声称以此弥补民族国家史研究中的不足。

由此，什么是全球史？笔者认为可以从两个维度来理解。首先，全球史作为对民族国家史的补充，就是要弥补民族国家史的不足，要在历史研究中突破"民族国家"这个框架的束缚，将问题置于一个超越民族国家边界的更广阔的情境中来理解。因此，如果一种历史现象可以在民族国家的框架里得到很好的解释，那么这种历史现象就不应成为全球史的研究对象，这项研究也不能说是全球史研究。相反，如果一种历史现象在其发生的民族国家框架里难以得到合理解释，必须要跨越国家边界从一个更广阔的视野来审视，需要涉及区域甚至全球范围的相关因素才能得到很好的解释，那么这个问题就应该是全球史问题，这种研究也就是全球史研究。其次，全球史具有不同于民族国家史的研究理念和方法，当一个历史问题需要用全球史的方法来解决时，也就意味着这种历史是一种跨国家、跨文化、跨区域的历史，更加注重关联和互动，更加强调宏观的整体视野，在这种理念和方法下研究和书写的历史，也就是全球史。因此，笔者认为，全球史没有一种统一和固定的模式，可以由不同学者书写出不同的全球史，因此全球史是一种复数的历史，用英文表达即是 global histories。

在西方国家，由于长期以来并没有一个"世界史"学科的存在，因此许多大学在 20 世纪 90 年代开始将全球史进行学科化时，使用了"world history"作为这个新兴学科的名称，这样使得 world history 和 global history 在西方国家几乎同义，在西方语境中经常通用。然而，在中国，由于世界史作为一个学科已有半个多世纪的历史，并且在发展过程中形成了自身的体系和特色，世界史是外国历史的集合，这决定了中国语境中的"全球史"与"世界史"是两个不同概念，并且都不能等同于西方的"全球史"，这也决定了中国的全球史学科建设不同于西方。因此在中国，全球史不仅要弥补民族国家史的不足，还要弥补中国已有世界史的不足，其中重要的一点，就是将中国纳入世界之中。中国是世界之中国，世界是包含中国之世界。这种全球史可以发展成为中国史和（中国的）世界史之外的一个历史分支领域，因而成为历史学的一个分支学科，正如首都师范大学设立的全球史专业。当然，全球史也是一种历史研究的视角和方法，具有广阔的运用前景，并在很大程度上促使了民族国家史研究的"全球转向"。作为研究方法的全球史，与历史学其他分支学科是融为一体的。

关于什么是全球史及其相关理论和方法，西方和中国学者都有过讨论。在西方，帕特里克·曼宁的《世界史导航》（2003），柯娇燕的《什么是全球史》（2008），入江昭的《全球史与跨国史：过去、现在和未来》（2013），塞巴斯蒂安·康拉德的《全球史导论》（2013）和《全球史是什么》（2016），都从理论和方法上探讨了全球史。这些作品对全球史的思考，在很大程度上反映了史学界对全球史的一个认识过程。曼宁的著作基本上是对 20 世纪 90 年代美国刚刚确立的全球史学科及相关研究成果的一种总结，目的在于为人们学习和研究全球史提供一些指南性帮助。柯娇燕的著作则是对以往西方宏观世界史的一种学术史概括，并由此提出全球史更多的是一些宏观历史分析和叙事的策略，这些策略可以归纳在分流、合流、传染、体系 4 个范畴之下。现在看来，这两本书都因为成书较早而只是反映了全球史初兴之时的状况，以及作者基于当时已有相关成果的思考。入江昭对全球史的思考同样也是从学术史入手的。他积极提倡跨国史，但也许由于他发现不可能讲述一种脱离全球史而存在的跨国史，因此将全球史与跨国史一并做了简要介绍。康拉德的著作出版时间相对较晚，因此也比较好地反映了近年来全球史的发展状况，以及作者在此基础上的有益思考。

康拉德倾向于认为全球史更多的是一种研究视角，其研究对象并非要囊括全球，而是将历史现象置于一种全球情境中来分析。因此"全球"的含义不是指地理空间上的全球范围，而是指一种思考问题的全球视野。他对全球史这一定位无疑是合理的，也充分考虑到了已有的大多数全球史研究实践。不过，笔者并不赞同他将跨国史置于全球史之外，这种区分实际上也有悖于他对全球史的解释。如果说全球史是从"全球"视角对各种历史现象的探讨，是复数的历史，那么跨国史也是其中的一种。从跨国史兴起的背景及相关研究来看，它更是全球史多元实践中的一元。20 世纪 90 年代末，一些研究美国史及美国外交史的学者为了打破美国例外论，提出将美国置于全球情境中来理解，由此产生了跨国史。因此，对民族国家的一些历史现象进行跨国化理解，实际上是在全球史兴起和历史学"全球转向"的大背景下，从"全球"视角来重新审视民族国家及相关跨国历史现象。这种历史与全球史没有本质区别，将它看作是全球史多元实践中的一个流派是合适的，而在考察跨国历史现象之时仍然保留民族国家作为思考单元，正是这一流派区别于其他全球史流派的重要特点。

　　康拉德在提出自己对全球史的理解时，特别讨论了全球史书写中的反欧洲中心论问题，认为"将全球史从以欧洲为中心的宏大叙事中解放出来，仍然是一个复杂的认识论与方法论难题"[2]。不过，笔者认为，反欧洲中心论是全球史学者应该牢记的初衷，但不能成为全球史研究中的负担。因为，在全球史兴起之时，从事全球通史编纂的学者力图摆脱欧洲中心论的影响，将此作为全球史书写的一个重要目标。这种理念在其后全球史的发展中一直得到坚持，尤其是在涉及西方兴起、欧洲扩张及东西方关系的历史叙述时，反欧洲中心论成为全球史研究和书写中的一个重要特征。然而，全球史发展过程中的多元实践，尤其是全球微观史的兴起，一些个案研究在多大程度上应该警惕欧洲中心论叙事，还得具体问题具体分析。比如考察非西方世界中的经济文化交流和移民，就不像编纂宏观世界史那样必然会涉及欧洲中心论。因此，对于全球微观史研究，是否应该避免欧洲中心论叙事，应该根据研究主题来酌情处理，"反欧洲中心论"不应成为这种研究的理论负担。

　　实际上，关于如何书写全球史、为谁书写全球史的问题，自全球史产生以来，就一直处于理想与现实的张力之中。这一张力来自全球史书写应该具有怎样的目标，是建构一种超越民族国家意识、服务于整个人类的历史，还是从特定民族视角出发、服务于特定民族或民族国家的历史。具有理想主义或世界主义色彩的全球史学者认为，全球史应该是从"世界公民"视角、在摆脱民族国家立场和反对各种中心论叙事的情况下书写的一种各地各民族都能接受的历史。这种学者的早期代表如斯塔夫里阿诺斯，认为全球史应该是站在月球上观察地球而形成的叙事，他的初版《全球通史》就标榜如此，倡导书写一种"世界公民"视角的全球史。后来，马兹利什在其《文明及其内

---

[2]　塞巴斯蒂安·康拉德：《全球史是什么》，杜宪兵译，北京：中信出版集团，2018年，第143页。

涵》(2004)、《新全球史》(2006)、《全球时代的人道观念》(2009)等著作中，也认为全球化的发展最终会走向一种共同的"全球文明"。入江昭在其《全球共同体》(2004)、《我们生活的时代》(2014)等著作中，也乐观地相信全球化的发展正在弱化民族国家而走向一种全球共同体。因此他们都主张历史学家应该顺应全球化潮流，研究跨国公司、国际非政府组织等各种非国家行为体的历史。然而，许多全球史学者承认自身仍处于民族国家时代这一现实，认为在此条件下的任何一种历史书写都具有主观的位置性，即历史书写具有自己的视角和出发点。因为他们意识到，在民族国家仍然是世界上占主导地位的群体生活组织形态的情况下，历史学不可能实现去民族国家化，生活于民族国家之中的历史学者也不可能不打上民族国家的烙印。因此，他们不太关注"理想"而倾向于探讨"问题"，全球史的微观化和实证化研究由此蓬勃发展起来。可以说，至今已有的全部全球史成果，都处于理想的全球史与现实的全球史这个连续统一体两端之间的某一点。大致可以说，从理论层面思考全球史的学者，较多地谈论理想的全球史，而从历史个案出发的实证研究者，其成果则更多的是现实的全球史。《白银资本》《大分流》《现代世界的诞生（1780—1914）》《伊丽莎白·马什的磨难》《世界的演变：19世纪史》、《棉花帝国》等全球史经典之作，都是其中偏于现实的研究成果。

中国学者也有对全球史的各种讨论，例如，何为"全球史观"、全球史是否应该书写全球、全球史研究是否使用原始资料等等。这些问题到今天已无须讨论，因为全球史的各种研究实践（尤其是实证的全球微观史）已经对此做出了回答。不过，也有极少数学者没有看到各种全球史的实证研究及相关成果，而是强调理想主义学者倡导的那种全球史，由此批评"全球史"是一种"民主化"史学。这种脱离当今全球史整体学术状况来抽象地谈论全球史，在很大程度上是一种非历史学的思考。实际上，从现实来看，最近三十多年中国社会的发展表明，中国是经济全球化的受惠者，因此中国政府也竭力倡导经济全球化，反对贸易保护主义。今天，中国已经成为经济全球化的主要推动力，全球史从历史视角来理解全球化，因而成为一个服务于中国社会发展的历史学分支领域。在中国发展起来的全球史，更多的是一种具有全球视野的历史，而不是一种站在全球立场的历史。

二、全球史的思考视角和研究路径

从方法论的角度来说，全球史相对于以往传统史学的一个重要特点，就是实现了历史研究的"空间转向"。在以往的历史研究中，历时性的内源性解释是历史分析的主要方法，即对一个人、物或事件的理解，建立在对其前因后果和内在因素的分析之上。然而，对于全球化时代发生的一些历史现象，由于它与外部有着密切联系，着眼于从一个更大的空间来看待并进行分析，就有可能弥补内源性解释的不足，甚至颠覆以往的看法。因此，历史研究的空间转向，就是将研究对象置于一个更大的空间来考察，拓宽观察的视角，从历时性分析转向共时性空间维度的思考，强调历史现象之间的横向关联和互动，从而更好地解释历史。

"社会空间"这个概念在全球史研究中具有重要意义，它意味着全球史学者不再局限于民族国家或地方框架，而是将研究对象置于一个突破了各种政治或地理边界的流动空间。这种空间可以是有形的区域性空间，例如海洋、帝国、贸易圈等，都可以看作一个由交流网络构成的空间。但全球史的叙事空间更多的是没有固定形态的流动空间，例如，移民或旅行者的流动轨迹，物品或思想观念的流动范围，由中心与边缘构成的关系结构，各种跨国组织等等。这种空间随着研究对象的变化而变化，一方面是它因不同的研究对象而不同，另一方面是它因同一研究对象的流动而变化。例如中国瓷器传播到欧洲与英国人移民北美，就涉及不同的空间，而瓷器从东到西流动本身也构成了一个变化的空间。因此，在全球史研究中，并不像民族国家史研究那样事先有一个给定的空间——民族国家范围，而是全球史学者在确定研究对象之后，根据研究需要来构建空间。这种空间随着人或物的流动而流动，研究者应该根据史料和论题，确定一个分析和叙事的空间来服务于主题阐发。为何"社会空间"构建在全球史研究中扮演着重要角色？主要因为全球史的实证研究，并非全然要探讨一个确定的全球范围的历史，"全球"只是一种思考问题的意识或视角，因此对于研究的空间范围应该有多大，要由研究者根据研究主题来确定。

那么，在全球史研究中，究竟选择多大的空间范围才是合适的？这完全由全球史学者的研究旨趣和主题需要来确定。不过，从已有的全球史研究成果来看，根据研究的切入视角和路径，全球史研究的空间范围从大到小可以分为以下几种类型：(1) 大历史。如大卫·克里斯蒂安的《时间地图：大历史导论》、弗雷德·斯皮尔的《大历史与人类的未来》等，将人类史纳入宇宙自然史的范围来考察。(2) 宏观世界史。如斯塔夫里阿诺斯的《全球通史》，杰里·本特利和赫伯特·齐格勒的《新全球史》，于尔根奥斯特哈默的《世界的演变：19世纪史》等，无论通史还是某一时期的历史，涉及的范围都是全球。(3) 全球视角下的区域史。此类研究强调区域体系以及区域间的互动关系，或者对不同区域进行比较。例如贡德·弗兰克的《白银资本》、彭慕兰的《大分流》等。(4) 专题性全球史。即对同一主题或同类现象进行全球史的专题研究，包括政治事件、制度、性别、移民、贸易、技术、思想观念、生态环境、疾病等，因此这类研究空间是随着主题的变化而变化的。例如，威廉·麦克尼尔的《瘟疫与人》，菲利普·柯丁的《世界历史上的跨文化贸易》，克莱夫·庞廷的《绿色世界史》，帕特里克·曼宁的《世界历史上的移民》等。(5) 流动个案研究。最常见的包括对移民、旅行、商品流通、观念传播等方面的个案研究，如罗斯·邓恩的《伊本·巴图塔的冒险经历：一个 14 世纪的穆斯林旅行家》，大卫·阿米蒂奇的《独立宣言：一部全球史》，斯文·贝克特的《棉花帝国》，科莉的《伊丽莎白·马什的磨难》等，这里涉及的空间随着研究对象的流动而变化。(6) 关联和互动视角下的小地方研究，即全球地方化（glocalization）个案研究。这种研究就是把卷入全球化之中的某个小地方置于广阔的关系情境中来理解，通过全球性与地方性的关系，从大世界来理解小地方，从小地方来窥视大世界。例如唐纳德·怀特的《世界与非洲的弹丸之地：冈比亚纽米地区的全球化史》，卜正民的《维梅尔的帽子：从一幅画看全球化贸易的兴起》等。

在全球史研究中，"互动"是一个重要的概念工具。从威廉·麦克尼尔的文明互动到杰里·本特利的跨文化互动，全球史学者关于"互动"的阐述得到发展，它也由此成为全球史研究中的一个核心概念。不过，"互动"作为全球史研究中的一个术语，应该与中文日常生活语境中的"互动"区别开来。在全球史兴起之前，"互动"一词在中文中已经存在，通常指日常生活中个体间一种相对平等及和平的关系，即日常所说的人际互动。然而，全球史中的"互动"一词由英文 interact（名词 interaction）翻译而来，这个词在以往的英汉词典中都解释为"相互作用、相互影响"，并没有"互动"这一表述。全球史将其译为"互动"，本质含义仍是"相互作用、相互影响"，这种相互作用和相互影响存在于两个主体之间，无论二者是否平等，也不管二者之间的关系是否涉及暴力，因此这里表达的是一种广义的"互动"，威廉·麦克尼尔、杰里·本特利、大卫·菲尔德豪斯（David Fieldhouse）等许多全球史学者在使用这一概念时，往往不是指个体间的关系，而是指不同群体、不同民族甚至不同文明之间的关系。这种关系可以是和平和平等的，也可以是权力不平等条件下的相互作用和相互影响，甚至暴力冲突也是其中的一种形式。因此，他们将"互动"一词用于欧洲扩张过程中殖民者与被殖民者之间的关系，就不足为奇了。在中国，"互动"一词在全球史语境与生活语境中的这种差异，犹如"批判""反动"等概念在哲学语境与生活语境中的差异一样，应该区别开来。

以互动为基础形成的"网络"，也是全球史学者构建其研究主题所需的社会空间的一个重要概念。借助于这个概念，全球史学者得以将研究个体结构化，进而将微观个体与宏观结构联系起来，从而做到微观与宏观的结合。例如对国际移民的研究，考察一个人或一个家庭如何实现迁徙、怎样融入新的社会，可以借助于移民过程中和进入新社会环境中的人际关系网络来理解，而这个关系网正是把微观个体与国际背景联系起来的中层结构。由此，借助于网络这一概念，研究者得以书写出一种考察国际移民个案的全球微观史。

当然，值得注意的是，全球史中的流动、联系、互动、网络等概念，只是全球史研究中思考问题的视角和解释工具，是实现研究目标所借用的手段。如果，把这些借以理解世界历史中各种问题的概念工具，当成了全球史的研究对象，即以考察世界历史上的流动、联系、互动和网络为目标，如果说这也算得上全球史研究的话，充其量只是一种初级研究。因为这种研究放弃了对这些概念背后深层历史问题的思考和揭示。

三、本书的基本框架

自 2007 年首都师范大学在研究生中开设全球史专业以来，笔者一直担任"全球史理论与方法"课程的教学，因此本书的构想也源于 10 年前教学的需要。没有预料到的是，本书的完成竟然花了 10 年时间。原因是多方面的，但其中重要的一点是全球史在这 10 年间的快速发展，新的成果不断涌现，这给概述全球史的各种实践带来了困难。因此在写作过程中，我们不断调整结构和增添新内容。笔者认为，到目前为止，全球史作为一个历史学新兴领域和审视历史的新方法，尽管还会有发展变化，但总算基本成型了，这是我们得以完成这本概论的一个重要基础。当然，如前所述，全球史是一个复数概念，本书只是根据我们对全球史的理解而写成。作为概论性的入门书，我们力图对各种全球史研究实践进行较为全面的概括，以期达到全面介绍全球史的目的。

本书第一至三章是对全球史兴起的学术史回顾。第一章考察了全球史兴起之前欧洲和中国的世界史传统。在欧洲，"普世史"一直是史学书写中的一种传统，虽然在19世纪历史学职业化之后为民族国家史的大潮所淹没，但这一传统并没有中断，并为20世纪下半叶全球史的兴起奠定了基础。中国的世界史是舶来品，在20世纪上半叶初步形成了以西洋史为主要内容的世界史。从20世纪50年代起，世界史在中国开始成为一个学科，但它主要由外国国别史构成，即使有世界通史，也主要是对中国之外各国历史的合编。第二章考察了全球史在美国的兴起。20世纪50—80年代，威廉·麦克尼尔、马歇尔·霍奇森、斯塔夫里阿诺斯、菲利普·柯丁等人的全球史探索标志着全球史在美国的出现，到20世纪90年代，全球史在美国作为一个历史学分支学科确立起来，并在研究和教学方面获得了快速发展，还出现了相关研究的争鸣。到世纪之交，全球史作为一种新的史学思潮开始蔓延至世界上其他国家。因此，第三章介绍了全球史在欧洲和中国的兴起及研究状况。全球史的发展在世界各地并不均衡。那些积极参与全球化并从中受益、在政治上比较稳定的国家，如英国、德国、法国、荷兰、日本、中国等，接受了全球史并且发展较快。而在非洲、南美洲和东南欧的许多国家，由于经济欠发达和不能从经济全球化中获益，甚至有的还面临着国家构建的任务，因此民族国家史在其历史研究中占主导地位，全球史没有得到发展。因此，本书在介绍美国之外的全球史发展状况时，主要集中于英国、德国、法国和中国。

介绍全球史的分支领域和研究方法是本书的主要目标。因此从第四章起，我们根据已有的各种全球史研究实践进行分类，考察了全球史的各个分支领域及相关研究方法。其中，第四至七章介绍了全球通史、跨文化互动、比较世界史、新全球史和跨国史等全球史的研究领域，但它们并不是全球史学者要考察的实体历史单位，而更多的是从研究方法来说的，因此这几章实际上是在探讨全球史研究和书写的主要方法。第八到十章则着重介绍了全球史研究中几个活跃的分支领域，包括帝国史、海洋史、生态环境全球史、大历史/小大历史，这些研究领域具有历史实体性，可以成为全球史学者的研究对象，但它们也涉及各自不同的研究方法，因此各章在介绍这些领域时也探讨了相关研究方法。

全球通史和各种形式的宏观世界史是全球史的一种书写形式，这种历史书写形式与大学历史教育密切相关，因此用于大学教育的世界通史成为最初形式的全球史。本书第四章通过介绍美国主要的全球通史著作，对全球通史编纂的相关理论和方法进行了探讨。世界历史上的大规模历史进程主要通过跨文化互动来实现，因而跨文化互动成为理解全球史的一个关键因素和核心概念。以杰里·本特利为代表的全球史学者从理论视角考察了跨文化互动，提出了移民与流散社群、跨文化贸易、物种传播与交流、文化碰撞与交流、帝国扩张与殖民等几种跨文化互动的主要形式。因此本书第五章就对"跨文化互动"这一核心概念进行了理论阐述，同时考察了移民与流散社群、跨文化贸易、相互认知和文化交流这三种跨文化互动形式，并探讨了其中所蕴含的研究方法。第六章探讨了全球史研究中的比较方法。比较作为一种历史研究方法早已有之，但全球史学者在探索全球史研究及书写方法之时，将这一方法发扬光大了。菲利普·柯丁实施了"比较世界史"的研究项目并取得了许多成果，彭慕兰等加州学派的学者则运用"交互比较"方法来考察中西"大分流"的问题,在学术界引起了很大反响。第七章探讨了"新全球史"和"跨国史"的研究方法。马兹利什提出的"新全球史"和入江昭等人提出的"跨国史"有一个共同特点,就是探讨的对象都是现代民族国家形成以来全球化进程中的历史现象,因此关注跨国历史现象和憧憬一种"全球文明"或"全球共同体",强调对跨国公司、国际非政府组织等跨国组织的研究,使得这两个全球史流派在研究方法上也具有相似之处。本特利之所以强调跨文化互动,是因为在他关注的前现代世界中,民族国家尚未成为一种重要的国家形态,不同地域之间的差异重要的是文化差异。而入江昭之所以强调跨国,是因为在他关注的现代世界中,民族国家成为世界上主要的国家形态,历史学家需要突破的是国界而不是本特利所面临的文化边界。因此,跨文化史和跨国史在研究理念上没有本质区别,是全球史研究中因关注不同时代而导致差异的两个不同流派。

第八章考察了全球史研究中两个非常活跃的新兴领域——新帝国史和新海洋史。帝国史和海洋史在全球史兴起之前已经存在,但全球史与新文化史等其他新兴分支学科的介入,赋予了这两个研究领域以新的活力,由此称为"新帝国史"和"新海洋史"。以前被忽视的种族、性别、移民和流散社群、身份认同、互动网络等研究主题,在新帝国史和新海洋史的研究中占有重要地位。第九章考察了环境史与全球史交叉的研究领域——全球视角下的生态环境问题。历史上的气候变化、自然灾害、环境污染、物种交流、疾病传播等现象都不可能仅仅局限于一个国家内部,而是具有跨国性、跨区域性甚至全球性,因此这些问题也必然成为全球史的研究领域。这一章主要以克罗斯比、威廉·H.麦克尼尔和约翰·R.麦克尼尔的研究为例,探讨了生态环境全球史的相关理论和研究主题。本书最后一章是对大历史的介绍。大历史探讨的是人类起源与进化、生命体和地球甚至整个宇宙的演化,是宇宙自然史与人类史的综合,因此一些学者认为它不属于全球史的范畴。然而,由于大历史学者与全球史学者有着共同的人文情怀——对人类命运的深切关怀，也由于大历史学者试图将大历史基本理论与方法运用于人类历史研究，提出了"小大历史"，而这种大历史理念下的微观历史研究实践完全可以纳入全球史的范畴，因此本书专辟一章来阐述大历史。

从本书的基本框架和主要内容可以看出，我们的目的是要为国内读者提供一本全面介绍全球史的概论性著作，而不是深究全球史应该是什么和对相关理论的抽象讨论。因此本书注重以下几个方面：首先，力求系统地介绍全球史。由于全球史是在历史学"全球转向"这一大背景下开展的历史研究多元实践，流派纷呈，对这些流派进行系统梳理和介绍，有助于读者对全球史形成一个较为清晰全面的总体认识。其次，注重从方法论上对已有的全球史研究进行总结，对全球史主要研究领域的理论和方法进行概括分类。全球史涉及的范围非常广，不同学者的不同探索形成了不同的研究取径和方法，因此我们综合地根据研究对象、视角和方法，将已有研究成果分成不同的领域加以考察，每一个领域也可以说反映了一个全球史的流派。这样有利于读者在了解全球史时各取所需，选择自己感兴趣的部分来阅读和参考。再次，我们希望为国内初学全球史的同学提供一本通俗易懂的入门教材。因此，本书在写作中也考虑到了教学的需要，尽量减少抽象的理论探讨，多从实用视角分析介绍经典的全球史成果及其研究方法，尤其注重那些选题适中、运用原始资料进行研究的全球史著作，让读者领会全球史研究的可操作性。

当然，由于全球史仍是一个处于发展中的新兴领域，每年都有大量新成果问世，本书的阐述不可能囊括全球史研究的全部成果，必然有所遗漏。另外，作为复数的全球史，不同学者有不同的理解，本书体现的只是我们的一种理解。因此，书中不足之处，还请同仁不吝指正。

第一章　全球史兴起前的世界史

　　在 20 世纪末全球史兴起之前，欧洲和中国都有自己的世界史传统。只不过，中国的"世界史"虽然来自西方，最后却与西方分道扬镳了。欧洲自中世纪基督教史学产生起，就在创世神话和线性时间观的影响下，形成了宏观人类史的编纂传统。17 世纪以后，以欧洲为中心的"普世史"（universal history）、"世界史"（world history）、"通史"（general history）等宏观世界史著作就一直贯穿于西方史学之中。然而，到 19 世纪中叶，随着职业历史学的产生，欧洲史学开始依赖档案资料和局限于民族国家，民族国家史由此兴盛起来，带有宏大叙事性质的普世史被冷落。到 20 世纪上半叶，斯宾格勒的《西方的没落》和汤因比的《历史研究》陆续出版，打破民族国家界限的综合世界史著作才又开始复兴。这就是西方世界史的传统。在这一传统中，国别史和地区史不属于世界史的范畴，世界史也就是全世界的历史。虽然在欧洲中心论的影响下，他们的世界史主要是欧美的历史，但决不能把外国某一国家的历史放在"世界史"的范畴之中。然而，这种叫法在中国却是合理的，因为中国的世界史也可以指外国某个国家的历史，这种国别史的集合构成了中国世界史的主要内容。造成中西差异的主要原因，是由于中国的"世界史"经过一个多世纪的发展而形成了自己的传统。在中国古代，史学主流之外的传统蕃志类著述没能发展成为"世界史"。但到 19 世纪末，"世界史"

在西学的影响下出现了。中国人了解域外尤其是西方的诉求，使"世界史"独立于中国史而发展起来，"西洋史"也成为中国"世界史"中的主要内容。中华人民共和国成立之后，中国的历史学学科建设借鉴了苏联的经验，"世界史"与"中国史"并列成为历史学分支学科，这虽然极大地推动了中国"世界史"的发展，但这种并列设计带来的副产品是："世界史"主要指外国史，并且不包含"中国史"。因此，中国与西方的世界史范畴迥然不同。当西方的世界史发展成为全球史之时，世界史与全球史两个概念的内涵是一致的。但在中国，世界史与全球史是颇为不同的两个概念，只在指称"世界通史"之时具有内涵重叠之处。因此，了解全球史兴起之前欧美与中国两种不同的世界史传统，有助于加深我们对全球史的理解。

第一节　世界史在西方的演变

"世界史"在欧洲有着悠久的传统，从人们对自身所处"世界"的理解和叙事来说，早期各种神话故事中就包含了当时人们对"世界"及其起源的描述和解释。就历史书写而言，古典时代希罗多德的《历史》和波里比阿的《通史》，就描绘了自身所了解的大范围域外的历史。但是，由于他们并没有一种书写"世界"的自觉意识，其著作也就很难算得上真正的"世界史"。从有意识地思考和书写"世界"这一层面来说，中世纪欧洲基督教的"普世史"涉及对"人类"历史的叙述和解释，可以说是一种"自觉"的"世界史"。因此，西方"世界史"的书写传统，应该从中世纪的"普世史"算起。到近代，随着欧洲的对外扩张，欧洲人走向世界并逐渐积累起关于"世界"的知识，这为欧洲人书写一种真正世界范围的历史提供了条件。于是在18—19世纪的欧洲出现了各种"普世史"和"世界史"。当然，这些历史都是从欧洲视角出发的叙事，带有欧洲中心论色彩。从 19 世纪下半叶起，随着历史学在欧洲的职业化，宏观世界史书写受到冲击，因为民族国家史成为历史书写的主流。但是，仍然有一些历史学者在思考世界的演变。20 世纪上半叶，以斯宾格勒和汤因比为代表的学者对宏观世界史的探讨和书写，尤其是汤因比的《历史研究》在民族国家史的汪洋大海中为后来的世界史学者树立起了一座灯塔，威廉·麦克尼尔等人正是在这座灯塔的指引下走上了新世界史的探索之路。从此，世界史随着《西方的兴起》等著作的出版而具有了新的生命力，世界史也适应全球化的发展而进入了一个新时代，"全球史"应运而生了。

一、中世纪至近代早期西方的"普世史"

中世纪欧洲的历史书写受到基督教创世神话及线性时间观的影响，世界史以"普世史"的形式出现并在历史编纂中占有重要地位。这种"普世史"以圣经中的《创世记》为依据叙述人类的开端，并以人类救赎为目的，人类历史成了为迎接基督再次降临和"千年王国"到来的一个准备阶段，历史的目标就是沿着线性时间向最终目标"千年王国"迈进。这种被赋予了宗教救赎意义的"普世史"具有三个特点：关注人类整体的命运、线性时间观和历史目的论。可以说，中世纪基督教史学开启了西方史学中的宏观人类史叙事、线性进步史观和目的论史观的传统。

在中世纪欧洲的"普世史"中，弗雷森主教奥托（Bishop Otto of Freising，1111—1158）的《双城：公元 1146 年之前的编年普世史》是一部重要著作。奥托是德国皇帝亨利四世的外孙、弗雷德里克一世的舅父。大约在 1146 年秋至 1147 年春，他完成了《双城》这一著作，1515 年出版。该书共分 8 卷，前 7 卷叙述了从亚当到 1146 年的世界史。具体来说，第 1 卷涉及的时间从亚当被造开始，一直到亚述帝国的衰亡和罗马建城。第 2 卷从罗马建城讲述到基督的诞生，第 3 卷从基督诞生到基督教罗马帝国君士坦丁的统治，此后至罗马帝国在西部统治的结束为第 4 卷，到凡尔登条约和查理曼帝国的分裂为第 5 卷，到格列高利教皇在萨勒诺去世为第 6 卷，最后到 1146 年为第 7 卷。第 8 卷则从神学出发探讨了基督的敌人、最后审判和即将来临的世界。奥托因书写这一编年体形式的普世史而受到后人的高度评价，"被现代历史学家普遍誉为以流畅的方式记录世界历史上重大事件的第一人"[1]。

关于《双城》涉及的时间和空间范围，奥托说道："由于我试图追溯自人类始祖亚当以来到我们这个时代的历史进程，根据从我们先辈那里获得的知识，首先让我们简要思考一下人类居住的大地（earth）本身。作家们声称世界有三个部分：亚洲、非洲和欧洲。他们把亚洲描述为与其他两个部分一样大小。但有一些人宣称世界只有两个部分，即亚洲和欧洲；非洲由于太小而被并入到欧洲。那些把非洲当作世界第三个部分的人是根据海潮的涨落，而不是考虑到它的大小。如果有人想要知道世界这一部分中的省份、地形及其划分情况，请他阅读奥罗修斯（Orosius）的著作。"[2] 因此，奥托这部普世史中所描述的世界，始于《创世记》中的上帝造人，范围涉及当时他所知道的欧洲、亚洲和非洲。

奥托在前 4 卷中对人类历史演变的描述，主要思想及史料来源于基督教的《圣经》，因此他所描述的西罗马帝国灭亡之前的世界史，人类历史重心经历了从亚洲（巴比伦）转向欧洲（高卢）的过程。他说："人类的一切力量或智慧起源于东方，在西方达到其顶点。至于人类力量如何从巴比伦人转移到米底人和波斯人，再从他们转移到马其顿人，此后转移到罗马人，然后再次转移到罗马统治下的希腊人，我觉得我已说得够多了。它如何从希腊人

---

[1] Charles Christopher Mierow, "Introduction: Otto of Freising and The Philosophy of History", in Bishop Otto of Freising, *The Two Cities: A Chronicle of Universal History to the Year 1146 AD*, Translated by Charles Christopher Mierow, New York: Octagon Books, Inc. 1966, p.4.

[2] Bishop Otto of Freising, *The Two Cities: A Chronicle of Universal History to the Year 1146 AD*, p.123.

转移到居住在西方的法兰克人，则留给本卷进行讲述。"[3] 奥托在此所表达的人类力量和人类智慧源于东方而终于西方的观念，到 18 世纪甚至更晚的时期仍然有着重要影响，在某种程度上可以说是对世界历史进行欧洲中心论解释的渊源之一。

16 世纪，随着欧洲人在美洲、亚洲等许多地方的殖民扩张，他们积累了更多有关世界的知识，对一个联系日益密切的世界也越来越了解。一些传教士、旅行家、殖民者将其在异域的所见所闻及其思考记录下来，其中不乏具有世界史意义的历史著作。例如，贡萨洛·费尔南德斯·德·奥维多·巴尔德斯（Gonzalo Fernández de Oviedo y Valdés）于 1535 年出版的《西印度通史及自然史》，叙述了西班牙人征服美洲的过程，并且记载了当时美洲的自然现象及印第安人的状况。胡安·冈萨雷斯·德·门多萨（Juan Gonzáles de Mendoza）在 1585 年出版的《中华大帝国史》，书中内容除了中国外，还包括东南亚和美洲在内的"环球行纪"。这些著作对于欧洲之外其他社会及其历史文化的记叙，为欧洲人书写完全意义上的"世界史"提供了知识来源。

17 世纪在欧洲具有影响的一部世界史著作，是法国雅克·贝尼格尼·鲍修埃（Jacques Benigne Bossuet，1627—1704）的《普世史》。1671 年鲍修埃被任命为法国皇太子（路易十四的儿子）的导师，出于教学需要，他撰写了这本《普世史》并于 1681 年出版。

鲍修埃的《普世史》中已体现出一种整体史观念。他说："这种普世史相对于每个国家和民族的各种历史来说，就像一张总地图（a general map）不同于许多个别的地图。在个别地图中，你看到的是一个王国的全部细节或者各个行省；在总地图中，你会知道把世界当中的这些部分放在它们的整体中；你会看到巴黎或法兰西之岛（the isle of France）位于王国之中，王国位

---

[3]　Bishop Otto of Freising, *The Two Cities: A Chronicle of Universal History to the Year 1146 AD*, p.322.

于欧洲之中，而欧洲位于世界之中。个别历史只是相应地描述了在不同情境下发生于一个民族的一系列事件，但为了理解整体，我们必须知道每一历史与其他历史之间的联系：这只有通过一种缩写本（abridgment）才能实现，从缩写本中我们可以看到（可以说一眼就能看见）时间的整个序列。"[4] 在此，鲍修埃把普世史与国别史区别开来，强调了普世史的整体性及其对于理解世界历史的重要性。在他看来，普世史相对于国别史来说是一种空间与时间的整体压缩，既是一幅能够从整体理解部分的"总地图"，也是一部能够看到历史之间相互联系的"缩写本"。

正是出于上述认识，鲍修埃在《普世史》中把从上帝创世到查理曼加冕的历史置于"世界"范围来叙述。全书共分三编。第一编是全书的内容概要，以编年顺序叙述了从上帝创世到公元 800 年的重要事件，而所有这些事件又被划分在 12 个时期（epoch）里。第二编是以《圣经》为依据的宗教演进史，沿着亚伯拉罕、摩西、大卫、耶稣这一线索，对犹太－基督教及教会的历史演变进行了叙述。这部分是该书的主体，篇幅最长。第三编是对历史上主要帝国相继更替的叙述，包括埃及、亚述、巴比伦、波斯、马其顿、罗马等帝国的兴衰。对于罗马帝国，他这样评论道："上帝决定同时从所有民族中把新选民召集起来，第一次把海洋和陆地统一在同一帝国里。不同民族的商业交往，以前相互之间是陌生的，后来统一在罗马政权之下，成为神意用来传播福音的最有力的手段之一。"[5] 因此，鲍修埃虽然看到了罗马帝国统治下各民族交往的增强，但却将其归诸神意的支配。

鲍修埃像奥托一样把"神意"看成是历史变迁的主宰力量，并且按照宗教与世俗两个方面来叙述人类历史，因此他的《普世史》仍然是一部具有浓

---

[4] M. Bossuet, *An Universal History: From the Beginning of the World to the Empire of Charlemagne*, Translated by Mr. Ephilstone, New York: Robert Moore, Bookseller, 1821, pp.11-13.

[5] M. Bossuet, *An Universal History: From the Beginning of the World to the Empire of Charlemagne*, p.315.

厚神学色彩的历史著作，与其所生活的理性主义兴起的启蒙时代早期格格不入。布鲁斯·马兹利什对此评价说，鲍修埃的《普世史》"可以看作是具有重要意义的基督教普世史的最后喘息"[6]。

　　进入 18 世纪，随着欧洲人扩张到世界各地，他们对于世界各民族有了更多了解，于是出现了一部由多人合作撰写而影响广泛的多卷本《普世史》。该书由乔治·塞尔（George Sale）、乔治·萨玛纳札（George Psalmanazar）、阿奇博尔德·鲍尔（Archibald Bower）、乔治·夏尔沃克（George Shelvocke）、约翰·坎贝尔（John Campbell）、约翰·斯温顿（John Swinton）等人编纂，从 1736 年起陆续出版，至 1744 年完成了古代部分共 21 卷。从 1747 年开始编纂增加了"现代"部分的第二版，到 1768 年全部完成，共 65 卷。作者在前言中表示："我们的目的是要书写一部从古至今的人类通史（General History of Mankind）。"[7] 因此全书从《创世记》中的人类起源讲起，然后分别叙述了亚洲、欧洲、非洲和美洲各民族或国家的历史。该书虽然以欧洲各民族或国家的历史为主，但对于阿拉伯人和突厥人及其国家、美洲的历史，也给予了相当多的篇幅，而且对波斯、印度、中国及非洲主要民族或国家都有介绍，因此它是一部描写了当时欧洲人已知世界的"世界史"，而且试图把欧洲和世界上其他民族的历史统一在一个框架中进行叙述。由于这一巨著是由具有不同地域专门知识的学者合作完成，例如乔治·塞尔就是研究阿拉伯的著名东方学家，因而与以往的普世史相比，它并不仅仅停留在对各民族和各国历史的综合介绍，而是带有分析性，表现出了较高的专业性。因此，这一巨著在英国出版后，很快就被译成意大利语、法语、德语等其他语言，还出现了多种删节本，在欧美知识界产生了巨大影响，有人甚至称之为"普世

---

[6]　Bruce Mazlish, "terms", in Marnie Hughes-Warrington ed.,*Palgrave Advances in World Histories*, Palgrave Macmillan, 2005, p.22.

[7]　Original Authors, *An Universal History, From the Earliest Account of Time to the Present*, Vol.1, Dublin: George Faulkner, 1744, p.v.

史的现代形式"（即对世界历史进行系统研究）的开端。

然而，这部《普世史》带有明显的时代烙印。全书各卷编纂的时间跨度大，古代部分在叙述人类及各民族的起源时，仍然以《圣经》为依据来解释，受到基督教史学的影响，仍然体现出一定程度的宗教史观；而较后完成的"现代"部分则受到启蒙思想的影响，世俗性大大增强，但对于世界其他（尤其是殖民地）各民族的历史叙述，显然是从欧洲视角来审视的，渗透着殖民主义的意识形态。

在启蒙运动中，一些知识分子也试图通过书写域外的他者来反思欧洲社会，伏尔泰（Jean-Marie de Voltaire，1694—1778）的《风俗论》就是这种著作的代表。《风俗论》写作历时十余年，于 1756 年出版。伏尔泰提出："我的主要想法是尽可能地了解各民族的风俗和研究人类的精神。"[8] 因此该书内容几乎涉及当时欧洲人所知道的世界各民族的文化，包括宗教、法律、艺术、风俗习惯等方面，被当代历史学界誉为世界文化史的开山之作。这部著作在很大程度上也是一部"普世史"，1757 年法文版的书名就是《论自查理曼至今的普世史及各民族的风俗和精神》。[9]

中世纪至近代早期欧洲人编纂"普世史"的情况表明，在将人类历史看作一个整体和描述世界各民族的历史这两个方面，欧洲学者走在了当时中国人的前面，并且为 19 世纪及其后西方的宏观世界史编纂奠定了学术基础。然而，这种普世史带有神学或哲学思考的色彩，往往是观念先于史实，因此在很大程度上不同于以史实和实证为基础的历史叙事，或许这正是"普世史"与"世界史"两个概念的微妙差异。但是，如果我们将"世界史"看作具有多种呈现形式的历史，其编纂是一种多元实践，那么"普世史"便是其中一

---

[8]　伏尔泰：《风俗论》，梁守锵译，北京：商务印书馆，1994 年，"译者前言"第 1 页。

[9]　Voltaire, *Essay sur l'histoiregénérale, et sur les moeurs et l'esprit des nations, depuis Charlemagne jusqu'anosjours*, 1757. 后来的英译本名为 *An Essay on Universal History, the Manners, and Spirit of Nations: From the Reign of Charlemaign to the Age of Lewis Xiv.*

种早期形式。

在 18 世纪的欧洲，除了历史学者从事编纂"普世史"的实践，一些哲学家也在思考"普世史"。不过，他们笔下的"普世史"属于哲学范畴，是一种历史哲学观念而非历史编纂实践，这以德国哲学家伊曼努尔·康德（Immanuel Kant, 1724—1804）提出的"普世史"观念最具代表性。1784 年，他发表《世界公民观点下的普世史观念》一文，从其先验论哲学出发表达了对"普世史"的看法。他认为，人类历史在大自然的支配下是有计划和有目标的，这个目标就是朝着人类禀赋的充分发展和一个法治的"普世公民社会"（即哲学上的"千年王国"）前进。历史哲学家的任务就是要找出一条书写这种人类整体进程的线索，使得历史学者能够撰写出一部反映人类向着这一目标前进的"普世史"。因此，康德的"普世史"观念是从世界主义立场出发的一种哲学思考，是一种基于先验原则的世界史理念，他自己也声称这只是一个哲学思考者（同时他也熟悉历史）试图从另一观点出发提出的一种设想，而不是要以之取代实践的经验历史学家的历史编纂工作。[10] 显然，康德的普世史也是目的论的，以往基督教普世史中的"上帝"和"千年王国"，在他这里换成了"大自然"和"普世公民社会"。

二、19 世纪至 20 世纪中叶西方的世界史

19 世纪的世界史

在 19 世纪的欧洲，有两个因素对世界史书写产生了重要影响：其一，以英国为首的欧洲列强确立起了世界霸权，增强了西方世界对自身文明的优

---

[10]　Immanuel Kant, *On History*, Translated by Lewis White Beck, Robert E. Anchor, Emil L. Fackenheim, New York: The Bobbs-Merrill Co., 1963, p.25; 康德：《历史理性批判文集》，何兆武译，北京：商务印书馆，1990 年，第 21 页。

越感，并为书写欧洲中心论的世界史提供了现实依据。其二，历史研究和教学作为一种职业出现，民族国家史成为职业化历史研究的主要内容，传统的普世史因其宏大叙事和难以实证而受到专业史家的排斥。当然，普世史和世界史作为一种大众读物或教材一直受到欢迎，因此在整个 19 世纪，这类著作在欧美仍有不少出版。

19 世纪西方国家出版的世界史著作主要有：约翰内斯·冯·米勒（Johannes von Müller）的《普世史》（1811），弗雷德里克·巴特勒（Frederick Butler）的《简明普世史》（1819），狄奥尼索斯·拉德纳（Dionysus Lardner）的《普世史纲要》（1830），艾玛·威拉德（Emma Willard）的《普世史体系》（1835），查尔斯·冯·罗特克（Charles von Rotteck）的《世界通史》（1840），亨利·怀特（Henry White）的《普世史基础》（1847）和《普世史纲要》（1853），格奥尔格·韦伯（Georg Weber）的《普世史纲要》（1853），塞缪尔·G. 古德里奇（Samuel G. Goodrich）的《万国史》（1859），阿摩斯·迪恩（Amos Dean）的《文明史》（1868），埃弗特·戴金克（Evert Duyckinck）的《世界历史》（1869），威廉·斯温顿（William Swinton）的《世界史纲要》（1874），卡尔·朱利叶斯·普勒茨（Karl Julius Ploetz）的《普世史概要》（1880），乔治·帕克·弗希尔（George Park Fisher）的《普世史纲要》（1885），古斯塔夫·杜库雷（Gustave Ducoudray）的《文明简史》（1886），弗里德里希·拉采尔（Friedrich Ratzel）的《人类史》（1888），菲利普·范·内斯·迈尔斯（Philip Van Ness Myers）的《通史》（1889），伊斯雷尔·史密斯·克莱尔（Israel Smith Clare）的《普世史文库》（1890），约翰·克拉克·里德帕斯（John Clark Ridpath）的《里德帕斯的普世史》（1894），维克多·杜卢伊（Victor Duruy）的《世界通史》（1898）。从上述著作可以看出，大多数仍然使用了"普世史"这一名称。

除了历史学者的世界史编纂，19 世纪的哲学家也对世界史做了历史哲学视角的探讨，其中以格奥尔格·威廉·弗里德里希·黑格尔（Georg Wilhelm

Friedrich Hegel，1770—1831）的《历史哲学》（1837）最具代表性。这一著作由黑格尔的学生根据其 1818—1831 年间在柏林大学关于"哲学的世界历史"（the Philosophical History of the World）的讲座整理而成，因此实际上是一本"世界历史的哲学"。

黑格尔认为，历史哲学是对历史做出的深入思考，而哲学用来考察历史的"思想"工具就是"理性"，"理性"是世界的主宰，"世界历史"就是一个符合理性的进程。因此，他从理性观念的历史渊源、理性的本性及其手段和目的、世界历史的进程等三个方面阐述了其世界历史哲学。在黑格尔的阐述中，"理性""精神""自由"是与世界历史紧密联系的三个重要概念，世界历史进程就是符合理性的自由精神的发展。他说，"世界历史无非是'自由'意识的进展"[11]，是"精神"在实现它自己潜在之物（自由）的过程中的展现，这一过程就像一株已经包含了树木全部性质和果实的胚芽的成长，世界历史也从东方含有"历史"整体的最初迹象，最终在日耳曼各民族中发展起来。但是，黑格尔在分析这种世界历史作为一种普世"精神"的实现过程之时，其阐述在时间和空间上都表现出一种欧洲中心主义。他描绘了这样一幅世界历史图景："世界历史从东方行至西方，因为欧洲绝对是历史的终点，亚洲是起点。……历史有一个确定的东方，即亚洲。外在的、物质的太阳从这里升起，在西方落下；相应地，自觉意识的太阳也从这里兴起，散播出一种更为壮丽的光芒。世界历史是对未受管束的自然意志进行规训，使它服从于普世原则并赋予主观的自由。东方从古至今只知道'一个人'是自由的，希腊和罗马世界知道'一些人'是自由的，日耳曼世界知道'一切人'是自由的。因此我们在历史上观察到的第一种政治形式是'专制政治'，第二种是'民主政治'和'贵族政治'，第三种是'君主政治'。……在东方的政治

[11] Georg Wilhelm Friedrich Hegel, *The Philosophy of History*, Revised edition, translated by J. Sibree, New York: The Colonial Press, 1899, p.19. 黑格尔：《历史哲学》，王造时译，上海：上海书店出版社，1999 年，第 19 页。

生活中，我们发现有一种实现了的理性自由，它自我发展但尚未进展到主观的自由。这是历史的童年时期。……希腊世界便可比作青少年时期，因为这里有了个性的形成。……第三阶段是抽象的普遍性的领域（其中社会目的吸收了全部个人的目的）：罗马国家，也就是历史的成年时期的艰辛劳作。……日耳曼世界在此发展点上的出现是世界历史的第四阶段。与其他人类生活的各个时期相比较，这可以说是老年时期。'自然'的老年时期是虚弱，但'精神'的老年时期是其完美的成熟和'力量'。"[12]

黑格尔这种欧洲中心主义世界历史观，从 19 世纪许多世界史著作中体现出来。例如，古斯塔夫·杜库雷的《文明简史》认为，文明即是人类在政治、社会、经济、智力和道德上的整体发展，文明史就是书写这种发展进程。因此该书首先简要概述了埃及、巴比伦、亚述、希伯来、腓尼基和雅利安人的历史，然后重点讲述了希腊和罗马文明、欧洲中世纪、自文艺复兴至 18 世纪在各个领域取得巨大进步的"现代"欧洲，以及从法国革命到 19 世纪的"当代"欧洲文明，最后一章以"欧洲文明传遍世界"为标题结束全书。作者声称："四百年间，欧洲的面貌发生了变化，美洲创立了社会，而现在，在我们这个时代，欧洲人正在使非洲和亚洲得到再生。始于东方的文明又回到了东方，完成了一个奇妙的循环。光来自东方，但正是西方把它带回给东方，使它比以往任何时候都更加灿烂。"[13] 这种欧洲中心主义叙事，比黑格尔《历史哲学》中"世界历史从东方行至西方"的图景更进了一步，在以线性进步史观来凸显欧洲文明的优越性时，也将一部欧洲殖民扩张史粉饰成了一种欧洲人履行"文明使命"的历史。该书在法国出版后不久，由维斯科利（Verschoyle）编译成英文"古代文明史"和"现代文明史"两卷出版，在英语世界影响广泛。

---

[12] Georg Wilhelm Friedrich Hegel, *The Philosophy of History*, Revised edition, pp.103-109.

[13] J. Verschoyle, *The History of Ancient Civilization*, New York: D. Appleton and Company, 1889, p.10.

关于这一时期西方的世界史及其观念中体现出来的文明优越论和欧洲中心论，夏德明（Dominic Sachsenmaier）指出："在 19 世纪的欧洲，历史学家在叙述世界历史时，倾向于强调一种更高程度的文明处于优越地位。而且，认为只有欧洲知识中包含了大量关于其他文化的知识，这种观念进一步触发了以下看法：欧洲大陆作为一个全球的动力之源（powerhouse），独特地具备为世界其他地区提供一种大叙事的潜能。许多启蒙思想家至少宣称了文明知识的理想，到 19 世纪，最有影响的世界史著作则以一种更高文明的姿态来书写。这样，接受另一种可供选择的文化视野（如从中国文化视角来书写世界史）的可能性几乎被杜绝了。"[14] 因此，19 世纪欧洲的普世史或世界史著作，一方面在西方霸权和文明优越观念的影响下，体现出明显的欧洲中心论叙事；另一面，这种世界史的欧洲式叙事本身也随着欧洲经济军事霸权而获得了一种学术霸权，并对世界其他国家（包括中国）的世界史编纂产生影响，从而造成欧洲中心观的世界性扩散。例如在中国，斯温顿的《世界史纲要》于 1903 年译成中文《万国史要》，迈尔斯的《通史》于 1905 年译成中文《迈尔通史》，对近代中国的世界史产生了较大影响。

当然，19 世纪的历史学职业化虽然对世界史编纂造成了一定程度的冲击，使得世界史相对于民族国家史而言处于历史学的边缘，但同时也产生了另一方面的影响：在科学主义和实证主义史学的影响下，历史的发展不再被看作神意驱动的结果，而是人类社会的进步和取得文明成就的结果，人类社会从蒙昧、野蛮走向文明被视为历史发展的规律。因此，在 19 世纪西方的普世史或世界史著作中，文明与进步的观念渗透其中，只不过西方社会被视为文明与进步的代表罢了。这种观念也体现在 20 世纪初西方国家出版的世界史著作中。

---

[14] Dominic Sachsenmaier,"The Evolution of World Histories", in David Christian ed., *The Cambridge World History*, Vol.1, Cambridge University Press 2015, pp.65-66.

20 世纪上半叶的世界史

20 世纪上半叶，世界史虽然不属于专业历史学者的研究领域，但在知识普及性读物中占有一席之地，这些著作包括：汉斯·黑尔莫尔特（Hans F. Helmolt）的《世界历史》（1901），斐迪南·尤斯蒂（Ferdinand Justi）、莫里斯·贾斯特罗（Morris Jastrow）等人编纂的《万国史》（1902），亨利·史密斯·威廉姆斯（Henry Smith Williams）的《历史学家的世界史》（1904），约瑟夫斯·纳尔逊·拉尼德（Josephus Nelson Larned）的《拉尼德的世界史》（1905），亨利·卡伯特·洛奇（Henry Cabot Lodge）的《万国史》（1907），詹姆斯·布赖斯（James Bryce）、弗林德斯·皮特里（W. M. Flinders Petrie）等人编纂的《历史书：自古至今的万国史》（1915），奥斯瓦尔德·斯宾格勒（Oswald Spengler）的《西方的没落》（1919），韦尔斯（H.G. Wells）的《历史纲要》（1920）（1927年中译为《世界史纲》），赫顿·韦伯斯特（Hutton Webster）的《世界史》（1921），房龙（Hendrik W. Van Loon）的《人类的故事》（1921），查尔斯·霍恩（Charles F. Horne）的《世界及其人民》（1925），林恩·桑代克（Lynn Thorndike）的《文明简史》（1926）（1931年中译为《世界文化史》），艾伯特·麦金莱（Albert E. McKinley）、亚瑟·霍兰德（Arthur C. Howland）、马修·丹恩（Matthew L. Dann）编纂的《今日世界史》（1927），约翰·哈默顿（John A. Hammerton）主编的《世界的普世史》（1927），威尔·杜兰（Will Durant）的《文明的故事》（1935—1975）（1998年中译为《世界文明史》），冈布里奇（E. H. Gombrich）的《世界小史》（1936），詹姆斯·斯温（James E. Swain）的《世界文明史》（1938）（1947年中译为《世界文化史》），卡尔·贝克尔（Carl Becker）和弗雷德里克·邓卡夫（Frederic Duncalf）的《文明的故事》（1938），莱斯特·罗杰斯（Lester B.Rogers）、费伊·亚当斯（Fay Adams）和沃克·布朗（Walker Brown）编纂的《各国故事》（1947），克兰·布林顿（Crane Brinton）、约翰·克里斯多夫（John B. Christopher）和罗伯特·李·沃尔夫（Robert Lee Wolff）

编纂的《文明史》(1955)，阿诺德·汤因比（Arnold Toynbee）的《历史研究》
(1934—1961)。

从这些著作名称可见，与 19 世纪相比，"普世史"在减少，而"世界史"
和"文明史"在增加。而且，其中出现了不少颇受大众欢迎的通俗著作，如
韦尔斯的《历史纲要》和房龙的《人类的故事》。这表明这一时期的世界史，
除了斯宾格勒和汤因比等少数学者坚持了一种历史哲学的思考和思想性，大
多数都是面向大众或学生的知识性读物。这种现象，与当时世界史在西方没
有成为历史学中一个专门的研究领域和分支学科这种状况相一致。

从欧洲中心主义的视角来编纂世界历史，仍然是 20 世纪上半叶西方世
界史著作的一个重要特征。例如，美国学者赫顿·韦伯斯特的《世界史》是
为中学生编写的教材，目的在于通过"展现人类进步的一种概览"，使学生
获得"从石器时代至今社会发展的一些观念和人类进步的一些认识"，因为
"只有一种世界史才会使他们认识到，广泛分隔于不同时空的各民族为逐渐
形成的人类共同文明所作的贡献"[15]。这一目的看上去似乎没有问题。然而，
从该书的框架和内容来看，欧洲中心论非常明显。全书共 21 章，除了第 1
章"史前时代"和第 2 章"古代东方"，其余各章均为欧洲国家的历史，甚
至把近代亚洲国家放在欧洲扩张的框架中来讲述，即第 16 章"欧洲扩张与
世界政治"。在叙述欧洲国家对非洲、亚洲、大洋洲、美洲的扩张和瓜分时，
顺便讲述了近代印度、中国和日本的情况。因此，韦伯斯特在前言中标榜的
让学生了解"人类进步"和"各民族为逐渐形成的人类共同文明所作的贡献"，
实际上就成了欧洲的进步和欧洲各民族为人类共同文明所作的贡献。

当然，这一时期也有试图超越欧洲中心论的著作，奥斯瓦尔德·斯宾格
勒的《西方的没落》和阿诺德·汤因比的《历史研究》就是这方面的代表。

---

[15]　Hutton Webster,*World History*, New York: D.C.Heath & Co.,1921, p.iii.

《西方的没落》于1919年在德国出版，以文明形态史观来组织全书，并且批评了以往世界史著作中的欧洲中心论倾向。斯宾格勒提出，西方文明与巴比伦文明、埃及文明、印度文明、中国文明、阿拉伯文明、墨西哥文明等一样，只是诸多文明中的一种。因此世界历史框架以西方文明为中心是不合理的。他说："问题不仅在于这一框架限制了历史的领域。更糟的是，它左右了历史舞台。西欧的领地被当作坚实的一极，当作地球上独一无二的选定地区——不为别的，只因为我们生长在这里；而那些千百年来绵延不绝的伟大历史和悠久的强大文化都只能谦卑地绕着这个极在旋转。这简直就是一个太阳与行星的怪想体系！我们选定一小块领地作为历史体系的自然中心，并将其当作中心的太阳。所有的历史事件皆从它那里获得其真实的光，其重要性也依据它的角度而获得判定。但是，这一'世界历史'之幻景的上演，只是我们西欧人的自欺欺人，只要稍加怀疑，它就会烟消云散。"[16]

20世纪上半叶西方的世界史著作，总体观之，大部分仍然是各国历史或不同文明的简单相加，忽视了各国各地区之间的联系和整体性。但是，也有一些著作，例如汉斯·黑尔莫尔特的《世界历史》和韦尔斯的《历史纲要》在把世界描述成为一个相互联系的整体方面开始有所思考。黑尔莫尔特的《世界历史》的一个显著特点是将海洋纳入世界史的框架，在叙述太平洋、印度洋、地中海、大西洋相关国家的历史时，把这些海洋的历史重要性单独作为一章进行阐述。对此，作者在前言中声称："海洋既把各国联系在一起，又把它们分隔开来，这种历史意义将在'世界历史'中第一次得到充分论述。"[17]例如，在"地中海国家间的内在历史联系"一章中，作者把地中海区域各国看作一个整体，探讨了地中海在各国发展中的作用，提出各国相互交流形成了一种"地中海精神"（Mediterranean Spirit），并分析了这种精神的发展。

---

[16]　奥斯瓦尔德·斯宾格勒：《西方的没落》第一卷，吴琼译，上海：上海三联书店，2006年，第15—16页。

[17]　H. F.Helmolt ed., *The History of the World*, Vol.1, New York: Dodd, Mead and Company, 1902, p.vi.

韦尔斯本身是一个作家，但他的《历史纲要》是一部具有历史整体观的高度概括的世界史。他在导言中表明："普世史不是我们所习惯的民族国家历史的集合（aggregate），而是一种既比它多又比它少的历史，必须以不同的精神来对待，以不同的方式来处理。本书试图证明这一答案的合理性。本书的撰写主要为了表明，作为一个整体的历史，与特定民族国家的历史和特定时期的历史相比，是按照更为宏观、更为全面的处理方式来处理的，这种宏观处理方式将会使它适合于普通民众在正常时间和精力范围之内的阅读和教育。"[18] 也许正是由于韦尔斯的历史整体观和探索普世史编纂的新方法，使这一著作广受欢迎，甚至专业史家也大加称赞。这一著作于 1927 年出中译本《世界史纲》，直至今日，在中国至少出版了 4 个译本。

从学术史来看，汤因比的《历史研究》在反对欧洲中心论和关注不同文明的相互联系方面，比上述其他著作产生了更大的影响。对西方文明的反思从斯宾格勒就开始了，而经历了两次世界大战的汤因比，对文明的线性进步观产生进一步的怀疑，于是在 1934 年至 1961 年陆续出版了 12 卷《历史研究》，不是从民族国家而是从文明的视角来解释世界历史的变迁，发展了斯宾格勒的文明形态史观。汤因比将人类历史上的文明概括为 26 个，借助于人类学的方法来探讨文明兴衰的法则。他主要从复数意义上来使用"文明"，对西方的"单一文明"观念进行了批判，努力避免欧洲中心主义叙述。他说："有人认为没有一个由 21 个不同样本构成的社会种类，只有一个文明——我们的西方文明。这种文明单一性的论点是一个错误观点，它是现代西方历史学家在其社会环境的影响下而导致的。……虽然经济的和政治的版图已经西方化了，但文化版图基本上仍保持着我们西方社会开始进行经济和政治征服之前的样子。关于文化方面，那些明眼人可以看见，现存 4 个非西方文明的

---

[18]　G. H. Wells, *The Outline of History*, New York: The Macmillan Company, 1921, pp.v-vi.

轮廓仍然非常清晰。"[19] 不仅如此，汤因比还特别考察了不同文明在空间上的接触，并开始关注不同文明的横向关系，由此在很大程度上突破了传统的世界文明史框架。

正是在上述学术传统的基础上，1962 年斯塔夫里阿诺斯出版了《人类全球史》，1963 年威廉·麦克尼尔出版了《西方的兴起》，由此推动了世界史书写的变革和全球史的兴起。当然，20 世纪 90 年代之前，西方大多数历史学者仍然坚持民族国家框架，对欧洲中心论范式提出挑战的也只是少数学者。到冷战结束之后，随着全球联系和跨区域互动的增强，以及世界经济的一体化发展，全球史才有了发展的现实基础。

第二节　中国的世界史沿革

西方的世界历史有其自身的发展轨迹，中国的世界历史则是另一种发展模式。在某种程度上，中国的官修史书也是一种"世界史"。这种世界史有两个特点：其一，涉及的范围随着中国人世界观的扩大而扩大。《史记》的"列传"中包括南越、东越、朝鲜、西南夷，以及大宛。"大宛传"中记载了安息、条枝、大夏、身毒等国，这说明中国的视野已经到达了中亚、西亚和南亚地区。《后汉书》的"西域传"中又出现了大秦，说明当时的视野又拓展到了地中海。到唐代，中国对东南亚地区、拜占庭帝国和阿拉伯帝国的发展都有了一定程度的了解。《明史》中则有欧洲诸国和非洲一些地区的记载。其二，这种世界史带有一定的"天朝"色彩，基本以中国为中心展开。进入 18 世纪后，随着传教士将西方的世界史介绍进中国，中国出现了两种世界史并存

---

[19]　Arnold J. Toynbee, D.C. Somervell, *A Study of History, Abridgement of Volumes I-VI*, Oxford University Press, 1946, p.36.

的局面。中华人民共和国成立后，中国的世界史作为一个学科确立起来，世界史研究和教学也获得了飞跃发展，并逐渐发展成一个具有明显中国特色的世界史学科。本节将对 19 世纪前期到 20 世纪末世界历史在中国的发展进行简单梳理。

一、20 世纪中叶以前中国的世界史

19 世纪中叶至 20 世纪中叶是中国社会转型的重要时期，中国经历了自身主导的东亚体系崩溃和纳入西方主导的资本主义世界体系的过程，"天下"变成了"世界"。在中国知识分子"开眼看世界"和力图挽救民族危机的背景下，"世界史"进入了他们的视野并逐渐发展成为一个研究和教学的领域。这样，"世界史"作为舶来品在中国成长起来。同时，这种世界史的书写也深深打上了中国知识分子认识世界和抗争西方的烙印。最初，在"天朝观"的影响下，中国知识分子基于中国文化来理解和叙述西方及世界，于是出现了"中国主位视角"的世界史编纂。而当时以欧洲为中心带有欧洲中心论色彩的世界历史叙述，则是一种"西方主位视角"的历史书写。在这一历史时期的中国世界史发展轨迹中，随着中国国力及人们认知世界的变化，这两种世界史书写视角此消彼长，贯穿于整个中国世界史的编纂历史中。

第一次鸦片战争前后的世界史

鸦片战争前夕，中国人获取国外的历史知识主要有三种途径，一是以"二十四史"中"四夷传"和"外国传"为代表的官修史书，二是以介绍国外史地风俗为主的民间著作，三是外国传教士编著的报刊和书籍。然而，官修史书与民间著作记述域外史志，存在诸多不足，正如刘韵珂在《瀛寰志略叙》所说："近世志外域者，代不乏人。然或咫闻尺见，鄙僿无徵，浩引曲

称，浮夸鲜实。舛东西之界，奋鹏翻而稽程；误转注之方，调鴂音而变响，讹谬之袭，有识为讥。"[20] 在这种情况下，西方传教士输入的外国史地知识成为国人获取世界历史知识的重要途径。鸦片战争前在中国传播世界史知识的刊物主要以下几种。1815 年创刊于马六甲的《察世俗每月统计传》（Chinese Monthly Magazine），1823 年创办于巴达维亚（今雅加达）的《特选撮要每月统计传》（A Monthly Record of Important Selections），1828 年创办于马六甲的《天下新闻》（Universal Gazette），1833 年创刊于广州的《东西洋考每月统计传》（Eastern and Western Ocean's Monthly Investigation）。前三种期刊主要发行在东南亚，对中国影响相对较小。第四份杂志对中国影响较大，也比较重视历史，不仅刊登了麦都思（Walter Henry Medhurst）创作的《东西史记和合》（这是梳理东西方历史的最早尝试），而且增加了对其他国家历史的介绍，如埃及、瑞典、希腊等。此外，1838 年创办于广州的《各国消息》（News of All Nations），是第二份发行于中国的华文报刊，其中亦有少量介绍世界历史的内容，但其影响不及《东西洋考每月统计传》。鸦片战争前夕中国的"世界史"尚属于"西学"的一部分，主要是对外国历史的零散介绍，其中比较有系统的是郭士立的《大英国统志》和《犹太国史》。

鸦片战争的失败迫使一部分中国人"开眼看世界"，传教士介绍到中国的外国历史知识成为学者们关注的内容之一。然而，中国学者在吸收这些知识之时，一方面对其中体现的宗教史观提出了质疑，梁廷枏的《海国四说》第一篇便是"耶稣教难入中国说"。另一方面，他们将各种报刊中对世界历史的零散介绍梳理起来，编入了《海国图志》《瀛寰志略》，以及《海国四说》等著作。但是，这些著作从编纂视角来看，受到中国传统"天朝观"的影响很深，都是基于中国文化来理解和编纂西方传教士提供的零散材料。

---

[20] 徐继畬著，宋大川校注：《瀛寰志略校注》，北京：文物出版社，2007 年，第 2 页。

19 世纪中叶，以中国为中心、视西方为蛮夷的"天朝观"仍在中国知识分子的心中占有重要地位。例如《海国四说》中说道："我朝威德覃敷，无远弗届。朝鲜一国率先效顺，厥后琉球、越南、日本相继叩关，咸称属国，同奉正朔，久列藩封，方物贡期，胥归定则。此外，则西海穷陬，从古未通之国，靡不向化输诚，梯赆航琛，来庭恐后。"[21] 其他国家只是"叠受天朝怀柔"。[22] 中国知识界中存在的这种"天朝观"，与当时传教士们所介绍的带有欧洲中心论的"世界史"格格不入，成为包含世界史在内的"西学"传入的阻碍因素。另一方面，"天朝观"也影响到了世界历史叙述时的价值观。"天朝观"的基础之一是中国文化的优越性。虽然魏源、徐继畲、梁廷枏等人对西方国家的态度相对比较客观，但也很难完全摆脱贬低其他文化的倾向。梁廷枏在《合省国说》中认为美国人"喜谋利，……心无所用，获拥厚赀以自奉，所愿已足。又不读书……"[23]。英国人则"惟利是务"[24]。在叙述各国发展史时，作者也会用一些偏贬义的词汇。西方人这种唯利是图的形象与中国提倡的道德形成了鲜明的对比。因此，当时的中国学者希望借助中西交流，用孔孟"圣道"来改造整个西方世界。[25] 也就是说，中国不仅在政治和国际关系上处于世界中心，在文化上也是世界发展的典范。

因此这一时期的"世界史"，主要是中国主位视角的世界史，但也存在西方主位视角下的"世界史"，代表作是《外国史略》和《古今万国纲鉴》（Universal History）。《外国史略》为马礼逊父子所作，其内容为《海国图志》大量引用。根据《海国图志》引用内容判断，《外国史略》基本上是以洲为基础的国别史。这本书并未采取中国的表达方式，外国不再是低中国一

---

[21] 梁廷枏：《粤道贡国说》，《海国四说》，北京：中华书局，1993 年，第 164 页。

[22] 梁廷枏：《兰仑偶说·序》，《海国四说》，第 103 页。

[23] 梁廷枏：《合省国说·序》，《海国四说》，第 51 页。

[24] 梁廷枏：《兰仑偶说·序》，《海国四说》，第 103 页。

[25] 骆驿：《海国四说·前言》，《海国四说》，第 4 页。

等的"蛮夷",而是作为一个与中国完全对等的词汇。[26]《外国史略》不但没有体现出中国主位视角,而且还带有"欧洲中心论"色彩。例如,作者贬低亚非各国的历史,但对东方国家的西化却不吝赞美,此外还有意无意地将文明开化进步与基督教联系起来。[27]《古今万国纲鉴》的作者是郭士立(Karl Friedrich August Gützlaff),原出版于新加坡,后在中国重版。这部书的叙述重点是古代史,文艺复兴之前的内容几乎占了三分之二,其中古希腊和古罗马所占的篇幅尤多。[28]《古今万国纲鉴》以国别史为基础,体现出了欧洲中心论,在历史进程中强调上帝的作用,这与《外国史略》基本相同。

由上可见,两次鸦片战争间的"世界史"编纂有两个特点,一是中国主位视角和西方主位视角并存,但中国主位视角是主流。二是综合性的国别介绍是这一时期世界历史的主要形式。《海国图志》《瀛寰志略》等著作都是综合性的国别介绍。当时西方传教士受制于来华目的和自身知识范围,也没能全面地介绍世界历史,同样选择以民族国家为基础讲述历史。值得注意的是,《海国图志》和《瀛寰志略》的基本形式是国别介绍的叠加。按照这一思路,世界史可以是国别史的叠加,而这恰好是晚清世界史的主要形式。换句话说,综合性的国别介绍为日后世界史的编纂形式埋下了伏笔。

第二次鸦片战争到甲午战争期间的世界史

第二次鸦片战争之后,中国知识分子传统的"天朝观"发生了动摇,"师夷长技以制夷"的思想运动变成了"师夷长技以自强"的洋务运动,这种变化为世界历史的发展提供了契机。慕维廉翻译的《大英国志》、王韬的《法国志略》、黄遵宪的《日本国志》、林乐知翻译的《四裔编年表》、李提摩太翻译

---

[26] 邹振环:《西方传教士与晚清西史东渐》,上海:上海古籍出版社,2007 年,第 78—80 页。

[27] 邹振环:《西方传教士与晚清西史东渐》,第 80—83 页。

[28] 邹振环:《西方传教士与晚清西史东渐》,第 100 页。

的《泰西新史揽要》，以及谢卫楼编辑的《万国通鉴》等都是这一时期世界史的代表作。总体上说，这一时期世界历史的发展主要表现在以下几个方面。

第一，"世界史"书写的中国主位视角发生动摇，而西方主位视角得以延续。

这一时期，以"天朝观"为代表的中国主位视角仍是主流，但以宗教史观为基础的西方主位视角也体现在《万国通鉴》《泰西新史揽要》等著作中，而且一些传教士还试图对"中国中心观"提出挑战。英国传教士慕维廉（William Muirhead）翻译的《大英国志》不再求中西史学之同，而是开始述两种史学之异。作者在"凡例"中指出，"英史体例与中国不同，中国设立史官及起居实录，易代修史具有章程。泰西诸国无史官，士民皆得纪载国事。兹依英士托马斯·米尔纳所作《史记》译出，悉从原本。观者勿以中国体例例之"[29]。而且从书名看，"大英"一词也包含有与"大清"抗衡的意思。清末中国人开始真正了解并接受"万国"的概念，但仍认为中国是"天下之最大"，中国文化为"天下之最高"，于是仍自称"大清国"。为了和"大清国"平等地对应，英美教士也在自己的国家名称前加上"大"字，于是就有了《大英国志》《大美联邦志略》这样的书名。[30]另一方面，在中国学者纂写的世界史中，叙述上的中国主位视角开始丧失。王韬的《法国志略》和黄遵宪的《日本国志》表现得尤为突出。王韬的《法国志略》和《普法战纪》希望为中国的发展寻找借鉴。[31]这说明在他眼中，中国需要向西方学习，中国已经不再是世界的中心和典范。在黄遵宪笔下，日本已经不再低中国一等，而是一个与"华夏"和"泰西"诸国并列的国家。

第二，国别史从综合性的国别介绍中独立出来。

---

[29] 慕维廉译：《大英国志·凡例》，辛丑年复刻本。

[30] 邹振环：《西方传教士与晚清西史东渐》，第 127 页。

[31] 忻平：《王韬评传》，上海：华东师范大学出版社，1990 年，第 105 页。

随着第二次鸦片战争的失败，原先综合性的国别介绍已经无法满足中国了解世界的需要，于是出现了较为详细、独立成书的国别史，如前面提到的《大英国志》《法国志略》《日本国志》等。《大英国志》是中国近代最早翻译成中文的西方国别史著作之一。与之前概述性著作和文章相比，这本书比较系统地论述了英国的历史。《日本国志》和《法国志略》也比《海国图志》和《瀛寰志略》等更进了一步。魏源和徐继畬等人在纂写著作时主要依据的是书籍、报刊中的二手资料，他们对中国以外的世界缺乏直观感受。而王韬和黄遵宪不同，他们都亲身到过所叙国家，对法国和日本有比较全面的了解，这无疑大大地增加了著作的深度和广度。而且，除了介绍历史之外，作者还在书中探讨了这些国家走向富强的原因。

第三，世界史的形式日趋多元化。

除了国别史之外，这一时期的世界历史还出现了以下几种形式。其一，编年体世界史，以《四裔编年表》为代表。《四裔编年表》出版于 1874 年，由美国传教士林乐知（Young John Allen）和吴县严良勳同译，李凤苞汇编，是一部对照体的编年史，用表格的形式展现了东西方不同国家的历史发展。这部书上起少昊四十年壬子，下至同治元年，共四个年表，表一中列出的国家或地区包括日本、印度、波斯、小亚细亚、亚西里亚-巴比伦-西里亚、巴勒士登、希利尼（即古希腊）和埃及。其二，区域性的"世界史"，以《泰西新史揽要》为代表。《泰西新史揽要》原名《十九世纪史》，为英国人罗伯特·麦肯齐（Robert Mackenzie）所著，比较全面地记述了 19 世纪西方国家的发展史。该书由传教士李提摩太（Timothy Richard）口译，蔡尔康笔录。尽管科林伍德（Robin George Collingwood）斥之为"第三流历史学著作中最乏味的一些残余"[32]，但这本书在中国销量很大，对思想界产生了巨大的影

---

[32] 科林伍德：《历史的观念（增补版）》，何兆武、张文杰、陈新译，北京：北京大学出版社，2010 年，第143 页。

响，梁启超认为该书"述近百年来欧美各国变法自强之迹，西史中最佳之书也"[33]。其三，卷章体万国史，也就是世界通史雏形，以《万国通鉴》为代表。《万国通鉴》由美国传教士谢卫楼（D.Z.Sheffield）所著，全书将基督教的创世史与世界历史融合在一起，开篇先叙述亚当与大洪水之事，世界历史分为东西方两个部分。东方史分卷叙述了中国、蒙古、日本和印度的历史；西方史分为三卷，分别为"西方古世代""西方中世代"和"西方近世代"。这本书将西方通行的历史划分法介绍到了中国，《万国通鉴》也成了近代世界通史的雏形。

第四，出现了世界史相关理论的译介。

这一时期的世界史不再单纯介绍史实，而是出现了适用于世界史的理论——进化论。进化史观是近代最重要的史学思潮之一。在 19 世纪 80 年代，达尔文和斯宾塞的进化学说就已经进入中国。严复的《天演论》出版后，进化论从自然科学领域扩展到了社会科学领域，并成为一种广为传播的史学思想。梁启超的"史界革命"就以进化论和进化史观为基础。[34]《泰西新史揽要》中也包括了进化论思想。正如学者所说，"贯穿《泰西新史揽要》全书的是浓厚的进化论观点，它以西方各国的近代化改革为例，说明强盛之道并非与生俱来，而在于弃旧图新、勇于变革。"[35] 这种进化思想与中国近代的救国思想交相呼应，成为最早影响世界史的理论之一。

甲午战争到辛亥革命期间的世界史

中日甲午战争失败后，以康有为、梁启超为代表的知识分子阶层领导了一场思想运动，并在政治舞台上发挥了重要作用。在他们的推动下，中国进

---

[33]　马军：《泰西新史揽要·点校说明》，《泰西新史揽要》，上海：上海书店出版社，2002 年，第 2 页。

[34]　于沛：《世界史研究》，福州：福建人民出版社，2006 年，第 1—2 页。

[35]　马军：《泰西新史揽要·点校说明》，《泰西新史揽要》，第 1 页。

行了初步的政治改革。虽然戊戌变法以失败告终，但仍为清末新政创造了一些有利条件。1902年，清廷颁布了《钦定学堂章程》，即"壬寅学制"。1903年，张之洞会同张百熙制定了《奏定大学堂章程》，即"癸卯学制"。1905年，中央政府又废除了科举。这意味着旧式教育逐渐退出历史舞台。总之，这一时期有两个方面的变化，一是思想界空前活跃，二是新式教育兴起。这两点都为世界历史的发展创造了有利条件。这一时期世界历史的发展主要表现在以下几个方面。

首先，中国主位视角消失，西方主位视角逐渐成了主流。

中国主位视角的基础是以中国为中心的"天朝观"。按照这种观念，中国优于周边各国和外洋"诸夷"。1860年后，一部分人已经意识到，西方列强并非"蛮夷"，其实力远在中国之上。于是，各国地位发生了变化，西方国家优于中国。尽管中国失去了"世界中心"的地位，但仍然是亚洲东部地区的核心，这也是1895年之前国际上的普遍认识。但甲午战争彻底地改变了这一观点，中国输给了日本，不但失去了核心地位，而且逐渐沦为弱国。梁启超在1896年的《日本国志后序》中不无悔恨地写道："乃今知日本，乃今知日本之所以强，赖黄子也。又憯愤责黄子曰：乃今知中国，知中国之所以弱，在黄子成书十年，久谦让不流通，令中国人寡知日本，不鉴不备，不患不悚，以至今日也！"[36] 甲午战争使日本变成了强国，而中国成为了弱国。在这种认识下，中国古代的"天下"观大体已经消退无余。[37] 世界史编纂的中国主位视角随之消失。

在这一时期，中国学者在世界史方面贡献有限，而随着新式学制的推出，汉译外国世界史教科书却有了长足发展。这些教科书主要来自欧美和日

---

[36] 梁启超：《日本国志后序》，《日本国志》（下册），天津：天津人民出版社，2005年，第1006页。

[37] 陈廷湘、周鼎：《天下·世界·国家：近代中国对外观念演变史论》，上海：上海三联书店，2008年，第190页。

本，带有很强的"欧洲中心论"色彩，如重点讲述欧洲，强调欧洲在世界历史中的作用等。如果说前一时期的"欧洲中心论"是以宗教为基础的话，那么这一个阶段的"欧洲中心论"则是以政治、经济或国际关系为基础，这种"欧洲中心论"逐渐成为清末和民国时期世界历史的主流。

其次，国别史和世界通史得到进一步发展。

在国别史方面，清末十五年是国别史大发展的时期。根据学者统计，从19世纪前期到1919年，国别史和区域史有大约140种，其中将近100种出版于1895年到1911年之间。[38] 除了数量上的大幅增加外，涉及的范围也在扩大。以往的国别史以欧洲各国和日本为主，但在这一时期，欧洲各国历史虽仍是主流，世界其他国家的历史也开始进入了中国学界的视野。亚洲国家包括：吉备西村编的《朝鲜史》（1903）、中村正直的《日本全史》（1902）、引田利章的《安南史四卷》（1903）、樟时的《飞猎滨独立战史一卷》（1902）、《暹逻志》、亨德伟良的《印度史揽要三卷》（1901），此外还有《波斯史一卷》（1903）、《犹太史一卷》（1903）、《蒙古史》（1911）等；非洲国家包括：《埃及近世史》（1902）、《阿南新建国史》（阿南即德兰士瓦）等；美洲国家除了美国外，还有介绍加拿大历史的《振新金鉴》（1903）。在世界通史方面，清末也出现了几部有代表性的著作，如迈尔（Myers）的《迈尔通史》和本多浅治郎的《西洋历史教科书》等。这些著作都对后世学者产生了影响。与前一阶段被动接受传教士编译的通史著作不同，这一阶段中国已经开始主动引入外国的世界通史。

最后，文明史理论开始引入中国。

进化论是影响中国世界史最早的理论之一，但进化论并不是典型意义上的史学理论，而是社会思潮在历史领域的延伸。20世纪初率先传入中国的

---

[38] 张晓：《近代汉译西学书目提要：明末至1919》，北京：北京大学出版社，2012年，第347—388页。

西方史学思想是文明史。例如，家永丰吉所著的《西洋文明史之沿革》介绍了法国的文明史，巴克尔的《英国文明史》和田口卯吉的《日本开化小史》也相继传入中国。兰普雷希特的"文明史学"也在清末传入中国。尽管这种文明史长期得到学界关注，但其对世界历史的影响力相对有限，不及后来传入中国的鲁滨孙新史学派。[39]

民国时期的世界史

民国初年的社会文化环境为世界历史的发展创造了有利条件。其一，从社会大环境来看，新文化运动使学界思想活跃，这为世界史的发展提供了良好氛围；其二，清末出国的留学生有相当一部分在民国初年陆续学成回国，他们成了世界史发展的中坚力量；其三，民国初年各级学校得到恢复和发展，这为世界史的发展提供了一个平台。因此，在抗日战争爆发前，世界史迎来了又一个快速发展期，具体表现在以下三个方面。

第一，初步建立起了世界历史的框架。

在清末的基础上，国别史和区域史有了进一步发展。国别史仍然是这一时期世界历史的主要形式，根据《民国时期总书目》的统计，国别史和区域史不少于 300 种，而且涉及的国家进一步扩大，亚洲地区包括了蒙古、朝鲜、日本、越南、暹罗、马来亚、菲律宾、印尼、印度、阿富汗、土耳其等国的历史；非洲地区包括了埃及、埃塞俄比亚等国的历史；欧洲地区，除了一直受到关注的英国、法国、德国、俄国等传统诸强之外，像意大利、西班牙、葡萄牙、爱尔兰等国也受到了人们的关注。此外，对苏联发展历程的研究也是这一时期国别史研究的重点；美洲地区仍以美国史和加拿大史为主。清末的国别史和区域史主要译自日本学者的著作，而民国前期的相关著作在

---

[39]　张晶萍：《20 世纪上半叶兰普雷希特"文明史学"在中国的传播》，《史学理论研究》，2011 年第 1 期。

来源上变得更加多元，除了中国学者自己创作的之外，来自亚洲、欧洲、美洲的著作也都被介绍到中国，开拓了学界的视野。虽然这一时期的国别史和区域史有了长足的进步，但仍存在一定的片面性，例如撒哈拉以南的非洲和拉丁美洲地区的历史始终没有受到关注。

同一时期，世界通史也呈现出加速发展的趋势。清末的世界通史以翻译为主，民国初年时中国学者开始尝试创作通史类的教科书，比较有代表性的包括伍光建的《西史纪要》、傅运森的《东西洋史讲义》和《共和国教科书西洋史》、张相的《新制西洋史教本》，以及李泰棻《西洋大历史》等。其中以《西洋大历史》的影响最大。这部百万字的巨著分上古史、中古史、近古史和近世史四个部分，起于古埃及，止于巴黎和会。这是一部带有转型色彩的著作，性质介于翻译和创作之间，近似于编译。其优点在于叙史翔实，参考了大量的中、外文资料；缺点在于直接摘录他人著作的部分过多。所以作者在《例言》部分特别对此做出辩解："本编引用东西名著凡百余种，第三编以后每有引证必附原书章节于节后。今更标目于前，一以示不佞之无欺，一以供参考之门径。如云陈陈相因，有类剽窃，则兰台汉书半积腐史猥以轻才宁敢逃罪。"[40] 因此，尽管该书获得了广泛的关注，但并不算是一本高水平的著作。在 20 世纪 20 年代，中国学者创作的世界史通史增加到了 8 种左右，数量虽然没有大幅增加，但质量有了明显的提高。其中最具代表性的是陈衡哲创作的《西洋史》。截至 1949 年，该书连续出了 9 版，成为民国年间最有影响力的世界史著作之一。从 1930 年到 1937 年，通史类著作数量一下跃升到了大约 29 种，何炳松所著的《复兴高级中学教科书：外国史》就是其中的代表，此外还有余协中的《西洋通史》、陈其可和朱翊新的《世界史》、邢鹏举的《西洋史》、金兆梓的《高中外国史》等。

---

[40] 李泰棻：《西洋大历史·例言》，武学书馆，1926 年。

在这一阶段，世界史著作的数量和质量都进一步得到提高，加速发展的趋势明显。

除了通史，关注某一时段的世界史研究也逐渐发展起来。苏联学者波克洛夫斯基的《世界原始社会史》研究了原始社会；上古史有美国学者海斯和穆恩合著的《上古世界史》、曹绍濂编著的《西洋古代史》等；中世纪史包括了波查洛夫、约尼西亚合著的《世界史教程——封建社会史》、海斯和穆恩合著的《中古世界史》等；近代史数量最多，除去对第一次世界大战的专题研究外，大约有近30种，如英国平民协会编的《近代世界史》、朱公振的《近百年世界史》、李泰棻的《新著西洋近百年》等。

在这一时期，一些专题研究也受到了学界的关注。例如，政治史包括甄克斯的《政治简史》、许育英的《政治史纲》、冯节的《近百年国际政治史略》等；文化史包括刘炳荣的《西洋文化史》、美国学者桑戴克的《世界文化史》、日本学者西村真次的《世界文化史》、法国学者利舍的《世界文化史大纲》等；经济史包括山川均等人合著的《唯物史观经济史》等；社会发展史包括德国学者米勒利尔的《社会进化史》、蔡和森的《社会进化史》，以及普莱勃拉仁斯基的《世界社会史纲》等。

总之，这一时期的世界历史，从空间维度来看，已经涵盖了以民族国家为基础的国别史，以某一地区为研究对象的区域史，以及包括全球大部分地区的世界史；从时间维度来看，对原始社会、上古史、中世纪史和近代史进行了分段叙述；从专题内容来看，人类发展的主要方面，如政治、经济、文化和社会发展，也都成了世界史关注的对象。尽管尚存在许多空白，研究不够深入，但世界历史的基本框架在这一时期已经初步成形。

第二，与世界史相关的史学理论在中国得到更广传播。

20世纪初进入中国的文明史虽然受到了学界的关注，但并没有转化成可以指导世界史发展的理论。进入民国后，更多的史学理论从西方传入中国，并对中国的世界历史产生了影响。其中影响最大的是鲁滨孙新史学派和马克思主义史学。

鲁滨孙新史学的传入始于民国初年，鲁滨孙学派在中国的传播有两个特点：第一个特点是对鲁滨孙史学的介绍比较系统。这体现在两个方面，其一是全面地介绍了鲁滨孙史学的代表人物及其代表作。鲁滨孙、比尔德、巴恩斯、肖特韦尔、海斯、桑戴克等人都被介绍到了中国，他们的部分代表作也出了中译本。其二是译著全面地反映了鲁滨孙史学的成果。其中既有理论著作，如鲁滨孙的《新史学》和《心理的改造》，又有具体的世界史著作，如海斯与穆恩合著的《上古世界史》《中古世界史》《近世世界史》和《世界史》；既有偏重文化的作品，如桑戴克的《世界文化史》，又有对政治的研究，如比尔德的《美国政党斗争史》《美国政府与政治》《政治的经济基础》等。总之，中国学界对鲁滨孙史学的介绍，比较全面地反映了新史学的研究成果，这些著作从不同角度为世界史的发展提供了借鉴。第二个特点是时间跨度长。1924 年，何炳松翻译的《新史学》的出版推动了鲁滨孙史学在中国的传播。从 1924 年到抗战前的 1936 年是鲁滨孙史学的黄金期，先后有 20 余种代表作被翻译成了中文。抗日战争时期和解放战争时期是世界史发展的低潮期。但在此期间，也有几部鲁滨孙史学的译著问世，其中比尔德的《美国宪法的经济观》出版于 1949 年。总之，鲁滨孙史学的传播前后持续了大约 30 年的时间，新史学始终没有淡出学界的视线。除了引进、吸收新史学的代表作外，该学派的嫡传弟子中很多人都创作了体现新史学思想的世界史著作，如黄凌霜的《西洋知识史发展纲要》、刘英士的《欧洲的向外扩张》、王国秀的《英国中世妇女生活史》等。陈衡哲的《西洋史》与何炳松的《外国史》系列教科书也在一定程度上受到了鲁滨孙新史学派的影响。

马克思主义也对中国世界历史的发展产生了巨大影响。中国的马克思主义世界史有两个来源。一个来源是日本，上田茂树的《无产阶级世界史》

和《世界历史》，以及山川均等人合著的《唯物史观经济史》在 20 年代末被译介到中国。其中，上田茂树的著作反响较大，他的著作突出了世界历史的三种属性，即世界史的革命性、学术性和进化性。"革命世界史"以阶级为中心，上田茂树认为，劳动阶级是革命的主体，阶级斗争是革命的表现，无产阶级胜利是革命的结果。"学术世界史"表现出了一种"宏观思想"，作者主张世界史研究应该跨越民族国家的界限，将世界视为一个整体，从宏观和跨文化交流的角度研究历史发展。而进化性则是以经济为中心，世界历史进化的过程，也就是人类经济形态发展的过程。中国马克思主义世界史的另一个来源是苏联，代表作是波卡洛夫等人合著的《唯物史观世界史》。《唯物史观世界史》原名《阶级斗争史教科书》，原书共 5 册，中文本只翻译出版了 3 册。这两个来源的世界史著作各有特点，上田茂树著作的特点是"以史辅论"，以史实为主，理论为辅，将辩证唯物史观寓于世界历史的叙述中。而山川均的著作以及苏联世界史著的特点是"以论引史"，以理论为主，史实为辅，重点是阐述马克思主义的基本原理。在引进上述著作的同时，中国学者也创作了体现马克思主义的世界史著作。杨贤江的《今日之世界》是《无产阶级世界史》的"续篇"，梳理了从第一次世界大战结束到 20 年代末的世界历史发展，是对"革命世界史"的继承和发展；刘叔琴的《生活进化史 ABC》则是继承和调整了上田茂树著作中的历史进化观。此外，刘叔琴与人合著的《开明世界史教本》也在一定程度上体现出马克思主义史学的影响。

第三，开始对"欧洲中心论"提出质疑。

清末，中国学界对从西方引进的世界史框架基本持肯定态度，对其中包含的"欧洲中心论"也未做反思和批判。但这一情况在第一次世界大战后发生了变化，这场战争使欧洲作为"世界中心"的地位发生了动摇，学者开始对欧洲能否作为世界历史发展典范进行反思，陈衡哲与何炳松就是其中的代表。陈衡哲在《西洋史》中提出了"国际主义"。他说："国际主义的目的，是在求人类的彼此了解，及各国文化成为世界的共产；他的重要工具，是世界的永久和平。"[41] 在他看来，各国文化都是世界历史发展的基础，这就动摇了欧洲作为世界文化中心的地位。在书中，陈衡哲还特别强调中国文化的重要性。"以己国对于文化的贡献，视为国家荣誉的标准者，于是他们便能以藏兵毁甲为发达国家个性的第一步骤了。这犹之高尚孤洁之士的不以富贵利禄而以一己的人格来作为生命成败的标准一样。"[42] 不以富贵利禄为荣的"高尚孤洁之士"是比较典型的中国士大夫形象。可见，陈衡哲希望中国传统文化能成为未来世界的标杆之一，这个呼吁再次表明作者希望中国文化能够融入世界文化，并纠正西方文化所带来的偏差。

另一方面，何炳松在《复兴初中史》里提出了有别于"欧洲中心论"的"世界重心论"："旧式外国史总以欧洲一洲为中心；东洋史则以中国一国为中心。欧洲和中国固然为东西两洋文化的重心，不可忽视；但亦不宜偏重。"[43] 这样，世界历史就从"一个中心"变成了"两个重心"。"世界重心论"与"欧洲中心论"有两点区别。首先，"欧洲中心论"以文化不平等为基础，而何炳松的文化史观更强调文化的平等性。在他看来，虽然各国文化对世界文化的贡献有大小之分，但文化本身并无高低优劣之别，世界文化是所有文化共同积淀的产物。这一观点与陈衡哲的观点有相似之处。其次，"欧洲中心论"体现了文化交流的单向性，也就是说，西方文化优于其他文化，因此在文化交流上片面突出西方文化的输出，而世界其他地区只能被动地接受。而何炳松的"世界重心论"则体现了文化交流的多向性，任何一种文化既是文化的输出者，也是文化的接收者，世界重心本身就是文化多向交流的产物。这就

---

[41]　陈衡哲：《西洋史》（下册），北京：商务印书馆，1929 年，第 324 页。

[42]　陈衡哲：《西洋史》（下册），第 324 页。

[43]　何炳松：《复兴初级中学教科书：外国史·编辑大意》，上海：商务印书馆，1934 年，第 1 页。

使欧洲文化作为"价值高地"的地位受到了冲击。

抗日战争开始后，中国的世界史研究陷入低谷，但也存在一些亮点。首先，一些被侵略国家和地区的历史得到了关注。以往的国别史和区域史主要以欧洲、亚洲和美洲的大国为主，小国往往受到忽视。但在抗日战争时期，同样受到法西斯侵略的弱小国家逐渐受到了学界的关注，这在一定程度上增加了国别史和区域史的全面性。例如，1943 年起，重庆商务印书馆陆续出版了英国学者哈威（G.E.Harvey）三卷本的《缅甸史》。1941 年，独立出版社出版了《波兰兴亡鉴》和《捷克兴亡鉴》。1944 年，该出版社又出版了刘英士翻译的《波兰的过去与现在》。世界书局于 1940 年出版的《近东民族奋斗史》分 11 章介绍了两次世界大战期间伊拉克、叙利亚、巴勒斯坦、沙特阿拉伯、阿曼、也门、阿富汗、突尼斯、阿尔及利亚等国的反帝民族解放运动。其次，民族独立史成了这一阶段的特点之一。1937 年，刘平出版了《近代国家统一过程的研究》。1937 年到 1938 年，吴清友的《现阶段的世界民族解放运动》《世界民族解放战争的教训》分别由当代青年出版社和光明书局出版，该书介绍亚非拉解放形势以及弱小民族的出路。傅纬平的《民族抗战史略》则兼顾中外，甲篇从黄帝战蚩尤讲到抗日战争，乙篇从希腊抗击波斯讲到一战。据不完全统计，民国年间涉及民族独立和民族解放的历史约有 15 种，除一本出版时间不明外，其中 9 种出版于 1937 年到 1945 年之间。总之，反抗侵略和民族独立成为了抗日战争时期世界历史的重要主题之一。

1949 年，周谷城的《世界通史》出版，这部著作"打破了国别史集合的世界史著作旧框架，力求从部分与全体的对立统一角度，综合鸟瞰人类社会发展中的全局或统一整体"[44]。"周谷城写的是中国人心目中的世界史，而非对欧美学者撰写的世界通史的重复或复制"，可以说这是"我国第一部有

---

[44] 张志哲:《周谷城及其〈世界通史〉》,《世界历史》, 1985 年第 10 期。

现代科学意义的《世界通史》"[45]。这部通史的问世表明中国的世界历史迈上了一个新台阶。

综上所述，中华人民共和国成立之前的世界史经历了三方面的变化。第一，视野逐渐扩大。从鸦片战争前后零散的国别介绍，发展到 19 世纪后半期的国别史和区域史，再到清末和民国时期的世界史，中国世界史涉及的范围不断扩大。第二，水平不断提高。两次鸦片战争时期的世界历史主要起到了普及世界史知识的作用，水平有限。但从 19 世纪 70—80 年代开始，中国出现了世界史的相关理论，从晚清的进化论、文明史，到民国时期的鲁滨孙新史学和马克思主义史学，适用于世界史解释的理论得到发展。之后，中国学者逐渐摆脱照本宣科，开始在引进的基础上探讨西方史学理论的中国化，陈衡哲的《西洋史》、何炳松的《外国史》系列教科书，以及杨贤江的《今日之世界》等都是这方面的代表，这为日后的世界史发展奠定了基础。第三，对世界史的态度渐趋客观。鸦片战争后的世界史在很大程度上受到了"天朝观"的影响，仍然将西方国家视为"蛮夷"。在甲午战争后，随着"天朝观"的瓦解，世界史又倒向了"欧洲中心论"，认为西方是世界历史发展的标杆。虽然这一倾向在民国时期一直存在影响，但在第一次世界大战后，部分知识分子也对欧洲的发展模式产生了怀疑，开始比较客观地思考相关问题。陈衡哲的《西洋史》和周谷城的《世界通史》就是这种努力的表现。总之，中国的世界史经历了一个从片面强调中国，到片面强调西方，再到比较客观地看待世界历史发展的过程。这一转变表明世界历史在中国的发展正在逐渐走向成熟。

然而，1949 年之前中国的世界史毕竟才刚刚起步，很多方面不够成熟，

---

[45] 于沛：《中国世界历史研究的理论成就》，《社会科学战线》，2012 年第 2 期。

因此也存在一些不足。第一，受"欧洲中心论"的影响。历史叙述上的"欧洲中心论"从19世纪上半叶的《外国史略》和《古今万国纲鉴》中便已经存在，并一直延续到民国时期。当然，陈衡哲与何炳松都从不同角度对"欧洲中心论"提出了质疑，但有突破"欧洲中心论"之心而无突破之力。第二，世界历史中不包含中国，忽视了中国在世界史上的地位。在鸦片战争前后，世界历史无中国的苗头就已经出现了。如果将《海国图志》和《瀛寰志略》视为中国世界历史的雏形，那么中国只是象征性地出现在了这些著作中。清末"癸卯学制"规定文学科分九门，一为中国史门，二为万国史门。这就在世界史教学层面上初步确立了"中国史"与"万国史"的二元结构。民国初年，北大制定的新学制不再将中国史学和万国史学分为两门，而是在同一门即"历史学门"下，将科目分为两类，一类是"中国史及东洋史学"，另一类是"西洋史学"。[46] 这些内容虽然因种种原因未能实施，但却开了世界史和中国史在高校分科的先河。除了高校外，民国政府也制定了各种学制，这些学制延续了清末的思路，确定了中国史与世界史在教学上的分离，因此当时编写的世界史教科书绝大部分都是以"西洋史"或"外国史"的形象出现的。例如，傅运森的《共和国教科书西洋史》、张相编辑的《新制西洋史教本》、陈衡哲的《新学制高级中学教科书：西洋史》、何炳松的《新时代高级中学教科书：外国史》（上册）和《复兴高级中学教科书：外国史》等。这种学制上的"二元结构"在中国长期成为中国史和世界史之间的一道鸿沟，从而将中国排除在世界历史之外。第三，以民族国家史为主要研究对象，世界史变成了国别史的相加。有学者统计，从1822年到1900年，在中国出现的世界史译著中，有38部是国别史和地区史，而同一时期的世界通史和世界各国志只有11部，编年史、年表和年鉴约有7部，远低于国

---

[46] 尚晓明：《北大史学系早期发展史研究（1899-1937）》，北京：北京大学出版社，2010年，第77页。

别史和地区史的数量。[47] 截止到 1919 年之前，在传教士译介过来的世界史著作中（含同一著作的不同版本），国别史和区域史将近 140 种，而通史类著作约有 40 种。[48] 到了民国时期，国别史仍然是世界历史的主流。根据《民国时期总书目》的统计（含同一著作的不同版本），国别史和区域史的数量约在 350 种上下，而世界通史不足 90 种，其中包括了译著和中国学者为大、中学创作的世界史教材等。[49] 实际上，即便是在通史中，也基本上是以论述民族国家为基础的。也就是说，当时的世界史是国别研究或区域研究的简单叠加，没有成为一个有机的整体。

二、20 世纪下半叶中国的世界史

自 1949 年中华人民共和国成立以来，中国的世界史研究经历了一个曲折发展的过程。这种曲折发展，既是中国社会变迁的结果与写照，也是中国世界史学者对世界史内涵的认知发生变化的反映。因此这一时期的中国世界史研究，在不同阶段具有鲜明的时代主题。在某种意义上可以说，中国的世界史学科在其发展过程中，其研究理论与方法一直存在着一个学习借鉴和选择何种外国史学理论的问题，而中国社会不同阶段的社会政治状况又影响到这种选择的取向。这样，根据中国社会不同的时代特征与世界史研究的学术取向及研究状况，我们可以把 20 世纪下半叶中国的世界史研究分为两个阶段：20 世纪 50—70 年代和 20 世纪 80—90 年代。

---

[47]　邹振环：《西方传教士与晚清西史东渐·附录二》，第 401 页。

[48]　张晓：《近代汉译西学书目提要：明末至 1919》，北京：北京大学出版社，2012 年，第 347—388 页。

[49]　北京图书馆编：《民国时期总书目》（历史·传记·考古·地理）（上），北京：北京图书馆出版社，1994 年，第 14—18 页、第 373—413 页；北京图书馆、人民教育出版社合编：《民国时期总书目》（中小学教材），北京：书目文献出版社，1995 年，第 222—228 页。

20 世纪 50—70 年代中国的世界史

1949 年中华人民共和国成立后，中国的社会经济经多年战争创伤之后百废待兴，如何建设社会主义成为摆在中国人民面前的重大任务。当时中国的国家性质及其所面临的国际局势，使中国做出了"一边倒"而向苏联学习的选择，在政治、经济、文化等各方面都学习借鉴苏联的经验。在这种背景下，20 世纪 50—60 年代中国的世界史研究与学科体系，也以"苏联体系"为蓝本初步建立起来。世界历史"苏联体系"在中国世界史学界中的支配性影响，一直持续到 20 世纪 80 年代。

世界历史的"苏联体系"以苏联科学院组织编写的 10 卷本《世界通史》为代表，它的一个最基本的特点是以历史唯物主义基本原理来指导世界史的研究与编纂。正是在这种指导思想和历史条件下，这套通史的编纂者认为，阶级斗争是阶级社会发展的动力。至于世界历史发展的主线，他们认为，世界历史是一个由低级向高级不断发展的有规律的过程，任何一个地方都要遵循这一规律，即依次经历原始社会、奴隶社会、封建社会、资本主义社会和社会主义社会这五种社会形态。这五种社会形态的演进与世界历史划分为古代、中世纪、近代和现代四个时期相一致。这一世界历史的主线，正体现了他们所主张的"历史的全部内容就是阶级斗争"。这套《世界通史》在内容的选取和编排方面，虽然在一定程度上对各地区之间的相互影响给予了关注，但总的来说还是国别史的组合，缺乏世界历史的整体观。

以苏联科学院《世界通史》为代表的历史研究及编纂的"苏联体系"，不仅是一种世界史模式，也是一套世界史话语体系，随着这套通史及一些苏联史学著作译成中文，这一话语体系对中国的世界史研究和编纂产生了深刻影响，以致整个 20 世纪 60—70 年代，这套话语体系主导着中国的世界史研究与教学。1962 年，周一良、吴于廑主编的 4 卷《世界通史》出版，这是一套全国通用教材，代表了当时我国世界史研究的总体水平，对当时我国高校世界史教学与研究起了重要促进作用。然而，这套教材所用的编纂体系，不免带有时代的烙印。吴于廑先生在回顾这套教材时说："解放以来，编著和译述世界史，一个较流行的体系是按社会发展的分期，以'先进'地区或国家进入某一新阶段为断，逐一叙述各地区、各国或各民族的历史。我参与编写的四卷本《世界通史》，就是沿用的这个体系。这多少是一种分期的各国历史汇编，看起来很全面，但还不能说是综览世界全局、从全局考察其演变过程的世界历史。"[50]1974 年，北京大学历史系简明世界史编写组编写了一套 3 卷本《简明世界史》，这套教材的编者声称，他们在编写过程中，"力图破阶级调和论，着重阐明几千年的文明史就是阶级斗争的历史；破帝王将相决定论，论证人民群众是创造历史的真正主人；破'欧洲中心论'，恢复世界各国人民、特别是第三世界各国人民的历史的本来面目"[51]。从这一世界史体系来看，既有"苏联体系"的影响，又有当时"文化大革命""左"的影响。

事实上，学术上的苏联话语体系与政治上的革命话语体系，始终影响着 20 世纪 60—70 年代的中国世界史研究，这就使得当时中国的世界史研究具有鲜明的时代主题和特征，资本主义殖民侵略史、殖民地民族解放运动史、国际共产主义运动史等成为世界历史研究的重要领域。例如，华中师范大学历史系世界近现代史教研组在 1959 年发表了一篇文章《毛泽东同志论"帝国主义和一切反动派都是纸老虎"对学习近现代史的指导意义》，文中提出："毛主席的这一原理，用之于世界近代史方面，那就是要阐明：资本主义战胜封建制度的过程；工人运动和马克思列宁主义的诞生、发展和走向胜利的过程；殖民地半殖民地人民反抗资本主义国家压迫和奴役的民族解放斗争的过程；资本主义国家相互矛盾最后发展至世界大战的过程。这四条线索是互相联系贯穿着整个近代史，尤其以工人运动和马克思列宁主义的革命理论的

---

[50]　吴于廑：《吴于廑自传》，《晋阳学刊》1983 年第 4 期。

[51]　北京大学历史系简明世界史编写组：《简明世界史》"编者说明"，北京：人民出版社，1974 年，第 1 页。

发展作为世界近代史的主干。对于世界现代史来讲那就是：阐明由十月革命所开始的社会主义在一国的建成及其成为世界体系与资本主义总危机的开始发展和深刻化的历史，即由资本主义向社会主义过渡的必然规律。"[52] 这篇文章所表达的对世界历史的理解，在当时具有代表性。中国世界史学者在当时所形成的独特的世界历史观和对世界史内涵的认知，由此可见一斑。

在这种背景下，中国的世界史研究还是取得了一些成就。周一良、吴于廑在主编了《世界通史》之后，还主编了一套配套的《世界通史资料选辑》，在当时的学术环境下，为世界史研究与教学提供了最基本的史料。这一时期的主要世界史著作还有：钱亦石的《简明世界近代史》（1950），刘祚昌的《美国独立战争简史》（1954）和《英国资产阶级革命史》（1956），郭圣铭的《世界古代史新编》（1955），吴于廑的《古代的希腊和罗马》（1957），刘思和的《世界中世纪史讲义》（1957），刘启戈的《世界中世纪史》（1957），季羡林的《印度简史》（1957）、《中印文化关系史论丛》（1957）和《1857—1859年印度民族起义》（1958），蒋孟引的《第一次世界大战》（1957），周一良的《亚洲各国古代史》（1958），王立达的《朝鲜三一运动》（1962），纳忠的《埃及近现代史》（1963），刘宗绪的《法国资产阶级革命》（1965），上海师范大学《世界近代史》编写组编写的《世界近代史》（1973），北京大学历史系世界史专业工农兵学员和北京军区炮兵部队理论组编写的《沙皇俄国侵略扩张史》（1976），《国际共产主义运动史》编写组编写的《国际共产主义运动史》（1977）等。另外，这些学者在《历史研究》《历史教学》《光明日报》以及北京大学、南开大学、复旦大学、武汉大学、北京师范大学、南京大学等高校学报上，发表了一些世界史研究的论文。当然，这些成就主要是在20世纪50年代至60年代初取得的，"文化大革命"期间的成果非常稀少。

---

[52] 华中师范大学历史系世界近现代史教研组：《毛泽东同志论"帝国主义和一切反动派都是纸老虎"对学习近现代史的指导意义》，《华中师范大学学报》（人文社会科学版），1959年第3期。

这一阶段，中国的世界史体系引入和借鉴了"苏联体系"，但并不意味着中国学者就没有自己的独立思考。事实上，在研究和教学中使用"苏联体系"之时，一部分有思想的世界史学者一直在思考和探讨构建世界史体系的问题，代表人物就是雷海宗、周谷城和吴于廑。

雷海宗先生早期的史学思想受到斯宾格勒的文化形态史观影响，但在20世纪50年代转向以唯物史观来分析世界历史，并以此进一步提出了其宏观世界史思想。关于以往世界史中的欧洲中心论倾向，他在《世界史上一些论断和概念的商榷》一文中提出了自己的看法，其中谈到"地理大发现"这一概念时指出，它"是欧美各国资产阶级历史学者的一个惯用名词，后来在殖民地化或半殖民地化的大部世界也不加思索地予以援用"，其实"'发现'一词乃纯欧洲立场的名词，其中并且含有浓厚的侵略及轻蔑的意味"，"建议今后在世界史中只用'新航路的发现'或'新航路的开辟'一类的词句，而不用'地理大发现'"。[53] 此类问题，已经涉及世界史叙述的话语问题，对于如何构建去欧洲中心论的世界史体系，具有启发意义。

周谷城先生早在20世纪30年代提出"历史完形论"之时，便强调世界历史的整体性。在1949年出版的《世界通史》中，他提出世界通史并非国别史之总和，欧洲通史并非世界通史之中心所在，[54] 并以此来指导这一通史的编纂。因此，他的《世界通史》是从整体观出发编纂世界史的有益尝试。1959年，周谷城先生发表《史学上的全局观念》一文，进一步阐述了其世界历史的整体观，提出"历史自身是复杂众多的统一整体，它的各部分互相联系着，互相依靠着，互相制约着"。"研究世界史，不能不利用国别史；但国别史之和，究竟与世界史不同；我们不能把国别史之和看成世界史"。[55]

---

[53]　雷海宗：《世界史上一些论断和概念的商榷》，《历史教学》，1954年5月号。
[54]　周谷城：《世界通史》"弁言"，石家庄：河北教育出版社，2000年，第3页。
[55]　周谷城：《史学上的全局观念》，《学术月刊》，1959年第12期。

1961 年，他在《评没有世界性的世界史》一文中，从世界历史的整体观出发，批评了世界历史编纂中的欧洲中心论。他指出，"世界史，顾名思义，应该是关于世界整体的历史，应该具有世界性。事实不然，所有的世界史教科书，截至今日为止，无论是进步的或不进步的，几乎都以欧洲为中心，俨然欧洲史一样"。"世界史不应以欧洲为中心。"因此他提出加强亚、非、拉丁美洲史的研究与教学，"世界史书中如果也从正面叙述亚、非、拉丁美洲史，那便是新体系之一端。……否定以欧洲为中心的世界史，建立具有新观点新体系的世界史的时候已经到了"。[56]

吴于廑先生一生致力于具有中国特色的世界史体系的构建，早在 1964年，他分析了世界史领域中由古及今的各种中心论，并且指出，"处于今天的时代，如果能产生这样一部世界历史，它既体现了世界各地区、各国、各族历史发展规律是一致的，又体现世界历史怎样由不是整体的发展成为整体的，那么，这部世界历史就会打破过去这样或那样的中心主义，就会排除地区或种族的偏见，就会具有世界观点，也就会强烈地反映时代的特征，为当代无产阶级的革命利益服务。这样，也就会摆脱过去剥削阶级、特别是西方资产阶级史家所制订的世界史体系，突破它的习惯势力，使世界史这门学科呈现新的面貌"[57]。这一整体世界史观，他后来在 20 世纪 80 年代做了进一步阐述。

这些关于世界史研究与编纂体系的思考，对于构建具有中国特色的世界史体系是一个良好的开端，对于我们今天仍然具有重要的启迪意义。然而，由于当时的社会环境与学术条件，后来又遇上"文化大革命"期间学术的荒废，使得这种思考在当时并没有付诸世界通史编纂的实践。

---

[56]　周谷城：《评没有世界性的世界史》，《文汇报》1961 年 2 月 7 日。
[57]　吴于廑：《时代和世界历史——试论不同时代关于世界历史中心的不同观点》，《江汉论坛》，1964 年第 7 期。

20 世纪 80—90 年代中国的世界史

从 1978 年开始，中国世界史研究的政治与学术环境开始改善，遭到破坏的研究和教学工作开始恢复。正是这一年，《世界历史》创刊，世界史专业研究生恢复招生，各个世界史分支学科的全国性研究会也相继成立，学术研究与讨论迎来了科学的春天。因此，从 20 世纪 70 年代末起，随着中国政府的工作重心从以阶级斗争为纲转移到以经济建设为中心上来，提出了建设四个现代化的目标，世界史研究也开始转变为服务于现代化建设这一目标。陈之骅的《世界史研究与四个现代化》一文便代表了当时中国世界史研究的致用取向。作者在文中号召世界史工作者正确理解和执行"古为今用""洋为中用"的方针，坚持实事求是、一切从实际出发的治学方法，解放思想、勇于实践，使世界史研究更好、更有效地为四化建设服务。[58] 这样，以阶级斗争为主要内容和以革命话语编纂的世界历史，逐渐让位于以社会经济发展为主线的世界历史。世界史研究的领域在 80 年代不断得到扩展，除了以往的政治史外，经济史、文化史、国际关系史也得到了重视。当然，20 世纪80 年代，由于"文化大革命"造成了中国世界史研究中的学术断裂，而新的世界史体系尚未建立起来，使得此时的世界史研究，在很大程度上仍然沿用着"苏联体系"，一些 60 年代探讨的热点问题也得以继续。例如，关于"亚细亚生产方式"问题，资产阶级革命史，亚非拉民族解放运动史，国际共产主义运动史等，在去除了一些政治口号的情况下，得到了进一步深入的研究。到 90 年代，随着中国改革开放的深入和经济快速发展，高校的历史院系也得到了较大发展，新一代世界史工作者成长起来，在这种背景下，中国的世界史研究成果以几何级数增长起来，大量世界史专著问世。

在这一阶段的世界史研究成果中，经济史、文化史和现代化研究成为一

---

[58]　陈之骅：《世界史研究与四个现代化》，《世界历史》，1979 年第 5 期。

个突出的亮点，并反映了当时中国世界史学者的关注点。在经济史与现代化研究中，西欧由封建社会向资本主义社会过渡的问题、西欧社会工业化与现代化的问题，又成为世界史研究的重要热点问题。例如，吴于廑、陈勇等对十五、十六世纪世界史的研究，戚国淦、陈曦文、刘新成等对英国都铎时期的研究，侯建新等对西欧社会经济转型的研究，钱乘旦、陈晓律等对英国社会变革及其现代化的研究，罗荣渠、丁建宏等对西欧各国工业化与现代化的研究，都产生了较大影响。在文化史方面，周一良主编的《中外文化交流史》和《中日文化关系史论》，沈福伟的《中西文化交流史》，都是这一时期重要的文化交流史著作。周谷城、庄锡昌等人组织编写的《世界文化史》丛书，从80年代末到90年代初陆续出版了40本世界文化史方面的译著和专著，产生了较大的影响。另外，刘家和、王敦书、刘文鹏等人对世界上古史的研究，马克垚、朱寰、刘明翰等人对西欧中世纪史的研究，齐世荣、沈志华等人对现代国际关系史的研究，杨生茂、刘祚昌、刘绪贻、李剑鸣等人对美国史的研究，于沛、张广智等人对西方史学史及史学理论的研究，等等，都取得了较大成就。

这一阶段在世界通史方面的主要成果，有崔连仲、刘明翰、刘祚昌、徐天新等人分别主编的《世界史》古代、中世纪、近代、现代、当代各卷，吴于廑、齐世荣先生主编的6卷本《世界史》等。吴于廑、齐世荣主编的《世界史》，可以说是中国学者为摆脱"苏联体系"的影响并构建有中国特色世界史体系的有益尝试。吴于廑先生在1978年教育部召开的全国高等学校文科教学工作座谈会上，提出"世界史是宏观历史。宏观历史的特点之一就是视野要比较广阔，把国别史、地区史、专史的内容加以提炼、综合、比较，相同的地方看到它是一，有特殊的地方看到它是多，做到一和多的统一，来阐明世界历史的全局发展，阐明各个时期世界历史的主潮。……必须超越国别史和地区史，绝不是把国别史、地区史以一定的结构汇编在一起就是世界史了"[59]。随后，他从世界史的宏观视野出发，先后发表了 4 篇颇有影响的论文：《世界历史上的游牧世界与农耕世界》（1983）、《世界历史上的农本与重商》（1984）、《历史上农耕世界对工业世界的孕育》（1987）、《亚欧大陆传统农耕世界不同国家在新兴工业世界冲击下的反应》（1993）。这些成果所体现的宏观世界史观念，集中表述在他为《中国大百科全书·外国历史》（1990）撰写的"世界历史"词条中。他在此提出，世界历史是人类历史自原始、孤立、分散的人群发展为全世界成一密切联系整体的过程，这个过程包括纵向发展和横向发展两个方面，纵向发展指人类物质生产史上不同生产方式的演变和由此引起的不同社会形态的更迭，横向发展指各个地区由彼此分散到逐步联系密切，终于发展成为整体的世界历史。[60] 正是在这种世界历史从分散到整体并注重纵横联系的思路指导下，吴于廑和齐世荣先生主编了 6 卷本《世界史》（1994）。这一教材对横向联系的关注，将中国作为世界的一部分置于整体世界历史之中，是为弥补我国以往教材中的薄弱环节、进一步改善世界通史体系作出的努力。但是，正如吴先生在该书总序中所说的，"如何运用正确的理论和方法对世界历史的发展进行全局而非割裂的考察"在中国史学家面前仍是一个"方在开端"的任务。[61] 所以这套《世界史》在描述世界的横向发展方面还是显得力不从心。

20 世纪 80 — 90 年代，随着中国的改革开放，中国世界史学者的对外交流日益增加，学术研究也日益与国际接轨，这样，一些外国史学思潮与理论也传入中国，尤其是符合中国经济建设需要的"现代化理论"，在中国世界史研究中产生了广泛影响。在这种背景下，一些学者提出在坚持马克思主义

[59] 吴于廑：《关于编纂世界史的意见》，《武汉大学学报（人文科学版）》，1978 年第 5 期。
[60] 吴于廑：《世界历史》，《中国大百科全书·外国历史》第 1 卷，北京：中国大百科全书出版社，1990 年，第 1—5 页。
[61] 吴于廑、齐世荣主编：《世界史》，"总序"，北京：高等教育出版社，1994 年，第 9 页。

唯物史观的前提下，以现代化为主题来构建世界史学科体系。罗荣渠先生是现代化研究的力倡者，他认为，马克思主义是从生产方式演变的视角来考察人类社会演进的，但过去长期在苏联理论界的影响下，用五种生产方式的单线演进来解释世界历史，这是对马克思主义史学理论的"认识偏向"。他由此提出了"一元多线历史发展观"及其基本框架。[62] 钱乘旦、杨豫、陈晓律在《世界现代化进程》一书中提出，"现代化是一次巨大的社会变动，是人类文明的一次转换，它在工业生产力取代农业生产力的基础上，实现了农业文明向工业文明的转化。换句话说，现代化是一种新的文明形式（工业文明）逐渐确立的过程，它包含着整体的社会变动"[63]。由此他们认为，现代化是世界近现代史的主题。这种看法，与 90 年代史学领域中的现代化研究相互促进，产生了较大的影响。然而，以现代化为主题来构建世界史体系，强调的是纵向的社会变迁，关注的是各国各地区的现代化进程及其内在动力，对世界的横向联系和不同文明之间交往的作用关注得不够。

综上所述，20 世纪下半叶，由于中国获得了民族独立与和平，世界史也成了教育体制中的一个学科，由此推动了世界史在中国的发展。但是，由于政治因素和"文化大革命"的影响，世界史研究和教学在发展中也经历了曲折，打上了明显的时代烙印。而且，20 世纪上半叶中国世界史研究中所表现的不足，如欧洲中心论倾向、将中国排除在世界史之外、世界史研究以国别史为主等，这些问题在这一时期仍然存在。因此，中国的世界史学科建设任重而道远。

---

[62] 罗荣渠：《现代化新论》，北京：北京大学出版社，1993 年，第 52—80 页。
[63] 钱乘旦、杨豫、陈晓律：《世界现代化进程》，南京：南京大学出版社，1997 年，第 2 页。

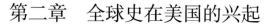

第二章　全球史在美国的兴起

从 20 世纪中叶开始，美国的威廉·麦克尼尔、马歇尔·霍奇森、列夫顿·斯塔夫里阿诺斯、菲利普·柯丁，英国的杰弗里·巴勒克拉夫等人倡导从事世界史教学和研究，批评当时欧美世界史编纂中的欧洲中心论偏见及其整体观和联系观的缺失，并以他们的研究和教学实践发展出了一种"新世界史"，这种从整体观、互动观出发强调世界横向联系并力图避免欧洲中心论的新世界史，也就是"全球史"。虽然美国的许多学者在从事其全球史研究和教学时，并没有使用"全球史"而仍然沿用了"世界史"这一名称，但在史学理念、研究方法和书写内容上已不同于传统的世界史，反映了当代全球化背景下的一种史学新趋势。全球史作为一种史学新趋势并非某个人的功劳，也不存在一种统一的全球史模式，而是各种新世界史实践汇聚的结果。因此，全球史的教学和研究实践从一开始在美国出现，就表现出了不同的探索路径，并且到 20 世纪 90 年代之后随着研究队伍的扩大而呈现出多元化发展的趋势，其内部存在不同观点的争鸣。

第一节　全球史研究和教学在美国的出现

全球史作为一种新史学实践首先出现于美国。第二次世界大战后的最初 20 年，随着美国及西方世界的经济、交通及通信技术的飞速发展，世界的全球化初见端倪，1960 年已有人提出"地球村"的概念，虽然这一现象在当时并没有引起学术界的普遍重视，但面对世界这种一体化发展的趋势，少数学者开始思考在此影响下出现的新问题。在美国史学界，也有少数学者觉得把世界作为一个整体来理解越来越重要，于是倡导开展世界史的教学和研究。当时，美国历史研究和教学中并没有世界史这个学科，外国史研究主要分散在日益兴起的区域研究（area studies）之中，以民族国家为单位是历史研究中的主流。在这种背景下，一些学者率先突破民族国家的框架，从全球视野来理解一些历史现象，从而在美国开创了一个历史研究的新领域——"世界史"或"全球史"。因此，20 世纪 40—70 年代是美国世界史（全球史）研究和教学初见端倪的阶段，而 80 年代随着研究者和世界史课程的增加，世界史（全球史）作为一个历史学新兴分支学科的条件在美国趋于成熟。到 90 年代，世界史（全球史）学科在美国正式确立起来。

一、全球史先驱者的探索

全球史在美国的兴起离不开几个先驱者的开拓和努力。20 世纪 80 年代之前在美国从事世界史（全球史）研究和教学的先驱人物，主要有威廉·麦克尼尔、马歇尔·霍奇森、列夫顿·斯塔夫里阿诺斯、菲利普·柯丁、阿尔弗雷德·克罗斯比、伊曼纽尔·沃勒斯坦等。本节试图通过对这些先驱者从事全球史探索的介绍，帮助读者对全球史在美国的兴起形成一个大致的了解。

威廉·麦克尼尔

威廉·麦克尼尔（William H. McNeill，1917—2016）是学界公认的美

国全球史研究的开创者之一。早在 1936 年，他在阅读了汤因比《历史研究》的第一卷之后，就产生了撰写一部世界史的想法，但由于第二次世界大战等原因而一直没能动笔。1947 年，他进入芝加哥大学工作，主要从事西方文明史教学，于是在 1949 年出版了教材《西方文明史纲》。这虽是一本西方文明史教材，但其内容编排也在某种程度上体现出了一种世界史视野的萌芽。全书共分三个部分，第一部分标题为"世界历史中的西方文明"，而第二部分"古典文明"中也设了两章西方之外的文明，即"拜占庭帝国和文明"和"阿拉伯世界"，第三部分是"欧洲文明"。1951—1952 年，麦克尼尔受阿诺德·汤因比的邀请参与撰写"国际事务概览"系列，于 1953 年出版了《美国、英国和俄国：它们的合作和冲突（1941—1946 年）》。在这部著作中，麦克尼尔把第二次世界大战看作一场"全球性战争"，把美、英、俄三国的合作与冲突置于宏大背景下来理解，试图"把大同盟的历史适当地纳入世界史的结构"。他认为这种史学实践虽然"是对智力的一种挑战"，但"值得作出初步的努力"。[1] 从 1954 年起，麦克尼尔才着手撰写他那部构思已久的世界史。经过数年的努力，这部著作终于在 1963 年出版，这就是使他一举成名的《西方的兴起：人类共同体史》。

《西方的兴起》全书分为三部分，即"公元前 500 年之前中东主导的时代""公元前 500 年至公元 1500 年欧亚文化的均势"和"1500 年至今西方主导的时代"，用中心与边缘之间文明互动和文化传播来解释世界历史的变迁。这部著作受到汤因比文明观的影响，但它又在某些方面超越了汤因比的《历史研究》。因为，麦克尼尔不仅将西方的兴起置于全球背景下来思考，而且将文明作为一个单位从全球文明互动来理解欧洲的发展，从而挑战了强调欧洲内在因素的欧洲中心论观点。对于这一思路的来源，他在回忆录中说道：

---

[1] 威廉·哈代·麦克尼尔：《美国、英国和俄国：它们的合作和冲突（1941—1946 年）》，叶佐译，上海：上海译文出版社，1978 年，第 1145 页。

"汤因比的影响及其身后悠久的学术传统引导我选择独立的文明作为世界历史图景的主要行为体。另一方面，我摒弃了年轻时无比重视的周期范式，反而着重强调周围文明和民族之间因互动与交流带来的持续不断的创新性影响，尤其秉承我在雷德菲尔德和其他人类学家那里习得的，特别关注技术转移。这是我与汤因比的主要分歧所在。"[2] 正因为如此，他在承认受汤因比影响的同时，也直言不讳地说，这一著作的成功直接处取于他与汤因比的决裂。

在麦克尼尔的《西方的兴起》中，我们看到的是一种以文明互动为主线的宏大历史场面。这一思路在其后的《世界史》中得到进一步发展。《世界史》于 1964 年写成，1967 年出版，全书分为 4 个部分：公元前 500 年之前世界古老文明的形成及概况，公元前 500—公元 1500 年各文明的平衡发展，西方主宰世界，走向全球大一体。这一框架明显由《西方的兴起》发展而来。因此在该书中，文明互动仍然是理解和叙述世界历史变迁的核心工具。钱乘旦先生评价说，也许麦克尼尔坚信"作为世界历史，只有文明间的互动才有意义，所以在《世界史》的这一部分，麦克尼尔的着眼点几乎全部在文明的互动上。……在麦克尼尔眼中，文明是历史的行为主体，所以他的叙述是以文明为单位的，换句话说：如果把麦克尼尔的《世界史》比作一个舞台，那么舞台上的人物是'文明'，故事发生在'文明'之间"[3]。这种从文明互动视角来解读世界历史的思路，在后来麦氏父子合著的《人类之网》（2003）中便进一步发展成了文明之网，通过对世界历史进程中的文明互动进行网络化想象，建构出一部人类文明网络化发展的全球史，以此来描述世界从分散到整体的一体化发展历程。

---

[2]　威廉·麦克尼尔：《追求真理：威廉·麦克尼尔回忆录》，高照晶译，杭州：浙江大学出版社，2015 年，第 72 页。

[3]　威廉·麦克尼尔：《世界史》（第四版）（英文影印版），北京：北京大学出版社，2008 年，"导读"第 7 页。

麦克尼尔的世界史宏大视野和将文化交流看作文明发展的主要动力，从方法论上来说主要得益于人类学的启迪。他在 1973 年出版的《欧洲历史的塑造》一书，实际上就是为第十一届国际人类学和民族学大会而准备的，其中第 1-2 章的理论探讨，带有强烈的从人类学来反思历史学的色彩。他断言，没有一定的结构视野，历史会变得不可理解。因此他反对历史研究只用所谓"科学的"方法，把研究范围限定在一个狭小的领域内，对一个细小的题目力图穷尽所有的史料，以此寻求"真相"，而不去考虑将此类大量的专论组合成易于理解的历史，更不管历史的大结构和大体系。[4] 他提出，考据式的研究只是历史学者工作的一部分，历史学家的任务应该是去认识以往人类行为中那些有意识和无意识的文化模式，并观察这些模式是如何随时世迁移而演变的。历史研究应该以易于理解的方式将各种史料组织起来，滤去没有意义的细枝末节和背景"杂音"，将关注点放在真正具有意义的重大事物上。[5] 通过这些理论思考，他最后指出："我的结论是，大部分有文字记载以来的历史，历史变迁的主要驱动力是陌生人之间的接触，因为这引起了相遇的双方重新思考甚至在某些情况下改变他们习以为常的行为方式。"[6] 正因为这种跨学科的理论借鉴，有学者指出："麦克尼尔将人类学成果运用到历史研究中，从而开创了世界史写作的新时代。"[7]

从全球视野和文明互动视角来审视人类历史上的传染病也是麦克尼尔的一个关注点。他关于这方面的著作，主要有《瘟疫与人》（1976）和《人类状况：一个生态的和历史的视点》（1980）。麦克尼尔在《瘟疫与人》一书中，从宏观世界史的视角，描述和分析了人类社会自狩猎时代至近代医学诞生这

---

[4] William H. McNeill, *The Shape of European History*, Oxford University Press, 1974, pp.18-19.

[5] William H. McNeill, *The Shape of European History*, pp.24-28.

[6] William H. McNeill, *The Shape of European History*, p.42.

[7] 黄红霞：《20 世纪早期美国文化人类学家对麦克尼尔的影响》，《史学理论研究》，2012 年第 1 期。

一历史长河中，传染病与人类社会演进相伴随并相互影响的历史，把传染病的传播置于文明互动中来理解，由此阐明了传染病在人类历史变迁和文明发展中所扮演的角色。当然，由于史料的局限，加之这一开拓性研究尚无其他前人成果可以借鉴，这部人类传染病史主要探讨了欧亚大陆及近代美洲的传染病情况，对于非洲及大洋洲涉猎很少。尽管如此，它仍不失为一部全球传染病史的奠基之作。《人类状况》是由麦克尼尔的两场演讲构成的一本小册子。他提出该书的目的，是要摆脱以往历史学家从政治、经济或文化视角来理解人类社会的模式，而是将生态学的理念和术语引入历史研究之中，把"微寄生"（microparasitism）和"巨寄生"（macroparasitism）看作一对深刻影响人类生活的孪生变量，并试图寻找这对变量的转化模式。他把微寄生和巨寄生比喻为一台石磨，微寄生是下磨石，巨寄生是上磨石，人民大众则是中间的碾磨之物。"文明民族的民众"受这"两种形式的寄生"控制和剥削，往往只能勉强维生。[8] 因此，这本书倾注了麦克尼尔对普通民众的关注，以微寄生和巨寄生两个范畴来理解历史变迁中一般民众的生存状况。同时，这本书也对《瘟疫与人》中所阐述的传染病与人类文明的关系，做了进一步的理论思考与概括。麦克尼尔从全球史和文明互动的视角对传染病的研究，柯娇燕给予了高度评价："麦克尼尔在其著作中对传染性疾病的讨论具有巨大的影响，因此在长达十多年的时间里，疾病被当作是新的跨文化接触的结果，而且传染病对贸易、定居、政府和防御等体系的深远影响，成了寻求一种全球或世界视角的历史学家研究的焦点。"[9]

---

[8]　William H. McNeill, *The Human Condition: An Ecological and Historical View*, Princeton: Princeton University Press, 1980, pp.6-8.

[9]　柯娇燕:《什么是全球史》，刘文明译，北京：北京大学出版社，2009 年，第 66 页。

马歇尔·霍奇森

马歇尔·霍奇森（Marshall G. S. Hodgson，1922—1968）是另一位新世界史探索的先行者，他与麦克尼尔不约而同地走上了全球史的探索之路。霍奇森于 1956 年进入芝加哥大学工作，研究伊斯兰文明，给学生开设这方面的课程，但他对世界史的兴趣很早就有了，他年轻时候的书信中就有许多有关世界史学术观点的表达。例如，他的书稿《世界史的统一性》（一直未能出版）和后来一些文章中的观点，在他 1941 年（当时是芝加哥大学本科生）的书信中就已有提及。霍奇森于 1968 年去世时年仅 47 岁，他的主要著作是后来由别人整理出版的。

1941 年，霍奇森 19 岁时就写过一篇论世界史的文章，但在当时并未发表，后来不断修改，1944 年才以《世界史和世界观》为题发表。在该文中，霍奇森对以欧洲为中心的世界史观做了批评，并提出了一些克服的办法。他认为，要理解欧洲，不能只从欧洲内部因素来考察，而应该把欧洲置于世界之中。"如果我们开始研究世界作为一个整体的历史，并且不以我们声称的那种偏颇的方式来研究它，我们会发现，欧洲史（它各个时期社会的、经济的、艺术的、宗教的历史）基本上一直（至少直到最近）是文明总体发展中的一个从属部分（a dependent part）。这样研究它，我们就会对欧洲和人类都有一种新理解。"[10] 因此，研究世界史非常重要。而且，世界史研究除了其本身的史学价值外，它也是打破西方人的民族优越感（ethnocentrism）的一种特别合适的途径，因为世界史可以提供给人们一个理解特定历史的整体框架，通过学习世界史可以获得一种必要的世界观。正是基于这一看法，他说：

---

[10] Marshall G. S. Hodgson, *Rethinking World History: Essays on Europe, Islam, and World History*, Edited by Edmund Burke III, Cambridge University Press, 1993, p.37.

现在，如果最重要的是我们的历史学家和社会科学家要从总体上建立一种"全球的"（global）世界观，那么我们就有许多事情可做。尤其是我们应该做两类事情：首先是鼓励世界历史的撰写。我确信可以这样说，现有的历史书没有一本试图要展示出一个整体图景，在这个图景中不过分突出欧洲及整个旧世界文明的发展。其次，即使现在做不到这点，我们也不应该继续谈论那些语汇而使人们头脑中形成一幅歪曲的世界图景，使得我们不幸已有的狭隘观念持续下去，从而妨害人们根据"全球的"世界来思考的可能性。[11]

接着，霍奇森提出为实现这一目标应避免的三类词语，其中之一是要避免用"东方"和"西方"来指称世界文明中互补的两半。他认为，泛指非欧洲文明的"东方"，至少包括三种不同的文明，即近东文明、印度文明和中华文明，其总体要大于"西方"，因此把"东方"和"西方"对等地称呼，不仅意味着西方文化等于其他文化的总和，也忽视了"东方"内部存在的巨大差异。在文章的结尾，霍奇森提出希望有人能够撰写一部"真正的世界史"。

"半球区际史"及其方法在霍奇森的世界史理论中占有极其重要的地位。1954年，他在联合国教科文组织主办的《世界史杂志》上发表了《作为一种世界史方法的半球区际史》一文。在这篇论文中，霍奇森提出世界史作为一个独立的研究领域，基于世界史层面（world-historical level）的研究不仅是可能的，而且非常重要。因此他从以下三个方面进行了论述。首先，他从"世界史"的界定出发指出了半球区际史的意义。他提出，世界史绝不仅仅是世界上诸多国家或地区各个历史的总和，而是那些任何地方史都涵盖不了的宏大舞台上发生的进程，这种进程决定了人类在文化上作为一个

---

[11]　Marshall G. S. Hodgson, *Rethinking World History: Essays on Europe, Islam, and World History*, p.38.

整体的可能性。而在过去 3000 多年中，由欧洲、中东、印度和儒家文化区构成的东半球文明带，通过内部互动和外部扩张而支配了全球，东半球这种超越文化区域的区际发展史，正好适用于世界史研究。把半球作为一个整体来研究，可以避免我们将它分为"东方"和"西方"两部分的研究取向。其次，霍奇森探讨了作为一种世界史研究路径的区际史和区际历史复合体（the interregional historical constellation）。他提出，区际史的一种重要研究方法，就是把事件置于整个历史复合体的关系之中来考察，也即考虑到事件在区际发展中的相互依赖关系。这样的研究，就既关注了事件的相互影响，又考虑到了它们处在世界中作为一个整体的共同的地理、文化和经济背景。他认为，在区际历史复合体内部，各区域文明的力量是变化的，由此它们在其中所扮演的角色及其相互关系也会发生变化，并进而引起整个半球区际复合体的变化。最后，霍奇森探讨了世界史研究和表述中的取向（orientation）问题，批评了以往西方取向对历史的扭曲，并指出了半球区际史对于克服历史研究中西向曲解（westward distortion）的重要性。他提出，应该从区际观点出发把世界看作一个整体，但这对于西方人来说更多的是一个心理问题。因为自西方取得世界霸权以来，他们关于人类世界的观念被扭曲并成为习惯，由此损害了他们看待历史的世界视野。在西方思维中（这种思维实际上也影响了世界上的许多地区），西方是世界的中心，世界的发展归功于西方，"东方"社会则处于静止和无变化状态。这种思维影响的结果是造成了对历史的西向曲解，世界史成了一幅这样的图景：西方文明最早追溯到埃及和巴比伦，然后是希腊和罗马，接着是西北欧，自此亚得里亚海以东的历史便消失了，此后的西方就是世界。这样，整个故事似乎是文明本身在稳定地向西移动。霍奇森把这种历史叙述模式称为"西向历史模式"（Westward pattern of history），并指出区际史对于纠正这种模式具有重要意义。他提出，从世界历史的观点来看，重要的不是欧洲史本身，而是它在区际史中的作用；对西方内在历史的关注，遮蔽了我们的视野而没有把它看成更广阔世界中的一员。因此，我们应该重新定向（reorientation），转向区际的观点，而作为探讨世界史重要途径的半球区际史，正是解决重新定向问题的最好办法。半球区际史在摆脱西向曲解而确立起世界史的研究方法（world-historical approach）中极为重要。[12]

1963 年，霍奇森发表《历史上各社会之间的相互联系》一文。这篇论文在某种程度上是对《作为一种世界史方法的半球区际史》的修改和发展，使其关于历史复合体和半球区际史的理论得到进一步简述。在这篇论文中，他首先指出西方人地理视野中的世界概念存在偏见，欧洲在世界地图中被赋予了一个与其自然大小不成比例的地位，这种各地区不平等的地图扭曲了我们的观念。然后，他批评了西方人历史视野中的世界概念，认为这种概念使人们对于世界主体部分形成了一种典型的以种族为中心的二分法——自我和他者、希腊人和野蛮人、西方人和东方人等，历史的"主流"流经西方，而东方处于孤立和停滞状态。接着霍奇森论述了前现代时期的欧亚非历史复合体。他认为，人们通常把欧亚非的文明地区划分为欧洲、中东、印度、远东（中国和日本）四个相对独立的核心区域，这是一种不完善的历史抽象概念，实际上这四个区域共同构成了一个单一的、宏大的文化发展的历史复合体。这个复合体不是一个静态的历史背景，它不断扩张、发展。在这个复合体内，任何较小的历史实体都是不完善的整体，只有作为一个整体的欧亚非地区，才能为理解其中一些基本的历史问题提供一个宏大的背景框架。[13]

霍奇森最重要的代表作是其 3 卷本的著作《伊斯兰文明的历程：世界文

[12] Marshall G. S. Hodgson, "Hemispheric Interregional History as an Approach to World History", in Ross E. Dunn (ed.), *The New World History: A Teacher's Companion*, Boston: Bedford/ St. Martin's, 2000, pp.113-123.

[13] 马歇尔·G. S. 霍奇森：《历史上各社会之间的相互联系》，载夏继果、杰里·H. 本特利主编《全球史读本》，北京：北京大学出版社，2010 年，第 22—43 页。

明中的良知和历史》。[14] 这是一部没有完成的著作，霍奇森在 1968 年去世时只完成了原计划的三分之二，但他生前出于教学的需要曾出版过其中前面部分。1958 年出版过《伊斯兰文明史》，1961 年又出了 2 卷《伊斯兰文明的历程》。1974 年，他生前的同事对其书稿进行整理，出版了 3 卷本的《伊斯兰文明的历程》，这 3 卷的副标题分别是"伊斯兰文明的古典时代""中世纪伊斯兰文明的扩张"和"火药帝国与现代时期"，反映了伊斯兰文明的发展历程。霍奇森在这部著作中试图确立起一种具有整体性和连贯性的伊斯兰文明史的模式，因此他特别强调从尼罗河到阿姆河地区的重要性，强调伊斯兰国家在世界背景下的中心地位，以及伊朗的观念和文化在伊斯兰文明中的中心地位。这一著作的最大特点是将伊斯兰文明各个时期的发展置于世界（严格来说是他所倡导的半球区际）之中来理解，使得它并不局限于一部伊斯兰文明的历史概览，同时也避免了历史书写中的西方视角。在这一点上，它与麦克尼尔的《西方的兴起》有异曲同工之妙。另外，霍奇森在这部著作中还创造了一些新术语，如"伊斯兰世界"（Islamdom）、"伊斯兰社会的"（Islamicate）等。

列夫顿·斯塔夫里阿诺斯

正当威廉·麦克尼尔和马歇尔·霍奇森在芝加哥大学分别从事世界史的探索之时。在西北大学芝加哥市埃文斯顿校区的斯塔夫里阿诺斯，也在积极从事世界史教学和全球通史的编纂。芝加哥一时成了美国世界史研究的一个重要中心。

列夫顿·斯塔夫里阿诺斯（Leften S. Stavrianos，1913—2004）从美国克拉克大学获得博士学位，1946 年起任教于西北大学，早在 20 世纪 50 年

---

[14] Marshall G. S. Hodgson, *The Venture of Islam: Conscience and History in a World Civilization*, 3 vols., Chicago: The University of Chicago Press, 1974.

代就开始在西北大学开设世界史课程。他在 1958 年提交给美国历史学会年会的论文《世界史的教学》中，提出世界史教学应该突破以欧洲史为中心的框架，除欧洲史外还应包括非洲史、中东史、印度史和中国史等，由此使这种教学具有一种全球视野（global perspective），使世界史课程和教材的组织建立在全球性的基础之上（on a global basis）；另一方面，对于欧洲在近代早期世界历史上的作用，也要从全球视角（global viewpoint）来理解。不仅如此，斯塔夫里阿诺斯还在文中呼吁，不能仅仅把世界史看作一门教学的课程，还要把它当作一个像欧洲史和美国史那样的研究领域。[15]1962 年，斯塔夫里阿诺斯与几个学者共同主编了一本教材《人类全球史》（A Global History of Man），对整个人类历史做了概要性描述，并试图克服以往世界史中那种以欧洲为中心的历史叙事。这一书名表明斯塔夫里阿诺斯成为英语世界中最早使用"全球史"（global history）这一名称的学者之一。当然，"全球史"这一名称在此后的 20 多年中并没有流行开来，到 20 世纪 90 年代这一概念才被学者们广泛接受并大量使用。但是，斯塔夫里阿诺斯一直坚持使用这一概念，并逐渐形成了自己对于世界史和全球通史编纂的看法。1964 年，他发表《世界史编纂中的全球视野》一文，指出当时美国世界历史教学中存在的问题，并提出了自己的解决方案。他认为，当时美国大多数所谓的世界历史课程其实只是讲授西方文明，几乎不提及亚洲和非洲，其基本框架是：古代近东、古典希腊和罗马、西北欧、美国。结果造成"世界史"课程忽略了世界上大约四分之三人口的历史。因此他建议，应把世界历史课程和西方文明课程区别开来，不能混为一谈，教师要么讲授西方文明，要么讲授世界史；如果选择讲授世界史，教师就应该具备一种新的全球视野（new global perspective）。他对这种视野做了具体解释：

---

[15]   L. S. Stavrianos, "The Teaching of World History," *Journal of Modem History,* 31 (June 1959): 110-111, 113-116.

这种新视野是什么意思？包括哪些？它的意思是一个栖身于月球而不是安居在伦敦、巴黎或华盛顿的观察者所具有的视野。它的意思是对于每一历史时期，我们感兴趣的是具有全球性意义而不是地区或国家层面意义的事件或运动。更具体地说，它意味着这样一种认识：古典时代的中国汉朝和罗马帝国在各个方面都是平等的；中世纪时期的蒙古人比《大宪章》更为重要；近代早期俄罗斯在陆地上的扩张和西欧在海上的扩张，都同样比宗教改革或宗教战争更值得关注；今天，具有全球性重要意义的发展与冷战集团或危机没有关系，而是与西方霸权的衰落有关，与新的全球关切（如对生态的关注）的出现有关。[16]

从斯塔夫里阿诺斯对"全球视野"的解释可以看出，它首先是一种广阔的视野，其次是在这种视野下注重历史事件的全球性意义，第三是从这种全球性意义出发来评判历史事件。因此，他所说的"全球视野"是一种观察历史和评判历史的新视角。这种观点在其后的著作中做了进一步发挥。1966年，他出版了《全球史：1500年以后的世界》，1970年又出版了《全球史：1500年以前的世界》，于是完成了一部具有广泛影响的全球通史。在这部教材中，斯塔夫里阿诺斯专辟一章引言来说明"世界史的性质"，对他多年来形成的关于世界历史的看法做了概要地说明。他说：

> 本书是一部世界史，其主要特点就在于：研究的是全球而不是某一国家或地区的历史；关注的是整个人类，而不是局限于西方人或非西方人。本书的观点，就如一位栖身月球的观察者从整体上

[16] Leften S. Stavrianos, "A Global Perspective in the Organization of World History", in Heidi Roupp (ed.), *Teaching World History: A Resource Book*, New York: M. E. Sharpe. Inc., 1997, p.8.

对我们所在的球体进行考察时形成的观点，因而，与居住伦敦或巴黎、北京或德里的观察者的观点判然不同。……对历史进行全球性探索的方法（global approach）是现代历史编纂学的崭新起点。……人类历史自始便有一种不容忽视、必须承认的基本的统一性。要确切认识西方的历史或非西方的历史，没有一个包含这两者的全球性观点（global overview）是不行的；只有运用全球性观点，才能了解各民族在各个时代中相互影响（interaction）的程度，以及这种相互影响对决定人类历史进程所起的重大作用。……正如西方历史不是西方各国历史的总和，世界历史也不是世界上各种文明的总和。……世界史的舞台是全球而不是某一地区，因此，研究重点应放在那些具有世界性影响的运动之上。[17]

斯塔夫里阿诺斯的全球史教材在美国受到好评，他关于全球通史编纂的观点也在史学界产生了广泛影响。不仅如此，随着他的教材翻译成各国文字，他的观点也产生了世界性的影响。

菲利普·柯丁

菲利普·柯丁（Philip D. Curtin, 1922—2009）也是美国世界史（全球史）领域的开创者之一。他于 1953 年从哈佛大学获得博士学位，专业是英帝国史，他的毕业论文写的是 1830—1865 年牙买加（曾为英国殖民地）的历史。博士毕业后，他到斯沃斯莫尔学院工作。1956 年，他转到威斯康辛大学麦迪逊分校任教，从此在那里一直工作到 1975 年。正是在威斯康辛大学这段时间里，他创立了"比较世界史"（Comparative World History）的培养项目，

---

[17] 斯塔夫里阿诺斯：《全球通史：1500 年以前的世界》，吴象婴、梁赤民译，上海：上海社会科学院出版社，1999 年，第 54—56 页。括号内的原文为笔者所加。

招收这个方向的博士研究生；在学术研究方面，他将关注点转移到英属非洲殖民地，从而开创了"大西洋史"这个新领域；在学术研究和教学实践的基础上，他探索出了一套跨文化比较世界史的研究方法。由于他这些具有开创性并颇具特色的研究及其教学实践，以他为首参加"比较世界史"项目的同事及学生，被称为世界史的"威斯康辛学派"。[18]

柯丁刚到威斯康辛大学时，学校的区域研究中有拉丁美洲和南亚的跨学科研究，但历史研究部分非常薄弱，历史系中除研究欧洲史和美国史的老师外，只有他和一个东亚史老师。这种情况在当时的美国是一种普遍现象，不仅忽视对欧美之外历史的研究，而且还对欧美之外的世界存在偏见。柯丁在1964年的《非洲史》一书中，对当时美国人的世界历史观提出了批评。他说：

> 1945年之后美国在世界上的新地位要求有一种新视野，……我们以前的世界历史观是扭曲的，……过去的历史叙述，不是试图根据现代世界的历史来解释它，或者去追踪人类文明的兴起，而是从美国出发，探求美国文明的根源。实际上，那就是"向后讲授历史"——回顾北美大陆的殖民时期，然后回溯到欧洲，再回溯到西方中世纪，罗马，希腊，以及近东的古代文明。这种"世界史"模式不仅穿越时间，而且也跨越空间，跨过地球的四分之一从美索不达米亚跳跃到美国。它甚至不是我们自己祖先的历史，……这种"世界史"实际上是那些民族的历史，我们后来发展成美国文明的技术和文化大部分是从他们那里借鉴来的。按照客观的标准，这是一种非常扭曲的世界历史观，但它服务于一个目的，它确实有助于解释现代美国生活方式的起源。因此，它有足够的理由被扭曲。当我们

---

[18] Craig A. Lockard, "The Contributions of Philip Curtin and the 'Wisconsin School' to the Study and Promotion of Comparative World History", in Ross E. Dunn (ed.), *The New World History: A Teacher's Companion*, pp.59-70.

忘记了它是扭曲的，并相信它真是现代世界的历史的时候，就会出现误解的危险，⋯⋯我们甚至不努力去讲授世界史，而只讲授根据时间往回推的美国史。[19]

柯丁力图以自己的实践来纠正美国人这种被扭曲的世界历史观。他在威斯康辛大学积极推动世界史的研究和教学，在他的努力下，一些志同道合者加入了进来。于是，他们在1959年开设了一个培养博士的项目"比较热带史"（Comparative Tropical History），其目的有两个：一是帮助博士生在学习和研究内容广泛的非西方历史时，避免历史知识过于零碎；二是在对学生进行跨学科的区域研究训练时，对学生进行历史学科的跨区域训练，以平衡区域研究中对区域的过分专门化。因此这一项目强调的是把现代"第三世界"的历史置于全球情境中来研究，并注重不同区域的研究者之间的思想互动。为了达到这一目标，组织以跨区域跨文化比较为主题的研讨会（seminars）便成了这一项目的核心。后来，这一项目改名为"比较世界史"，并在美国历史学界产生了广泛影响。关于"比较世界史"的含义，柯丁以世界历史上的跨文化贸易为例的解释是："'比较'，是因为它概括了与跨文化贸易相关的特定现象，并从中寻找相似点及不同点；'世界'，是因为它力图摆脱西方种族中心主义的观点，而并非要囊括所有地区的活动；'历史'，是由于它所涉及的是一段相当长时间内发生的变化。"[20]

柯丁认为，在美国大学普遍重视西方文明史而忽视世界史的情况下，加强世界史教学的途径通常有三种。第一种是开设世界史概览课程，但为了使它在具有真正的世界视野方面有可操作性，往往限于某一时段，如"20世纪世界史"。第二种是具有广阔视野的区域史研究，例如已有的西方文明，

---

[19] Ross E. Dunn (ed.), *The New World History: A Teacher's Companion*, p.59.

[20] 菲利普·D.柯丁：《世界历史上的跨文化贸易》，鲍晨译，济南：山东画报出版社，2009年，"前言"第1页。

新兴的大西洋区域、印度洋世界等。第三种是从全球视野出发，以发生在世界几个地区的历史现象为主题进行探讨，这就是比较世界史，它完全不同于世界史概览。柯丁积极从事和竭力倡导的正是这种世界史。柯丁在开设"比较世界史"课程的同时，自己的学术研究也与教学同步，因此他出版了一系列这方面的著作。在其半个多世纪的职业生涯中，总计出版了 20 部著作，其中大部分是专著，少数是主编的论文集。

1955 年，他以博士论文为基础出版了第一部专著《两个牙买加：观念在一个热带殖民地中的作用（1830—1865）》。他将牙买加的奴隶制置于非洲贩奴、欧洲资本主义和西印度群岛种植园经济这个广阔的背景中，第一次提出了"南大西洋体系"这个概念。1964 年，他在其《非洲的形象：英国的观念和行动（1780—1850）》一书中，从英国与西非接触的认知和观念入手，探讨英国人非洲形象的形成，因而突破了传统的殖民政治史。他认为正是英国人对非洲的误解造成了其民族优越感和种族主义观点。1969 年，柯丁出版了颇有影响的《大西洋奴隶贸易：一项人口研究》一书，对大西洋奴隶贸易的人数进行了定量分析，指出从非洲运往美洲的奴隶大约在 1000 万，远小于以往人们所认为的数量。他的研究用了大量的表格和统计分析，数据来源包括欧洲 6 种语言的资料，涉及大西洋两岸的欧洲、北美、加勒比、南美、非洲和其他地方的文献。这一研究不仅改变了人们对大西洋奴隶贸易的常识性理解，而且开启了一个新的研究领域——大西洋史，从此大西洋在研究中不再是欧非与美洲之间的分隔物，而是成了将它们联成一体的桥梁，形成一个大西洋区域。因此帕特里克·曼宁（Patrick Manning）称这本书是"一部世界历史的专著"[21]。1975 年，柯丁出版《前殖民地时期非洲的经济变迁：奴隶贸易时代的塞内冈比亚》一书，探讨了 17 世纪末至 19 世纪中叶塞内冈比

[21]　Patrick Manning, *Navigating World History: A Guide for Researchers and Teachers*, Macmillan, 2003, p.59.

亚的经济，主要将它置于与西方的关系以及大西洋奴隶市场中来考察。他指出，非洲的经济在被西方控制之前，是一个处于世界经济边缘的稳定经济系统，完全适用于西方经济学理论的解释。因此他的观点与经济人类学家关于"原始经济"完全不同于现代经济的观点相对立。1984 年出版的《世界历史上的跨文化贸易》是柯丁又一部产生了广泛影响的世界史著作。在该书中，柯丁探讨了西方资本主义经济体系形成之前世界历史上某些时段和地方的跨文化贸易，选取研究个案的原则是"看其是否能够体现跨文化贸易的多样性"。他把这些个案置于一个暗含的比较框架内，然后从这些并列的个案历史叙述中揭示出共性和差异性。他在书中提出了一个重要概念"贸易流散社群"，并证明世界各地这种群体在前现代社会中具有共同的本质特征。1989 年，柯丁出版了《迁移而亡：19 世纪欧洲与热带世界的相遇》，主要探讨了 19 世纪英国和法国在热带地区服役的军人的死亡率，他们因为在异域服役而出现较高的疾病死亡率，这就是"移居的代价"（Relocation Costs）。1990 年，柯丁的《种植园综合体的兴衰：大西洋史论文集》出版，这是一本由一系列论文讨论一个共同主题的著作，涉及的时间和空间范围都很广，包括种植园综合体从古代地中海世界起源，然后传播到几个大西洋岛屿、巴西、加勒比地区和南北美洲，最后传播到夏威夷、斐济、澳大利亚和南非，因此是从全球史视野对种植园综合体的考察。2000 年，柯丁将其多年的教学和科研成果整理成《世界与西方：帝国时代欧洲的挑战与海外反应》一书出版。全书分为"征服""文化变迁与帝国统治""改宗""独立与帝国的清算"4 个部分，旨在通过 14 个个案研究来阐明世界与西方之间关系的变化，以及世界历史的变迁。在研究方法中除了跨文化比较之外，还提出了理论运用方面的"折衷经验主义"，以此服务于更好地理解人类各个社会的历史变迁。

　　由此可见，以柯丁为首的"威斯康辛学派"在自己的全球史探索中走出了一条不同于麦克尼尔、斯塔夫里阿诺斯和霍奇森的道路。"比较世界史"作为一个研究领域和一种研究方法，在某种程度上超越了教学层面的世界史概览或全球通史，不仅给人们提供了一个审视世界史的新视角，也使得世界史（全球史）研究避免了宏大叙事而更加具有可操作性。

阿尔弗雷德·克罗斯比

阿尔弗雷德·克罗斯比（Alfred W. Crosby，1931—2018）也是一个在美国较早从事世界史（全球史）探索的历史学家。克罗斯比于 1931 年生于波士顿，1952 年毕业于哈佛大学，1952—1955 年曾服兵役驻扎在巴拿马，之后从哈佛大学获教育专业文学硕士学位（M.A.T.），1961 年从波士顿大学获历史专业哲学博士学位。他毕业后先后任教于阿尔比恩学院、俄亥俄州立大学、华盛顿州立大学、德克萨斯大学奥斯汀分校。1999 年，他从德克萨斯大学奥斯汀分校退休。

克罗斯比的学术研究领域为历史学、地理学和美国研究，是一个跨学科的学者。他的第一部专著是 1965 年出版的《美国、俄国、大麻和拿破仑：1793—1812 年的美俄贸易与波罗的海》，该书由其博士论文修改而来，主要探讨了从美国独立战争到 1812 年美英战争期间的美俄关系。此后，克罗斯比致力于从生态学、地理学的视角来研究和解释历史，尤其是从生态视角来理解文明互动，世界上不同文明互动中的生物交流和疾病传播成为其研究的主题，从而在某种意义上开创出了一种生态互动史，"哥伦布大交换"是其中的核心概念。克罗斯比在这方面的著作主要有 1972 年出版的《哥伦布大交换：1492 年以后的生物影响和文化冲击》，1976 年出版的《1918 年的流行病与和平》，1986 年出版的《生态帝国主义：欧洲的生物扩张，900—1900》，1989 年出版的《美国被遗忘的传染病：1918 年流感》（由《1918 年的流行病与和平》修改而来），1994 年出版的《病菌、种子和动物：生态史研究》等。

如何理解现代欧洲的兴起及其扩张是克罗斯比著作中的主要关切点，然而，他对这一问题的思考并没有沿袭韦伯等西方主流学者的思路，而是另辟蹊径，从生态环境和跨文化互动视角来理解欧洲的扩张，《哥伦布大交换》和《生态帝国主义》是其中的代表作。他认为，欧洲的动植物传播到美洲，使得美洲的生态环境欧洲化了，这有助于欧洲人的定居。然而，欧洲人的决定性优势并非其动植物，也不是他们的火药武器，而是他们带来的疾病。这些疾病包括天花、麻疹、水痘、百日咳、斑疹伤寒症、伤寒症、淋巴腺鼠疫、霍乱、猩红热、疟疾、白喉和流感，它们导致了印第安人的大量死亡。这是理解欧洲人成功大量移民到美洲的关键。他的研究为理解欧洲扩张提供了一种生态视角的解释，反映文明互动中生物交流和疾病传播的"哥伦布大交换"，也成为世界史研究中一个新术语和新范畴。

但是，在全球史和环境史刚刚起步的 20 世纪 70 年代，克罗斯比的史学理念与治史思路似乎具有超前性，并不为当时人们所理解，出版社不太愿意接手《哥伦布大交换》一书，好不容易出版后也没有得到学术界好评。那么，是什么使他走上了一条独特的历史研究之路？克罗斯比生前在其个人网站（http://www.awcrosby.com）上有这样一番表述："他卷入民权运动，从事黑人研究与教学，帮助建立联合农民工会的医疗中心，领导反越战游行，这些使他在智识上偏离了正统。这样，他对受害者、经济上受剥削者、在欧洲帝国主义和资本主义进程中受奴役者的民众的历史，以及对非政治的、非宗教的和被极大轻视的因素——特别是传染病的发展所带来的影响，尤其感兴趣。……这也激发了他对人口统计学和流行病学的兴趣，这一兴趣导致他撰写了几本著作——《哥伦布大交换》《美国被遗忘的传染病》和《生态帝国主义》。"

伊曼纽尔·沃勒斯坦

在美国世界史（全球史）兴起的过程中，社会学家伊曼纽尔·沃勒斯坦（Immanuel Wallerstein，1930—2019）以其世界体系理论而作出了巨大贡献。1959 年，沃勒斯坦完成其博士论文《两个西非国家的出现：加纳和象牙海岸》从哥伦比亚大学获得博士学位，随后在哥伦比亚大学工作，1971 年转至加拿大麦吉尔大学任社会学教授，1976 年受聘为纽约州立大学宾厄姆顿分校的社会学杰出教授，并担任"布罗代尔经济、历史体系和文明研究中心"主任。他于 1999 年退休，但中心主任一直担任到 2005 年。1994—1998 年间，他曾担任国际社会学会主席。沃勒斯坦著述颇丰，但最具代表性的著作是 4 卷本的《现代世界体系》（各卷出版时间分别为 1974 年、1980 年、1989 年和 2011 年）。

《现代世界体系》主要分析了现代资本主义世界体系形成、发展的历史。沃勒斯坦提出，在世界历史上曾出现过两种世界体系，一种是世界帝国，一种是世界经济体。16 世纪以前存在多个"世界体系"，它们主要表现为世界帝国，如罗马帝国、中华帝国等。在这些世界帝国中，存在一个控制大片地域的单一政治体系，但不存在一个统一的经济体系，即使有也是极度不稳定的结构，很容易解体。但一个以西北欧为中心的世界经济体存在了 500 年而仍然没有转变成一个世界帝国，也没有解体，而是在这个经济体范围内存在多个政治体系，这个经济体因此具有独特性，它从 16 世纪起逐渐发展成为现代资本主义世界经济体。这个世界体系是一个社会体系，由中心区、半边缘区和边缘区构成，三个区域基于劳动分工而扮演不同的经济角色。欧洲工业革命后，这个经济体系由欧洲扩大到全球，三个不同区域的经济角色也随着体系的变化而相互变化。沃勒斯坦在 1974 年《现代世界体系》第 1 卷中提出这一观点后，在学术界引起了极大反响，并出现了不同观点的争鸣。由于他从全球视野出发来解释现代资本主义经济的发展，以超越主权国家的社会体系作为分析单位，又提出了中心、半边缘和边缘等概念工具，世界体系理论很快便被一些从事世界史（全球史）研究的学者借用，以此来探讨世界历史上的经济体系。

沃勒斯坦虽是社会学家，但其研究的历史取向似乎使得他也成了历史学界中的一员。在 1985 年《历史教师》杂志邀请世界史名家谈世界史教学时，他也与当时的世界史学会主席凯文·雷利（Kevin Reilly）以及麦克尼尔、斯塔夫里阿诺斯、柯丁一同受邀撰文。他在文中谈到，在美国传统的历史通识教育中，只关心西方历史而忽视世界，只关注民族国家的历史而缺乏更广阔的视野，并且把西方的扩张看成是"文明"的进步，这体现了 19 世纪以来"进步观"影响下形成的共识，现在美国应该改变这种状况，形成一种新的共识。由此他提出，历史教学中应该考虑 5 个基本问题：社会分析的有意义的单位是什么？"世界"包括哪些地方？什么样的历史分期是恰当的？我们以往讨论历史时的"群体"划分是恰当的吗？在社会分析的单位内，"进步"如何衡量？这也许对于老师和学生来说有点难，但是，如果要想培养学生的"全球视野"，这是最低要求，也是通过努力可以做到的。[22]

"全球视野"正是沃勒斯坦世界体系理论的基础，只有把中心、半边缘和边缘置于一个宏大体系中来看待，才能理解它们各自的角色和功能，才能真正理解中心区之所以发达和边缘区之所以欠发达的原因。

上述 6 位学者可以说是美国世界史（全球史）事业的开创者。在 20 世纪 50—70 年代，当美国的世界史研究和教学分别淹没在区域研究和西方文明史教学之中时，他们走在了时代的前面，积极倡导世界史的研究和教学。他们批评美国历史研究和教学中的西方中心观，呼吁建立具有全球视野的世

---

[22] Immanuel Wallerstein, "World-Systems Analysis: Five Questions in Search of a New Consensus", *The History Teacher*, Vol.18, No.4 (Aug.,1985), pp. 527-532.

界史。他们主张摆脱传统的民族国家史的束缚，从事跨国家、跨文化的历史研究和教学。他们反对用传统的文明进步史观来组织和编纂世界史，主张从文明互动或跨文化交流来理解日益成为一个整体的世界。正因为如此，他们所主张的世界史完全不同于传统的世界史，而是具有了全球化背景下的新含义，因此被称为"新世界史"或"全球史"。他们的一些主张，后来成为全球史研究者共同推崇的基本理念。

当然，这些全球史的先行者们虽有相似的治史理念，但并没有开展合作，而是各自为战。麦克尼尔、霍奇森和斯塔夫里阿诺斯虽然都在芝加哥，但并没有形成一个世界史研究的"芝加哥学派"，甚至他们之间很少相互交流。据麦克尼尔回忆，他和霍奇森同在芝加哥大学的社科楼内办公，偶有接触，但无交往甚至存在隔阂，原因可能是霍奇森对麦克尼尔先于他写作世界史著作很不高兴。麦克尼尔回忆道："我留意到他业已在联合国教科文组织资助的期刊上发表了一篇世界历史的文章，但是他从未告知，直到1968年他英才早逝之后我才意识到他的宏伟壮志与我的不谋而合——书写一部真正的世界历史。"[23] 这说明他们之间是缺乏沟通的。由此也不难理解，霍奇森在1966年写给朋友的一封信中，对麦克尼尔的《西方的兴起》提出了很不客气的批评。麦克尼尔与斯塔夫里阿诺斯的关系也不融洽，甚至是"竞争对手"。他们最初都对希腊史感兴趣，因此早在1948年，《斯拉夫和东欧评论》杂志曾请麦克尼尔审读一篇关于希腊内战的稿子，而这篇文章正是斯塔夫里阿诺斯的。麦克尼尔对文章提出了许多不同的看法，于是编辑也请他就此问题写一篇论文，结果他写了一篇与斯塔夫里阿诺斯的观点完全对立的论文。此后，他们之间便相互防着对方。但后来又发生了一件碰巧的事，就是卡耐基基金会在同时给他俩寄信时，把信装错了信封，结果他们都收到了对方的信件，

---

[23] 威廉·麦克尼尔：《追求真理：威廉·麦克尼尔回忆录》，第75页。

麦克尼尔从信中得知了斯塔夫里阿诺斯写作世界史的事情。因此麦克尼尔说："从那时起，我们已经是劲敌，而且从一开始就清楚这点。"[24] 关于三位学者在芝加哥不约而同从事世界史研究，麦克尼尔认为是一种"奇怪的巧合"。他说："就像我与斯塔夫里阿诺斯的竞争一样，霍奇森和我几乎同时怀有这种相同的抱负来到芝加哥大学，而后一起生活，从未真正郑重地交流过，这纯属奇怪的巧合。"[25] 柯丁在威斯康辛大学基本上是"自立为王"，因此"威斯康辛学派"在他离开之后便很快没落了。克罗斯比的研究也可以算得上是"孤独"的，因为，"《哥伦布大交换》一书，一直找不到愿意出版的出版社，直到 1972 年才终由格林伍德出版公司接手。学术刊物上的书评反应，从严厉苛刻到客气礼貌均有，许多甚至对它不屑一顾，懒得评论。克罗斯比任教大学的同事则持怀疑态度，不能确定这种写法真能算是历史"[26]。沃勒斯坦作为一个社会学家，其学术交流更多在社会学界而非历史学界。也许，正是这些全球史探索的先行者们各自为战，反而造成了美国的世界史（全球史）研究从一开始就具有多元性，这种多元性为后来的探索与争鸣打开了空间。

从以上 6 位学者的探索可以看出，他们开创了不同路径的全球史研究。全球史研究和教学在相似的理念下，从一开始就没有一个统一的研究和书写范式。

二、全球通史教学在美国的兴起

全球史在美国的兴起最初出现在教学领域，许多全球史的先行者都是从世界通史教学入手而进入这一领域的。因此，对美国高校中世界通史教学的

---

[24]　威廉·麦克尼尔：《追求真理：威廉·麦克尼尔回忆录》，第 71 页。
[25]　威廉·麦克尼尔：《追求真理：威廉·麦克尼尔回忆录》，第 77—78 页。
[26]　艾尔弗雷德·W·克罗斯比：《哥伦布大交换》，郑明萱译，北京：中信出版社，2018 年，第 i 页。

历史回顾，有助于我们理解全球史在美国的兴起。总的来说，美国高校的世界通史教学兴起于 20 世纪 60—70 年代，而此时在美国高校中最为盛行的通识课程则是"西方文明史"。全球史在美国教学领域中的兴起过程，正是世界通史课程逐渐取代西方文明史课程的过程。

西方文明史教学在美国的兴起与美国人的欧洲观发生变化有着密切的关系，而美国人的欧洲观发生重要变化的分水岭则是第一次世界大战。因此关于"西方文明"的课程在美国大学中广泛开设始于 1917 年，并在战争结束之后演变成必修的西方文明史通识课程，这一课程此后经历了半个多世纪的"繁荣"。西方文明史课程在美国大学的开设及其在相当长一段时间内占据重要地位，最主要的原因在于它符合美国社会的需要，具有服务于现实的功能。然而，在第二次世界大战之后，随着信息社会的发展和全球化步伐的加快，西方文明史渐渐不能适应全球化背景下的历史教学，其服务于美国社会的职能便下降了。这样，具有全球视野的世界通史教学开始蚕食它的领地。

当然，美国的西方文明史教学在第二次世界大战之后走向衰落，并非全然是新世界史（全球史）教学兴起这一外在因素冲击的结果，而从本质上来说主要在于这一课程从理念到内容都渐渐与时代不合拍，其局限性日益暴露出来并受到学术界越来越多的批评。威廉·H. 麦克尼尔的批评就颇具代表性。他认为，这种自由主义史观就像早期基督教史观那样，把历史的发展看成是由"自由"（上帝）这种超自然的力量所支配，因此他说："这种自由主义的、进步的世界历史观（以及它的对立面）是对基督教圣经故事的一种天真的世俗化。'自由'取代上帝成为超自然的支配者；享有特权的自由民族在人间所扮演的角色，正是神圣救赎剧中分派给虔诚基督徒的角色。"[27]

其实，早在 1974 年麦克尼尔就对美国史学界以自由主义史观来编写欧

---

[27]　William H. McNeill, "The Changing Shape of World History", *History and Theory*, Vol. 34, No. 2 (May, 1995), pp. 8-26.

洲史进行了批评："欧洲史是自由的历史。虽然现在的历史学家很少有人接受这个观点，但这个简单而不再令人十分信服的观念仍然支配着英语世界对欧洲历史的看法。在关于欧洲史的教材和标准课程中，这种观念按时代顺序被分配到了欧洲的不同地区中，这种做法只能被解释为沿用了以往历史学家的信念（虽然沿用者不再相信这种信念），认为在错综复杂的欧洲历史记录中，最重要的是逐渐取得的公民自由和政治自由。这种信念一直弥漫在美国人对欧洲历史的看法之中，之所以如此，是因为我们常常没有意识到它的长期存在。"[28]美国人意识不到这一点，是因为这已经内化到他们的日常思维当中，"欧洲史便是自由进步史"成了理所当然的事实。但麦克尼尔的批评并不止于此，他进一步把矛头指向了推动这种观念的美国政府，认为美国政府的政策是一个重要的影响因素。他说："美国政府自 1918 年以来就公开支持如下观点：人民自治（popular self-government）是好东西，应该鼓励将它从世界上已经享有这种好处的地区，推广到那些至今仍没有建立起它的'落后'民族之中。其实，这只不过是把我们 19 世纪先辈们所提出的欧洲史观庸俗化了。第一次世界大战后，伍德罗·威尔逊总统就声称，他相信民主自治是救治中欧和东欧国家贵族政治及军国主义疾病的良药。第二次世界大战后，富兰克林·罗斯福总统和哈里·杜鲁门总统则进一步丰富了这个药方，除政治自由外还加上了经济发展，并将其适用范围从欧洲扩大到全世界。"[29]

因此，西方文明史课程中长期存在的自由进步史观，与美国政府对"自由""民主"的推崇与倡导密不可分。但麦克尼尔认为，1918 年之后的历史表明，美国所推崇的"政治自由"并没有迅速传播到那些原来没有"政治自由"的地方，世界并没有走向一个理想的"自由世界"。相反，一些地方随着经济的发展，反而扰乱了当地传统的社会秩序，丧失了和谐传统；而欧洲国家的

---

[28]　William H. McNeill, *The Shape of European History*, New York: Oxford University Press, 1974, p.3.

[29]　William H. McNeill, *The Shape of European History*, p.14.

一些恶习，如秘密外交、军国主义、操纵舆论等也并没有消失，反而渗透到了美国。另外，世界上还存在一个以苏联为首的强大的社会主义阵营。所有这些，使得美国的思想家们到 20 世纪 60 年代不再对自由进步史观持完全认同的态度了。这样，以自由进步史观为思想支柱的西方文明史教学，也就逐渐丧失了其精神的动力，因而走向衰落。因此麦克尼尔在分析西方文明史教学为何在美国衰落时提出，首要原因是"任课教师对这门课程所要讲授的历史的价值丧失了信心"[30]，于是一些学校要么取消了它，要么将其改成了选修课，而同样对其价值丧失信心的学生们便不再选修这门课程。这样，这门课程即使开设，也不再拥有昔日的风光。

美国的世界通史教学最早可以追溯到 19 世纪 20 年代，当时美国的少数高中开设了类似于世界通史的课程，当时的教材主要有萨缪尔·古德里奇（Sameul G. Goodrich）编写的《编年史纲：古代和现代》（1828）。该教材将历史分为古代和现代两个时期，古代的时间范围从上帝创世到耶稣诞生，现代以耶稣诞生为开端直到作者生活的时代，以《圣经》故事为依据、以欧洲为中心、宣扬种族主义是该教材一个显著特点。[31] 到 19 世纪下半叶，美国许多中学都开设了世界通史课程，适用于中学的通史教材也因此流行一时。当时影响较大的教材主要有威廉·斯温顿（William Swinton）的《世界史纲》（1870）、乔治·费舍尔（George Park fisher）的《普世史纲》（1885）、菲利普·迈尔斯（Philip V. Myers）的《适用于大学和高中的通史》（1889）等。这些教材开始抛弃基督教神话，"文明"与"进步"话语开始贯穿其中，但欧洲中心论和种族主义观点依然明显。例如，斯温顿的《世界史纲》便在扉页中标榜该书是"人类进步和文明的历史"，却在导言中声称："文明世界的历史就是雅利安人、闪米特人和含米特人种族的历史，⋯⋯雅利安人在世界

---

[30]　William H. McNeill, *The Shape of European History*, p.16.

[31]　Sameul G. Goodrich, *Outlines of Chronology: Ancient and Modern*, Boston: Brewer and Tileston, 1865.

进步的舞台上一直扮演着领导角色。"[32] 费舍尔的《普世史纲》将历史分为古代史、中世纪史和现代史三个部分,而只有第一部分第一章简要介绍了"东方历史",包括古代中国、印度和近东各国,其余章节按照古希腊到现代欧洲叙述。[33] 同样,迈尔斯的教材也只在第一部分第一章简述了"东方国家",另有一小节介绍"穆罕默德和萨拉森人",其余均是欧洲的历史。他把整个人类种族划分为黑种人、黄种人和白种人,并且认为,"在全部这些种族中,白种人或者说高加索人在体格上、智力上和道德上都是最为完善的种类"[34]。

　　然而,到 19 世纪末 20 世纪初,美国中学里的世界通史教学因受到历史学家的批评而走向衰落。1884 年美国历史学会成立之后,一些历史学家就认为这种"通史"教学缺乏专业水准,杂乱无章,因此主张取消。这样,通史教学受到了冲击。1897 年所调查的 200 多所学校中,有一半左右的学校开设了通史课,而到 1915 年,7000 多所学校中只有 5% 的学校开设了通史课。在中学历史课程中取而代之的是四模块课程(four-block curriculum),包括古代史、欧洲史、英国史和美国史。20 世纪 30 年代,随着美国历史学会对中学影响力的下降,世界史课程在中学得到了复兴。不过此时这门课程作为不同于美国史的外国史,不再用"通史"之名,而大多称为"世界史",在中学里开设一年。九到十二年级上这门课的学生,1934 年达到了 50 万人,占 12%,到 1949 年这个数字超过了 87 万,占 16%。1949 年,十年级学生中有 59% 的人选修了世界史,1961 年则超过了 69%。[35] 这样,到 20 世纪 60 年代,世界史与美国史成为美国高中历史课程中的两个支柱。正是在这

---

[32]　William Swinton, *Outlines of the World's History*, New York: Ivison, Blakeman & Company, 1874, p.3.

[33]　George Park Fisher, *Outlines of Universal History*, New York: American Book Company, 1885.

[34]　P. V. N. Myers, *A General History for Colleges and High Schools*, Boston: Ginn & Company, Publishers, 1890, p.2.

[35]　Gilbert Allardyce, "Toward World History: American Historians and the Coming of the World History Course", *Journal of World History*, Vol. 1, No. 1 (Spring, 1990), pp.23-76.

种背景下，威廉·麦克尼尔、马歇尔·霍奇森、斯塔夫里阿诺斯、菲利普·柯丁等人开始了在大学中开展世界史教学的尝试。

20 世纪上半叶，美国许多的专业历史学家对"世界史"（实际上指的是宏观世界史）存有一种偏见，认为世界史只是一种"业余的"历史。一方面，他们认为世界史过于宽泛和空泛，不适合于学术研究；另一方面，由于以往的普世史带有目的论的宗教色彩，或者具有形而上学的哲学色彩，也给世界史贴上了"不科学"的标签。因此许多人不仅反对在中学开设世界史课程，也认为在大学从事世界史教学和研究是不可能的。然而，美国民众对世界史的态度却迥然不同，韦尔斯于 1920 年出版的《世界史纲》和威廉·麦克尼尔于 1963 年出版的《西方的兴起》受到读者的广泛欢迎，表明普通读者对这种世界史有极大兴趣。这对于从事世界史教学和研究的先行者来说是一种鼓舞。因此，以麦克尼尔、霍奇森、斯塔夫里阿诺斯、柯丁等人为代表的一部分大学教师，从 20 世纪 50—60 年代起就一直坚持自己的世界史教学理念，努力探索在大学中如何进行世界史教学。当然，由于美国大学中的世界史教学没有先例可循，因此对于什么是"世界史"这个基本问题也存在分歧。但是，这并不妨碍他们把世界作为一个整体来理解并以此教授自己心中的"世界史"。麦克尼尔以文明互动为世界史的基本架构，霍奇森提出了半球区际的世界史，斯塔夫里阿诺斯提出了编纂"站在月球上看世界"的全球通史，而柯丁则试图建构起一种"比较世界史"。这些教学实践成为美国大学世界史教学的星星之火，到 20 世纪 90 年代终成燎原之势，由凯文·雷利（Kevin Reilly）、杰里·本特利（Jerry H. Bentley）、彼得·斯特恩斯（Peter N. Stearns）、理查德·布利特（Richard W. Bulliet）等新一代学者接棒而发展到一个新阶段。其间，1982 年成立的世界历史学会，极大地促进了美国世界史的教学和研究。

斯塔夫里阿诺斯是英语世界中最早使用"全球史"作为世界史教材名称的人。1962 年，斯塔夫里阿诺斯与几个学者共同编写了一本教材《人类全球史》，对整个人类历史做了概要性描述。该教材编纂的思路是：先简要介绍整个人类历史概况，然后分文化区域分别讲述，并在各章中用倒叙的方法回溯历史。在这本教材中，西方文明只是众多文明中的一种，因此在某种意义上具有反西方中心论的尝试。这本教材在当时虽然受到各种批评，尤其是那些抱持欧洲中心论的学者的批评，但后来证明是成功的。以这本教材为基础，斯塔夫里阿诺斯于 1966 年和 1970 年陆续出版了他的 2 卷本《全球通史》，并以其"全球视野"而产生了巨大影响。威廉·麦克尼尔也在 1967 年就出版了教材《世界史》，这本教材是其《西方的兴起》一书的改编，因此强调文明互动和反对欧洲中心论。

20 世纪 80 年代，美国的世界史教学和全球史教材编纂得到发展。此时，"世界历史学家的教材逐渐改进。他们原先关注的是政治史和大国，现在增加了有关贸易和种族的内容，并通过考察主要的宗教传统而引入了文化问题。他们强调人类共生圈和欧洲扩张的普遍观念，而且开始认同各个地区之间有更多具体的联系。所有这些教材及其作者很显然都在不断致力于促进一种对于历史的全球性理解"[36]。当然，由于从事这一领域的学者来自不同的学术背景，因此在避免西方中心论方面存在着差异。一些长期讲授西方文明史的教师转而从事世界史教学的时候，甚至在编写世界史教材的时候，仍然带有浓厚的西方文明史色彩，而出版商也在一定程度上妨碍了世界史教材的创新。帕特里克·曼宁对此有精辟的分析："由西方文明史改造而来的世界史课程遵循了传统的框架。它一个接一个地描述各个国家的历史。教材一般都沿袭了过去确立起来的模式。早期的世界史教材表现出了很强的原创性，然而大的教材出版商进入世界史领域却扼杀了这种趋势。出版商根据适用于西

---

[36]　Patrick Manning, *Navigating World History: A Guide for Researchers and Teachers*, New York: Palgrave Macmillan, 2003, p.75. 帕特里克·曼宁：《世界史导航：全球视角的构建》，北京：商务印书馆，2016 年，第 93—94 页。

方文明史教材的程式和叙述语言，坚持认为世界史主要由国家和文明的历史构成，再加上一点比较。他们把欧洲社会看成是'我们的传统'，而把世界上其他社会当作'他者的文化'。教材中的每一个时期都开始于欧洲的章节，而结束于把非洲和拉丁美洲拼凑在一起的章节。而每个章节都以政治叙述作开端，以一些对文化的评论来结束。每一个历史个案都包含着这样清晰的信息：非洲和拉丁美洲受世界历史结果的影响，它们本身却没有产生影响；文化模式是政治和贸易的结果，其本身没有什么意义。人们从这种教材的目录中可以看到，全部历史归根结底仍然是城市的优越性和欧洲的优越性。"[37]

20 世纪 90 年代以后，美国的全球通史教学开始形成一股潮流，全球通史教材编纂也蓬勃发展起来。在美国影响较大的全球通史教材，除了斯塔夫里阿诺斯的《全球通史》外，还有理查德·布利特等人编写的《大地与人：一部全球史》（1997 年出第一版），杰里·本特利和赫伯特·齐格勒编写的《传统与相遇：全球视角的历史》（2000 年出第一版，中译本名为《新全球史》），彼得·斯特恩斯等人编写的《全球文明史》（2001 年出第一版），凯文·雷利编写的《人类历程：简明世界史》（2012）等。这些全球通史教材均宣称从全球视野来考察人类历史，注重各地区间的交往与联系，但又各具特色。例如，《大地与人：一部全球史》从 1997 年出版以来在美国大学中受到普遍欢迎，到 2011 年已出到第 5 版，成为美国最畅销的全球史教材之一，与其他教材相比，它更强调文明演进中环境与人的互动及人类文明进程中文化的多样性，整个编排体例体现了人类社会纵向发展与横向交流之间的交织。这种编排正如作者在前言中所说，能够使读者形成一种关于人类社会的广阔视野："人类社会在其开端之时，是许多分散和缺乏联系的共同体，它们创造性地对当地环境做出反应；后来经历了一些相互联系、相互渗透、文化扩张

---

[37]　Patrick Manning, *Navigating World History: A Guide for Researchers and Teachers*, p.76.

与融合的汇聚阶段；到 21 世纪的世界，人们越来越感受到人类社会是一个单一的全球共同体。"[38]

第二节　美国"世界史"学科的出现及学术争鸣

20 世纪 90 年代以来，随着全球史在美国作为一个分支学科确立起来，其研究和教学都获得了快速发展，并且作为一种新的史学思潮开始蔓延至全世界。在这种情况下，到 21 世纪初史学研究普遍出现了全球转向，更多的学者加入到了全球史的行列之中。这样，随着全球史研究队伍的壮大和研究问题的不断深入，全球史研究的多元化也日益明显，在全球史学者内部也出现了各种不同观点的争鸣。有学者指出，全球史学者的争鸣及其实践的多元性，其本身已也成为全球史研究中的一个特点。这种情况，正如夏德明（Dominic Sachsenmaier）所说："通常归入'全球史'名下的研究存在如此大的差异，以至于它不可能通过确切的定义和精确的分类而得到界定。把'全球史'与'世界史'或'跨国史'等其他几个术语选项中恰当地区别开来，也是不可能的。"[39]

一、美国"世界史"学科的出现

20 世纪 80 年代，随着现代通信技术的发展和西方世界经济一体化的加强，突破民族国家框架的历史研究和著作越来越多，世界史或全球史作为一

---

[38]　Richard W. Bulliet, Pamela Kyle Crossley, Daniel R. Headrick, Steven W. Hirsch, Lyman L. Johnson, David Northrup, *The Earth and Its Peoples: A Global History*, Wadsworth, Cengage Learning, 2011, p.xxiii.
[39]　Dominic Sachsenmaier, *Global Perspectives on Global History: Theories and Approaches in a Connected World*, New York: Cambridge University Press, 2011, p.2.

种学术趋势在美国也日益显现。此时，威廉·麦克尼尔仍然保持了旺盛的创造力，又出版了《竞逐权力：公元 1000 年以来的技术、军队和社会》(1982)、《神话历史及其他论文集》(1986)、《阿诺德·汤因比的一生》(1989)、《火药帝国时代（1450—1800)》(1990) 等。这些著作或文集，有的涉及广阔的地理区域，有的涉及汤因比、布罗代尔等具有宏观视野的历史学家。其他视野广阔的世界史著作还有：西达·斯考切波的《国家与社会革命：对法国、俄国和中国的比较分析》(1979)、凯文·雷利的《西方与世界：一部专题文明史》(1980)、埃里克·沃尔夫的《欧洲与没有历史的人民》(1982)、彼得·沃斯利（Peter Worsley）的《三个世界：文化和世界发展》(1984)、查尔斯·蒂利的《大结构、大进程、大比较》(1984)、南森·罗森伯格（Nathan Rosenberg）和伯泽尔（L. E. Birdzell）的《西方如何变得富庶》(1986)、保罗·肯尼迪的《大国的兴衰》(1987)、斯塔夫里阿诺斯的《自古以来的生命线：一部新世界史》(1989)、珍妮特·阿布－卢格霍德（Janet Abu-Lughod）的《欧洲霸权之前：1250—1350 年的世界体系》(1989) 等。这些著作的问世表明，在 20 世纪 80 年代，西方的世界史（全球史）研究出现了朝着专题探讨发展的趋势，并且继续沿着多元化的道路前进。

在全球史研究获得初步发展之时，全球史专业学科建设也提上了议事日程。在美国，随着世界史研究的深入和教学的推广，继威斯康辛大学麦迪逊分校之后，夏威夷大学、俄亥俄州立大学、罗格斯大学、明尼苏达大学等在 20 世纪 80 年代末出现了世界史博士生培养项目，到 90 年代，美国东北大学、乔治亚州立大学以及加州大学的河滨分校、尔湾分校、圣克鲁兹分校，也加入到了这一行列。与此同时，由杰里·本特利担任主编的《世界历史杂志》也在 1990 年创刊，为世界史（全球史）成果的发表提供了一个重要平台，这份杂志也很快发展成为具有世界影响的学术刊物。1992 年，美国从事世界史研究和教学的从业人员，在费城召开了第一届独立举办的世界史学会的年会，而且世界史学会也有逐渐发展成为一个国际性学术组织的趋势。到 90 年代末，美国出台了世界史的国家教学标准，从此"世界史"教学在美国得到了官方认可。同时，世界史的教学职位也开始被列入《美国历史学会展望》以及"人文和社会科学在线"网站（http://www.h-net.org/)，即从事世界史研究和教学已被承认为一种工作岗位。这些都表明，"世界史"（全球史）作为一个专业或学科在美国出现了。

20 世纪 90 年代之前，美国的教育体制中并没有"世界史"专业和学科，美国之外的历史（地区史和国别史）研究大多属于"区域研究"，即使部分历史系中有外国史，也是按照区域和国别来划分，对于超越民族国家界限的历史现象，教学和研究中很少涉及或者非常薄弱，因此在"新世界史"（全球史）出现之后，他们并没有用"新世界史"或"全球史"作为这个新兴分支学科的名称，而是称之为"世界史"（world history)。因此在美国，"世界史"学科中从事的是"新世界史"或"全球史"的研究和教学。当然，也有布鲁斯·马兹利什等少数学者提出"全球史"应主要指近现代以来全球化的历史，应与以往的"世界史"这个名称区别开来。但是，大多数欧美学者认为，"世界史""新世界史""全球史"三个概念并无多大差异（而且它们经常被混用），都意味着一个区别于已有"区域研究"的新学科，主要标识是以跨地区、跨国家、跨文化、跨民族的历史现象为研究对象，从广阔视野和互动视角来考察历史，包括世界通史编纂和历史上的世界体系、跨文化贸易和交流、流散社群与移民、帝国与扩张、海洋区域、大范围生态环境变迁、大历史等主题，而地区史和国别史被排除在外。20 世纪 90 年代末，当这种"世界史"史学实践和观念传到中国时，一方面因为中国已有自己的"世界史"概念和学科，另一方面为了表述统一并体现其新史学的特征，中国史学界一般称之为"全球史"。因此，中国语境中的"全球史"相当于美国语境中的"世界史"。

美国语境中的"世界史"与中国语境中的"世界史"颇为不同。中国"世界史"的主要内容恰恰是美国"世界史"所不包含的内容，即中国的"世界史"主要指国别史和地区史，而这些正是被美国的"世界史"排除在外的内容。当然，两者也有共通之处，即都包括世界通史和经济文化交流史。由此可见，美国语境中的"world history"与中国语境中的"世界史"不是一个概念。从 world history 在美国作为一个学科来看，其内涵是"具有世界性关联的历史"或"世界性的历史"（world-history）而不是"全世界的历史"（history of the world）。因此，美国的"world history"译成中文比较恰当的表述是"世界性历史"，而中国的"世界史"学科译成英文比较恰当的表述可能是"history of the world"。

二、早期全球史研究中的争鸣

20世纪下半叶，当"世界史"在美国兴起之时，它作为一个新兴研究领域受到了一些历史学家的质疑，提出了"世界史是否可能"的问题。由于当时的"世界史"形式主要是宏大叙事的世界史，因此人们认为它作为一个研究领域过于广阔，难以进行以史实为基础的实证研究。2000年8月在挪威奥斯陆举行的第19届国际历史科学大会上，"关于全球史：概念与方法（Perspectives on Global History: Concepts and Methodology）"成为会议三大主题之一，其中第一个分议题是"普世史是否可能？（Is Universal History Possible?）"这个分论题的题目是由大会的国际委员会（International Committee）提出来的，但与会者通过对宏观世界史的历史回顾和相关实证研究，对这一问题给予了肯定的回答。此后，西方历史学界对全球史的质疑声逐渐消失，而全球史学者内部的各种学术争鸣则进一步开展起来。

在美国，世界史（全球史）专业出现之后便获得了迅猛发展，全球史领域中的学术争鸣也随之出现。这种争鸣也是全球史研究朝着多元化发展的一个重要表现。

首先，全球史叙述的基本框架是美国世界史学者讨论的一个重要问题。威廉·麦克尼尔开创的文明互动史，以"文明"及其互动作为历史叙述的基本框架，强调文明之间的相互影响在全球历史进程中的作用。然而，以沃勒斯坦、安德烈·贡德·弗兰克（Andre Gunder Frank）等为代表的学者则认为，"世界体系"是全球史叙述更适合的基本框架。弗兰克提出，世界史就是世界体系史，"任何一部世界史都应该力求探究并确立起世界体系整体及其各个部分在过去与现在之间发展的历史连续性。……世界（体系）史并不局限于定居'文明'及其相互关系的历史。它也包括'野蛮的'游牧民族和其他民族，尤其是定居民族与游牧民族之间的各种关系"[40]。因此他批评那些将世界史看作文明比较史的人时说道："文明论者（Civilizationists）和许多历史学家及宏观社会学家声称要写世界的历史（the history of the world），而不是尝试书写世界史（world history）。"[41] 对此，威廉·麦克尼尔在 1990 年回顾其《西方的兴起》一书时也做了反思，在谈到全球史书写中的"文明"和"世界体系"问题时说："我这一著作在方法论上的主要缺点是在强调跨越文明边界的互动之时，对我们至今仍生活其中的人类共生圈的世界体系（ecumenical world system）的兴起关注不足。我在书中本来应该更多的阐述人类共生圈的进程（ecumenical process），而不应仅仅按照一个接一个单独文明的相继繁荣来组织这本书。"[42] 可见，晚年的麦克尼尔在强调文明互动的同时，也主张重视世界体系，因此他提出，"在某种程度上，'世界体系'和'文明'这两个互为对手的概念，选择哪一个作为整体人类史的结构单元（building blocks），取

[40]　Andre Gunder Frank and Barry K. Gills (eds.), *The World System: Five Hundred Years or Five Thousand?* London: Routledge, 1993, p.16.

[41]　Ibid., p.17.

[42]　William H. McNeill, " 'The Rise of the West' after Twenty-Five Years", *Journal of World History*, Vol. 1, No. 1 (Spring, 1990), pp.9-10.

决于作者认为物质生活更重要还是观念和理想更重要"[43]。因为主张世界体系的人特别注重物质交流，并且声称不管地区和文化差异，通过贸易和暴力在享有特权的中心地区积累财富都遵循着同一准则，而那些主张"文明"的人则往往强调宗教和其他思想，认为追求财富和其他人类目标的行为受制于每一个文明的统治精英的理想。但是，麦克尼尔又认为，"文明"与"世界体系"这两个范畴在世界史编纂中并不一定是相互对立的关系，它们可以融合于"交流网"这一范畴之中。他说："大约30年来，我自己的观点一直在修正，逐渐把'世界体系'而非'文明'作为世界史最为可用的框架；然而我也断定，这两个术语完全可以理解为'交流网'（communications nets）这个更具有包容性范畴的组成部分。……因此我断定，如果'世界体系'这一概念更明确地与交流网络联系在一起的话，如果对作为交通运输新手段的网络的使用这一变化给予更多关注的话，'世界体系'这一概念将会更加明确和更有说服力；而且，如果交流网络成为关注的焦点，'文明'与'世界体系'两个术语之间的对立也就消除了，世界史学家们的语言也可能变得更加准确。"[44]也许，正是这种看法使晚年的麦克尼尔与儿子合作编纂出了《人类之网》这一全球史新著。帕特里克·曼宁也认为，在全球史的分析框架中，应以"网络"为研究对象，"网络"作为一定范围的具有整体性的单位，是个人、家庭或其他组织的跨地区的群集，是把世界联结起来的社会组织，成为世界历史研究独特的兴趣所在。[45]

然而，对于全球史书写中的"文明"与"世界体系"之争，大卫·威尔金森（David Wilkinson）则提出，"文明"就是"世界体系"。他说："文明论

---

[43]　Andre Gunder Frank and Barry K. Gills (eds.), *The World System: Five Hundred Years or Five Thousand?* "Foreword", p.xi.

[44]　Andre Gunder Frank and Barry K. Gills (eds.), *The World System: Five Hundred Years or Five Thousand?* "Foreword", p.xii.

[45]　Patrick Manning, *Navigating World History: A Guide for Researchers and Teachers*, p.278.

者和世界体系分析者应该是在研究同一实体。当文明论者承认历史上的许多
地方性文明已经变成今天单一的全球文明,当世界体系论者承认今天单一的
全球世界体系是历史上大量小范围世界体系融合的产物,当两者都承认历史
上的多元文明和多元城市化世界体系是一回事,也就是今天的单一文明和单
一世界体系,那么,他们研究的就是同一实体。"[46] 因为在威尔金森看来,文
明是一个超越国家、民族、经济、文化的宏观社会体系,是一个社会网络实
体,因此它也是一个世界体系,由中心、半边缘和边缘三个地区构成。世界
历史就是中心文明(世界体系)不断扩展的历史,是其他半边缘或边缘文明
不断并入中心文明的过程。中心文明最初于公元前 1500 年左右由美索不达
米亚文明和埃及文明融合而成,由此开始了中心文明的近东阶段,而后经历
了希腊-罗马阶段、中世纪阶段、西方阶段,至今发展到全球阶段,即形成
了一个单一的全球文明。由于威尔金森把文明看成了由中心、半边缘和边缘
构成的社会网络体系,因此等同于世界体系。

　　其次,全球史学者对世界体系历史本身也存在较大争议。较早提出世界
体系理论的是沃勒斯坦,他认为欧洲从 16 世纪起出现了一个以持续不断的
资本积累为基础的资本主义体系,这个体系而后发展到整个世界,即"现代
世界体系",而此前其他地区出现过的区域性"世界体系"由于没有持续资
本积累这一特征而不同于现代资本主义世界体系,将它们称为"世界帝国"
较为合适。因此"现代世界体系"是基于欧洲的独特性而形成的一个资本主
义世界体系。贡德·弗兰克等学者则认为,世界体系的历史并不是像沃勒斯
坦所说的那样只有 16 世纪以来 500 年的历史,而是已有 5000 年的历史;资
本积累也并不是 16 世纪以来才具有的特征,而是整个世界体系历史发展进
程中的原动力,因此世界体系的历史并不存在以 16 世纪为界分为前后两个

---

[46]　David Wilkinson, "Civilizations Are World Systems", *Comparative Civilizations Review*, No 30, Spring 1994,
pp.59-71.

迥然不同的阶段。弗兰克提出，早在大约 5000 年前便已存在世界体系范围的劳动分工，到 16 世纪欧洲的兴起只不过是早已存在的世界体系框架内一种周期性的中心转移，欧洲"利用它从美洲获得的金钱强行分沾了亚洲的生产、市场和贸易的好处——简言之，从亚洲在世界经济中的支配地位中谋取好处。欧洲从亚洲的背上往上爬，然后暂时站到了亚洲的肩膀上。"[47] 另一世界体系论者珍妮特·阿布－卢格霍德（Janet Abu-Lughod）也认为，沃勒斯坦不愿意用"世界体系"来指称 16 世纪之前的任何一种全球性贸易网络，而是以 16 世纪为现代世界体系的开端，这割裂了现代资本主义世界体系与此前世界经济体系之间的连续性。她提出，在 13 世纪下半叶至 14 世纪上半叶已经有了一个先进的世界体系。她说："1250—1350 年，一种从西北欧一路延伸到中国的国际贸易经济发展起来，它使商人和生产者卷入进一个虽然狭长但是广阔（世界范围）的交换网络中。……它是否'现代资本主义'，以及它是否可称为一个'世界体系'，虽然这还有待确立，但我希望表明这个体系在 13 世纪是多么先进。"[48] 因此，她的观点介于沃勒斯坦和弗兰克之间，世界体系的历史既没有 5000 年，也不止 500 年，而是出现于 13 世纪。

再次，在全球史兴起发展的过程中，对于这个历史学新兴分支领域，美国大多数学者仍然称之为"世界史"，但同时也认为它是一种"新世界史"，有的学者则称之为"全球史"，还有学者提出"新全球史"这一概念，同时对它们之间是否存在区别也提出了不同的看法。例如，布鲁斯·马兹利什（Bruce Mazlish）对"世界史""全球史"和"新全球史"几个相关概念进行了界定和区分。他指出："历史研究中试图理解全球化的努力大致被冠之于世界史、全球史和新全球史的名下。其间虽有很多分歧，但各路史学家均在

---

[47] 贡德·弗兰克：《白银资本：重视经济全球化中的东方》，刘北成译，北京：中央编译出版社，2005 年，第 26 页。

[48] Janet L. Abu-Lughod, *Before European Hegemony: The World System A.D.1250-1350*, New York: Oxford University Press, 1989, p.8.

力所能及的范围内试图超越欧洲中心论和民族国家的框架，在这点上是一致的。此外，尽管上述三种取向均将历史作为主要的学科载体，三者在研究方法上却都追求多学科和跨学科的探讨。总之，上述三种尝试本质上都有一个共同的视角，即三者均基于后殖民和后帝国主义的立场上，将全球化作为一种历史的过程加以关注。……但在我看来，上述世界史、全球史和新全球史可简单描述如下。世界史潜在地囊括了'一切'。……全球史关注世界史中涉及的一种全球进程，即随时随地都在发生的日渐增进的相互联系和彼此依赖。……新全球史的研究最初在全球史的主题下展开。其中的'新'字是在最近十年左右的时间内添加的，目的在表明其研究的重点是全球化的当代表现，即全球化在 1945 年之后的表现。简而言之，此时的新全球史虽依然从属于全球史，但却有自身特殊的研究领域。因此，新全球史既为此前阶段的全球化研究进行了补充，同时也对后者提出了挑战。"[49]因此在马兹利什看来，"世界史""全球史"和"新全球史"都是特定的概念，具有不同的内涵，不能随便混用。然而，杰里·本特利则认为，全球史作为一个新的研究领域，无论叫"世界史"还是"全球史"，名称并不重要。他提出，现在越来越多的学者认为"世界史"意味着一种历史研究的独特方法，这种方法就是跨越社会的边界对不同的历史经历进行明确地比较，或者考察不同社会的人们之间的互动，或者分析超越各个个体社会的大规模历史模式和进程。因此，"世界史"就是"探讨那些不顾民族的、政治的、地理的或文化的边界，而且以跨地区的、整个大陆的、半球的甚至全球的规模对事件产生影响的历史进程"[50]。这样的历史进程包括：气候变迁、生物扩散、传染病传播、大规模移民、技术转让和传播、帝国扩张、跨文化贸易、思想观念的传播、宗教信仰

[49] 布鲁斯·马兹利什：《世界史、全球史和新全球史》，刘新成主编《全球史评论》第二辑，北京：中国社会科学出版社，2009 年，第 13—15 页。

[50] Jerry H. Bentley, "The New World History", in Lloyd Kramer and Sarah Maza (eds.), *A Companion to Western Historical Thought*, Blackwell Publishers, 2002, p.393.

和文化传统向外扩展等。可见，本特利所说的"世界史"已被赋予了完全不同于传统世界史的含义，他所说的"世界史"与"全球史"一样具有方法论的意义，也具有共同的研究领域，因此这两个概念在他看来几乎没有区别。

另外，关于近代欧洲兴起与当时亚洲的地位问题，也是全球史学者讨论的一个重要话题。长期以来，欧洲中心论学者认为欧洲在15—18世纪兴起并超过了亚洲，其原因在于欧洲自身具有优越性，这种观点在当代西方学术界仍然有一定市场，例如，埃里克·琼斯（Eric L. Jones）的《欧洲的奇迹：欧亚历史上的环境、经济和地缘政治》（1981）和大卫·兰德斯（David S. Landes）的《国富国穷》（1998），都持这种看法。全球史学者站在反对欧洲中心论的立场上对这一问题提出了思考，以王国斌、彭慕兰、贡德·弗兰克、杰克·戈德斯通等为代表的"加州学派"，通过对近代早期欧洲和亚洲历史的比较，提出直到18世纪末欧洲经济仍然没有超越亚洲，世界经济一直由亚洲主导。

第三章　全球史在欧洲和中国

全球史从美国兴起和发展起来，它作为史学研究和教学中一种新思潮和新趋势，在 21 世纪初扩散到欧洲和亚洲的一些国家。在欧洲，主要是英国、德国、法国和荷兰，在欧洲传统普世史和帝国史研究的基础上，全球史在这些国家得到认可并开始发展起来。在亚洲，主要是中国、日本和韩国。中国的"世界史"学科确立比欧美早，世界通史教学具有优良的传统，这是中国全球史兴起的一个重要基础。而日本和韩国的东亚史传统则是其全球史兴起的重要基础之一。当然，中国的"世界史"除了世界通史教学外，作为研究领域主要体现为外国史，即以国别史研究为主，这种"世界史"在研究理念、方法及主题上都完全不同于欧美在 20 世纪下半叶出现的新世界史（全球史）。因此，中国已有的"世界史"学科，既由于其世界通史教学而为新兴的全球史研究提供了条件，同时也由于以国别史代表世界史而混淆了"世界史"的本源含义，从而不利于全球史这种"新世界史"的发展。这也决定了中国必须走一条不同于欧美的全球史发展之路。

第一节　全球史在欧洲

一、英国的全球史研究

全球史研究在欧洲的先驱人物是英国历史学家杰弗里·巴勒克拉夫

(Geoffrey Barraclough，1908—1984)。早在 1955 年，巴勒克拉夫便出版了以全球视野来考察历史的文集《变动世界中的历史学》，这本文集收录了他 20 世纪 40 年代以来的 15 篇论文。在该书中，巴勒克拉夫主要聚焦于对欧洲历史的反思。一方面，他提出把欧洲历史置于更广阔的视野来理解，认为欧洲与外界的联系是塑造欧洲历史极为重要的因素。另一方面，他认为由于经历两次世界大战和欧洲之外强国的兴起，造成了欧洲在国际政治中的地位下降，欧洲均势时代走向终结，世界进入到一个全球政治的新时代。因此，他反对以欧洲为中心的世界历史叙事，主张从全球观和整体观出发来考察历史。这一治史理念的实践集中体现在其《当代史导论》（1964）和《泰晤士世界历史地图集》（1978）。

　　巴勒克拉夫在《当代史导论》中提出，他所探讨的 1890 年至 1961 年这一时期，是两个不同时代的分水岭，即现代和当代的分水岭。因为这一时期正处于从欧洲均势向全球政治时代的转变，塑造当代世界的诸种力量就是在这一时期形成的，因此它无论在性质还是内容上都明显不同于 1890 年之前的"现代史"。斯塔夫里阿诺斯对巴勒克拉夫的《当代史导论》作了高度评价："正如威廉·麦克尼尔的《西方的兴起》展示了一种探讨人类史的全球方法（global approach）所具有的可行性和创造性，杰弗里·巴勒克拉夫的这一研究再次表明了全球视角（global perspective）的丰硕成果，即使其时段限制在不到一个世纪的范围内。"[1] 这句话表明，斯塔夫里阿诺斯不仅认为《当代史导论》在运用全球史方法及其创造性上可以与《西方的兴起》媲美，而且认为它是一部不同于通史性《西方的兴起》的全球史著作，因为它探讨的仅仅是 1890—1961 年间的世界史。所以他又评价说："这是一部重要的和激动人心的著作，原因不是由于作者所选主题的新颖，而是由于研究视角及其思

[1]　L. S. Stavrianos, "Reviewed Work(s): An Introduction to Contemporary History by Geoffrey Barraclough", *The Journal of Modern History*, Vol. 37, No. 2 (Jun., 1965), pp. 274-275.

想的原创性。"[2] 如果考虑到《西方的兴起》和《当代史导论》两书的出版时间相距甚近，而且两位作者分别身居美国和英国，那么很难说巴勒克拉夫的著述受到了威廉·麦克尼尔的影响。斯塔夫里阿诺斯的评价，表明了巴勒克拉夫在全球史兴起过程中的学术地位。

如果说巴勒克拉夫在反对欧洲中心论和提倡全球史观方面与同时代的美国全球史学者有什么不同的话，可能主要表现在他对历史主义的批评和在全球化趋势下对当代世界的整体把握。他认为，历史主义强调特殊性、个别性和连续性，妨碍了人们对普遍性、整体性和非连续性的把握，只有放弃了这种历史主义，才能避免欧洲中心论并且用全球史观来审视历史。巴勒克拉夫看到了世界进入 20 世纪后"朝向全球联系的局势的演变"，人类进入到一个欧洲走向衰落和全球政治时代来临的"新世界"，因此他特别强调以全球观来理解当代世界变迁。最终，巴勒克拉夫将其对世界史（全球史）的理论思考在 1978 年出版的《当代史学主要趋势》中作了集中阐述。他说："现代意义上的世界历史决不只是综合已知的事实，或根据其相对重要性的次序来排列的各个大洲的历史或各种文化的历史。相反，它是探索超越政治和文化界限的相互联系和相互关系。这种世界历史与其说是关心时代的发展及历史的目标和意义，——非西方文化基本上不关心这些西方所关心的问题，还不如说是关心各个地方的人类所面临的不断出现的问题，以及对这些问题的不同反应。对于今天越来越多的历史学家来说，这才是世界历史的本质。"[3] 换言之，在他看来，全球史的本质就是从相互联系和相互关系来探讨世界各地所面临（而不是西方所关心）的问题。

巴勒克拉夫对全球史的探索表明，全球史在 20 世纪中叶作为一种新史学

[2] L. S. Stavrianos, "Reviewed Work(s): An Introduction to Contemporary History by Geoffrey Barraclough", *The Journal of Modern History*, Vol. 37, No. 2 (Jun., 1965), pp. 274-275.

[3] 杰弗里·巴勒克拉夫：《当代史学主要趋势》，杨豫译，上海：上海译文出版社，1987 年，第 258 页。

观念而出现，应该具有多元起源，巴勒克拉夫代表了欧洲学者的一种探索性思考。

然而，欧洲的历史学者并没有因为巴勒克拉夫的呼吁而迅速投入到全球史这一新的历史研究领域，他们反而是在美国全球史兴起的影响下才有所行动。因此，总体来说，全球史在欧洲的发展要滞后于美国。

全球史在英国兴起的一个重要事件是 2006 年 3 月《全球史杂志》(*Journal of Global History*) 的创刊。该杂志由伦敦政治经济学院主办，剑桥大学出版社出版，每年出版 3 期。主编是伦敦大学历史系教授威廉·杰维斯·克拉伦斯 - 史密斯（William Gervase Clarence-Smith），由美国加州大学尔湾分校的彭慕兰（Kenneth Pomeranz）和奥地利维也纳大学的皮尔·维尔斯（Peer Vries）担任执行编辑。在创刊号发刊词中，三位学者声称创办这一刊物的重要目标，是要发展全球史来防止历史研究中的琐碎化、重新解释全球化、避免欧洲中心论和进行跨学科研究。其中说道："撰写全球史并不一定要以全球为分析框架。一方面，新的研究领域正在出现。这些领域超越传统的对民族国家的关注，被界定为不同社会之间的互动区域，而不是由一种特定的'文明'或'生存圈'（oecumene）所支配的地区。另一方面，新的比较也正在出现，特别是对'南方'不同地区之间的比较。我们希望本刊成为跨越传统的区域界线和提出创新性比较这个进程中的一部分。"[4] 因此，这份杂志从创刊起，就与《世界历史杂志》一道，不仅为全球史学者提供了发表成果和交流的平台，同时也在研究方法上引领着欧美的全球史研究。

2007 年，英国华威大学（University of Warwick）历史系在马克辛·伯格（Maxine Berg）教授的组织下成立了"全球史与文化中心"（Global History and Culture Centre），这是英国最早的全球史研究中心。该中心成员

---

[4] "Editorial", *Journal of Global History*, (2006) 1, pp.1–2.

的研究领域包括全球视角下的物质文化和全球性商品，以及殖民主义、帝
国主义、后殖民主义在非洲、中亚、印度和东亚。到 2019 年，该中心的研
究主要致力于三大方向：(1) 全球化世界中的物质生活，主要关注商品和日
用品的全球贸易如何塑造了世界各地人们的生活。例如"欧洲的亚洲世纪：
1600—1830 年的欧亚贸易"项目，考察了在欧洲发生工业革命和印度及中
国的手工制造业衰落的背景下，欧洲对商品的需求如何促进了世界从前现代
向现代贸易世界的转变。(2) 殖民地与后殖民地时代世界的权力和政治，主
要考察帝国及后帝国时代的各种背景下政治的观念和实践，包括帝国的扩张
和衰落、帝国背景下的各种冲突、去殖民化、帝国史中的认同等。(3) 科学、
技术和环境。这一方向从全球视角来考察自然世界，主要包括全球维度下有
关自然的思想，水、石油、鱼、木材、药用植物等自然资源的开发利用，某
些地方如何为自然界所塑造及其对自然的利用。

　　华威大学全球史与文化中心已在全球史研究方面取得了较多成果，出版
的专著主要有，乔吉奥·列略 (Giorgio Riello) 的《棉布：塑造现代世界的织物》
(2013)，罗伯特·弗莱彻 (Robert Fletcher) 的《英帝国主义和"部落问题"：
1919—1936 年中东的沙漠管理和游牧社会》(2015)，陈松全 (Song-Chuan
Chen) 的《战争与和平中的商人：鸦片战争中英国对中国的了解》(2017)。[5]
由研究中心成员主编的著作有，马克辛·伯格主编的《书写全球史：21 世纪
的挑战》(2013)，何安娜 (Anne Gerritsen) 和乔吉奥·列略主编的《全球生
活中的物品：第一次全球化时代相互联系的物质文化》(2016)，何安娜和克
里斯蒂安·德·维托 (Christian de Vito) 主编的《全球劳动力的微观空间史》
(2017)，何安娜、乔吉奥·列略和佐尔坦·比德曼 (Zoltan Biedermann) 主

---

[5]　Giorgio Riello, *Cotton: The Fabric That Made the Modern World*, Cambridge University Press, 2013; Robert
Fletcher, *British Imperialism and 'The Tribal Question': Desert Administration and Nomadic Societies in the Middle
East, 1919-1936*, Oxford University Press, 2015; Chen, Song-Chuan, *Merchants of War and Peace: British Knowl-
edge of China in the Making of the Opium War*, HKUP, 2017.

编的《全球性礼物：近代早期欧亚大陆外交中的物质文化》（2018），达格玛·舍费尔（Dagmar Schäfer）、乔吉奥·列略和卢卡·莫拉（Luca Molà）主编的《全球渴望的丝线：前现代世界中的丝绸》（2018），迈克尔·拜克罗夫特（Michael Bycroft）和斯文·杜普雷（Sven Dupré）主编的《早期近代世界中的宝石：物质、知识和全球贸易（1450–1800）》（2018），乔吉奥·列略和尤林卡·鲁布莱克（Ulinka Rublack）主编的《穿戴的权利：全球视野中的禁奢法令（1200—1800）》（2019）。[6]

　　2011年，牛津大学历史学院建立了"牛津全球史中心"（Oxford Centre for Global History），主要关注从古代到现代全球范围内人员、商品和思想的流动及其影响。该中心成立以后组织了一系列研究项目，例如，资本主义的全球史、第一次世界大战的全球化与地方化、殖民地港口与全球史等。中心成员出版的专著主要有约翰·达尔文（John Darwin）的《未竟帝国：不列颠的全球扩张》（2013），埃里卡·查特斯（Erica Charters）的《疾病、战争和帝国：七年战争期间英军的福利》（2014），彼得·弗兰科潘（Peter Frankopan）的《丝绸之路：一部全新的世界史》（2015）和《新丝绸之路：世界的现在与未来》（2018），艾伦·斯特拉森（Alan Strathern）的《神秘的力量：世界历史上宗教和政治的变迁》（2019）。[7] 主编的著作有《全球史的前景》（2016），

[6]　Anne Gerritsen, and Giorgio Riello (eds.),*The Global Lives of Things: The Material Culture of Connections in the First Global Age*, Routledge, 2016; Anne Gerritsen and Christian de Vito (eds.),*Micro-Spatial Histories of Global Labour*, Palgrave, 2017; Gerritsen, Anne, Giorgio Riello, and Zoltan Biedermann (eds.),*Global Gifts: The Material Culture of Diplomacy in Early Modern Eurasia*, CUP, 2018; Dagmar Schäfer, GiorgioRiello and Luca Molà (eds.),*Threads of Global Desire: Silk in the Pre-Modern World,* Boydell Press, 2018; Michael Bycroft and Sven Dupré (eds.),*Gems in the Early Modern World: Materials, Knowledge and Global Trade, 1450–1800*, Palgrave Macmillan, 2018; Giorgio Riello and Ulinka Rublack(eds.),*The Right to Dress: Sumptuary Laws in a Global Perspective, c.1200-1800*, Cambridge University Press, 2019.

[7]　John Darwin, *Unfinished Empire: The Global Expansion of Britain*, Penguin, 2013; Erica Charters, *Disease, War, and the Imperial State: The Welfare of the British Armed Forces During the Seven Years' War*, University of Chicago Press, 2014; Peter Frankopan, *The Silk Roads: A New History of the World*, Bloomsbury, 2015; Peter Frankopan, *The New Silk Roads: The Present and Future of the World*, Bloomsbury, 2018; Alan Strathern, *Unearthly Powers: Religious and Political Change in World History*, CUP, 2019.

《1871 年之后现代工业向外围的扩散》（2017），《挑衅言论：塑造后殖民世界的十五本书》（2017），《书籍的全球史：方法与实践》（2017），《淘金热的全球史》（2018）等。[8]

二、全球史在德国和法国

在德国，最早建立全球史研究机构的大学是莱比锡大学（Universität Leipzig）。这里的全球史研究和教学传统最早可以追溯到卡尔·兰普雷希特（Karl Lamprecht）于 1909 年建立的"文化及普世史研究所"（Institutfür Kultur-und Universalgeschichte），尽管普世史在 20 世纪的德国曾一度被边缘化，但一些学者试图恢复这一传统，于 1991 年成立了卡尔·兰普雷希特协会，并创办杂志《比较：普世史与比较社会研究莱比锡论文集》（后来更名为《比较：全球史与比较社会研究杂志》）。2002 年，以卡尔·兰普雷希特协会为基础建立了"普世史和全球史欧洲网络"（The European Network in Universal and Global History，简称 ENIUGH）。这个网络每 3 年举行一次以世界史和全球史为主题的欧洲学者大会（实际上也有欧洲之外的学者参加），为欧洲各个研究中心之间的互动和研究生项目合作提供协助，并负责出版两份杂志《比较：全球史与比较社会研究杂志》和《联系》。《比较》为纸质的双月刊，由马蒂亚斯·米代尔（Matthias Middell）和哈内斯·西格里斯特（Hannes Siegrist）任主编，杂志旨在推动世界史的创新，所讨论的主题均以其"全球取向"（global orientation）为选择依据，并定期刊发关于世界

[8]　James Belich, John Darwin, Margret Frenz, Chris Wickham (eds.), *The Prospect of Global History*, OUP, 2016; Kevin H. O'Rourke and Jeffrey. G. Williamson (eds.), *The Spread of Modern Industry to the Periphery since 1871*, OUP, 2017; Dominic Davies, Erica Lombard, Benjamin Mountford (eds.), *Fighting Words: Fifteen Books that Shaped the Postcolonial World*, Peter Lang, 2017; Elleke Boehmer, Rouven Kunstmann, Priyasha Mukhopadhyay, Asha Rogers (eds.), *The Global Histories of Books:Methods and Practices*, Palgrave, 2017; Benjamin Mountford & Stephen Tuffnell (eds.), *A Global History of Gold Rushes*, UCP, 2018.

史书写趋势的综述。《联系》是电子杂志，每年刊发大约 30 篇文章，主要关注历史上跨国的、跨区域的和全球的相互联系。2008 年，莱比锡大学社会科学和哲学学院成立了"全球与欧洲研究所"（Global and European Studies Institute），由米代尔负责，致力于全球化及欧洲化领域的研究和研究生教学，ENIUGH 的总部也设于此。

德国的许多大学虽没有成立正式的全球史研究中心，但一些学者仍然取得了颇有影响的研究成果，夏德明（Dominic Sachsenmaier）、于尔根·奥斯特哈默（Jürgen Osterhammel）和塞巴斯蒂安·康拉德（Sebastian Conrad）便是其中的代表。夏德明现为德国哥廷根大学东亚系讲席教授，出版的全球史方面著作主要有《全球视野中的全球史》（2011）、《一个从未旅行者的全球纠结》（2018）、《全球概念史读本》（2016）等。[9] 他在《全球视野中的全球史》中，以美国、德国和中国的全球史研究为个案阐述了其"多元世界的全球史"的观念，批判了全球史研究中不平等的知识等级制，主张以重视"地方观念"来改变西方的语言和文化优势所造成的等级化全球知识图景。《一个从未旅行者的全球纠结》以明末清初浙江的基督徒朱宗元为个案，描述了全球化和中西文化交流背景下一个中国基督徒的矛盾世界观，并展现了一个普通中国人在接受外来宗教中的能动性。奥斯特哈默现为康茨坦茨大学近现代史教授，出版的主要著作有《中国与世界：十八世纪至当代》（1989）、《中国革命：1925 年 5 月 30 日，上海》（1997）、《亚洲的去魔化：十八世纪的欧洲与亚洲帝国》（1998）、《世界的演变：19 世纪史》（2009）、《殖民主义：历史、形式、后果》（2009），以及与尼尔斯·P. 彼得森（Niels P. Petersson）合著的《全球化史：维度、进程、时代》（2003）。从 2012 年起，奥斯特哈默

[9] Dominic Sachsenmaier, *Global Perspective on Global History: Theories and Approaches in a Connected World*, Cambridge University Press, 2011; Dominic Sachsenmaier, *Global Entanglements of a Man Who Never Traveled: A Seventeenth-Century Chinese Christian and His Conflicted Worlds*, Columbia University Press, 2018; Margrit Pernau and Dominic Sachsenmaier (eds.), *Global Conceptual History: A Reader*, Bloomsbury, 2016.

与入江昭共同总主编了 6 卷本《世界史》。在这些著作中，《世界的演变：19 世纪史》是其全球史方面具有代表性的作品，全书以近景、远景和主题三个部分，将 19 世纪一个相互联系而复杂多样的世界图景全方位地展现了出来。康拉德是柏林自由大学历史与文化研究系教授，全球史方面的著作主要有《全球化与德意志帝国时期的国家》（2005）、《德国殖民主义简史》（2008）、《追寻失去的国度：美国世纪中德国和日本的历史书写》（2010）、《全球史导论》（2013）、《全球史是什么》（2016）等。2016 年，他还与奥斯特哈默共同主编了《新兴的现代世界（1750—1870）》。康拉德的全球史研究，主要通过《全球史导论》和《全球史是什么》两书中对全球史的理论思考而产生了较大影响。虽然《全球史是什么》是应出版社之约的产物，但也并非简单地对《全球史导论》的概括，而是有所补充。无疑，康拉德对全球史的概述，包括对全球史的界定及其特性、相关争论、理论和方法、研究对象、研究实践等问题的思考，为历史学界提供了一个较好地理解全球史的框架，有助于推动全球史作为一门历史学新兴分支学科的发展。

法国的全球史研究似乎兴起得更晚。这里以巴黎文理研究大学（Université PSL）为例予以介绍。巴黎文理研究大学于 2010 年由巴黎地区九所高校及研究所合并组建而成，后来又陆续有十几所大学和研究所加入，成为一所顶尖的综合性大学。其中，巴黎高等师范学院、法国高等社会科学研究院、法国高等研究实践学院、法国国家科学中心、法国远东学院、法兰西学院等单位的一些人文社会科学学者，在历史学家亚历山德罗·斯坦齐尼（Alessandro Stanziani）的领导下组织了一个跨学科和开放性的全球研究团队。这个团队分为三个集群（Cluster）从事以下三个领域的研究：（1）政治的全球化。主要通过探讨当代各种政治行动模式和理想类型的跨国化现象，如"阿拉伯之春"（Arab revolutions）和公共广场运动，来理解全球化时代的重大政治事件。这个研究领域的组织者是社会学家尼鲁费·高勒（Nilüfer Göle）和政治学家乔克里·哈米德（Choukri Hmed）。（2）去欧洲中心化。通过从长时段视角来考察西方的殖民主义、经济控制和普世主义，以颠覆西方关于近现代世界的叙事霸权。这一集群以已有的全球史研究合作为基础，由历史学家海伦娜·布莱（Hélène Blais）、克劳迪娅·达马塞诺·丰塞卡（Claudia Damasceno Fonseca）和亚历山德罗·斯坦齐尼负责。他们声称："我们不是把'欧洲'作为'亚洲'、'非洲'或'美洲'的对立面，也不是比较法国、中国、印度或英国等国家的某些部分，而是试图解释历史上地方的、区域的、国家的和帝国的政体是如何得到认同、如何互动以及它们是如何演变的。知识、制度、宗教、环境、经济和社会关系将从这些多维尺度进行分析。'欧洲'或'西方'这样的实体如果没有证明它们在特定情境中的相关性，就不会被当作相关的研究对象。从这一视角出发，欧洲作为一个研究领域必须小心地与作为一种方法的欧洲中心主义区分开来。我们建议研究法国、英国或欧洲，不要把它们当作历史的核心，而要研究它们的局限性、特性和与其他地区的联系，以及它们对其他地区的身份认同和历史动能所起的作用。一种关键和全球的取径对区域研究是必需的，正如我们所期望的那样，全球史需要最高水平的自反性（reflexivity）。"[10]（3）通过亚洲透镜看长时段视角下的全球性（Long-term perspectives on globality through an Asian lens）。这一集群通过明确地置身于亚洲研究领域、从亚洲视角和长时段视角来看全球性，以此来应对全球化研究中的去中心化挑战。这一研究领域尤其注重对亚洲内部网络和跨大陆交流线路、亚洲与其"边缘"（欧洲、环太平洋地区、非洲）之间关系的考察。组织者为亚洲研究学者阿罗·格里菲斯（Arlo Griffiths）和帕斯卡尔·波尔多（Pascal Bourdeaux）。

在这三个领域的研究中，历史学家和历史学方法在其中占有非常重要的

---

[10] http://etudesglobales.ehess.fr/global-studies-overview/. 2019 年 9 月 16 日。

地位，尤其是第二个领域由全球史学家主导，并取得了一些研究成果。例如，海伦娜·布莱的《大海航行：地理上的太平洋与殖民（1815—1845）》（2005）和《地图幻景：阿尔及利亚殖民地的发明》（2014），亚历山德罗·斯坦齐尼的《东方专制主义之后：全球视角的欧亚增长》（2014）、《水手、奴隶和移民：1750—1914年印度洋世界中的奴役》（2014）、《交易规则：比较视角下的法国资本主义（18—20世纪）》（2012）、《帝国的缔造者：处于世界十字路口的俄罗斯、印度和中国》（2012）等。[11] 2017年，由法兰西学院帕特里克·布舍龙（Patrick Boucheron）主编的《世界历史中的法国》[12] 一书成为法国最畅销的历史书，该书从全球史视角来重新理解和解释法国，认为法国不是一个固定不变和根深蒂固的实体，而是处于流动中的一个地方和一种思想，跨越所有边界和边疆，由交流和融合所塑造。

在欧洲大陆，除了德国和法国，荷兰莱顿（Leiden）大学的全球史研究也颇有影响。总体来说，在欧洲国家的全球史研究中，最为活跃和成果最为丰富的是英国学者，尤其是许多英帝国史研究者的"全球转向"，极大推动了英国的全球史研究。在德国，转向全球史研究的学者虽不如英国那么多，但在德国普世史和历史哲学传统的影响下，德国的全球史研究似乎具有更多的理论思考，并对世界各国的全球史学界产生影响。法国的全球史研究起步较晚，但历史学研究"全球转向"的趋势也非常明显，全球史领域的成果也越来越多。

---

[11]　Hélène Blais, *Voyages au grand océan: Géographies du Pacifique et colonisation, 1815-1845*, Paris: CTHS, 2005; Hélène Blais, *Mirages de la carte: L'invention de l'Algériecoloniale*, Paris: Fayard, 2014; Alessandro Stanziani, *After Oriental Despotism: Eurasian Growth in a Global Perspective*, Bloomsbury, 2014; Alessandro Stanziani, *Sailors, Slaves, and Immigrants: Bondage in the Indian Ocean World, 1750-1914*, Palgrave McMillan, 2014; Alessandro Stanziani, *Rules of Exchange. French Capitalism in Comparative Perspective, 18th-20th Centuries*, Cambridge, Cambridge University Press, 2012; Alessandro Stanziani, *Bâtisseursd'Empires: Russie, Inde et Chine à la croisée des mondes*, Paris: Raison d'agir, 2012.

[12]　Patrick Boucheron, ed., *Histoire mondiale de la France*, Éditions du Seuil, 2017.

第二节 全球史在中国

一、全球史在中国的兴起及关于"全球史观"的讨论

在中国开展全球史研究的起点与欧美国家不一样。欧美学者是在没有"世界史"学科的背景下"白手起家",而中国学者却要在已有一个数十年自身传统的"世界史"学科体系下进行探索。这意味着中国学者必须走自己的全球史之路。20 世纪 50 年代以来雷海宗、周谷城、吴于廑等老一辈世界史学者对宏观世界史的探索和理论思考,以及近年来得到充分阐释的马克思世界历史理论,为建设具有中国特色的全球史学科奠定了坚实的学理基础。

20 世纪 90 年代末到 21 世纪的最初 10 年,西方许多新的史学思潮都开始传入中国,受这些思潮影响所进行的世界史研究,其中颇为引人注目的是全球史在中国的兴起。全球史最初是作为宏观世界史传入中国的,与中国原有的世界通史体系出现了对话与融合,这进一步促使了中国世界史学者对世界史体系问题的反思与探索,一些世界史工作者开始思考"什么是世界史"的问题,并使得全球史与世界史体系重构问题成为世界史学者讨论的一个重要热点。当然,这一热点的出现,也正是当今世界全球化在史学领域中的反映。在这种背景下,全球史作为中国世界史学科中一个流派或分支发展起来,并正在走上一条不同于西方国家的研究之路。

如果说,在中国世界史的研究主题中,20 世纪 50—70 年代是阶级斗争的话语、80—90 年代是"现代化"的话语居于主流地位的话,那么进入 21 世纪,则出现了话语体系的多元化趋势,中国的世界史研究进入了百家争鸣。在全球化背景下,如何构建具有中国特色的世界史体系?世界史学界对这一问题展开了热烈的讨论,这种讨论与争鸣可以从 2007 年召开的"中国世界史学科体系建设研讨会"上反映出来。在这次会议上,有人坚持马克思

主义的五种社会形态说，有人主张从"全球史观"来构建世界史体系，而持现代化理论的学者则对"全球史观"提出了不同看法，也有人提出应该丰富和发展吴于廑先生提出的"整体史观"和"从分散到整体"的世界史体系，如此等等。[13]

马克垚先生对世界史体系建设问题提出了自己的看法，他认为，二战后出现了众多的世界史编撰体系，由于对世界历史较成熟的认知体系还未产生，这些世界史著述在开创之初都面临如何克服欧洲中心论的问题。许多学者批评欧洲中心论，致力于建立新的世界史，可是仍未获得显著成绩。因为我们的世界史体系是由西方学者建立的，是根据欧洲经验得出的，其中有客观的一面，也有欧洲中心论的一面。非西方国家和地区的史学，是学习西方史学后建立的，缺乏从自己的历史出发建立的理论。因此现在的世界史只是一种"准世界史"。[14]他构建中国世界史体系的努力，也体现在其主编的《世界文明史》一书中，他在该书导言中提出，世界上存在着众多的文明，每一种文明都有其内在的发展动力，都在不断地发展变化，当然发展的速度有快有慢，成就有大有小。世界的历史就是世界文明发展变化的历史。到现在为止，人类的文明大体经历了农业文明和工业文明两大发展阶段。在文明的发展中，文明的交流起了重要作用。但是交流过程中，不愿学习和不愿传授的情况都会存在，影响了文明的进步。虽然现在文明之间相互影响巨大，但各文明仍保留其固有的传统。将来的世界，仍然是多文明共处的局面。[15]有的学者将他这一世界史体系构想归类为"文明史观"。[16]另外，彭树智先生也从文明交往来看世界历史，提出了"文明交往论"。[17]

[13] 韩毅：《构建有中国特色的世界史学科体系：争辩与思考》，《中国社会科学》，2008年第2期。
[14] 马克垚：《困境与反思："欧洲中心论"的破除与世界史的创立》，《历史研究》，2006年第3期。
[15] 马克垚：《世界文明史导言》，《北京大学学报（哲学社会科学版）》，2003年第5期。
[16] 王敦书：《略论世界史学科建设、世界史观与世界史体系》，《历史教学》，2005年第4期。
[17] 彭树智：《论人类的文明交往》，《史学理论研究》，2001年第1期；《文明交往论》，西安：陕西人民出版社，2002年。

　　从全球史理念出发来构建具有中国特色的世界史体系，是进入 21 世纪以来许多学者关注和讨论的问题。全球史学者以人类社会整体发展进程为叙述对象，力图超越西方史学以国家为单位的叙事传统和"欧洲中心论"，以不同人群、社会、民族、国家之间的互动为切入点，开辟了考察世界历史的新视角，建立了编纂世界通史的新框架。"世界横向联系"历来是我国世界通史研究的薄弱环节，而全球史正好弥补我们的不足，因此在我国有重要的借鉴意义。2004 年，首都师范大学成立了国内第一个全球史研究中心，并于 2007 年自主设立了全球史专业培养研究生，这在某种意义上标志着全球史这个新兴分支学科在中国的诞生。

　　全球史在中国兴起的最初十多年，研究主要集中在西学译介和理论探讨，实证研究不多。在译介西方全球史著作方面，许多有影响的著作被译介过来，如贡德·弗兰克的《白银资本：重视经济全球化中的东方》，彭慕兰的《大分流：欧洲、中国及现代世界经济的发展》，威廉·麦克尼尔的《西方的兴起：人类共同体史》和《瘟疫与人》等，克罗斯比的《哥伦布大交换》和《生态帝国主义》，菲利普·柯丁的《世界历史上的跨文化贸易》，大卫·克里斯蒂安的《时间地图：大历史导论》，柯娇燕的《什么是全球史》，布鲁斯·马兹利什的《文明及其内涵》等。首都师范大学全球史研究中心组织翻译了一套"全球史译丛"，包括罗伯特·B.马克斯的《现代世界的起源》，J.R.麦克尼尔的《阳光下的新事物：20 世纪世界环境史》，C.A.贝利的《现代世界的诞生》，大卫·阿米蒂奇的《独立宣言：一种全球史》，珍妮特·L.阿布-卢格霍德的《欧洲霸权之前：1250—1350 年的世界体系》，帕特里克·曼宁的《世界史导航：全球视角的构建》，塞巴斯蒂安·康拉德的《全球史是什么》，佩里格林·霍登和尼古拉斯·普塞尔的《堕落之海：地中海史研究》等。关于全球史的理论探讨，围绕"全球史观"开展的学术讨论是这一时期的一个重要特点。国内大多数学者认为全球史反映了全球化背景下的史学新趋势，肯定其学术创新意义和对欧洲中心论的批判，并认为全球史提供的研究视角和方法极大丰富了已有的"世界史"研究。但是，也有少数学者持质疑态度，担心"全球史观"充当全球化时代西方新殖民主义的工具，同时认为中国已有"世界史"学科，因此没有必要把"全球史"作为一个分支学科来建设。关于"全球史观"的这种讨论，也许与部分中国学者对这一概念的理解和阐释有关。

刘新成教授的《全球史观在中国》一文考察了2011年之前中国学者对"全球史观"的思考和讨论，认为源自西方的"全球史观"在中国遇到了形形色色的解读，其中有些解读可能是西方的全球史学者始料不及的。他提出，"1987年，巴勒克拉夫的《当代史学主要趋势》中文版出版，原著中 a universal view of history 一词被译为'全球历史观'，是为'全球史观'一词在中国首次出现。此后全球史观广为传播"[18]。在此，笔者认为有必要对西方与中国不同语境中的"全球史观"，从词汇的角度做一个简单的回顾。

前文已经提及，巴勒克拉夫、马歇尔·霍奇森、威廉·麦克尼尔、斯塔夫里阿诺斯等全球史先驱者们，提出了一些有关"新世界史"或"全球史"的设想。他们大多从编纂全球通史和反对欧洲中心论的角度出发，提出了从"全球视野"来编纂世界历史。其中最为极端和最具有代表性的观点，是斯塔夫里阿诺斯在1970年出版的《全球通史：1500年以前的世界》中提出的，全球史就是"栖身月球的观察者从整体上对我们所在的球体进行考察"，这是一种"对历史进行全球性探索的方法（global approach）"，是运用全球性观点（global overview）来考察各民族在各个时代中的互动。这种运用于世界通史编纂的"全球性观点"，英国学者杰弗里·巴勒克拉夫在其1978年的《当代史学主要趋势》中也作了评述，其中提到："Awareness of the need for

---

[18] 刘新成：《全球史观在中国》，《历史研究》，2011年第6期。

a universal view of history – for a history which transcends national and regional boundaries and comprehends the entire globe – is one of the marks of the present"（认识到需要建立一种历史的全球观——即超越民族和地区的界限、理解整个世界的历史——是当前的主要特征之一）。由于该书中译本是这样表述这句话的："认识到需要建立全球的历史观——即超越民族和地区的界限，理解整个世界的历史观——是当前的主要特征之一。"[19] 此后，"全球史观"这一概念为国内学者广泛接受。可见，中文语境中的"全球史观"，是来自西方学者考察历史的 universal view、global perspective、global view、global approach，这些表述当中以 global perspective 最为常用。从字面来理解，这些表述主要指历史研究的一种全球视野。但是，将它们译为"全球史观"的做法在中国一直延续了下来。例如在杰里·本特利的《新全球史》中，"A Global Perspective on the Past"一句译为了"以全球史观透视历史"[20]。从语法上来说，西方全球史学者倡导一种考察历史的 global perspective 或 global view，其表述中作为一个定语来修饰"观"的是"全球"而不是"历史"。因此可以说，中文的"全球史观"这一概念，是对西方"历史全球观"这一概念在中国语境中的阐释和发挥。然而，在中国，"历史观"是一个能够赋予丰富内涵的概念，极易引起误解，这种误解也表现在对"全球史观"的讨论中。刘新成教授由此指出："国内有些学者用全球史观与马克思主义唯物史观做比较，把编纂通史的某种方法和历史研究的指导思想相提并论，似乎不很妥当。"[21]

---

[19]　杰弗里·巴勒克拉夫：《当代史学主要趋势》，杨豫译，上海：上海译文出版社，1987 年，第 242 页。

[20]　杰里·本特利、赫伯特·齐格勒：《新全球史》（上），魏凤莲、张颖、白玉广译，北京：北京大学出版社，2007 年，"前言"第 9 页。

[21]　刘新成：《全球史观与近代早期世界史编纂》，《世界历史》，2006 年第 1 期。

二、从先验的全球史到经验的全球史

随着全球史的发展，"全球史观"在中国已成了一个约定俗成的概念，但历史学者并没有一直纠缠于这一概念的讨论，而是开始从全球视角做一些实实在在的实证研究。中国的全球史研究，也像西方史学界一样，经历了从"先验的全球史"到"经验的全球史"。

斯塔夫里阿诺斯在第 1 版《全球通史》中所表达的"从月球看地球"的观点，对中国一些学者理解"全球史观"产生了很大影响。《全球通史》（第1 版）和《当代史学主要趋势》的中文版分别于 1988 年和 1987 年在国内出版，成为西方史学界有关"全球史"或"全球史观"的诸多早期著作中首先被译成中文的著作，因此它们成了国内学者了解西方全球史的一个重要窗口，并在一定程度上塑造了国内一些人对"全球史"的认知。此后，杰里·本特利和赫伯特·齐格勒的《新全球史》中文版于 2007 年出版，它是继上述两本书之后又一本在国内销量较大的全球通史教材，这种具有宏大叙事性质的教材有可能强化人们对早前那种先验的"全球史"的认知，并进一步推动了人们对"全球史观"的讨论。因此 21 世纪头 10 年中国的全球史，主要关注如何以"全球史观"编纂世界通史，还没有进行中观和微观层面的实证研究，对全球史的理解带有"应该是什么"的先验色彩。

随着全球史的发展，全球史研究的微观化和多元化越来越明显，流派纷呈与相互争鸣在某种意义上解构了早先那种基于宏观世界史编纂的、先验的"全球史"。许多学者发现，用早先想象的那种"全球史"或"全球史观"来概括当今世界各地的全球史研究实践，似乎越来越困难了。这样，基于原始资料的全球视角的个案研究兴起了，全球史研究迈入了一个微观化、实证化、多元化的发展阶段，即经验全球史阶段。其实，这种情况在斯塔夫里阿诺斯的《全球通史》中也有所反映。在该书的第 7 版中，关于"站在月球上看世界"的论述被删除了。这里尚且不去考察这一论述是从第几版开始被删除的，但它也许表明了该书作者观点的变化：发现早先那种先验的和具有想象色彩的"全球史"很难做到，同时也发现当今的各种全球史实践并没有按照他基于通史编纂所说的那种"全球性观点"的路径发展，因而修正了对"全球史"的认识。

随着全球史各种探索实践的深入和多元化发展，越来越多的中国学者认为，有必要在借鉴西方"世界史"（全球史）学科的基础上，把"全球史"当作中国"世界史"学科之下的一个分支领域来补充和完善我们已有的"世界史"，并且打破中国史和世界史的界限，或者从全球视角来研究中国史。这样，全球史的个案实证研究也开始取得成果。例如，刘然玲的《文明的博弈：16 至 19 世纪澳门文化长波段的历史考察》（2008）从全球视角对16—19 世纪的澳门文化进行了考察。仲伟民的《茶叶与鸦片：十九世纪经济全球化中的中国》（2010）就是从全球视野来研究中国 19 世纪历史的发展变化，通过 19 世纪茶叶和鸦片贸易的比较研究，探讨了中国在 19 世纪全球化危机中的处境，以及中国从传统社会走向近代社会的艰难历程。李伯重的《火枪与账簿：早期经济全球化时代的中国与东亚世界》（2017），从全球视角考察了处于世界历史大变局中的晚明中国，包括从世界贸易、军事革命、宗教扩张、国际关系等几个维度，将晚明中国置于东亚世界的情境中来考察其经济和军事。董欣洁的《巴勒克拉夫全球史研究》（2018）对巴勒克拉夫的全球史观及其全球史治史实践做了探讨，包括巴勒克拉夫提出全球史观、对欧洲历史的反思、对全球史理论和方法的探索、书写全球史的实践及其基本框架等。

首都师范大学全球史研究中心在全球史研究和教学方面进行了卓有成效的探索。全球史研究中心的教师承担了一些全球史领域的国家和省部级科研项目，例如刘新成主持的"全球化时代的世界通史体系研究"和"世界历史进程中多元文明互动与共生研究",刘文明主持的"全球史视野中的传染病：以 1918 年大流感为个案的研究"和"中日甲午战争的英美报刊舆论研究"，王永平主持的"从'天下'到'世界'——汉唐时期的域外探索及其对世界的认知""全球史研究的一个新视角：外来习俗与唐代社会"和"全球史视野下汉唐丝绸之路多元文明互动中的殊方异俗外来风研究"，夏继果主持的"7—15 世纪地中海史研究"，梁占军主持的"国外历史教材中有关中国抗日战争的历史叙述"，施诚主持的"全球史的兴起及其影响研究"等。2015 年，作为科研项目"世界历史进程中多元文明互动与共生研究"的阶段性成果，全球史研究中心成员出版了一系列著作，包括刘文明的《全球史理论与文明互动研究》、王永平的《从"天下"到"世界"：汉唐时期的中国与世界》、魏光奇的《选择与重构：近代中国精英的历史文化观》、陈晓华的《十八世纪中西互动：学术交流与传承》、魏孝稷的《互动与认同：古典时期中国与希腊族群认同的比较》等。在全球史人才培养方面，全球史研究中心从 2007 年起开设培养全球史研究生的课程，到 2019 年，全球史专业已有 10 多名博士生和 50 多名硕士生毕业。

由刘新成教授主编的《全球史评论》，是国内第一份专门发表全球史论文的连续性学术辑刊。该刊物从 2008 年创刊，2015 年起每年出版 2 辑，已由南京大学中国社会科学研究评价中心收录为 CSSCI 来源集刊。这一辑刊的宗旨，是致力于在中国历史学界推进全球史的研究视野与方法，提倡有关跨文化、跨国家、长时段的历史现象的研究，注重揭示全球视野中的文明互动，探寻政治、经济、文化等诸方面的全球化进程及其与地方特性的相互影响。因此，《全球史评论》中的论文，均为原创性的问题研讨，并且在组稿方面与伦敦的《全球史杂志》相类似，每一辑基本上按照某一主题来组织论文。例如，第 5 辑的主题为"文明的相遇、互动、共生"，第 6 辑为"大历史与全球史"，第 7 辑为"多维视野下的地方与全球"，第 8 辑为"民族国家弱化时代的历史学",第 9 辑为"地中海史",第 10 辑为"新帝国史",第 11 辑为"欧亚大陆的联系与交流",第 12 辑为"全球视野下的近代早期世界",第 13 辑为"跨文化视野中的'他者'",第 14 辑为"全球视野下的环境史",第 15 辑为"全球视野下的中国、周边与世界",第 16 辑为"全球史视角的妇女和性别研究",第 17 辑为"世界历史中的中国",第 18 辑为"全球史视角下的美国"。这份刊物成为国内发表全球史研究成果的一个重要平台,在国际全球史学界也有广泛影响。

随着全球史作为一种新的史学实践在欧美迅速发展起来,全球史研究在国内也得到越来越多学者的认可。2014 年,北京外国语大学成立了全球史研究院,2016 年,山东大学成立了全球史与跨国史研究院,2019 年,华东师范大学成立了全球思想史研究中心。这样,全球史作为一个历史学分支学科在中国得到了初步发展。

全球史的各种实践表明,全球史与中国已有的世界史存在区别。首先,它关注的是历史上跨国家、跨地区、跨民族、跨文化的互动现象,并把中国史纳入其中,这显然不同于中国以往那种以国别史和地区史为主的世界史,它是对世界史的补充与完善。其次,世界通史是全球史的一种重要书写形式,但全球史不仅仅意味着编纂世界通史,还包括大量专题和个案研究。最后,全球史也以其研究视角和方法而区别于其他相关研究:它以广域性视角、强调跨文化性、重影响而轻过程来探讨跨文化互动,由此不同于以往的经济文化交流史;它涉及国际关系时强调整体观、主体间互动、多维关系视角和多国史料,由此不同于以往以民族国家为本位的国际关系史;它以交互比较而区别于传统的历史比较;它也以丰富多样的研究主题而不同于其他专门史。由此可见,全球史可以弥补我国现有世界史中存在的不足,应该发展成为世界史一级学科下的分支学科。

全球史(新世界史)在欧美和中国的研究实践及学科建设表明,它既是史学领域中一种"全球转向"的治史潮流，成为历史研究中一种独特的视角和方法，同时也已发展成为一个拥有自己的研究队伍、研究领域、理论和方法的新兴历史学分支学科。那么，如何推动中国全球史的发展？或者说，中国学者应为这一新兴分支学科的发展做出怎样的贡献？刘新成教授认为，中国的世界史学者应从以下几个方面努力，构建具有中国特色的全球史：首先，全球史的创新有待中国学者实现。因为全球史所追求的文化平等理想，仅靠西方学者无法实现，中国的世界史学者更有责任突破西方话语体系、重新书写世界史。其次，中国编纂世界通史的优势有待进一步发挥。正是马克思创立了全球经济一体化系经济发展的自然过程的理论，强调了交往在其中所发挥的重要作用，中国的世界史学者应以此为基础，充分发挥这一优势。再次，"全球史发展规律"有待中国学者深入探寻。以"互动-融合"一说为例，世界历史上有时候地区间的密切交往并没有导致一个统一的世界，体系形成后产生的经济增长也没有带来一个更加平等的世界。那么，我们究竟应该否定"互动-融合"的总趋势，还是承认在这个总趋势下会出现暂时的"波动"和"逆转"？如果存在"波动"与"逆转"，其原因是什么？是否有周期？这些问题都需要中国学者深入探讨。最后，"全球性的全球史"有待中国学者构建。为了我们生活的世界更加和平和美好，人文社会科学研究者有必要加强塑造未来的意识。我们有理由组织全球史学家的跨国对话，从不同学术角度，在不回避思想交锋的前提下，在为逐步接近一部全球的、兼容的、完整的全球史的共同努力中，加深彼此理解，为营造更加包容的世界氛围尽一份力量。[22]

---

[22] 刘新成：《构建具有中国特色的全球史》，《光明日报》2019 年 9 月 16 日。

第四章　宏观世界史和全球通史编纂

　　宏观世界史和全球通史是早期全球史书写的主要形式。第二次世界大战后，科技革命和经济全球化浪潮所导致的不同地区与国家之间相互交流的便捷化和密切化，使得历史在愈来愈成为真正意义上的世界历史。这使得人们认识到，整个世界已经成为一个密不可分的整体，任何一个民族或国家都不可能脱离世界而独自存在，也不可能独自去解决任何重大的全球性问题。而发生于战后全球范围内深刻的社会变革与全球秩序的重组则导致学术界出现了一股强烈的反思浪潮。这种反思不仅体现在西方学者对西方文明自身的反思，也表现在第三世界学者对自己文明之命运的思考和对西方文明优越论的批判上。

　　实际上，早在20世纪初，西方学者就展开了对"欧洲中心论"或"西方中心论"的反思与批判，以建构一种新的世界史观和编纂一种新的世界史著作，代表著作就是德国斯宾格勒的《西方的没落》和英国汤因比的《历史研究》。他们提出的"文化形态史观"倡导世界史编纂应破除以"民族"或"国家"为单位以及以欧洲或西方为中心的狭隘偏见，而应以文明或文化为单位进行叙述。这种带有思辨历史哲学色彩的世界史观尽管遭到了众多学者的批评，但却给专业史学家开创新的世界史编纂以有益的启发。20世纪五六十年代西方第一批全球史学者（如威廉·H.麦克尼尔、斯塔夫里阿诺斯等）就深受其影响。至 20 世纪 90 年代之后，西方宏观世界史与全球通史的编纂进入一个繁盛的时代，不仅原有的相关著作在新形势下进行了重新修订，一批新的著作也编纂成功，宏观世界史与全球通史的编纂由此走向了深入与多样化。

第一节　美国的宏观世界史与全球通史代表作

20 世纪中叶，美国宏观世界史与全球通史的早期代表作为威廉·麦克尼尔的《西方的兴起》与《世界史》、斯塔夫里阿诺斯的《全球通史》。自 20 世纪 90 年代以来，美国的世界史或全球史教材的编纂得到很大发展，它们各具特色、精彩纷呈，这里也只选择其中比较具有代表性的作品加以介绍。

麦克尼尔的《西方的兴起》和《世界史》

威廉·麦克尼尔的《西方的兴起》出版于 1963 年，而他于 1967 年出版的《世界史》则是其《西方的兴起》一书的"教材版"或者"简化版"。它们的一个基本观念是："世界是一个整体"，而不同文明或不同群体之间的"文化传播则是理解这种整体性的基础"；"推动重大社会历史变迁的主要因素则是与那些拥有新的和不熟悉的技术的外人发生联系"。[1] 因此，麦克尼尔的这两部书实际上就是第二次世界大战后西方学术界强调以"文明为单位"、运用"整体世界史观"或"全球史观"去书写"整体而互动"的世界历史的一种实践。

---

[1] William H. McNeill, "*The Rise of the West* after Twenty-five Years", in William H. McNeill, *The Rise of the West: A History of the Human Community with A Retrospective Essay*, The University of Chicago Press, 1991. See also William H. McNeill, "*The Rise of the West* after Twenty-five Years", *Journal of World History*, 1(1990), pp.1-21.

《西方的兴起》将人类历史分为三大阶段：中东统治的时代（至公元前500 年）、欧亚的文化均势（公元前 500 年至公元 1500 年）、西方统治的时代（公元 1500 年至 1950 年）。

第一个阶段是人类文明的发生及定型期。人类文明最早发生于两河流域，这是由于该地区优越的气候与土壤和灌溉条件、特殊的海陆交汇的交通位置造成的。随着技术的传播、人员的迁徙和流动、商贸与战争等，两河流域文明向东西方扩散。后来逐渐形成了中东、印度、希腊、中国四大文明。其中，中东文明处于统治地位，其他 3 个边缘文明的产生受到了它的影响，并随之逐渐走向独立的发展。麦克尼尔特别强调游牧民族在欧亚大陆文明发展中的作用，并把它看作是文明扩散的载体。在中国学者看来，麦氏的这一部分立意新颖，但实际上他的文明扩散论显然受到了西方人类学界的文化传播理论的深刻影响。因为他把早期人类文明看作是从一个中心（两河流域）向边缘地区传播的结果。例如，在谈到中国文明的发生时，他指出，尽管中国与中东交往甚少，但是至公元前 2000 纪中期，中国也逐渐加入到了欧亚大陆的交流之中，并间接受到了中东文明的影响。[2]

第二个阶段是欧亚大陆四大文明的均势发展期。在该阶段 2000 年的时间里，中东文明的统治地位逐渐丧失，四大文明内部各自发展，并在地域上不断扩张，但文明的边界并未发生大的改变，从而形成了一种均势的状态。同时，各文明之间的交流与联系不仅没有削弱，反而不断增强，不同文明、不同地域之间因商业贸易、连绵的征战等途径而有力地刺激了技艺、商品及生活方式、思想文化的传播，导致了各文明内部的发展变化。尤其是游牧民族，作为文明外部的一个重要力量，既不断冲击文明世界并带给它们破坏性影响，也给它们带来了新的积极冲击，促使其内部发生变革，也使自己融入

---

[2]   William H. McNeill, *The Rise of the West*, pp.167-170.

了文明的版图之中。在这一部分，麦克尼尔更加关注各个文明之间以及各文明与游牧民族之间的互动，而对于各文明内部的演化则采用大而化之的叙述方法，尤其是他对于中国文化并未进行专门的论述。这也成为麦克尼尔所建构的欧亚"共生圈"理论的薄弱环节。[3] 尽管如此，该部分应当是麦克尼尔比较有创新性的部分。他打破了传统的古代、中世纪的历史阶段划分，从"整体与互动"的角度去界定文明形成与西方崛起之间的这个阶段，让人有耳目一新的感觉。

第三阶段是西方逐步崛起并统治世界的时期。自 1500 年开始西方的海洋扩张逐渐打破了欧亚大陆旧有的动态均势平衡，从而开启了西方统治世界的时代。在 1500—1700 年，旧有的以陆地为中心的普遍交往模式逐渐向西方人所打造的一种新的以海洋为中心的普遍交往模式过渡，但旧世界的四大文明的均衡仍然存在。在 1700—1850 年，除了远东之外，这种均衡发生了有利于欧洲的决定性改变。1850 年后，随着欧洲工业革命以及随之而来的西方政治和文化上的优势，远东的堡垒在西方的坚船利炮面前轰然倒塌，整个非西方世界完全被纳入到了西方主导的体系之中。于是，在 1850—1950 年，延续 2000 年的欧亚"共生圈"的均势完全让位于西方的统治，真正全球范围的世界一体化开始出现。1945 年之后，虽然西方的主宰地位遭到了削弱，但是西方霸权似乎依然远未达到其巅峰，而且从狭义的政治意义而言，西方占统治地位的时代也远未结束。

麦克尼尔《世界史》的基本观点与结构框架与《西方的兴起》大致相同，差别最大的是麦氏将其《西方的兴起》中的第三阶段在《世界史》中细化为了两个阶段，即第三个阶段为"西方主宰的时代"（1500—1789 或 1850 年），第四阶段则是"全球性的世界主义"（1789 或 1850 年至今）。但无论如何，

---

[3] 25 年之后，麦克尼尔也反思了自己这一做法。参见 William H. McNeill, *"The Rise of the West* after Twenty-five Years"。

麦氏的相关论述仍然存在着自相矛盾之处。因为，所谓的"西方主宰的时代"实际上是"西方崛起"的时代，而"全球性的世界主义"实际上是"西方主宰"的时代。而就整体的世界史发展实际而言，全球性的一体化正始于15、16世纪东西方大航海的时代。可见，根深蒂固的"战后帝国心境"[4]并没有因为作者的反思而消除掉。[5]

斯塔夫里阿诺斯的《全球通史》

　　斯塔夫里阿诺斯的《全球通史》是在国内颇为流行的世界史参考书。他希望编纂一部"站在月球上看地球"的全球通史，即是说他希望用"全球的观点"而非"地域主义"的观点去考察人类发展史。因为"只有运用全球性观点，才能了解各民族在各时代相互影响的程度，以及这种相互影响对决定人类历史进程所起的重大作用"。而《全球通史》的"主题实质上就是由这一时期中人类各部分相互影响的详细情况构建的"。正是依据历史上不同地区的交往和相互影响的程度，斯塔夫里阿诺斯以1500年为标志将世界历史划分为前后相继的两大阶段。他论道："1500年以前的各人类社会均处于不同程度的彼此隔离的状态之中。不过，这种闭塞状态从来不是绝对的。早在欧洲人地理大发现之前的漫长数千年中，人类各部分实际上已在相互影响，只是相互影响的程度随历史时期和地理位置的不同而存在巨大差异。……1500年以后，由于人类的通讯联系日渐加强、交通工具不断发达，整个地球以加速度日益缩小，现在，竟被人们称为'宇宙飞船式的地球'或'地球村'。"[6]

---

[4]　麦克尼尔反思道："《西方的兴起》应当被看作美国战后帝国心境的一种表达。"参见 William H. McNeill, "*The Rise of the West* after Twenty-five Years"。

[5]　关于对麦克尼尔《西方的兴起》与《世界史》的评价，参见郭方：《评麦克尼尔的＜西方的兴起＞》，《史学理论研究》，2000年第2期；钱乘旦：《评麦克尼尔〈世界史〉》，《世界历史》，2008年第2期等。

[6]　斯塔夫里阿诺斯：《全球通史：1500年以后的世界》，吴象婴、梁赤民译，上海：上海社会科学院出版社，1999年，第55页。

但是，在论述 1500 年之前的世界时，他仍然采用了古代、古典和中世纪的传统历史分期法，而对于各文明的相互联系与影响的论述也仅仅采用单独一章加以阐述，并未将之融入具体的叙述之中。在上述两个方面，他显然不如麦克尼尔。而在论述 1500 年之后的世界时，他的一个主导线索则是西方如何崛起并取得主导地位、如何面临衰微并再次获得成功。也正是在这个时期，人类历史从区域历史发展到全球史。斯塔夫里阿诺斯试图摆脱西方优越论的心态，但是他与麦克尼尔一样仍然没有摆脱根深蒂固的"帝国心境"的缠绕。

斯特恩斯等人编写的《世界文明：全球经历》

彼得·N. 斯特恩斯等所编写的《世界文明：全球经历》是 20 世纪 90 年代初以来比较流行的一部世界史教材，至 2014 年已经出版发行到了第七版。[7] 该书作者们广泛吸取了学术界在世界史编纂方面的经验，"力求完成一部真正的，讨论这个世界主要文明的演进和发展，并且把这些内容与对全球范围内不同民族与社会之间互动的性质和程度结合起来考察的世界史"。[8]

该书对于世界历史分期的标准也进行了明确的界定，并据之将世界历史分为 6 个阶段。编纂者认为，各个历史阶段的划分主要依据 3 个基本要素：主要文明区域的地缘变动、跨文明接触（对早期文明来说就是跨地域接触）密度和范围的增加，以及主要文明中绝大多数（如果不是全部）新的大致平行的发展。第一阶段为"文明起源"。它重点描述了农业的兴起以及文明在亚洲、非洲、中美洲和东南欧一些地方的出现。第二阶段为"世界历史的古

---

[7]　Peter N. Stearns, Michael Adas, Stuart B. Schwartz, Marc Jason Gilbert, *World Civilizations: The Global Experience*. 该书初版于 1992 年，中译本名为《全球文明史》，译自 2001 年第三版，参见彼得·N. 斯特恩斯等：《全球文明史》，赵轶峰等译，北京：中华书局，2006 年。

[8]　彼得·N. 斯特恩斯等：《全球文明史》，"前言"，第 1 页。

典时代"。它论述了几个区域主要文明的发展及其复杂性。在该时代，各主
要文明通过其文化与政治系统发展出了融聚大的区域和不同群体的能力，但
许多区域和社会仍然孤立于日益复杂的文明中心之外。第三阶段为"后古典
时代"。它阐述了将绝大多数文明相互联系起来并把各文明与游牧群体联系
起来的商业和文化联系的形式。其特点是：古典文明的衰落、新文明中心的
兴起以及包括主要宗教之传播在内的世界性联系体系的出现，甚至国际性疾
病传播的加速。第四阶段为"缩小的世界：1450—1750 年"，其特征是西方
的兴起、全球接触的强化、贸易的增长和新帝国的形成，此前孤立的美洲和
其他地区加入到了国际体系之中。第五阶段为"工业化与西方的全球霸权：
1750—1914 年"，其主题是西方的工业化和欧洲帝国主义的发展。在该时期，
日益增强的商业交流、技术发明和文化接触反映了西方势力的增强和影响的
扩展。第六阶段为"20 世纪的世界历史"，其特点是西方帝国主义的消退、
新政治体系（如共产主义）的兴起、美国与苏联的强盛，以及包括日本与环
太平洋地区取得重大成就的各种经济创新。

　　该书在一定程度上克服或弥补了此前世界史或全球史编纂中的一些缺
憾。首先，该书既对各文明和社会内部的独立发展进行了考察，又对不同文
明、不同区域、不同社会与群体的互动与交流进行了分析，从而贯彻了世界
史或全球史编纂有关"文明互动"的核心理念，并在一定程度上克服了对各
文明和社会内部独立发展之描述的不足。正如作者所言："世界史是将历史
事件置于全球视野下研究的结果。它既对各个社会内部的独立发展予以有意
义的归纳，也对各社会之间相互接触的结果进行比较分析。"[9]而学术界对于
世界史或全球史编纂中过于强调"文明互动"而疏于对各文明内部传统进行
研究颇多微词，该书则回应了学术界的这种批评并进行了纠偏。

---

[9]　彼得·N.斯特恩斯等：《全球文明史》，"前言"，第 1 页。

其次，该书将全球史中具有普遍性的问题，如传统与变动、区域主义与接触、技术与环境、两性与社会不同等级的不平等、个人在历史发展中的角色、游牧者和国际化组织等，作为突出叙述的主题纳入到了书中。尤其是两性问题纳入其中并作为一个重要主题，显示了妇女与性别史已经得到了世界史或全球史编辑者们的重视。

最后，更加重视非西方世界，更加重视历史的分析与比较方法。该书尽管强调在叙述中突出重点，但也对以前世界史著述中所忽略的文明或社会群体，如拉丁美洲、环太平洋地区、亚洲的游牧部族等，予以了更多的重视。同时，该书编纂者们并不仅仅满足于对世界历史的叙述，而是针对主要文明的内在传统的形成及特点、文明的互动以及世界历史上关键历史时期的转变模式等进行分析与比较，从而使"世界历史成为某种需要思考的课题，而不是某种简单的需要记忆和咀嚼的东西"[10]。

布利特等人编写的《大地与人：一部全球史》

理查德·W. 布利特等编写的大学教材《大地与人：一部全球史》亦获得了比较好的评价。该书初版于 1997 年，后来不断修订新版，其目标是："学生和教师应该从本书中获得一种关于人类社会的宽广视野：人类社会在其开端之时，是许多分散和缺乏联系的共同体，它们创造性地对当地环境做出反应；后来经历了一些相互联系、相互渗透、文化扩张与融合的汇聚阶段；到21 世纪的世界，人们越来越感受到人类社会是一个单一的全球共同体。"该书的基调是"进程"，即"一个随时间推移而持续变迁的过程，这个过程最初在不同的地区而经历不同，但最终把全球各地的民族及其传统联系了起来"。但是，"选择特定的资料与事件来最好地阐明这些人类经验的全球模式"

[10] 彼得·N. 斯特恩斯等：《全球文明史》，"导论"，第 5 页。

是一种挑战，"为了应对这一挑战，我们在本书中采用了两个主题：'环境与技术'和'多样性与主流'。第一个主题描述了各个历史时期一切人类社会的一般物质基础，……第二个主题表达了每一个社会所创立或继承下来的主流结构的事实"。[11]

该书"按年代顺序分为 8 编，以阐明全球历史发展过程中不同的概念主题"。第一编为"人类社群的出现（至公元前 500 年）"，主要考察人类社群组织中的重要模式。在几万年的时间里，人类社会在不同的时段以不同的方式，对复杂多样的环境状况做出应答，并从食物的采集者成为食物的生产者。基于这些新的生存模式，人口增长，永久性的城市出现，基于征收和控制农业剩余产品的政治与宗教权力机关传布到了广阔的地区。

第二编"新文化共同体的形成（公元前 1000—公元 400 年）"，从有关特定人类社群的活动与象征符号的连续模式的角度，介绍了"文化共同体"这一概念。[12] 当所有的人类社会发展出各自与众不同的文化以及不同的生存模式、政治和宗教权力机关时，全球史在这一阶段的历史发展长期延续，从而导致一些文化的影响远远超过了另一些文化。在地理上邻近的欧亚非大陆，那些有着最为持久性影响的文化可以追溯到公元前 2000 纪到公元前 1000 纪。

第三编"文化共同体的发展和互动（公元前 300—公元 1200 年）"。它主要阐述了在一个大陆范围内所发生的早期的技术、社会和文化交流与互动。考察的范围既在陆地帝国扩张的框架内，也会超越这一框架。该阶段文化共同体的发展与互动和产生于更为有限的政治边界的征服或扩张，早期互动存在着如此大的差异，以至于它们构成了世界史上一个与众不同的时代。该时代使世界踏上了一条与日俱增的全球相互影响和相互依赖的道路。

---

[11] 上述引文均见理查德·W. 布利特等著：《大地与人：一部全球史》，刘文明、邢科、田汝英译，北京：商务印书馆，2020 年，第 27—28 页。

[12] 理查德·W. 布利特等著：《大地与人：一部全球史》，第 29 页。

第四编"文化与联系的区际模式（1200—1550 年）"。在该阶段的欧亚非，文化与商业接触愈益增强，各文化共同体在自我界定方面的自信心也愈益增强。蒙古人通过征服建立起了一个自太平洋至东欧的大帝国。在西方，日渐强大的欧洲王国开始了海洋扩张，与撒哈拉以南的非洲建立了直接的联系，从而为 1500 年以后拓展全球性的联系奠定了基础。

第五编"全球走向一体化（1500—1750 年）"。欧洲人的扩张和持续的经济发展所带来的全球性影响主导了这个时代。欧洲人的海外扩张、海上贸易和海外殖民遍及亚、非、美。传统的内陆帝国与新兴海洋帝国在能力与机遇方面的巨大差异，以及在东西半球间的农作物和家畜交易，显示出第一个真正的全球互动时代的技术与环境影响范围。

第六编"革命重塑世界（1750—1870 年）"。该书编纂者们认为，所谓的"革命"包括政治革命、急剧的变革（如工业革命）、环境与世界观的深刻变化，而技术与环境则是发展的核心。伴随着"科学与技术可以克服所有的挑战"这一西方信念迅速在人们头脑中占据了支配地位，技术不仅成为变革的工具，而且也成为一种维持统治地位的工具，以至于威胁到了非工业化地区文化传统的完整性与自主性。

第七编"全球差异和全球统治（1850—1945 年）"。它考察了世界舞台的发展，而在这个世界舞台上，人们在全球范围内对各类事件进行思考。帝国主义、世界战争、国际经济联系和世界范围内的意识形态趋势（如民族主义、社会主义），呈现出一幅全球相互联系愈益增强的图景。欧洲的统治地位呈现出一种世界性的维度。它通过使非欧洲世界的人们屈从于欧洲的价值与哲学而一度威胁到了人类文化体验的多样性，同时也引发了他们强烈的政治或文化抵制。

第八编"全球共同体面临的危险及其承诺（1945 年至今）"。该书编者将该时期又细分为 3 个阶段：1945—1975 年、1975—1991 年、1991 年至今，而这 3 个阶段又存在着很强的连续性。冷战的挑战、后殖民时代的国家建构、后冷战时代不同力量和文化之间的摩擦主导着这个时代，并且也牵涉到了全球经济、技术和政治因素，所有这一切越来越成为人类生活各方面的重要因素，而技术则在其中扮演了一个核心的角色。这既是因为在地球村的发展过程中，技术的作用是不可或缺的，也是因为它的诸多有益之处在改善人类生活质量方面似乎隐含着对环境所造成的实际和潜在的负面影响。

该书的特点与彼得·N. 斯特恩斯等编写的《世界文明：全球经历》大致相同，但是《大地与人：一部全球史》在理论上对全球史主题的梳理与思考更进了一步。该书编纂者认为，"技术与环境"是人类社会的日常物质基础。所谓的技术并不是狭义意义上的技术，"从关于物质世界的经验知识来说，技术构成了一切人类活动的基础。文字是一种技术，关于医学和有毒植物的代代相传的口头知识也是技术；有磁性的罗盘是航海技术，但波利尼西亚水手关于风向、海流、潮汐的难得知识也是技术，这些技术使得太平洋诸岛上的殖民成为可能"。技术并不是孤立的，"一切技术的发展都来自人与环境（包括物质环境和人文环境）的互动，反过来，技术发展又影响环境。关于人类如何改变地表的历史，是我们第一个主题的重要组成部分"。然而作为人类生活日常物质基础的"环境与技术并不能解释人类经历中的一切重大事件。'多样性与主流'这一主题阐述了我们关于政治、文化和社会的全部观点。因此，在叙述帝国的历史之时，我们描述了帝国境内外广泛的人类经历，而没有把帝国的制度当作是比游牧民族的经济和社会组织，或是比乡村妇女的生活更适合讨论的话题。当我们叙述宗教与文化时，不仅关注主流传统，也关注其他可选择的信仰和习俗的多样性"。所以该书极力突出"技术与环境"以及物质文化在世界史发展中的基础性作用，同时又以"多样性与主流"这一主题而进一步弱化世界史编纂中对主要文明或文化着墨过多的做法，而增强了对次要文明与文化的叙述。可见编纂者们试图合理地处理中心与边缘、主流与非主流、精英与大众之间的关系，使之真正体现出世界史的全貌。由此，该书的叙述内容也有了进一步的扩大，正如作者所言："我们考察了多种实践和制度：军事的、经济的、社会的、政治的、宗教的和文化的，以及以血缘关系、性别、文化程度为基础的那些实践与制度。"[13]尤其是该书的编纂者们以"文化共同体"取代文明作为基本叙述单位，显示出学术界"文化转向"对他们的影响。

本特利和齐格勒的《传统与相遇：全球视角的历史》

另一本在中国非常流行的世界史教材无疑是杰里·本特利和赫伯特·齐格勒撰写的《传统与相遇：全球视角的历史》。[14]该书自2000年出版以来已经发行了五版。中译本甫一出版便受到了中国史学界的高度评价。由于该书作者长期浸润于宏观世界史或全球史的理论研究和教学实践之中，加之不断吸收学术界有益的相关研究成果，这使得他们提出了自成一体的世界史或全球史理论体系并将之付诸相关教材的撰写。他们认为，必须运用全球观来透视世界历史，而从这种视角透视世界历史，首先"要求尊重世界上所有民族——而不是一个或少数几个民族——的历史经验，考察每一个民族为人类所做的贡献"；其次"要求超越对某个社会的研究，而考察更广大的地区，考察各大洲的、各半球的、乃至全世界的背景"；再次要求"考察那些对不同社会中人们之间交流有促进作用的网络和结构"；最后则"要求关注各地区、各民族和社会之间的互动交流所带来的长期影响和结果"。[15]

那么，如何将这种全球观落实到宏观世界史或全球史的编纂之中呢？

---

[13] 上述引文均见理查德·W.布利特等著《人地与人：一部全球史》，第28页。

[14] 中文译本从英文第三版译出并改书名为《新全球史：文明的传承与交流》。参见杰里·本特利、赫伯特·齐格勒：《新全球史：文明的传承与交流》，第三版，魏凤莲、张颖、白玉广译，北京：北京大学出版社，2007年。

[15] 杰里·本特利、赫伯特·齐格勒：《新全球史：文明的传承与交流》（上），"前言"，第9—10页。

即是说，如何将纷繁复杂、多姿多彩的世界历史化为可以理解的整体的历史呢？他们认为，要解决这个问题就必须把握理解世界历史的两大基本主题："传统"与"交流"。因为"这两个主题集中反映了人类发展的最重要的特征，概言之，它们可以对人类社会历史发展的原因做出解释"。"'传统'主题，关注的是个体社会的组织、维持与衰落。……所以，我们这本书的一个主要目的就是要考察曾经塑造了各民族生活和经历的各种政治、社会、经济和文化传统的发展。"而"交流"则贯穿于人类社会历史的始终，该主题"关注于交通运输、贸易往来和交互影响等能够维系某个社会组织与其相邻组织和周围更广大地区联系的手段和方式……本书重点关注了多种文化交融的过程，它们曾在整个世界历史的变化中起过重要的作用。人们之间的交流以大规模的民族迁徙、帝国扩张战争、远距离贸易、农作物的传播、疾病的传染、生产技术的传播以及宗教和文化的传播为形式，对各个社会组织以及世界整体的发展产生了深刻的影响"。[16] 也正是作者准确地把握了世界历史的这两大基本主题，才使得该书比较好地处理了"文明互动"与"各文明的内部传承"之间的关系，从而使该书呈现出了自己的特色。

该书对于世界历史的阶段划分也正奠定在这两个主题之上。正如作者所言："通过传统和交流这两个主题，我们为纷繁复杂的世界历史确定了焦点，与此同时，我们也试图把世界历史分为七个阶段，来加深对世界发展的理解。"[17]

第一阶段为"早期复杂社会（公元前 3500—前 500 年）"。它考察了人类出现后在世界许多地区，包括美索不达米亚、埃及、印度北部、中国、中美洲以及安第斯山脉中部独立发展出的大规模的社会组织形态，即所谓的

---

[16]　上述引文均见杰里·本特利、赫伯特·齐格勒：《新全球史：文明的传承与交流》（上），"前言"，第10—11页。

[17]　杰里·本特利、赫伯特·齐格勒：《新全球史：文明的传承与交流》（上），"前言"，第11页。

"复杂社会"。

第二阶段为"古典社会组织（公元前 500—公元 500 年）"。它考察了在早期社会基础上发展而来的波斯、中国、印度和地中海地区的社会组织。它们的势力范围扩展到了广阔的地区，发展出了极具影响力的文化传统。它们的传统历久弥长，影响了几千万人的生活方式。

第三阶段为"后古典时代（公元 500—1000 年）"。该阶段是东半球各社会组织做出重大调整的时期。在此期间，后古典社会进行了政治和社会秩序的重建，远距离贸易也得以重新复兴并迅速增长，从而增强了物种的交换和先进农业生产技术的传播，人口规模得以增长。后古典时代也是新的文化和宗教传统形成的关键时期，伊斯兰教的兴起、佛教向东亚和东南亚的传播、基督教在欧洲的一统天下极大地改变了整个欧亚非大陆的统治与文化版图。

第四阶段为"跨文化交流的时代（公元 1000—1500 年）"。在该阶段，出现了游牧民族的大规模迁徙并建立了跨越后古典国家疆域的帝国，从而为不同社会和文化区域的各族人民之间的贸易往来和文化交流奠定了一个相对稳定的政治基础。在该阶段，更加频繁的跨文化交流使得东半球尤其是印度洋地区的相互交往更为密切，从而为欧洲大航海奠定了基础。

第五阶段为"全球一体化的缘起（公元 1500—1800 年）"。该阶段是全球化进程中的一个关键阶段。伴随着新航路的开辟，西方人跨出地中海走向了大洋，开始了大规模的海外贸易、扩张和殖民活动，从而创造了一个环球交通网络，不同文化之间的互动与交流也比以前更为频繁和系统，一种真正的世界经济与贸易体系建立起来。与此同时，动植物、疾病和人群跨过大洋来到新的土地上，基督教和伊斯兰教在世界上的广大地区传播开来。正是在这一阶段，西方逐渐崛起，并在世界政治经济方面取得了优势地位，而非洲、美洲和大洋洲的土著居民在遭到西方人的殖民征服之后也被迫卷入到全球化的进程中。当然，西方的崛起只是人类历史上特定时期的特定产物。

第六阶段为"革命、工业和帝国时代（公元 1750—1914 年）"。正是在这一时期，欧洲人通过革命、工业化和帝国主义而成功建立起世界性的霸权。至 19 世纪末，欧洲势力控制了大部分亚洲和几乎整个非洲地区，而欧裔美洲人也统治了美洲。欧洲的革命、工业化及帝国主义的影响无处不在，也使世界各地的人民以前所未有的程度紧密地联系在一起。

第七阶段为"现代全球重组（1914 年至今）"。两次世界大战以及期间的大萧条、亚非拉民族主义运动不断加重欧洲的经济与政治的衰落，而二战后不久即开始的冷战、民族独立和殖民帝国的解体，使 20 世纪末和 21 世纪的世界重新组合。全球化拓宽了世界各民族不同文化之间的交流，使经济和政治的选择更为接近，并培养了共同的文化价值观念，但与此同时，推动地区文化传统和政治认同的力量也对全球的一体化提出了挑战。

雷利的《人类的旅程：简明世界史导论》

凯文·雷利是美国世界史领域的开拓者之一，他撰写的《人类的旅程：简明世界史导论》于 2012 年出版。[18] 该书是他近 30 年世界史研究与教学的结晶，浓缩了他个人对于编纂世界史的独特思考，也反映了当时西方学术界世界史研究的最新成果。他认为，尽管世界史不可能"无所不包"，但是"你必须拓宽你所讨论的焦点。正如一位摄影家转换到一个广角镜头以捕捉一幅风景一样，我们也必须考察那些较大的变化模式以理解世界历史。这意味着要反思那些重大的历史问题，而非把历史的各部分加以切割"。这就"需要我们对历史做更深入的挖掘，以便我们能够理解人类发展的形成阶段。而且这也要求我们不仅将最近时期的历史理解为一系列重大的事件，而且也要将

---

[18]　Kevin Reilly, *The Human Journey: A Concise Introduction to World History*, Rowman & Littlefield Publishers, 2012.

之理解为长时段的连续进程"。[19]

正是基于这一理念，他用 12 章的篇幅去阐述人类的旅程，其中，他"用第一章去描述历史学家们通常不予考虑的'史前时代'，而用最后两章对现代做出由表及里的考察。由此，剩余的九章——人类旅程中的中心部分——具有更广泛的含义：作为农业革命之结果的国家与帝国的兴起、甚至形塑了我们时代的古典时代、统治我们时代的世界性宗教的发展与传播、自'南方化'到西化的全球化阶段以及工业化与民主化的影响"[20]。可见，凯文·雷利从更为宽广的视野和更长的时段去看待人类的旅程，并将之分为三个大的阶段。

第一大阶段为漫长的史前时代，是人类社会跨入文明时代之前的一个漫长的序幕。[21] 作者的叙述首先从宇宙、地球和生命的历史开始，然后将长时期的人类历史看作是粮秣征收员（主要是狩猎者和采集者），最后则探讨了始于大约 1 万年前的农业革命及其影响。作者称之为"一种'小大历史'（Little Big History），因为过去 140 亿年中的大部分时间将很快飞逝。而 140 亿年是人类史的一个近乎不可思议的长时段背景"[22]。作者率先将所谓的"小大历史"纳入世界史的叙述之中，并将人类历史置于其相应的位置，但又没有忽略人类存在的意义。这是该书的一个亮点。

第二大阶段为人类旅程的中心部分，是人类走向全球化的漫长过程，它是理解现时代全球化的基础。我们认为，凯文·雷利之所以将人类文明史的绝大部分时期（公元前 3000—公元 1900 年）作为世界史的一个中间阶段，主要就是为了阐明人类全球化进程是一个漫长的过程。而凯文·雷利将这个

---

[19]　Kevin Reilly, *The Human Journey: A Concise Introduction to World History*, p.xxiii.

[20]　Kevin Reilly, *The Human Journey: A Concise Introduction to World History*, p.xxiii.

[21]　这是该书第一章所论述的内容，其标题为"漫长的序幕：始于 140 亿年前"。

[22]　Kevin Reilly, *The Human Journey: A Concise Introduction to World History*, p.3.

漫长的阶段分为 6 个时期。第一个时期为城市、国家和游牧的华丽新世界(始于公元前 3000 年),主要讨论了青铜时代的城市化与铁器时代出现的意义。第二个时期为欧亚古典文化与帝国(公元前 600—公元 200 年),主要考察了古典文明时代的含义及其重要性。第三个时期为欧亚大陆新的传播路径(公元 200—1000 年),主要解释了在欧亚大陆整合的后古典时代世界性宗教和新技术的传播。第四个时期为欧亚北非网络的形成及同时代的内陆非洲、美洲和大洋洲(包括第 5 章和第 6 章,时间为公元 1000—1450 年),主要阐述了一种现代性的欧亚北非交流与互动网络的形成,以及同时代内陆非洲世界、美洲世界和太平洋世界的发展状况。第五个时期为近代早期各帝国的扩张、相遇与全球化之根源(包括第 7 章和第 8 章,时间为 1450—1750 年),主要阐述了伊斯兰、中国、俄罗斯、欧洲等帝国的扩张,以及由此带来的相互交往与互动的加速,这成为了全球化的根源。第六个时期为西方现代社会的形成、全球帝国主义的出现以及非西方社会的应对(包括第 9 章和第 10 章,时间为公元 1750—1900 或 1940 年),主要阐述了西方工业革命、政治革命与现代民主社会的产生,全球帝国的出现以及由此带来的剧烈动荡,非西方世界的应对及其变化。

第三大阶段为现代的全球化时代,时间为整个 20 世纪。它主要阐述了现代西方社会的危机与全球重组,全球化与现代化的深化及其面临的问题。

该书在许多方面确实有自己的独到之处。首先,在历史阶段的划分方面,作者从更为宽广的视野和更长的时段出发,去看待人类的历史,将全球化看作是一个长期而艰巨的渐进过程,并力图弱化过细的历史阶段划分所造成的困扰,尤其是作者将"小大历史"的方法引入到史前时代的阐述之中,从而将人类历史纳入到一个更为宏大的宇宙视野之中。其次,作者进一步纠正了世界史或全球史编纂中的中心与边缘关系问题,更为公正和平衡地看待欧洲与非欧民族在全球化发展过程中各自的独特作用。其中最为成功的是作者关于近代早期亚欧大陆各帝国对于全球化之影响的分析（即第二大阶段第五个时期）。以往的作者往往过多地强调西方新航路开辟、海外贸易与殖民扩张对于全球化的重大影响，而凯文·雷利则把中国、伊斯兰和俄罗斯对外拓展或扩张与西欧的扩张都看作是全球化的根源。总之，该书既体现了作者的独立思考，也体现了作者对学术界新成果的吸纳，是一本反映西方学术界在宏观世界史或全球史编纂方面最新成果的书。[23]

第二节　宏观世界史与全球通史编纂的理论与方法

上述宏观世界史与全球通史奠定在一些新的历史编纂理论与方法的基础之上。尽管专业史学家大都埋首于将自己对世界通史与全球通史编纂的思考化为具体有形的著作或教材，而很少进行系统的理论阐释，但不可否认的是，任何一位世界史学家或全球史学家在相关著作或教材的编撰过程中，都必不可免地奠基于一种相关的理论框架与研究方法之上。中国学术界常将这种宏观世界史和全球通史编撰的理论与方法称之为"全球史观"或整体世界历史观。综观学者们在宏观世界史与全球通史编纂中的实践，我们可以从中归纳出其中的一些共同的主要特征。

一、人类历史是一个有机联系的整体，因此要用全球的观点或整体和全局的视角而非"民族主义"或"地域主义"的观点对之加以考察。

正如巴勒克拉夫所总结的那样，历史全球观就是要"超越民族和地区的

---

[23]　中国的宏观世界史或全球史编纂也有着自己鲜明的特点，并形成了自己的理论体系与编纂方法。我们认为最具代表性的有两种：一是周谷城先生以一己之力撰写而成的四卷本《世界通史》，一是吴于廑、齐世荣先生主编的六卷本《世界史》。关于中国的宏观世界史或全球通史的代表作，参见刘新成、刘文明：《中国的世界史研究六十年》，《历史研究》，2009 年第 5 期。限于篇幅，此处不再单独论列。

界限、理解整个世界的历史"[24]。这是历史全球观的核心，也是世界史和全球史编纂所遵循的最基本的原则。由此，宏观世界史和全球史家在"以全球视角来考察历史"时，就"要求尊重世界上所有民族——而不是一个或少数几个民族——的历史经验，考察每一个民族对人类所做的贡献"，而不能厚此薄彼。[25] 因为"世界上每个地区的每个民族和各个文明都处在平等的地位上，都有权利要求对自己进行同等的思考和考察，不允许将任何民族和文明的经历只当作边缘的无意义的东西加以排斥"[26]。而为了在世界通史和全球通史教材的编纂中实现上述目标，把每一个地区或民族的历史纳入到相互联系的世界史和全球史体系之中，就要在相关的教材或著作中给予非欧世界的历史以应有的篇幅。在这种理念影响下，全球视野中有关非欧世界之历史的研究迅速走向繁荣，并赋予其在世界史与全球史以应有的地位，给予其影响以应有的评价。

然而，在世界史上，不同民族、文明或地区在不同的历史发展时期，对于全球人类历史的影响力及其影响的范围毕竟有强有弱、有大有小，如果完全等量齐观似乎也不尽合理，因此如何在全球视野下去处理主与次、中心与边缘之间的关系仍然是学者们所面临的一个难题。而且在实际的世界史与全球史教材编撰中，也不可能面面俱到地叙述所有的民族与文明，必然会有详有略，所以处理好这个问题是关系到宏观世界史与全球通史编撰的成败因素之一。这可以说是目前宏观世界史与全球通史编纂所面临的一个困境。

二、宏观世界史和全球通史应"专注于呈现那些跨地区、大陆、大洋、半球和全球范围的发展过程"。

因为，要超越"民族主义"与"地域主义"的观点而采用全球视野去

---

[24] 巴勒克拉夫：《当代史学主要趋势》，杨豫译，上海：上海译文出版社，1987 年，第 242 页。

[25] 杰里·本特利、赫伯特·齐格勒：《新全球史：文明的传承与交流》（上），"前言"，第 9 页。

[26] 巴勒克拉夫：《当代史学主要趋势》，第 158 页。

考察人类历史，就必须摒弃那种以民族国家为基本叙述单位和研究范畴的做法，更多的去关注这些"其所产生的影响跨越了民族、政治、地理、文化界限"的发展过程。[27] 而技术与物种（包括各种植物和动物）的传播和交流、跨文化商业贸易、帝国的扩张与殖民、移民与流散社群、文化的接触与交流、疫病的传播、气候与环境的变化等就是跨越上述界限而对全球历史产生持久影响的因素。也正是基于这种理念，上述诸方面成为了世界史和全球史的主题，相关的学者对之展开了专题性的研究，并出现了大量的研究成果。例如，威廉·麦克尼尔的《瘟疫与人》和《竞逐权力》，克罗斯比的《哥伦布大交换》和《生态帝国主义》，杰里·本特利的《旧世界的相遇》，阿布-卢格霍德的《欧洲霸权之前：1250—1350年的世界体系》，安德鲁·沃森（Andrew M. Watson）的《早期伊斯兰世界的农业革新：700—1100年农作物和农耕技术的传播》，詹姆斯·特雷西（James D. Tracy）的《商业帝国的兴起：早期近代世界的远程贸易》，等等。我们认为，上述相关专题研究将给宏观世界史与全球通史的编撰以积极的影响，因此随着相关专题研究逐渐走向深入，宏观世界史与全球通史的编撰也将迈上一个新台阶，达到一个新的高度。

当然，过于专注叙述那些具有跨越民族、政治、地理、文化界限之影响力因素的理念及其做法，也会弱化在宏观世界史与全球通史编撰中对各个个体社会组织或民族国家历史发展及其内部组织形式的叙述，从而导致宏观世界史与全球通史编撰出现一种"失衡"的现象，即对人类社会发展的两个基本层面——内在的连续发展与外在的相互交流——的描述顾此失彼。尽管一些世界史与全球史学者已经认识到了这一问题，并力图在相关教材或著作的编纂中克服之，如彼得·N. 斯特恩斯、杰里·H. 本特利和赫伯特·齐格勒、

[27]　上述引文均见 Jerry H. Bentley, "The New World History", in Lloyd Kramer and Sarah Maza eds., *A Companion to Western Historical Thought*, Oxford: Blackwell Publishing, 2002, p.410。

凯文·雷利等，但总的来看，上述情况实际上并没有得到多大的改观。这可以说是世界史和全球史编纂所面临的又一个困境。

三、全球通史编纂者极为关注跨文化互动，并将之看作人类社会发展的主要动力和历史分期所依据的重要标准。

世界通史或全球通史所考察的是人类自原始、分散、孤立的群体逐渐发展成为一个相互密切联系的整体的过程。如吴于廑先生指出，世界历史的内容就是"对人类历史自原始、孤立、分散的人群发展为全世界成一密切联系整体的过程进行系统探讨和阐述"[28]。而理查德·W. 布利特等人也指出，全球史的目标就是为了获得一种关于人类社会的宽广视野，认识到人类社会从许多分散和缺乏联系的共同体，经历一些相互联系、相互渗透、文化扩张与融合的汇聚阶段之后，发展成一个单一的全球共同体。[29] 而在人类历史愈益发展成为世界历史与全球史的过程中，不同社会群体、不同民族、不同国家、不同地区之间日益增强的相互接触、交往与交流发挥了极为重要的作用，而那些具有跨越民族、政治、地理、文化界限的因素，其世界性影响力的发挥也完全有赖于这种交往与交流，所以世界史与全球史学家通常将世界历史与全球史看成是不同社会群体、民族、国家和地区之间持续不断地相互交往与交流的一个结果。

由于之前世界史编纂者们往往从"民族主义"或"地域主义"出发来考察人类历史，所以他们主要专注于各个社会群体、民族国家的内部组织及其发展，而宏观世界史与全球通史的编纂者们则由于视角的转换而特别注重考察不同社会群体、民族、国家和地区之间相互的交往与交流，即所谓的"跨文化互动"。周谷城先生就指出，在从整体与全局的角度考察世界历史时，

---

[28] 《中国大百科全书（第二版）》，第 20 卷，"世界历史"词条，北京：中国大百科全书出版社，2009 年，第 323 页。

[29] 理查德 W. 布利特等：《大地与人：一部全球史》，第 27 页。

要"特别着重世界各地之相互之关联"[30]。威廉·H.麦克尼尔认为，"世界是一个整体"，而不同文明或不同群体之间的"文化传播则是理解这种整体性的基础"，"推动重大社会历史变迁的主要因素则是与那些拥有新的和不熟悉的技术的外人发生联系"。[31] 在《人类之网：鸟瞰世界历史》中，麦克尼尔父子进一步将这种理念进行加工提炼并提出了"一个新的概念：在人类历史上处于中心位置的是各种相互交往的网络。……一个网络，正如我们所看到的，就是把人们彼此连接在一起的一系列的关系……塑造人类历史的正是这些信息、事务、发明的交换与传播，以及人类对此所做出的各种反应"[32]。斯塔夫里阿诺斯讨论道："只有运用全球性观点，才能了解各民族在各时代相互影响的程度，以及这种相互影响对决定人类历史进程所起的重大作用。"其《全球通史》的"主题实质上就是由这一时期中人类各部分相互影响的详细情况构建的"。[33] 帕特里克·曼宁指出："简而言之，世界历史是关于全球人类社会内各种联系的故事。世界史学家的工作就是去描述人类历史上的各种跨界交往和各组织网络之间的联系。其原始资料范围从单个家庭的故事到各民族的迁徙以至涵盖全人类的叙事。世界史远非所有历史的总和。然而，它却通过聚焦于各历史聚居地、各历史时期和各研究主题之间的联系而增强了我们对于过去的认识。"[34] 杰里·本特利、赫伯特·齐格勒声言，其《传统与相遇》"重点关注了多种文化交融的过程，它们曾在整个世界历史的变化中起过重要的作用。人们之间的交流以大规模的民族迁徙、帝国扩张战争、远距离贸易、农作物的传播、疾病的传染、生产技术的传播以及宗教和文化的传播为

[30]　周谷城：《世界通史》（第一册），"弁言"。

[31]　William H. McNeill, "*The Rise of the West* after Twenty-five Years".

[32]　约翰·R.麦克尼尔、威廉·H.麦克尼尔：《人类之网：鸟瞰世界历史》，王晋新等译，北京：北京大学出版社，2011年，"导论：各种网络与历史"，第1页。

[33]　斯塔夫里阿诺斯：《全球通史：1500年以前的世界》，第55页。

[34]　Patrick Manning, *Navigating World History: Historians Create a Global Past*, Palgrave MacMillan, 2003, p.3.

形式，对各个社会组织以及世界整体的发展产生了深刻的影响"[35]。而"学者们也愈加认识到，历史是世界各民族互动的结果"[36]。

由此可见，正是由于"跨文化互动"在人类历史发展中的重要影响，世界史与全球史家将之上升到了影响人类历史发展之重要因素的地位，并将之作为划分世界通史或全球通史之历史时期的重要标准，"跨文化互动"也由此成为历史全球观的另一个核心理念。这不仅在学理上为破除"西方中心论"或各种其他形式的中心论提供了有力的理论支撑，也为全球视野下宏观世界史与全球通史编纂提供了一种新的方法论。也正是基于这种理论与方法，从事世界史与全球史教学与研究的学者们编纂出了一系列新颖的世界史与全球史教材或著作。正是基于"跨文化互动"的理念，世界史与全球史家给我们描绘出了一幅色彩鲜明的"互动而整体"的世界历史画面，在其中人类通过一系列彼此相互连接的网络而从分散、孤立走向整体；正是基于"跨文化互动"的理念，长期以来为史家所遵循的僵化而又漏洞百出的"古代、中世纪、近现代"的历史分期，在新的世界史与全球史编纂中遭到摒弃，一种新的以跨民族、国家、区域往来与互动为主线的历史演进阶段破土而出。[37]

但是，过分强调"跨文化互动"之作用的做法也会带来一些问题。例如，它导致容易忽视对个体社会组织、民族、国家、文明内在发展的考察，不能准确和合理地理解与处理内在发展与外在交往之间的辩证关系，从而也就忽视了对个体社会组织、民族、国家、文明的内在发展动因的探讨，并在实际

---

[35]　杰里·本特利、赫伯特·齐格勒：《新全球史：文明的传承与交流》（上），"前言"，第 10 页。

[36]　Jerry H. Bentley, "Cross-Cultural Interaction and Periodization in World History", *American Historical Review*, 101:3(June 1996), pp.749-770.

[37]　可以参见前文对各种世界史或全球史著作或教材有关历史阶段的划分的述评，此处不再赘言。本特利、曼宁曾著文专门讨论过该问题，参见 Jerry H. Bentley, "Cross-Cultural Interaction and Periodization in World History"; Patrick Manning, "The Problem of Interactions in World History", *American Historical Review*, 101:3(June 1996), pp.771-782. 亦参见董欣洁：《西方通史类全球史编纂中的历史分期研究》，《安徽大学学报（哲学社会科学版）》，2010 年第 6 期。

的世界史与全球史编纂中出现了对上述两个方面叙述失衡的现象。尽管一些学者已经认识到了这一问题的存在，并力图从理论阐述和具体编纂实践中加以纠正，如彼得·N. 斯特恩斯、杰里·H. 本特利、帕特里克·曼宁、马科斯等，[38] 但实际收效仍然不能令人满意。

当然，无论是理论阐释还是在具体编纂实践中，要处理好两者之间的关系确实存有难度，但是，这并非无法克服。周谷城与吴于廑两位先生都认为，世界历史的主要任务还是要力求从研究和阐明人类历史的演变中去揭示世界历史发展进步的内在趋势或规律。其中吴于廑的相关阐释最为系统和完整。他指出："人类历史发展为世界历史，经历了一个漫长的过程。这个过程包括两个方面：纵向发展方面和横向发展方面。这里说的纵向发展，是指人类物质生产史上不同生产方式的演变和由此引起的不同社会形态的更迭。……所谓世界历史的横向发展，是指历史由各地区间的相互闭塞到逐步开放，由彼此分散到逐步联系密切，终于发展成为整体的世界历史这一客观过程而言的。……在历史发展为世界历史的漫长过程中，纵向发展和横向发展并不是平行的、各自独立的。它们互为条件，最初是缓慢地、后来是越来越急速地促成历史由分散的发展到以世界为一整体的发展。纵向发展制约着横向发展。纵向发展所达到的阶段和水平，规定着横向发展的规模与广度。……横向发展一方面受纵向发展的制约，一方面又对纵向发展具有反作用。横向发展与一定阶段的纵向发展相适应，就往往能促进和深化纵向发展。……由上可见，历史的纵向发展和横向发展是历史发展为世界历史过程中的两个基本方面。它们共同的基础和最终的推动力量是物质生产的进步。……物质生活资料生产的发展，是决定历史纵向和横向发展的最根本的因素，它把历史的这两个

---

[38]　Jerry H. Bentley, "The New World History"；Patrick Manning, "The Problem of Interactions in World History"；Robert B. Marks, *The Origins of the Modern World*, 2nd edition, Rowman & Littlefield Publishers, 2006, p.15.

方面结合在一个统一的世界历史发展过程之中。"[39]

我们认为，如果西方学者不能有效处理纵向发展在全球史编纂中的地位及作用这一问题，会使全球史的研究与编纂表现出一定的缺陷。实际上，整个人类社会与文化的发展和演变一方面通过各个体社会、民族、国家、地区内部一代代人的传承、创新和发展而实现，另一方面则通过个体社会、民族、国家、地区之间人们的相互接触、相互交流、相互融合而实现。前者为人类社会文化的纵向传播，它着眼于人类社会与文化的时间变迁过程；后者则为人类社会与文化的横向传播，它着眼于人类社会与文化的空间变化过程。纵向传播与横向传播共同构成了人类社会与文化发展和演变的两大基本动力。有鉴于此，我们认为，在人类社会不同的历史发展时期，"跨文化互动"对于各社会组织、民族、国家的影响是不同的，而且我们也不否认在某一历史时期，它对某一社会组织、民族、国家的发展产生了决定性影响，但是总体而言，不能忽视各社会组织、民族、国家的发展演变中其内在传承与创新的作用。因此，如何在世界史与全球史编纂中解决内在发展与外在交往之间的关系则是全球史学者所面临的一个难题。

四、研究和编纂宏观世界史及全球通史需要采用历史比较的方法。

历史比较是与宏观世界史和全球史的研究目标相对应的一种研究方法。一方面，要真正摒弃"民族主义"和"地域主义"的观点，从全球视野出发去考察整体与互动的人类历史，要真正打破各种形式的中心论，将每一个地区或民族的历史纳入到相互联系的世界史和全球史体系之中，并平等看待各民族和地区在其中的历史作用，要真正从纷繁多样的世界历史中去探寻其中的统一性或发展趋势，那就需要跨国或跨区域的横向历史比较研究。另一方面，要真正理解全球视域中各民族或地区在历史上形成的各具特色的政治制

[39] 《中国大百科全书（第二版）》，第20卷，"世界历史"词条，第325—326页。

度、经济与贸易体系、文化传统等，以及它们之间通过互动而产生的影响，也需要通过历史比较的方法而获得。因此，宏观世界史与全球史学家们在其研究或教材编纂中，都有意识或无意识地采用历史比较研究方法。

20 世纪 80 年代，周谷城撰写了《中外历史的比较研究》一文，系统阐述了历史比较方法对于世界史研究的作用。[40] 英国学者巴勒克拉夫也认为，要对"世界历史做出新的解释"，要"从全世界的角度来解释世界历史"，"作为对世界上各种社会的各个层次上的特殊问题和所有方面的具体研究的比较史学是作出这种解释的关键"。[41]《世界文明：全球经历》的编纂者斯特恩斯等提倡"文明史的比较方法"，并认为，"世界历史的大量内容可以通过对主要文明的突出特点，如政府、家庭结构和艺术的仔细比较来加以说明。记住，文明之间的共同性帮助我们把握世界历史的复杂性并且凸显出主要社会之间存在的关键差别。比较提供给我们一种把不同文明的历史性发展联系起来的方法并使得我们能够确认应该加以记忆和解释的关键性的模式。它对捕捉历史变化也有帮助。对于一个社会来说，新鲜的局面可以与其他地方相似的情形相比较。进而，许多关键的变化是在某个文明中独立发展起来的，在这种情况下在文明的层面对该类变化的分析是不可避免的"[42]。而文明的比较研究也确实落实到了该书的具体编纂实践之中。

帕特里克·曼宁在《世界史导航：历史学家创立全球史》中专列一章对比较方法做了阐述，而且把历史比较看作是世界史研究步骤中的重要一环。他指出："历史研究的步骤最基本地应包括概述一个研究目标内在的各组成因素及其相互关系。基本的分析步骤则超越了这种概述，它包括比较（探寻同一性与差异性）、联系（探寻各种联系）和年代学（将各种因素置于时间

---

[40]　参见周谷城：《中外历史的比较研究》，《光明日报》，1981 年 3 月 24 日。
[41]　巴勒克拉夫：《当代史学主要趋势》，第 281 页。
[42]　彼得·N.斯特恩斯等：《全球文明史》，"导论"，第 3 页。

的序列之中）。"[43] 至 20 世纪 90 年代，在世界史研究中，历史比较研究方法已经为学者们广泛运用，尤其是"跨国比较研究兴盛，成为史学家们的一种有效方法"[44]。

曼宁对历史比较研究的含义及其比较范围进行了界定。他认为，比较有多重含义，而"比较就是将两个或多个事物联系起来，并且对之进行系统的考察，以确认它们之间的同与异。比较在每一个研究框架中都有一个不同的含义。任何对两个或多个单位之同与异的探究都是一种比较研究"[45]。历史比较研究可以根据其含义而分为 3 个层面：两个相互孤立的单位的比较研究，可能存在相互影响的各社会或文明之间的比较研究，相互发生接触并产生相互影响的各单位的比较研究。[46] 他还根据比较研究的范围将比较研究分为：宏观比较研究与微观比较研究。前者是"对巨大且复杂的单位"所进行的比较研究，它要考察与讨论"更多的变量"，"并且其结论是通过非正式的检验而非通过一个正式的步骤而得出的"；后者则是对"一些类似的历史案例"所进行的比较研究，如经济史中的各种贸易统计案例的比较研究，它为宏观比较研究的"假说—检验提供了基础"。[47]

历史比较研究只是世界史研究中分析步骤的第一步，只有与第二个分析步骤——联系结合起来，才会事半功倍。曼宁论道："如果比较研究通过讨论那些被假定为有相对自治权的单位而有助于世界史研究的框架的话，那么联系则通过假定各个单位相互联系和相互依赖而有助于这一研究框架。"[48] 可见，曼宁将历史比较研究与对联系的研究看作世界史研究框架中两个重要且

[43]　Patrick Manning, *Navigating World History: Historians Create a Global Past*, p.276.

[44]　Patrick Manning, *Navigating World History: Historians Create a Global Past*, p.279.

[45]　Patrick Manning, *Navigating World History: Historians Create a Global Past*, p.279.

[46]　Patrick Manning, *Navigating World History: Historians Create a Global Past*, pp.279-280.

[47]　Patrick Manning, *Navigating World History: Historians Create a Global Past*, p.280.

[48]　Patrick Manning, *Navigating World History: Historians Create a Global Past*, p.280.

相互联系的方面。

　　总而言之，20 世纪后半叶以来，学者们在宏观世界史与全球通史编纂方面的实践及其在理论和方法上的探索，一方面为我们日后的教学、研究和教材编纂提供了十分有益的经验，大大开阔了我们的视野；另一方面它也面临着诸多问题和困境。可以说，无论在体系的建构、理论与方法的完善，还是在具体的编纂实践方面，它仍然是不完善的，还处在一个探索的过程之中。

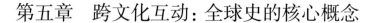

第五章　跨文化互动：全球史的核心概念

　　全球史学者从宏观视野出发来考察世界历史上的大规模历史进程，而这种大规模历史进程主要通过跨文化互动来实现，因而跨文化互动成为理解世界历史进程的一个关键因素，由此也成为全球史研究中一个核心概念。"跨文化互动"由"跨文化"和"互动"两个方面构成，强调世界历史上的相互联系和相互影响，而这种联系和影响离不开文化差异。因此，跨文化互动既是全球史研究的一个基本视角和方法，同时也构成了全球史的研究领域，使其不同于传统的世界史。强调跨文化互动的全球史研究，也成为全球史多元实践中影响最大的一个流派。

　　在世界由分散走向整体的历史进程中，不同文化传统的国家或民族之间的交往日益密切，具有不同文化背景的群体在交往过程中，两种异文化的相遇会带来怎样的影响？以往史学界对不同群体交往的研究，无论是人际交往、商品交换还是技术传播，对交往行为背后的异文化因素都不太重视，甚至忽略不予考虑。全球史学者则认为，具有不同文化背景的群体之间的交往或交流，必然受到跨文化因素的影响，直接影响到互动者的态度及互动结果，因此极为重视互动中的"跨文化"性质及其影响。可以说，全球史学者对历史上跨文化互动的研究，在某种程度上从文化维度弥补了传统交往史和经济文化交流史研究中的不足。

这里需要指出的是，全球史学者经常使用"跨文化互动"和"文明互动"这两个概念，它们都为全球史研究提供了一个中观层面的思考框架。实际上，它们之间没有本质的差异，只是不同学者在考察具有文化差异的社会或群体间关系时，使用了不同的表述。任何一种"文明"都意味着其独特的文化，正是这种独特性使其成为一种不同于其他社会的"文明"。因此，文明之间互动必然是不同文化之间的互动，即跨文化互动。反过来，跨文化互动往往意味着不同文明之间的互动。因为同一文明中的社会群体具有高度的同质性，文明内部的互动很难算得上真正的"跨文化互动"。当然，这两个概念也不是完全同一的。当全球史学者在描述较为宏观层面的互动时，往往会用"文明互动"来表达，而在探讨微观层面的互动时，则较多使用"跨文化互动"。从这两个概念使用的学术史来看，以"文明"为单位来考察世界历史并强调文明互动在其中的作用，在汤因比和威廉·麦克尼尔那里表现得多一些，而杰里·本特利和当今一些全球史学者则更多的使用"跨文化互动"。这恰恰与全球史从宏大历史编纂向微观实证研究的发展相一致。

第一节　跨文化互动的理论探讨

传统的世界历史主要是国别史和地区史的总和，全球史学者便试图打破这种历史编纂模式，在强调历史纵向发展的同时也关注横向联系。英国历史学家阿诺德·约瑟夫·汤因比（Arnold Joseph Toynbee，1889—1975）是较早在世界历史编纂中关注横向联系的人，在其 1934—1961 年间陆续出版的12 卷本《历史研究》中，他把"文明"看作一个社会整体，以"文明"作为历史研究的单位，并专门有一卷考察不同文明之间的接触。当然，他只是把文明互动作为一部分添加到了传统的纵向叙事中，其《历史研究》在整体框架上还算不上是真正的文明互动史。真正把世界历史放在文明互动框架下来理解的历史学家，首推威廉·麦克尼尔。全球史学者不仅从文明互动或跨文化互动视角来理解和编纂世界历史，同时为了更好地探讨世界历史上的跨文化互动现象，也开展了对文明互动或跨文化互动的理论探讨。这方面的代表性学者是威廉·麦克尼尔和杰里·本特利。本特利继承了麦克尼尔的文明互动论并予以了创造性的发展，提出了初具体系的跨文化互动理论。

一、从汤因比到威廉·麦克尼尔

汤因比在《历史研究》中专门有一卷探讨"文明在空间的接触"，开始关注不同文明的横向联系。汤因比认为，在考察文明的起源、成长和衰落时，文明是一个"可理解的单位"，但当文明处于解体阶段时就不是这样了。"如果不超越文明的边界而扩大我们的思考范围，不考虑外部力量的影响，我们就不能理解文明所经历的这个最后阶段。"[1] 这是汤因比探讨文明之间相互接触的一个重要原因。关于不同文明在空间上的接触，汤因比分三个方面进行了探讨：一是现代西方与其他文明之间的接触；二是中世纪西方基督教社会与当时邻近文明的接触；三是已经绝迹的文明曾对其邻近文明的冲击。其中重点考察了现代西方文明对其他文明的冲击及其后果。

汤因比用挑战和应战模式来解释不同文明的接触及其后果。在汤因比看来，一个文明与另一个文明的接触，也就是一种挑战与应战的关系。由于不同文明发展的程度不同，相遇的两个文明的力量往往是不平衡的，因此在接触过程中，强势文明是挑战者，弱势文明是应战者。他提出，"我们现在的目的就是对被挑战的社会所产生的种种反响和反应进行研究和分类"，"研

---

[1] Arnold J. Toynbee, D.C. Somervell, *A Study of History, Abridgement of Volumes VII-X*, Oxford University Press, 1957. p.144.

究的是一个文明在回答另一个文明的挑战时所可能采取的各种不同的反击形式"。大体来说，汤因比将应战分成了以下几种情况：（1）挑战者进攻猛烈，受打击的一方未能进行任何有效抵抗而被征服或消灭，这是许多原始社会不幸与文明社会接触而遭到的厄运。（2）以暴力还击暴力，如印度人和东正教徒还击伊朗穆斯林的方式。（3）用精神战来代替老式的用物质力量进行战斗的方法，在精神战中使用的主要武器就是'意识形态'的宣传。例如"冷战"中的苏美对抗就是如此。（4）对军事挑战的和平反应，最突出的例子是古代叙利亚社会在阿凯米尼德时代对巴比伦世界的包围。叙利亚人致力于在周围的异邦人中间散布其文化影响，最后把主动权从他们的压迫者手中夺了回来。（5）为了对付欺压而把自身和外界隔绝起来，实行"孤立主义"政策。例如日本在明治维新前的情况。（6）受到外来强国的打击但还没陷入流散四方的绝境，这样的社会曾采用过从文化方面的反击来回答暴力的办法。例如奥斯曼帝国统治下的东正教居民，莫卧儿帝国统治下的印度教居民，"都很成功地用笔杆反击了那些舞刀弄枪的人"。（7）创造一个高级宗教来应对挑战，这是一种无比和平而又无比积极的反应。例如东方诸社会以西贝利崇拜、伊细斯崇拜、太阳神教、基督教等来回应古典时代希腊罗马的冲击。[2] 汤因比从世界历史上总结出来的这 7 种不同文明互动的情况，既有暴力冲突，也有和平方式，最终结果是不同形式的共生，尽管大多是不平等的共生。

汤因比对文明接触的考察，关注点主要在意识形态（特别是宗教信仰）、政治军事、民族意识和生活方式等方面，强调不同文明在这些方面的差异及由此带来的影响，对文明接触中的经济活动和科技文化交流探讨得很少。正由于汤因比这种观察视角，他已经涉及文明之间接触带来的认知与建构的问题。例如，他谈到非西方人最初对西方人的看法时说："非西方的观察家会

---

[2]　汤因比：《历史研究》（下），曹未风等译，上海：上海人民出版社，1997 年，第 260—265 页。

以第一批西方船只在他们海岸边靠岸的那个时刻作为'近代'开始的日期；因为在非西方人的眼光中，西方人，正如按照一种科学假设说法的'生命'本身那样，是出身于海洋的动物。例如，当远东的学者在明代看到他们的第一批少数西方人的时候，他们据其直接出处和表面上的文化水平称这些新来者为'南海蛮族'。在这一次和其他次的接触中，到处出现的西方水手在他们的受害者的惶惑的心目中有一连串的迅速变化。在他们第一次登陆时，他们看起来好象是一种前所不知的无害的水生小动物；不久他们自己显示为凶野的海怪；最后他们被证明是食肉的两栖动物，在陆地上同在水里一样地活动。"[3] 而西方人在侵略弱小民族时，往往称这些民族为"异教徒""蛮族"或"土著"，甚至称之为"劣等人种"。由此他指出："在得势者污辱失势者的四个恶名之中，以劣等人种这一恶名最为恶毒。理由有三：第一，'异教徒'、'蛮族'、'土著'等名称固然是侮辱性的名称，但仅仅是否认这个或那个个别的人性以及这个或那个相应的人权，而劣等人种的名称却是无条件地全部取消失势者的人的资格。第二，这种人类种族二分法和宗教、文化、政治经济的二分法不同，它在人类中间筑下了一道不可逾越的鸿沟。第三，种族的恶称，和宗教、文化的界限不同（虽然在这一点上和政治经济的歧视相似），它所根据的标准是人性中最肤浅、最琐碎、最无意义的方面——皮肤的颜色和鼻子的形状。"[4] 中世纪的希腊人和拉丁人也相互建构起不同的负面形象。"在希腊人看来，拉丁人是野蛮人；在拉丁人看来，希腊人正在变成'东方人'"[5]。

汤因比的《历史研究》从编纂理念上来说具有反西方中心主义的多元文明论色彩，这一点在其阐述不同文明在空间上的接触时表现得更为明显。这

---

[3] 汤因比：《历史研究》（下），第 181 页。

[4] 汤因比：《历史研究》（下），第 280 页。

[5] 汤因比：《历史研究》（下），第 237 页。

对后来的文明史和全球史学者产生了较大影响，其中包括对全球史的开创者之一威廉·麦克尼尔的影响。如果说汤因比的《历史研究》开始突破了传统文明史的框架，在文明互动方面仅仅迈出了一小步，而后面的一大步则主要是由威廉·麦克尼尔接着走下去的。

威廉·麦克尼尔在其《西方的兴起：人类共同体的历史》中，以"文明"作为世界史研究的单位并强调不同文明的互动，开创了以文明互动为核心的全球史书写模式。在此后麦克尼尔的一系列著作中，不同文明之间的互动成为理解历史变迁的一把钥匙。对于这种世界历史编纂的思路和理论，麦克尼尔在《欧洲历史的塑造》一书中作了初步阐述。他说："大部分有文字记载以来的历史，历史变迁的主要驱动力是陌生人之间的接触，因为这引起了相遇的双方重新思考甚至在某些情况下改变他们习以为常的行为方式。他们在这种接触和反应中产生了文明。在这些文明当中，像火山爆发那样，出现了极为活跃的、具有创新能力的'都市中心'。这种中心的出现反过来又造成了文化斜坡（cultural slopes）。都市中心不断变换地方，或者说新都市中心不断升起；随着这种变化，文化流（cultural flows）的方向和速度也发生变化，也就是说，文化斜坡的准线发生了改变。反过来，这种改变或许可以作为界定主要历史时期或时代的依据。"[6] 麦克尼尔为了说明这一观点，借用了人类学的"文化模式"概念，提出属于两种不同文化模式的人相遇时，反过来也会影响文化模式。在两种文化模式的相遇中，会产生文化上的排斥、吸收、改变等现象，并且可能出现文化成分的重新组合和新创造。在这一过程中，有些文化模式由于处于交通网络集中和人口汇集的地方，逐渐成为核心地区，成为"文明"中心，其周边地区则成了"野蛮"地带。文明中心在与周边互动的过程中，其文化模式的特质外流至周边野蛮地区，再由野蛮地区

---

[6]　William H. McNeill, *The Shape of European History*, Oxford: Oxford University Press, 1974, pp.42-43.

流到更远的地方，于是出现了"文化斜坡"，先进技术和思想文化从"都市中心"流向文化程度较低的野蛮地区，并影响到更远的地方。因此，这种跨文化交流最终推动了各地文明的发展，成为历史发展的动力。

1995 年，麦克尼尔在对世界历史编纂的历史进行总结时说道："我觉得以下断言是正确的：对跨文明相遇（trans-civilizational encounters）的事实和历史重要性的认识日益增长，它有望成为未来世界历史研究的主流。"[7] 由此可见麦克尼尔将跨文化互动置于世界史（全球史）研究中何种重要的地位。不过，此时的麦克尼尔对跨文化互动的思考已发生了变化，如果说此前他强调文明作为一个世界史叙述的单位和文明中心与边缘的互动，那么20世纪90 年代的麦克尼尔已开始将不同文明纳入到一个更大的体系来思考，因此提出了"人类共生圈世界体系"这一概念，认为"对已往2000 年各个独立文明（以及地球上其他所有规模较小和技艺较低的文化）自主性的评估，需要把它与一个正在形成的世界体系的图景结合起来，这个体系把越来越多的跨越文明边界的人们联系起来"[8]。由此他提出，一个文明除了通过经济和军事等手段将物资集中到中心并形成一个贸易伙伴的边缘地带，而且还通过远程贸易形成了一个供给者网络，从而促使了一个更广阔的世界体系的产生。在这个体系中，非中心文明也可以发展成中心文明。伊斯兰文明、中国文明和西方文明在历史上的兴起，都应置于世界体系之中来理解，因为任何一个文明中心的兴起及其取代其他文明，首先都是成功地借鉴了先前已确立的文明中心的先进技艺。因此，"这种世界体系的波动性成长，伴随着变换的文明中心和把大量不同民族及文化卷入其中，现在在我看来是世界历史的一部

---

[7]　William H. McNeill, "The Changing Shape of World History", *History and Theory*, Vol. 34, No. 2 (May, 1995), pp. 8-26.

[8]　William H. McNeill, "'The Rise of the West' after Twenty-Five Years", *Journal of World History*, Vol. 1, No. 1 (Spring, 1990), p.10.

分，这一点在我写《西方的兴起》时在很大程度上没有注意到"[9]。

2003 年，麦克尼尔和他的儿子约翰·R. 麦克尼尔合作出版了《人类之网：鸟瞰世界历史》，提出"在人类历史上处于中心位置的，是各种相互交往的网络"[10]。"相互交往和相互影响的人类网络的发展历程构成了人类历史的总体框架。"[11]"人类交往、合作与竞争所生发出来的力量，在塑造人类历史的同时也在塑造着地球的历史。"[12] 因此在该书中，麦氏父子以 15 世纪为界将世界的网络化发展分为两个阶段，在 15 世纪之前，数千年的移民、贸易、传教活动、技术交流、生态交换和军事征服造就了一张张巨大的地区性的网络，而在 15 世纪之后则出现了"世界性网络的编织"，将世界诸多网络融合成为单一的、全球性的网络。"世界性网络将人类所居住的地球、全球所有的人口和生态系统连为一体，它们相互影响，彼此作用，呈现一幅色彩斑斓的万花筒似的局面。"[13]《人类之网》将互动网络置于人类历史的中心位置，"关系"或"网络"成了其中的研究单位。因此，在麦克尼尔的宏观世界史探索中，最初的研究单位主要是"文明"，而后是"世界体系"，并在此基础上来讨论文明互动。但是，到书写《人类之网》时，研究单位已经明显转换成了"互动网络"。这种探索对于宏观世界史书写来说具有方法论的启迪意义。

另外，麦克尼尔还通过对人类交往历史演进的总结，提出跨文化交流分为两个层次：一是生物和生态层面的交流，包括物种、疾病等的传播；二是文化成就的交流，包括科技和思想文化的传播。麦克尼尔从宏观世界史角度

[9]　William H. McNeill, "'The Rise of the West' after Twenty-Five Years", *Journal of World History*, Vol. 1, No. 1 (Spring, 1990), p.19.

[10]　约翰·R. 麦克尼尔、威廉·H. 麦克尼尔：《人类之网：鸟瞰世界历史》，王晋新、宋保军等译，北京：北京大学出版社，2011 年，第 1 页。

[11]　约翰·R. 麦克尼尔、威廉·H. 麦克尼尔：《人类之网：鸟瞰世界历史》，第 3 页。

[12]　约翰·R. 麦克尼尔、威廉·H. 麦克尼尔：《人类之网：鸟瞰世界历史》，第 5 页。

[13]　约翰·R. 麦克尼尔、威廉·H. 麦克尼尔：《人类之网：鸟瞰世界历史》，第 308 页。

对不同文明之间疾病、技术等方面跨文化传播的开创性探讨，为跨文化交流成为全球史研究的中心主题奠定了基础。

二、本特利对"跨文化互动"的阐释

麦克尼尔从文明互动来理解和探讨全球史，杰里·本特利则以此为基础对世界历史上的跨文化互动现象做了进一步思考和探索，提出了他所理解的"新世界史"及其跨文化互动内涵。

杰里·本特利（1949—2012）于1974年和1976年从明尼苏达大学分别获得历史学专业的文学硕士和哲学博士学位，然后到夏威夷大学任教，从事早期近代欧洲文化史的教学和研究。20世纪80年代中期，他转向世界史的教学和研究。1990年，他与三个同行共同创立了《世界历史杂志》并担任该杂志主编。这份杂志很快在美国甚至全球的世界史学界产生了影响，成为世界史领域的国际权威期刊。2011年7月，本特利因其在世界史研究和教学推广中的突出贡献，获得世界史学会授予的"世界历史先驱奖"。本特利早期的研究主要集中在早期近代欧洲文化，出版了专著《人文主义者与圣经：文艺复兴时期的〈新约圣经〉研究》（1983）和《文艺复兴时期那不勒斯的政治和文化》（1987）。在转向世界史研究之后，他出版了专著《旧世界的相遇：近代以前的跨文化接触和交流》（1993），与赫伯特·齐格勒共同编写了世界通史教材《传统与相遇：全球视角的历史》（2000）（中译本名为《新全球史》）。这两本书分别在美国的世界史研究和教学领域产生了巨大影响，前者成为本特利探讨世界历史上跨文化交流的代表性著作，后者成为美国高校最受欢迎的世界史教材之一。另外，本特利主编的《牛津世界史手册》（2011），对近年来世界史（全球史）的概念、主题、进程和区域的研究分别做了综述，具有重要的学术参考价值。除了这些著作外，本特利还发表了一些颇有影响的论文，主要包括《跨文化互动与世界历史分期》(1996)、《20世纪学术领域中的世界历史形态》(1997)、《500—1500年的半球整合》(1998)、《作为历史分析框架的海洋和海洋盆地》(1999)、《新世界史》(2002)、《世界历史与宏大叙事》(2003)、《全球化的历史和历史化的全球化》(2004)、《世界历史上的文化交流》(2011)等。在这些著述中，本特利从不同角度阐述了其"新世界史"和"跨文化互动"的理论。

本特利的"新世界史"观点，最集中体现在《新世界史》一文中。他认为，历史学在19世纪成为一个专业领域之后，历史学家们着重关注个体社会的研究，关注文化独特性、排外性民族认同、地方性知识和具体某些社会的发展经历。然而，历史经历不仅是个体社会发展的结果，也是跨越民族、政治、地域和文化等界限的许多大范围进程的产物。为了考察这种大范围的历史进程，尤其是考察这种进程本身的发展动力以及各地区人们之间和不同社会之间的交流互动，有必要采用相对于个体社会更加宽泛的分析结构，并逐渐找到以跨区域、大陆、半球、大洋和全球为单位的历史研究方法。"新世界史"就是这种更宽泛的分析结构和以大范围为单位的历史研究方法。因此，他所说的"新世界史"既不同于以往的民族国家史，也不同于近年来新兴的现代化理论学派、世界体系分析学派、加州学派和生态环境分析学派等其他世界史理论，而是有其特定的内涵——"跨文化互动"。这样，本特利不仅给"新世界史"这一概念做了基本定位，而且从研究主题和内容上给"世界史"确立起了基本框架。

本特利提出，尽管人们对"世界史"含义的理解各不相同，但越来越多的人认为"世界史"意味着一种历史研究的独特方法，这种方法就是跨越社会的边界对不同的历史经历进行明确地比较，或者考察不同社会的人们之间的互动，或者分析超越各个个体社会的大规模历史模式和进程。因此，"世界史"并不是要考察世界各民族经历的全部历史和同时考察所有民族的历史，而是"探讨那些不顾民族的、政治的、地理的或文化的边界，而且以跨地区的、整个大陆的、半球的甚至全球的规模对事件产生影响的历史进程"[14]。这样的历史进程包括：气候变迁、生物扩散、传染病传播、大规模移民、技术转让和传播、帝国扩张、跨文化贸易、思想观念的传播、宗教信仰和文化传统向外扩展等。因此，本特利"新世界史"的主要内涵包括：(1) 跨文化贸易。这是对跨地区和全球一体化进行研究的非常合适的主题。通过对前现代贸易的组织形式、路线和网络体系的探讨，我们会发现西欧基督教商人只是后来者，他们沿袭了犹太商人、穆斯林商人和拜占庭商人的商业实践形式，这有助于以一种看待世界经济和贸易史的新观点代替欧洲中心论。另外，近代早期西欧的航海活动虽然促进了世界各地的互动和跨文化贸易，开创了一个世界历史的新时代，但在 19 世纪中叶之前欧洲人并未在东半球取得统治地位，推动近代早期世界经济发展的不单是欧洲对亚洲商品的需求，还有亚洲尤其是中国对白银和其他贵重金属的需求，因此欧洲并非推动近代早期世界历史发展的唯一或主要动因。(2) 物种传播和交流，包括微生物和疾病病原体的扩散、粮食作物和经济作物的传播、家畜和其他动物物种的迁徙。自古以来，物种传播和交流就是一种突破民族、政治、地区和文化等界限的现象，构成了世界历史中跨文化互动进程中的一个重要方面。近年来麦克尼尔和克罗斯比对传染病史的研究，表明了跨文化互动带来的疾病传播对人类历史的影响。商人、传教士、士兵、移民、外交人员、旅行家的跨地区流动，把一些动物和作物带到新地方，促进了物种的交流，尤其是美洲作物传播到世界其他地区，对人类生活产生了巨大影响。(3) 文化碰撞和交流，主要是对不同社会和文化传统（尤其是不同宗教信仰）的人们之间碰撞和互动的研究，强

---

[14]　Jerry H. Bentley, " The New World History", in Lloyd Kramer and Sarah Maza (eds.), *A Companion to Western Historical Thought*, Blackwell Publishers, 2002, p.393. 夏继果、杰里·H. 本特利主编：《全球史读本》，北京：北京大学出版社，2010 年，第 45 页。

调的是碰撞和互动在某个社会的文化传统形成中所扮演的角色，而不是把某个社会的文化传统看作一个内在连贯自足的体系。在这种研究中，有人认为跨文化互动是由力量对比关系决定的，欧洲的扩张和传教其实是帝国主义的一种文化表现；也有人认为跨文化互动是不同文化传统的人之间有意识的文化借鉴或互惠性交流，而不是哪一种文化取得了统治地位或者一种传统取代了另一种传统。但对大范围文化互动研究尚处于初步探讨阶段，有待进一步深入。（4）帝国主义和殖民主义。这虽是一个传统的课题，但如果将其看作大范围分析视角中的一种跨文化互动进程，这个问题便成了"新世界史"研究中的一个重要主题。近年来关于帝国主义和殖民主义的一些研究，日益关注帝国主义者的活动、殖民地人民的历史经历以及二者之间的互动。从文化视角来考察帝国主义者与殖民地人民之间的复杂互动过程，以及后殖民主义和底层研究学派对欧洲中心主义的批判，深化和丰富了对帝国主义和殖民主义的理解。（5）移民和流散社群。这也不是历史研究中的新问题，但以往的研究主要关注迁徙到某一特定区域的特定群体的历史经历，而没有对移民和移民产生时的政治、社会和经济条件进行大范围分析，这种大范围分析正是"新世界史"所要做的。例如菲利普·柯丁、帕特里克·曼宁等人对大西洋奴隶贸易和非洲流散社群的研究，以及其他学者对奴隶贸易结束之后契约劳工和其他劳工迁徙的研究。近年来从移民研究中发展出了对流散社群的关注，重视大范围移民带来的社会和文化层面的问题，尤其是侨民区及其后代与母国和寄居国之间的关系问题，为理解社会和文化互动进程提供了更深刻的见解。[15] 上述 5 个方面，反映了世界历史进程中经济、生物、文化、政治、军事、人口等层面的大范围历史进程中的重要主题，归纳成一个核心概念就是"跨文化互动"。因此，以跨文化互动为核心的"新世界史"，是本特利探索

---

[15] 夏继果、杰里·H.本特利主编：《全球史读本》，第 52—62 页。

出的一种全球史理论模式。

如何理解本特利提出的"跨文化互动"？根据本特利的解释，第一，跨文化互动不是一个抽象概念，而是由一些历史进程构成的对世界历史产生了重大影响的人类经历。他提出，由于人类行为和经历的多样性，对各种文化构形及其互动给出一般的、普世化的定义是没有意义的。但是，有几种历史进程却与各个社会中人们的命运密切相关，这些进程中最重要的包括：大范围的移民、帝国扩张、远距离贸易、生物物种的传播、宗教及文化传统的相遇和交流（包括技能和专门知识的传输）。这些互动进程结合起来对世界历史产生了重大影响，成为人类经历中的重要方面，而这些正是传统的、后现代的和后殖民主义的史学家所忽视的因素。第二，跨文化互动的强度和规模并不是以固定或持续一贯的比率增加，互动进程也不是独立自主的历史动因，而是人类能动性的结果，并且受到政治、经济、技术和文化的影响。在大部分历史时期，生产力水平和交通技术制约着跨文化互动的可能性，有时甚至在没有物质条件限制的情况下，跨文化互动在政治和意识形态的影响下也受到限制。同时，世界各民族对参与跨文化互动的程度也存在不同的选择，而不同的参与状况对跨文化互动又起到促进或阻碍作用。但是，由于人类社会中人们对与其他民族的交往具有浓厚兴趣，他们会克服障碍来实现跨文化互动，结果导致历史上跨文化互动的强度和范围不断增加，尽管增加的比率是不规则和不稳定的。第三，世界各民族参与跨文化互动进程的程度不同，一些民族比另一些民族有更多参与互动进程的机会。在现代以前，并不是每个民族或社会都直接参与跨文化互动的进程，例如从事帝国扩张，或者作为商人旅行到异域他乡，或者死于一种外来的传染病，或者改信一种外国宗教。不过，跨文化互动进程深深影响了几乎所有社会的发展，通过制约、塑造或改变人们的生存状况，它至少间接地影响到了世界上大部分人的生活。第四，跨文化互动是全球史分析中主要的主题。就像学者们习惯上把独特社会和民族共同体作为默认的历史分析范畴那样，跨文化互动网络、交流和交换这些人类经历中确定的情境在全球史分析中也是确定无疑的主题。因此，对跨文化互动的关注，对于理解诸多个体社会以及作为整体的更大世界的发展轨迹，都是必不可少的。[16]

从本特利对"新世界史"和跨文化互动的阐释来看，他所说的跨文化互动是多维度的，指具有不同文化传统的民族或社会之间在经济、生物、文化、政治军事、人口等层面的互动，具体体现在跨文化贸易、物种传播与交流、文化碰撞与交流、帝国扩张与殖民、移民与流散社群等方面。

三、中国学者对跨文化互动的思考

在中国史学界，彭树智、马克垚、刘新成等学者也对世界历史上的文明互动或跨文化互动问题进行了初步探讨。

彭树智教授在其《文明交往论》中提出了世界历史上的文明交往问题。他提出："文明的生命在交往，交往的价值在文明，文明与交往的互依互存是由一系列不确定的因素组成的复杂过程。文明脱离了交往，便会衰亡，交往离开了文明，便会走向野蛮，只有文明交往才是人类历史、现实和未来的关键问题。文明交往是人类社会发展的动力。"[17] 那么，如此重要的"文明交往"是指什么？他解释说："文明交往就是不同文明之间和相同文明之内的人与人的社会关系。这种联系又涉及人与自然的关系。文明交往就是人与人、人与自然之间联系的文明化问题。"[18] 由此，他提出了文明交往的诸因素，包

[16] Jerry H. Bentley, "World History and Grand Narrative", in Benedikt Stuchtey and Eckhardt Fuchs (eds.) *Writing World History, 1800-2000*. London: Oxford University Press, 2003, pp.58-60.

[17] 彭树智：《文明交往论》，西安：陕西人民出版社，2002 年，"自序"第 3 页。

[18] 彭树智：《文明交往论》，第 46 页。

括主体与客体、交通与科技、民族和国家、地缘和环境、宗教和文化、利益和正义。

马克垚教授主编的《世界文明史》是一部对不同文明的交流给予了极大关注的文明史。全书共分为"农业文明时代""工业文明的兴起"和"工业文明在全球的扩展"三编，文明交流的内容贯穿其中。第一编中专列一章"农业文明的相互交流"，介绍了初级农业文明阶段和发达农业文明阶段诸文明的交流。第二编在考察工业文明的兴起之时，以四章的篇幅分别探讨了伊斯兰文明、印度教文明、中华文明、日本文明对西欧工业文明的吸收及其冲突。第三编也有多处从文明交流的视角来看待工业文明在全球的扩展。由此可见文明交流在该书中所占有的重要位置。对此，马克垚教授在导言中作了阐明。他提出："历史上的诸文明并不是封闭的体系，它本身在不断变动，同时各文明之间也在不断地交流。文明的交流是指组成文明的诸因素，如语言、宗教、科学、技术、政治经济组织、风俗习惯等，在不断地进行传播和接受，使文明在纵向发展的同时，横向上也在相互运动。这是使文明变化的一个重要原因。文明的交流，使各文明创造的成果在短期内即为人类共享，而不必再去重新发现，因此使人类文明前进的步伐大大加快，这是使人类文明进步的重要原因。"[19]

马克垚教授不仅阐明了文明交流在世界文明史上的重要地位，而且还对文明交流中的一个重要理论问题提出了思考："文明交流的快慢，不但和生产的发展程度有关，而且与传播者和接受者对交流的态度有关。……外来文明的传播，必须要能够适合本文明的特性和情况，才能为接受者所接受，才能和当地的文明融合而发挥作用，成为当地文明的有机组成部分。"[20]为此，他以佛教、基督教、西欧工业文明在中国的传播为例作了说明。对于工业文

---

[19]　马克垚主编：《世界文明史》（上），北京：北京大学出版社，2004年，第13页。

[20]　马克垚主编：《世界文明史》（上），第14页。

明时期的文明交流，他特别指出，西欧工业文明的扩张与世界各地向工业文明的过渡，接受者和传播者的态度都是影响文明传播的重要因素。对于全球化背景下的文明交流，马克垚教授认为，"虽然有着全球化的发展，但在可以预见的将来，世界依然是多样性的统一，依然是各文明共处的世界"[21]。因此，他对世界历史上不同文明交流的理论思考，对于全球化时代多元文明互动与共生的历史书写具有重要启迪意义。

以刘新成教授为代表的首都师范大学全球史研究中心的一些学者，也对世界历史上的文明互动问题进行了思考和探索，这集中体现在他们承担的研究项目"世界历史进程中多元文明互动与共生研究"的一些成果。刘新成教授在《互动：全球史观的核心理念》一文中，提出了"互动"是全球史研究的核心理念。他指出："互动，即不同地域、不同民族、不同文化的人群通过接触在经济、政治、文化等多重领域实现的互动，是全球史观的核心理念。"[22] 在该文中，他首先分析了西方传统世界史与文明史的局限性，指出了新兴全球史对它们的挑战，最后总结了全球史学家表达"互动模式"的几种方式：（1）阐述不同人群"相遇"之后，文化影响的相互性和双向性。（2）描述人类历史上曾经存在的各种类型的"交往网络"或"共生圈"。（3）论述产生于某个地区的发明创造如何在世界范围内引起连锁反应。（4）探讨"小地方"与"大世界"的关系，说明全球化时代任何局部地区的变化都折射世界发展趋势。（5）"地方史全球化"。（6）全球范围的专题比较研究，如跨国别、跨文化的妇女史、商人史、移民史、疾病史、民主史研究。（7）生态史、环境史研究。（8）跨文化交流，即文化在不同地区间的流动和传播。（9）探

---

[21] 马克垚主编：《世界文明史》（上），第 17 页。
[22] 刘新成：《互动：全球史观的核心理念》，《全球史评论》第二辑，北京：中国社会科学出版社，2009 年，第 4 页。

讨互动规律与归宿。（10）"全球化史"研究。[23] 这些概括，对于全球史和文明互动研究具有重要的理论和方法意义。

在探讨世界历史上的文明互动或跨文化互动时，一个重要问题是如何看待不同的文明或文化。总的来说，威廉·麦克尼尔之前的西方学者在论及文明互动时，往往将复数与单数意义上的"文明"结合起来运用，形成了文明话语中的社会评价标准：把"文明"当作社会实体时，西方文明相对其他文明而言是先进的代表；把"文明"当作社会进程时，西方文明代表了人类文明从落后走向发达的社会状态，代表了社会发展的高级阶段。因此在西方学者论及跨文化互动时，或多或少表现出一种西方中心主义。即使汤因比对"单一文明"观念进行了批评，但他的挑战与应战模式，仍然打上了深深的西方中心主义烙印。

西方学者在对待西方文明与其他文明的关系时，之所以会体现出西方中心主义倾向，从方法论上来说，主要原因在于将西方文明与其他文明看作一种主体与客体的关系，即在他们之间的关系中，西方文明是施动者，而非西方文明是受动者，因此文明史中的文明关系成了一种不平等的主客关系。这种文明史中，即使有不同文明的互动，也是一种不平等互动。因此，要克服全球史书写中的这种不平等关系，首先应该将参与互动的各种文明都看作主体，互动成为主体间互动，这样的文明互动或跨文化互动才能体现出尊重各个文明平等的多元主义价值取向。麦克尼尔等人将世界看成不同文明织成的网络，世界史成了不同文明的"关系"史，这也意味着两种互动的文明不再是主客关系，而是主体间关系，从而做到了尊重各种文明的主体性，并由此在很大程度上避免了全球史叙述中的欧洲中心主义或其他文化中心主义。

---

[23] 刘新成：《互动：全球史观的核心理念》，《全球史评论》第二辑，第9—11页。

第二节　跨文化互动的研究主题

跨文化互动是不同文化群体之间发生的相互关系，包括移民与流散社群、跨文化贸易、物种传播与交流、文化碰撞与交流等诸多方面，这些都成为跨文化互动研究的重要主题，本节将对其中的移民和流散社群、跨文化贸易、相互认知和文化交流等方面作一初步考察，物种传播与交流将放入"生态环境全球史"一章中讨论。

一、移民和流散社群

人口流动是世界历史上自古以来就存在的一个重要现象，因而也成为全球史研究中一个重要的主题。如果我们承认人类源自非洲，那么人类先辈们从非洲流散到世界各地就构成了最早的全球性人口流动。在其后的世界历史进程中，出现过几次比较集中的大规模移民。影响最大的莫过于 18—19 世纪欧洲人向美洲和大洋洲的殖民，以及以奴隶贸易的形式展开的非洲人向美洲的移民，这一直是世界历史研究中的一个重要领域。到 20 世纪，随着全球化的发展，以劳动力流动为主要表现形式的移民逐渐成为学者们关注的对象。

移民和流散社群的类型

移民问题在历史研究中并非新课题，但是，从跨文化互动角度来理解和研究移民，却是历史学在全球转向和文化转向的大背景下出现的新趋势。全球史学家帕特里克·曼宁在其《世界历史上的移民》中，将移民分为 4 种类型：本土社群迁徙、殖民、整体社群迁徙和跨社群移民。本土社群迁徙是指人口在本土社群中的流动，例如不同家族之间通婚造成的人口流动。殖民指人们离开故土在别处仿效本土社群建立一个新的社群，例如欧洲人向美洲和大洋洲的移民。整体社群迁徙是指一个社群全体成员的迁徙，例如古代游牧社群的迁徙。跨社群移民是指某些个体和群体离开原来的社群，迁移并加入到另一个社群，例如散居世界各地的犹太人和海外华人。在这 4 类移民当中，后 3 类属于跨国范畴的流动，因此都是全球史研究的对象。然而，真正令全球史学者感兴趣的是跨社群移民，因为它的跨文化特性最为明显。

从跨文化视角对全球范围内的移民问题进行研究的一部重要著作是狄克·赫德的《交往中的文化：第二个千年的世界人口流动史》。赫德在书中探讨了 11—20 世纪世界各地主要大规模移民的历史，包括 1500 年以前犹太教－基督教－伊斯兰教时期的地中海及亚欧世界、18 世纪欧洲及其他地区的殖民主义、19 世纪前各大洲之间的人口流动体系、20 世纪的变化四个部分，主要从三个维度进行了探讨。他说："我叙述和探讨的首要目标是从地方性的到洲际的乃至全球性的人口流动。其次，我将讨论人口流动所造成的各种后果。具有侵略性的武装人口流动摧毁了现有社会。农民与劳动者迁徙的目的是成为主流社会的一员。在迁徙途中以及在到达目的地后，他们必须为生存而奋斗，并建立新社会［关系］。他们会享受爱情，生儿育女，尽快将他们自身的文化习俗与新的环境相融合，并建立崭新的经济基础。最后，我将关注流动人口在进入新社会后进行的自我调整。"[24] 正因为如此，他把这一研究看作是"把世界范围的人口流动、文化交往和冲突综合起来的一种努力"，并试图"脱离以大西洋为中心的视点"[25]。

流散社群（diaspora）是跨社群移民中的一种主要表现形式。Diaspora 一词源于古希腊语 diaspeiro，意为"散播、播种"，希罗多德就曾使用过这

[24] 狄克·赫德：《交往中的文化：第二个千年的世界人口流动史》，王昺、刘健、古俊伟、张铬译，济南：山东大学出版社，2013 年，第 1 页。

[25] 狄克·赫德：《交往中的文化：第二个千年的世界人口流动史》，"序言"第 3 页。

个词汇。公元前 3 世纪犹太学者在将《旧约圣经》译成希腊文时，使用了新词 Diaspora，其中的《申命记》中就说道："你们将在异邦成为流散者"。因此，Diaspora 最初用来指那些离开故土流散到异邦的犹太人，当代学者一般将其译为"离散社群"或"流散社群"。但这个词汇有时也并非指流散者，而是指类似于犹太人的流散现象或过程，由此它又被译为"离散"或"流散"。

西方学术界对"流散"和"流散社群"的研究始于 20 世纪 50 年代，但往往特指犹太人的流散。从 20 世纪六七十年代起，这一概念开始扩展用于非洲人、亚美尼亚人、爱尔兰人和巴勒斯坦人的流散，这些流散社群大多是被迫离开故土的受害者。80 年代以后，"流散社群"又逐渐变成了一个隐喻名称，泛指移居海外者、被驱逐者、难民、侨民、移民和少数族裔等各种离开故土而生活在他乡的人。那么，"流散（社群）"与一般意义上的"移民"有何区别？首先，流散社群带有更多的文化含义，指那些带着自身民族文化和宗教信仰离开故乡（homelands），并在客居地（hostlands）仍然在很大程度上保持这些文化和信仰的群体。其次，流散社群在情感上保持着与故乡的联系，拥有一种对故乡的集体记忆，并且怀着一种有朝一日能够回到故乡看看的向往。再次，流散社群基于自身共同的历史、文化和宗教信仰，以及在此基础上形成的独特性及其认同，使他们在客居地长期保持着一种族群意识。最后，流散社群由于上述特点而在客居地很难被同化，并且反过来丰富客居地的文化，让客居地接受文化多元主义。总之，流散社群与移民相比，更多的强调他们是一种文化的人。因此，对流散社群的研究，具有鲜明的跨文化色彩。

流散社群作为一种跨社群移民，在世界历史进程中扮演了重要角色。罗宾·科恩（Robin Cohen）在其《全球流散社群》一书中，对世界历史上各种流散情况进行了概括，提出了流散（社群）的 5 种类型：（1）受害的流散社群（victim diasporas），主要群体是犹太人、非洲人（黑奴）、亚美尼亚人，其次还涉及爱尔兰人、巴勒斯坦人和当代难民。（2）劳工流散社群

（labour diasporas），主要指散布海外的印度契约劳工，还包括中国、日本、土耳其、意大利和北非的劳工移民。这一类型又被称为"无产者流散社群"（proletarian diaspora）。(3)帝国流散社群（imperial diasporas），主要指英国人，也包括俄国人等其他的帝国移民。他们又被称为"殖民流散社群"（colonial diasporas）。(4) 贸易流散社群（trade diasporas），主要指黎巴嫩人和中国人，也包括威尼斯人和日本人。(5) 去地域化的流散社群（deterritorialized diasporas），主要指加勒比海地区各民族、信德人（Sindhis）和帕西人（Parsis），也包括吉卜赛人和一些穆斯林。加勒比海地区的许多人来自非洲和欧洲，但后来又有许多人迁移到了美国和其他国家，信德人、帕西人、吉卜赛人等也具有再次迁移的经历，因此这一类型又被称为"混杂的流散社群"（hybrid diasporas）。[26] 当然，科恩这5种类型的流散社群之间的界限并不是泾渭分明，例如19世纪一个从欧洲到北美的移民，可以同时是帝国殖民者和契约劳工移民。同时，5种类型也没有囊括世界历史上所有的流散现象，例如全球化时代跨国流动的知识分子。

移民理论

关于跨社群移民的研究，学者们主要集中于移民原因、过程及其影响的探讨。关于移民的原因，一般认为最主要的原因是移民者谋求自身生活和处境的改善，通过移民来达到改善生活的目的。历史上大多数商人和劳工的海外移民都是如此。另外，移民也可能是被迫的，有的由于自然灾害和饥荒，有的由于政治或宗教的迫害而移民异国他乡。例如17世纪英格兰清教徒移民美洲，19世纪爱尔兰因马铃薯歉收和饥荒而造成大量人口移民海外。还有极少数移民是出于宗教传播行为，其中以基督教传教士最为典

---

[26] 参见 Robin Cohen, *Global Diasporas: An Introduction*, Routledge, 2008.

型。历史学者对于移民原因的理论探讨并不多，但经济学和社会学对移民问题的理论思考为移民史研究提供了借鉴。在诸多探讨移民原因的理论中，影响最大的是推拉理论。一般认为，最早提出这一理论的是英国的拉文斯坦（E.G.Ravenstein），他在 19 世纪 80 年代探讨"人口迁移的法则"时提出，人们的迁移决策受经济动机的支配，其中最重要的动机是人们追求自身物质生活的改善。此后，1938 年鲁道夫·赫伯尔（Rudolph Heberle）在其《乡村—城市移民的原因：德国理论的考察》一文中，以德国为例提出，人口从乡村流入城市的主要原因，是城乡之间工资收入、工作条件和生活水平等方面的差异造成的"推力"和"拉力"，这两种力量促使人们从条件较差的乡村向条件较好的城市迁移。[27]1966 年，埃弗雷特·S. 李（Everett S. Lee）在《移民理论》一文中进一步提出，影响移民的主要因素有 4 种：和迁出地相关的因素、和迁入地相关的因素、中间障碍（intervening obstacles）、个人因素。在这些影响迁移的因素中，每种因素中都包括正、负、中性三类，对迁入地来说，促使人们迁移的是正因素，不利于迁移的是负因素，对迁出地来说则相反。但是，同一因素对不同的人来说可能是正因素，也可能是负因素。[28] 因此，埃弗雷特·S. 李在考虑移民原因时，除了推力与拉力之外，还提出了"中间障碍"这种因素，包括移民的距离、成本等。1969 年，巴格内 (D.J.Bagne) 在其《人口学原理》一书中对推拉理论作了归纳。他认为人口迁移的目的是改善生活条件，流入地那些改善生活条件的因素就是拉力，而流出地的不利生活条件就是推力，人口迁移就是这种前拉后推两种因素决定的。推力因素包括资源的枯竭，失业，政治、宗教、种族等歧视或压迫，文化疏离，个人机会的丧失，自然灾难等；拉力因素包括就业、收入、教育

---

[27]　Rudolph Heberle "The Causes of Rural-Urban Migration: A Survey of German Theories", *American Journal of Sociology*, Vol. 43, No. 6 (May, 1938), pp. 932-950.

[28]　Everett S. Lee, "A Theory of Migration", *Demography*, Vol. 3, No. 1 (1966), pp. 47-57.

机会的增加，环境和居住条件的改善，亲属投靠，新的生活方式等。[29]

推拉理论作为一种解释移民原因的理论模型，为解释世界历史上跨社群移民发生的原因提供了参考，但并不一定能够解释历史上跨社群移民的全部现象，因为跨社群移民的情况会因时因地而不同，从原因到形式都会呈现出多样性。曼宁把跨社群移民分为 4 种：移居者（settlers）、旅居者（sojourners）、流动者（itinerants）和侵略者（invaders）。[30] 移居者指那些迁移到一个地方加入一个新社群并定居下来的人，他们不同于殖民者的地方在于，他们在移入地是跨社群的客居者，而殖民者是将移入地殖民化了，以其自身社群及其文化改变了移入地社会。旅居者虽也是指迁移到一个新社群的人，与移居者不同之处在于他们最终目的不是定居，而是始终打算回到故乡。流动者指那些从一个社群迁移到另一个社群的人，但他们没有能够回去的故乡。侵略者是指一个群体迁移到一个新地方，但其目的不是加入而是试图控制当地社群。

跨社群移民问题在全球化进程中日益受到学者们的关注，社会学、人类学、经济学等学科的学者将其当作一种全球化现象来考察，并且把跨国移民的原因和过程结合起来理解。在对这一问题的诸多理论解释中，社会网络和社会资本理论越来越成为学者们关注的焦点。社会网络和社会资本是紧密联系在一起的两个概念，在人际关系中拥有较大社会网络的人意味着能够获得更多社会资本。首先提出社会资本概念的是法国社会学家皮埃尔·布迪厄（Pierre Bourdieu，1930—2002），他把文化资本与社会资本并列，认为社会资本是那些实际的或潜在的、与对某种持久网络的占有密切相关的资源的集合体，这一网络是一种众所周知的、体制化的网络，或者说是一种与某个团体的成员身份相联系的网络，它在集体拥有的资本方面为每个成员提供

---

[29] 刘庆乐：《推拉理论、户籍制度与中国城乡人口流动》，《江苏行政学院学报》，2015 年第 6 期。

[30] 帕特里克·曼宁：《世界历史上的移民》，李腾译，北京：商务印书馆，2015 年，第 9 页。

支持，或者提供赢得各种各样声誉的"凭证"。这些关系也许只能存在于实际状态和帮助维持这些关系的物质的和符号性的交换之中。[31] 后来，这一概念为其他学者所继承和发展，例如詹姆斯·S. 科尔曼、罗伯特·D. 普特南、乔纳森·H. 特纳、林南等人都从社会网络的角度对社会资本作了理论阐述。林南认为社会资本就是通过社会关系获得的资本，是人们在目的性行动中获取或被动员的、嵌入在社会网络中的资源，包括物质（如土地、房屋、汽车、金钱等）和符号物（如教育、成员资格、学位、头衔、声望和名声等）。从社会网络中获取资源涉及 4 个要素：位置（不同网络位置上依附着不同的资源）、权威（行动者对资源的相对控制和获取机会）、规则（行动者如何行动和互动的规则）、占据者（网络位置及其附着资源的占据者）。行动者所处位置越好，越可能获取和使用更多社会资本，而具有相似资源和生活方式的行动者之间通常会发生同质互动，通过互动而获取和使用彼此的资源。[32]

美国社会学家道格拉斯·梅西（Douglas S. Massey）等人将社会网络和社会资本理论运用于移民研究，提出移民网络就是一组人际关系，它把已经移民的人、正准备移民的人、流出地和流入地的非移民联系在一起，而其间的联系纽带是亲戚、朋友、老乡关系。这种网络推动了国际移民，因为移民依托这种网络关系，可以获得各种帮助和便利，易于在流入地生存下来，降低了移民的成本和风险，增加了移民成功的可能性。也就是说，移民通过这种网络关系获得了一种可供利用的社会资本。反过来，通过一个关系网络实现移民的人数越多，这个网络也会因此而不断扩张和发展，而扩大了的网络又可以为移民提供更多社会资本，导致更多的移民。[33] 当然，这种移民网络

---

[31]　皮埃尔·布迪厄：《资本的形式》，载薛晓源、曹荣湘主编《全球化与文化资本》，北京：社会科学文献出版社，2005 年。

[32]　林南：《社会资本——关于社会结构与行动的理论》，张磊译，上海：上海人民出版社，2005 年。

[33]　Douglas S. Massey etc, "Theories of International Migration: A Review and Appraisal", *Population and Development Review*, Vol. 19, No. 3 (Sep., 1993), 431-466.

所提供的社会资本，除了信息和物质条件之外，还有一个重要功能就是帮助移民克服跨文化的障碍，使得移民在亲戚、朋友、老乡的帮助下更快地适应新的社会环境，融入当地社会。

德国社会学家托马斯·费斯特（Thomas Faist）提出，关于国际移民的理论解释可分为结构、关系和个体三个层面，这三个层面也就是宏观、中观和微观三种考察视角。宏观结构层面就是将移民置于政治、经济和文化的国际体系中来理解，中观层面是将移民置于由流出地和流入地构成的区域社会关系网络中来理解，而微观层面即是从移民个体的能力来考察。费斯特比较了这三种研究移民的方法，认为中观层面的中层理论最具有解释力，因为只有中层的网络关系可以为移民提供其所需要的社会资本，这直接影响到移民的决策、途径及其对新社会的适应。[34]

美国历史学家孔飞力（Philip A. Kuhn）对近现代华人海外移民的研究表明，以亲缘、乡缘、业缘、神缘为纽带结成的社会网络在移民过程中扮演了重要角色。他认为，亲情和乡情是异域谋生者的重要依靠。华人移民维持着与老家的联系，通过给老家寄钱、接应并扶持从老家出来的新人、在移入地社会中守望相助等方式，维系着一条移民的"通道"。而在移入地社会，基于乡缘（共同地缘）关系建立的会馆，则成为移民在移入地完成社会化、为他们提供基本服务和扩展共同利益的中心，并以此为基础形成一个移民群体在移入地社会的"小生境"。会馆以共同的方言为其凝聚力，同时以同姓为纽带结成的社团也成为特定方言群内彼此帮助和社会交往的纽带。在移入地社会，移民的商人和手艺人也会以亲情、乡情为纽带组织起行业协会，以维护共同利益。会馆为移民群体提供服务，例如，按家乡仪式为亡故他乡的人

---

[34] Thomas Faist, "The Crucial Meso-Level", in Tomas Hammar, Grete Brochmann, Kristof Tamas and ThomasFaist eds., *International Migration, Immobility and Development: Multidisciplinary Perspectives*, Oxford: Berg Publishers, 1997, pp.187-217.

举行葬礼，为初来乍到的乡亲提供住处，为乡亲聚会提供场地，设有祭坛供奉家乡的神灵（妈祖庙是比较普遍的现象）。家乡的神灵崇拜强化了共同的文化传统，这种基于神缘的活动与亲缘、乡缘、业缘结合在一起，不仅加强了移民群体的凝聚力和身份认同，也有利于形成一种移民群体与故乡的共同文化生活空间。孔飞力指出："维持一个以同乡为基础的小生境，意味着维持与老家之间文化的、社会的和经济的通道。在中华帝国晚期，此类通道，即金钱的、社会的与文化的繁忙路径，可谓纵横交错。正是由于这样一些通道，远在他乡的移民通过实实在在的利益和情感共享，而与自己的老家紧紧相连。它们既是一种联系纽带，也是一种文化生活空间。"[35]

社会网络作为一种解释移民的中层理论，把移民置于其活动的网络关系中来理解，有助于分析移民的动因、过程及其对移入地社会的跨文化适应，因此研究国际移民的学者越来越多地采用这一理论工具。就国内而言，例如刘莹的《移民网络与侨乡跨国移民分析——以青田人移民欧洲为例》，陈翊的《移民行动对跨国空间社会网络的依赖——对浙南移民在欧洲族裔聚集区的考察》等论文，都是运用了社会网络理论来分析国际移民问题。

二、跨文化贸易

国际或区际间的远距离贸易在世界历史进程中扮演了重要角色，也是世界经济史研究中的一个重要主题。全球史兴起之后，全球史学者也对这一问题给予了极大关注。然而，全球史学者并没有沿着经济史学者的道路走下去，而是从新的视角对这一研究进行了重新审视。以安德烈·贡德·弗兰克为代表的学者将国际贸易置于世界体系理论中，探讨了欧洲与亚洲（尤

---

[35] 孔飞力：《他者中的华人：中国近现代移民史》，李明欢译，南京：江苏人民出版社，2016年，第41页。

其是中国）的经济关系并由此理解近代欧洲的兴起。而以菲利普·D.柯丁为代表的学者，将贸易置于跨文化背景下来考察，对世界历史上的跨文化贸易进行了探讨。

　　远距离的国际或区际贸易往往意味着跨文化贸易。从跨文化视角来理解和考察这种贸易，其关注点不再是贸易量、盈利情况及其经济影响，而是这种贸易发生于两个不同文化主体之间所带来的一系列问题，包括商人在异域文化环境中的行为方式，跨文化性对贸易产生的影响，以及这种具有文化内涵的贸易对双方社会带来的影响。因此，考察跨文化贸易，就是要将贸易活动放在跨文化背景下来理解商人的行为方式和贸易方式，以及商品作为一种文化符号在流通过程中带来的社会影响。全球史学者对跨文化贸易的探讨，也主要集中在这两个领域：贸易流散社群和作为文化符号的商品的流通。

贸易流散社群

　　在跨文化贸易中，当一些商人远离故土到异域经商时，他们在寄居地形成一个有着共同文化并相互联系的群体，这就是贸易流散社群。而且，他们所从事商业和生活的地点，往往是那个异域社会中人口聚集的经济文化中心，这使他们身边充斥着"陌生人"。为了达到经商的目的，他们需要了解当地的习俗，学习当地的语言，并掌握寄居地的商业动作方式。因此，他们作为跨文化贸易的商人，并不仅仅是经济人，也是社会人和文化人。只有他们适应了当地社会和文化，他们的经济行为才有可能被寄居地人们理解和接受，从而达到其商业目的。菲利普·柯丁在其《世界历史上的跨文化贸易》中，以贸易流散社群为中心，对前工业社会时期世界各地的跨文化贸易进行了考察。在他看来，世界历史上的跨文化贸易呈现出不同的模式，这与贸易流散社群的组织和运行方式有关，而要理解这一点，就要从商人与寄居地社会之间的关系、贸易流散社群内部之间的关系这两个维度来考察。因此，他的《世界历史上的跨文化贸易》，都是围绕这两个关系来展开论述的。

在前工业社会时代的世界贸易中，由于全球化程度不高，各地社会发展的相对独立性造成了各自具有不同特色的区域文化，因此其间的贸易便带有明显的跨文化色彩。在这种背景下，贸易流散社群与寄居地社会之间的关系就成了理解跨文化贸易的一个重要变量。通常，商人在传统农耕社会中由于重农抑商观念的影响而地位不高，外来商人的境遇更是可想而知，他们要受到当地社会对商人和外来者的双重歧视。因此，面对跨文化的障碍，外来商人一方面要设法处理好与寄居地社会的关系，实现某种程度的文化融入，另一方面也要维持自身群体的凝聚力和文化认同。近代中国到东南亚谋生的商人就是一个很好的例子。

在世界上的大多数地方，外来商人往往在寄居地社会中形成一个拥有自己空间和社会网络的特定社区，或为城市中某一街区，或为一个商站，甚至是一个城镇。例如，19 世纪西非一些地区的中心城市，外来商人集中居住在一个区域，这在豪萨语中被称为"宗戈"（Zongo）。人数最多的宗戈可能是位于阿散蒂前首都库马西（Kumasi）的宗戈，它在加纳独立前拥有人口 6 万多人，比西非一个普通宗戈的人数要多得多。同时，非洲社会中也出现了外来商人居住的"商人城"，贝宁共和国北部的帕拉库城（Parakou）就是由穆斯林商人建立起来的，18 世纪早期的塞内冈比亚有许多此类城镇。这些城市往往与政治和军事中心分隔开来，形成双重城镇格局。在非洲这些拥有自己空间的贸易流散社群内部，商人们通过共同的职业、语言、宗教等纽带联结在一起。为了达到内部的团结，他们还虚构亲族关系。在 19 世纪晚期的恩扎比（Nzabi）地区，每个宗族都有一个特定动物作为图腾，但不同宗族也许属于不同的民族。然而，他们认为具有相同动物图腾的宗族具有亲族关系，将这些不同的宗族建构成一个单一的亲族关系体系，宣称他们之间存在血缘关系。[36]

中世纪地中海地区是一个跨文化贸易的典型区域。因为这一时期的地中海不仅由两大文明（伊斯兰教文明和基督教文明）所包围，而且还有犹太人、波斯人等其他民族。在约 1060 年的君士坦丁堡，有来自巴比伦、塞纳尔（Sennar）、美狄亚（Media）、波斯、埃及、迦南、俄罗斯、匈牙利和西班牙的商人社区，以及大约 2000 人的犹太人口。在亚历山大，有来自也门、伊拉克、叙利亚、君士坦丁堡、土耳其和法兰克的商人，每一个群体都有其各自的方达克（funduq，伊斯兰国家在城市中为外国人开辟的居住和经商区，其目的是更好地监管外国商人）。[37] 早在 10 世纪晚期，以开罗为中心并且超越法蒂玛统治范围的一个贸易网络已经出现，这一网络分布在地中海穆斯林世界的各个角落，并且形成了与法兰克和拜占庭商人共处的方式。然而，地中海北岸的基督教国家在处理与伊斯兰教国家的贸易关系时，方式则有所不同。威尼斯、热那亚及其他意大利港口城市的贸易流散社群以武力为后盾，对外贸易与国家政治及军事紧密联系在一起，其中以威尼斯最为典型。当然，这种武装贸易流散社群在后来西欧的对外扩张过程中表现得更为明显。

13—15 世纪，从印度洋到中国南海地区形成了一个海洋贸易网络，而这一区域由具有不同文化的国家或民族构成，因此在主要港口城市中出现了具有不同文化背景的贸易流散社群。以泉州为例，宋元时期的泉州位于以中原为中心的东亚经济圈和印度洋及南海贸易圈两大贸易圈的交接处，这使它在连接东亚经济圈与印度洋及南海贸易圈中的作用凸显出来，成为当时世界上最大的港口之一。意大利人马可波罗这样描绘当时的刺桐（泉州）："刺桐港即在此城，印度一切船舶运载香料及其他一切贵重货物咸莅此港。是亦为一切蛮子商人常至之港，由是商货宝石珍珠输入之多竟至不可思议，然后由

---

[36] 菲利普·D. 柯丁：《世界历史上的跨文化贸易》，鲍晨译，济南：山东画报出版社，2009 年，第 38—45 页。

[37] 菲利普·D. 柯丁：《世界历史上的跨文化贸易》，第 109 页。

此港转贩蛮子境内。"[38] 在这座繁忙港口城市的城南濒临晋江处，由于交通便利，外国商人为了经营方便，多聚居于此，这一带也就成了外国商人的集中地，形成贸易流散社群，类似于当时广州的"蕃坊"。《泉州府志》就记载说，泉州"终宋世，享其利，胡贾航海踵至，富者赀积巨万，列居郡城南"[39]。《伊本·白图泰游记》对泉州的阿拉伯商人流散社群，有更为详细的记载：

> 我们渡海到达的第一座城市是剌桐城，……该城的港口是世界大港之一，甚至是最大的港口。我看到港内停有大艟克约百艘，小船多得无数。这个港口是一个伸入陆地的巨大港湾，以至与大江会合。该城花园很多，房舍位于花园中央，这很像我国希哲洛玛城的情况一样。穆斯林单住一城。……穆斯林的法官塔准丁·艾尔代威里来看望我，他是一位好义的高尚人士。巨商们来看望我，其中有舍赖奋丁·梯卜雷则，他是我去印度时曾借钱给我的一位商人，待人甚好。他能背诵《古兰经》，并常诵不断。这些商人因久居异教徒地区，如有穆斯林来，都欢喜若狂地说："他是从伊斯兰地区来的呀！"便把应交纳的天课交给他，他立即成了像他们一样的富翁。当地的高尚谢赫中有鲍尔汗丁·卡泽龙尼，他在城外有一道堂，商人们在这里缴纳他们向谢赫阿布·伊斯哈格·卡泽尤尼所许下的愿。[40]

这里描述的正是一个有着单独社区、以共同信仰为情感纽带、有自身宗

[38] 马可波罗：《马可波罗行记》，冯承钧译，上海：上海书店出版社，2001年，第375—376页。

[39] 洪少禄：《泉州是否有"蕃坊"》，载中国海外交通史研究会、福建省泉州海外交通史博物馆合编《泉州海外交通史料汇编》（非公开发行），1983年，第240页。

[40] 《伊本·白图泰游记》，马金鹏译，银川：宁夏人民出版社，1985年，第551页。

教活动的穆斯林贸易流散社群。在伊本·白图泰对广州的描述中，这种情况更为明确："城的一个地区是穆斯林居住区，内有清真大寺和道堂，并设有法官和谢赫。中国每一城市都设有谢赫·伊斯兰，总管穆斯林事务。另有法官一人，处理他们之间的诉讼案件。"[41]

在世界历史上的跨文化贸易中，18世纪之前的亚美尼亚人也是一支活跃的力量。亚美尼亚位于地中海、黑海和里海之间，处于沟通东西方的丝绸之路上的重要地理位置，亚美尼亚人也因此成了欧亚大陆重要的陆上商人之一。亚美尼亚商人遍布萨法维波斯、奥斯曼土耳其、俄罗斯等帝国，并且远达西欧和中国西藏，从事着从中国西藏经印度到波斯、从波斯经俄罗斯到波罗的海、从黎凡特到法国南部城镇的贸易。因此，信奉基督教的亚美尼亚人以其宗教信仰为纽带形成的贸易流散社群，活跃于欧亚大陆各个不同文化区域。他们在伊斯兰教地区的城市中，与其他外来商人一样，也主要局限于政府规定的方达克之内。

非洲人、阿拉伯人、中国人和亚美尼亚人的贸易流散社群都是以和平方式从事贸易，他们作为寄居地社会中的少数族裔，不得不适应当地文化和尊重当地习俗，通过亲缘、乡缘、业缘、神缘等手段来维系其群体的身份认同。然而，从16世纪起，这种平静的跨文化贸易模式被欧洲人打破了。随着新航路的开辟，欧洲贸易流散社群开始广泛活动于非洲、亚洲和美洲，但与他们的经济活动紧密联系在一起的还有武装殖民，军事化的商栈成为其海外商业活动的据点。

16世纪初，葡萄牙人绕过好望角到达东南亚，主要目标是香料贸易，为此他们占领了东非的莫桑比克、索法拉、基尔瓦，印度的果阿、第乌、达曼、孟买，以及锡兰、马六甲和中国的澳门，还在苏门答腊、爪哇、加里

---

[41] 《伊本·白图泰游记》，第552页。

曼丹、摩鹿加群岛建立商站，形成了一个以武装贸易网络联结起来的商栈帝国。在这个商栈帝国内，葡萄牙政府通过"印度之家"（Casa da India）和"印度之邦"（Estado da India）两个组织来控制贸易。前者是一个垄断香料贸易的皇家公司，后者是一个从政治和军事上控制各个贸易点的管理机构。葡萄牙人凭借其军事力量，反客为主，改变了以往贸易流散社群与寄居地社会那种相对和谐的关系，流散的寄居商人变成了武力扩张的殖民者，以至于16—18世纪很长一段时间，葡萄牙语成为亚洲海上贸易中占统治地位的通用语言。

欧洲人以其武装贸易流散社群从事跨文化贸易的模式，在荷兰东印度公司和英国东印度公司表现得更为明显。成立于1602年的荷兰东印度公司，是一家由私人集资成立的垄断贸易公司，不仅享有许多特许经营权，而且有自己的军队和管理殖民地的权力。1600年成立的英国东印度公司是一个名副其实的商业帝国，不仅垄断贸易，拥有军队，还一度掌控着印度殖民地。因此，对欧洲殖民扩张过程中跨文化贸易的探讨，跨文化因素虽仍然是一个考察的维度，但我们必须将其放在殖民扩张和侵略这个大背景下来理解。

作为文化符号的商品及其流通

商品不仅是一种实用的物品，也以其功能和意义而成为一种文化符号。因此，跨文化贸易中商品的社会文化属性，以及商品流通过程中它作为物质文化流动带来的社会影响，也就成了全球史学者考察跨文化贸易的一个重要维度。这里以香料、葡萄酒为例作一初步阐述。

众所周知，东方香料在中世纪盛期的欧洲颇受欢迎，并曾一度与贵族生活方式联系在一起。胡椒、生姜、丁香、肉豆蔻、肉桂、樟脑、没药等来自印度、东南亚和中国的香料，到达欧洲主要有三条商路：北线，从中亚经黑海到君士坦丁堡，再运往欧洲；中线，从印度洋、波斯湾、两河流域到叙利亚、黎凡特，然后运往欧洲；南线，从印度洋、红海到开罗、亚历山大里亚，然后运往欧洲。这三条线路实际上是连接了印度洋和地中海两大贸易圈，而中世纪在这两大贸易圈中扮演重要角色的商人群体分别是穆斯林商人和意大利（尤其是威尼斯）商人。因此，各种香料从东向西的转运过程涉及不同的文化区域和商人群体，具有明显的跨文化贸易色彩。更重要的是，在这种跨文化贸易过程中，欧洲人赋予了香料不同的功能和文化含义，并由此影响到了欧洲上层社会的生活。

在中国、东南亚和印度，大多数植物香料只是普通的调味品，与食用者的身份及宗教活动没有关系。然而，这些香料在欧洲人眼中，却变得珍贵和神奇起来。总的来说，东方香料贩运到欧洲之后，其物质文化功能和社会文化属性发生了巨大变化，这主要体现在三个方面。

首先，香料在欧洲社会一度成为上层社会消费的奢侈品，是一种拥有财富和地位的象征。从 12 世纪起，随着欧洲城市的兴起和商品经济的发展，欧洲贵族的生活水平有了很大改善，于是开始追求精神生活的提高。以法国宫廷为代表的上流社会，开始重视社交礼仪，讲究排场，标榜高雅，代表贵族阶层一种新生活方式的宫廷文化发展起来。欧洲上流社会力图以这种新生活方式将其与"贫穷粗俗"的下层民众区分开来。正是在这种背景下，东方香料作为一种奢侈品，日常生活中的香料消费也成了贵族身份的一个重要外在标志。在宫廷社会中，体现香料的贵族性最合适和最典型的场合是宴会。宴会上香料消费的意义决非仅仅是饮食层面的，它是富有的展示，对外宣示了一种宴会主办者及参与者的高贵，以及通过香料消费而形成的一种上流社会的身份认同。

对于普通民众来说，中世纪欧洲的香料确实价格不菲。例如在英格兰，12 世纪中期 1 磅胡椒价值 7–8 便士，相当于英王葡萄园中 1 名工人 7 天的工资。13 世纪时，1 磅肉豆蔻值 4 先令 7 便士，可以买 3 只羊；1 磅生姜 1

先令6便士，1磅胡椒1先令，1磅桂皮10便士，而1磅肉豆蔻可以换回半头牛。[42] 这种价格，自然只有上流社会才消费得起。香料在欧洲之所以价格昂贵，一方面是因为来自遥远的东方，要经过长途而曲折的转手贸易才能到达欧洲消费者手中。另一方面，欧洲人赋予东方香料的文化意涵，也使得这些东方社会中普通的调味品，不仅象征着消费者的高贵身份，而且具有神奇的功能和神秘色彩（这主要表现在其医药和宗教用途上），这无形中扩大了香料的使用范围，增加了香料的附加值。

其次，欧洲人认为一些东方香料有保健和药用功能，甚至赋予其神奇的功效。例如，中世纪欧洲人认为胡椒和桂皮可以治疗癫痫、痛风、精神病、风湿病和头晕，肉豆蔻与莳萝、茴芹、酒混合后可以治疗胃肠胀气和胀痛，黑胡椒可以治疗哮喘和缓解疼痛。更有意思的是，欧洲人相信食用生姜、肉桂、丁香、胡椒等香料有催情的作用，因为他们认为这些是性热的食物，能够防止人身体里的体液过冷，从而增强性欲。正因为如此，中世纪欧洲一些教会人士反对修道士食用这些香料，并且将这些香料与淫荡罪联系在一起。14世纪，加尔默罗会（Carmelite）修士理查德·莱文汉姆（Richard Lavynham）就将香料与淫荡联系起来，指责那些喜欢食用香料的人是为了满足情欲。当然，由于香料价格昂贵，香料用来保健和治病也主要在贵族阶层，作为刺激情欲之物也是如此。中世纪欧洲人之所以赋予香料以这种神奇功效，一方面可能与这些食物的性热特性有关，另一方面，也可能由于中世纪欧洲婴儿死亡率较高，人口一直保持在较低水平，尤其是在1348年黑死病大流行之后，人口减少，劳动力不足，使得提高生育率成了欧洲人日常生活中的一个组成部分。这样，认为香料能够增强性欲的看法正符合这种需要。

---

[42] 参见田汝英的博士学位论文《"贵如胡椒"：香料与14—16世纪的西欧社会生活》（首都师范大学博士学位论文，2013年）。田汝英在该文中着重分析了14—16世纪亚欧之间的香料贸易、16世纪前西欧社会的香料观念、香料在14—16世纪西欧社会生活中的应用等问题，对欧洲人赋予东方香料的文化意义作了较为充分的阐述。

再次，中世纪欧洲人把香料和基督教信仰联系起来，通过想象和建构而赋予其神圣的意义。在《旧约圣经》中，伊甸园位于东方的某个地方，神学家们以此为基础把伊甸园描述为东方某个遍布香料的地方，那里到处充满芳香。因此上帝、基督、天使及与神相关的一切物品都带有香气。他们甚至想象，香料是由伊甸园的河流流到尘世来的，然后通过黎凡特的市场转运到欧洲。中世纪欧洲的基督徒对这种说法深信不疑。这样，在中世纪欧洲，由于相信香料来自伊甸园，是神圣之物，而且圣徒和圣物都带有香气，因此用香料做成的熏香、香脂和油膏普遍使用于宗教仪式中。尤其是教堂中的熏香散发的香气，让参与宗教活动的基督徒感觉与神同在。因此，在某种意义上，东方香料拉近了虔诚的基督徒与上帝的距离，成为他们感知通往天堂的一条途径。香料所具有的这种宗教文化内涵，是中世纪欧洲社会情境下的产物，是作为基督徒的欧洲人对来自异域的香料想象和建构的结果。

因此，香料作为来自亚洲的调味品，在跨文化贸易中被转运到欧洲后，其功能和文化含义发生了变化，并对欧洲社会生活产生了明显的影响。同样，从欧洲传播到东方的葡萄酒，在东方社会中也超出了其酒的内涵，成为代表了欧洲生活方式的一种文化符号。

欧洲的葡萄酒文化源于古希腊，中世纪在欧洲各地普遍发展起来，但与古典时代不同的是，中世纪的葡萄酒被赋予了一种新的宗教含义，即耶稣的血液，普遍用于圣餐仪式。因此，即使在基督教会反对饮酒的情况下，红葡萄酒也是必不可少的。13—17世纪是欧洲各地葡萄酒品牌逐渐形成的时期，一些有名的酒庄以拥有优质的葡萄园和独特的酿造技术相标榜。到19世纪中叶，葡萄酒的分级体系形成，一些葡萄酒与当地文化结合在一起，通过营销宣传使葡萄酒品牌日益符号化。19世纪末20世纪初，一些高档葡萄酒被打造成高雅和有益健康的饮品。例如在法国，酒庄和医学界宣称，葡萄酒不是酒而是一种健康饮料，当时流行的广告语是"法兰西佳酿为您带来健康、愉悦和长寿"。法国波尔多（Bordeaux）地区以玛歌、拉菲、拉图、梅多克等酒庄为代表生产的葡萄酒，不仅成为波尔多的象征，也被打造成法兰西的象征，与法国民族文化遗产和民族精神联系在一起。葡萄酒在某种程度上成了法国的国饮。[43]

中国早在西汉时期就开始有了葡萄酒，那时的葡萄是经丝绸之路由西域引入中国的。但是，欧洲葡萄酒直接输入中国始于16世纪，最初可能主要是传教士带来的。19世纪中叶以后，随着中国的门户被打开和对外交流的增多，不仅葡萄酒更多的输入中国，同时欧洲酿造葡萄酒的技术也传入中国。然而，在中国的传统酒文化中，葡萄酒只是小众饮品，在日常生活中影响不大。因此尽管鸦片战争后西方商人试图打开中国的葡萄酒市场，但一直收效甚微。情况在19世纪末开始发生变化。1892年，东南亚华侨张弼士开始在烟台创办张裕葡萄酒公司，到1914年张裕葡萄酒正式在中国及东南亚地区发售。此时能在中国本土生产欧式葡萄酒，说明这种酒已开始被一部分中国人接受，已有一定的市场。《清稗类钞》对葡萄酒的介绍表明，晚清的葡萄酒不同于以往的葡萄酒，是外来洋酒，张裕公司所酿造的葡萄酒是"仿造"的欧式葡萄酒。书中说道："葡萄酒为葡萄汁所制，外国输入甚多，有数种。不去皮者色赤，为赤葡萄酒，能除肠中障害。去皮者色白微黄，为白葡萄酒，能助肠之运动。别有一种葡萄，产西班牙，糖分极多，其酒无色透明，谓之甜葡萄酒。最宜病人，能令精神速复。烟台之张裕酿酒公司能仿造之。其实汉、唐时已有葡萄酒，亦来自西域。"[44]

《清稗类钞》对晚清葡萄酒的概括，反映了当时中国人对来自欧洲的葡萄酒的认知和定位是一种保健酒，有益于康健，这与欧洲人宣传葡萄酒的功

---

[43] 参见田婧的博士学位论文《跨文化交流视野下的葡萄酒文化研究》（首都师范大学博士学位论文，2013年）。田婧的论文以法国波尔多葡萄酒为代表，分析了葡萄酒在欧洲的生产及其品牌形成，葡萄酒及其文化传入加利福尼亚、阿尔及利亚和东亚，以及这些地区的葡萄酒文化反哺法国。

[44] 徐珂编撰：《清稗类钞》（第十三册），北京：中华书局，1986年，第6325页。

能是一致的。但欧洲葡萄酒在中国的形象远不止于此。1914 年 5 月张裕葡萄酒向海内外发售之时，公司在《申报》上连续 10 天登了一则"烟台张裕酿酒公司售酒广告"，除了强调葡萄酒"滋补身体有益卫生"外，还力图凸显其"西法"种植葡萄和酿造工艺。前半部分的广告词是："本公司经前清北洋大臣奏准，在山东烟台酿造各种葡萄酒，历选各国佳种，均照西法培植、接种、换根，以期原料优美。特聘奥国著名头等酒师、现任烟台奥国领事官，名哇务男爵，驻厂监制葡萄白酒红酒、白兰地、三宾各种名酒，窖藏十有余载。此酒气味醇厚，尤能滋补身体，有益卫生，饮者咸赞，足与泰西佳酿颉颃。"[45] 其中，"西法""葡萄白酒红酒白兰地三宾""滋补身体有益卫生"用大字体，每个字是广告正文字体的 4 倍。在后来张裕公司的另一则广告中，更是体现了中西文化的调和。广告一方面强调张弼士"亲赴欧美采购葡萄佳种……筑地窖而储酒，高玻厂而造瓶，聘奉泰西专门技师驻厂督造……所出各酒，纯粹葡萄精酿"。另一方面又宣扬："按李时珍本草纲目注云：葡萄益气和血，倍力强志，食之令人肥健少饥，控身延寿，其功如此；制为饮料，效用尤大。男女咸宜，洵属滋养佳品。"[46] 这反映出作为一种文化符号的欧洲葡萄酒传到中国之后的本土化，以中医知识来解释葡萄酒的保健功效。不过，在 20 世纪初的中国，葡萄酒消费作为一种西方生活方式，始终是中国葡萄酒商宣扬的一个主题。葡萄酒广告图片中，通常有西式着装和高脚玻璃杯两个基本要素。

任何一种商品都是物质文化，并且在不同社会情境中会被赋予不同的文化含义。因此，同样的商品在不同社会中经营必然表现出跨文化性，其象征性文化符号意义发生变化，就是这种商品的在地化过程。古代的香料、近现代的葡萄酒如此，当代社会中麦当劳、肯德基出售的食品也是如此。

---

[45] 《烟台张裕酿酒公司售酒广告》，载《申报》1914 年 5 月 1 日至 10 日。
[46] 田婧：《跨文化交流视野下的葡萄酒文化研究》，首都师范大学博士学位论文，2013 年。

三、相互认知和文化交流

跨文化互动是不同文化群体之间在各个领域的互动，其中人口流动、经济交往和文化交流是理解跨文化互动的三个重要维度。然而，跨文化互动的发生，首先是两个互动主体之间的相互认知，然后才有在此基础上的各种交流和冲突。因此，互动中的跨文化性首先从相互认知上表现出来，或者说，考察互动双方的相互认知，是理解互动行为的一个重要基础。

认知、想象和建构

跨文化互动中的相互认知问题，在很大程度上属于跨文化形象学的范畴，它涉及认知主体的"自我"和认知客体的"他者"。在跨文化互动中，认知主体所理解、想象和建构的"他者"，可以包括人（个体、群体、民族）、社会（政府、劳动和生活、文化习俗等）、具体事物（物品、建筑、事件、环境等）等不同维度。这里以近代西欧对外扩张过程中，西欧人对其他民族的认知和想象为例来加以说明。

1492 年哥伦布发现美洲之后，印第安人作为新大陆上的新民族纳入了西欧人的视野。西欧知识分子在面对这个外貌迥异，在政治、经济、文化及社会生活方面都与他们大为不同的民族时，充满了好奇和想象，并且在如何对待印第安人的问题上引起了激烈讨论，16 世纪中叶的"拉斯·卡萨斯与塞普尔维达之争"（Las Casas-Sepúlveda Controversy）使这种争论达到了高潮。在 18 世纪启蒙运动之前，西欧知识分子对印第安人的认知和态度可归纳为三种倾向：一是从宗教和道德角度出发，以欧洲生活方式为标准来评判印第安人，认为他们处于野蛮落后的状态，代表人物是英国的托马斯·霍布斯。二是从反思欧洲文明的角度来评判异文化，采取较为温和的文化相对主义态度，赞美印第安人的自然和纯朴，代表人物是法国的米歇尔·德·蒙田。三是在神学悲观主义的影响下，把新世界的"蒙昧人"看作是人类腐化堕落过程中可怜的剩存者，代表人物是北美新英格兰清教牧师科顿·马瑟（Cotton Mather）。[47]18 世纪中叶到 19 世纪，随着社会进步观和进化论的出现，马瑟所主张的那种人类堕落的观点逐步退出了市场，而"高尚的蒙昧人"（noble savage）观念在 18 世纪下半叶盛行一时，但同时以西欧文明来贬低新世界原住民的倾向也不断发展，并到 19 世纪发展成一套关于"文明"与"野蛮"的帝国主义话语。

启蒙运动时期，法国思想家卢梭、伏尔泰、狄德罗等人都把美洲印第安人建构成"高尚的蒙昧人"。在他们的笔下，"高尚的蒙昧人"处于一种"自然状态"，过着自由、平等、安宁、简朴的田园生活。例如卢梭从比较的角度描述了蒙昧人的"优越"之处："蒙昧人仅只喜爱安宁和自由：他只顾自由自在地过着闲散的生活，即使斯多葛派的恬静也比不上他对身外一切事物的那样淡漠。相反地，社会中的公民则终日勤劳，而且他们往往为了寻求更加勤劳的工作而不断地流汗、奔波和焦虑。"[48] 实际上，这种"高尚的蒙昧人"只是法国知识分子对新世界原住民的一种文化建构。一方面，18 世纪中叶以后一些前往新世界的传教士、旅行者和探险者，在西欧社会中出版了游记、日记、回忆录等作品，为启蒙思想家对"高尚的蒙昧人"的描述提供了素材。另一方面，"高尚的蒙昧人"观念也是法国启蒙思想家批评自身社会和反封建的"他者"武器。18 世纪中叶的法国是一个实行绝对君主制的封建国家，君主专制、官僚腐败、等级制和贵族特权、宗教迫害等可以说是对当时法国政治的很好概括。当时，王权和官僚机器对社会各阶层实行高压政策，同时天主教会也与王权一道加强了对人们的思想控制，正是在这种社会

---

[47]　Margaret T. Hodgen, *Early Anthropology in the Sixteenth and Seventeenth Centuries*, Philadelphia: University of Pennsylvania Press, 1964, p.360.

[48]　卢梭：《论人类不平等的起源和基础》，李常山译，北京：商务印书馆，1962 年，第 147 页。

环境之中，卢梭说道："人是生而自由的，但却无往不在枷锁之中。"[49] 新兴的资产阶级因此在文化领域通过各种形式来表达对平等和自由的渴望。卢梭在《论人类不平等的起源和基础》中感慨地说道，"人与人之间本来都是平等的"，"最不幸的是：人类所有的进步，不断地使人类和它的原始状态背道而驰"。[50] 所以他以美洲"蒙昧人"的平等来批评欧洲"文明人"的不平等，把生活在"自然状态"的新世界原住民看成社会生活中"平等"的楷模。

法国启蒙思想家怀着改革自身社会的目的而建构起来的"高尚的蒙昧人"形象，实际上"是以想象为核心的心理现象，它是想象制造出来的成果，也是想象活动中存在的一系列心理表象"[51]。这种心理现象是启蒙思想家对自身社会变革的一种心理期待，它借助于"高尚的蒙昧人"而表述出来。因此，"高尚的蒙昧人"的形象建构过程是一种表意实践过程，这种形象不取决于事实上的"他者"，而是由建构主体的主观意愿决定的，是启蒙思想家将其所需要的意义赋予印第安人而建构起来的。启蒙思想家出于反对封建专制和倡导自由平等观念的需要，将美洲原住民社会浪漫化和美化，以此来批评当时欧洲社会中的专制与不平等。这正如勒赛克尔所说："无数的水手、商人、传教士，他们从野蛮民族那里旅行回来，都极端赞扬这些民族的道德品质，而鄙弃文明民族的道德品质，这并不是出于所有这些人们的一种共同幻想。毫无疑问，十八世纪的哲学家们利用了旅行家们的记述，并尽量加以美化，来证明人没有基督教也能成为善良的人；证明一切社会和政治制度都能比当时的哲学家所攻击的基督教给予人们以更多的幸福。"[52]

1768—1779 年间英国人詹姆斯·库克三次率舰队去太平洋探险，由此

---

[49] 卢梭：《社会契约论》，何兆武译，北京：商务印书馆，2003 年，第 4 页。

[50] 卢梭：《论人类不平等的起源和基础》，第 63 页。

[51] 李勇：《西欧的中国形象》，北京：人民出版社，2010 年，第 5—6 页。

[52] 卢梭：《论人类不平等的起源和基础》，第 37—38 页。

发生的与大洋洲原住民之间的互动，是欧洲殖民者与原住民发生跨文化互动的很好例子。欧洲人虽对原住民有一种"高尚的蒙昧人"的想象，但库克眼中的大洋洲原住民总的来说是以欧洲"文明"为标准进行评判而建构起来的一种"野蛮"形象，包括"吃人"习俗、喜欢"偷盗"、具有"下流"的性道德等。大洋洲原住民初次见到陌生的欧洲人时，也会以他们自己的文化来理解这些陌生人，把他们看作"妖怪"或"神"。不同文化的相遇者基于自身文化来理解"他者"，必然存在着跨文化障碍，由此造成对异文化的人及其所承载的各种文化符号的误解，这种误解达到一定程度便会以文化冲突的形式表现出来。库克与原住民之间的冲突及其最终命丧夏威夷，都与跨文化相遇中的文化误解有关。[53] 因此，在跨文化相遇过程中，任何以自身文化经验来理解对方都有可能造成认知的局限。其实，两种不同文化相遇时，在特定情境下会形成一种特定的"相遇文化"，这种文化是在双方互动中形成的，包括在互动情境中新形成的观念、价值观和行为规范，它们不同于各自的传统文化。如果跨文化相遇的双方尽量从这种新文化出发来开展互动，而不是抱持自己的传统文化来理解和评判对方，文化冲突的概率就有可能降低。

近代西欧知识分子对中国的描述，典型地反映了西欧人对一个东方文明古国的认知、想象和建构。关于欧洲人中国观的研究已有较多成果，例如，由外文译成中文的著作有M.G.马森的《西方的中国及中国人观念(1840—1876)》、约·罗伯茨的《十九世纪西方人眼中的中国》、雷蒙·道森的《中国变色龙——对于欧洲中国文明观的分析》等，国内研究成果有周宁的《天朝遥远：西方的中国形象研究》、李勇的《西欧的中国形象》等。周宁认为，西方的中国形象可以划分为两大时期，从1250年前后至1750年前后，西方的中国形象先后出现了三种类型："大汗的大陆""大中华帝国""孔

---

[53] 刘文明：《跨文化视野下詹姆斯·库克与大洋洲原住民的互动》，《全球史评论》第十三辑，第83页。

夫子的中国"。1750 年前后，西方的中国形象出现大转折，开始从美化中国转向丑化中国，从社会文化想象的乌托邦变成了意识形态化的中国形象：停滞衰败的帝国、东方专制帝国、野蛮或半野蛮的帝国。这三种中国形象类型，建立在东方与西方、古代与现代、自由与专制、进步与停滞、文明与野蛮等二元对立框架的世界观念秩序的基础之上。中国形象是特定时代西方文化无意识的象征，具有"社会集体想象"的意义。因此，研究西方的中国形象，不是研究中国，而是研究西方，研究西方的文化观念。[54]

近现代西方对中国形象的想象和建构，牵涉到其背后的话语权力。本特利认为，世界上的跨文化交流，在 1500 年以后发生了变化，欧洲人纵横世界各地，工业化和帝国主义发展起来，权力成为文化交流进程中的核心因素。"权力并没有赋予欧洲人把自己的文化选择强加于他人的能力，但是，它保证了欧洲文化传统拥有异乎寻常的扩张机会。欧洲的文化要素，包括基督教的几个分支、现代自然科学和商业惯例，展示在世界广大地区面前，其范围要大于其他地方的文化因素。……大约 1500—1800 年间，欧洲商人、传教士、探险家、殖民者、移居者和其他旅行者把自己的文化偏好介绍给美洲大部分地区以及亚洲、撒哈拉以南非洲、澳大拉西亚和太平洋岛屿的部分地区。通过地理勘察和扩张，欧洲观察家得以绘制全球的文化景观图，并开始构建关于其他民族及其文化传统的知识体系。"[55] 这样，欧洲人依靠帝国权力和东方学知识实现了其文化扩张，这是现代时期文化交流的一个重要特征。关于这一点，爱德华·W. 萨义德的《东方学》做了深刻的分析。

萨义德认为，"东方"和"西方"这样的地理区域是人为建构起来的，"东方"这一观念有着自身的历史以及思维、意象和词汇传统，正是这一历史与传统使其能够与"西方"相对峙而存在，并且为"西方"而存在。东方虽然

---

[54]　周宁：《天朝遥远：西方的中国形象研究》，北京：北京大学出版社，2006 年。

[55]　杰里·H. 本特利：《世界历史上的文化交流》，《全球史评论》第五辑，2012 年，第 45 页。

在现实中由许多有着悠久历史和文化的不同民族构成，但是西方以其论说东方的话语模式建构起了一个想象的东方，也就是将东方"东方化"了，不仅因为它是被 19 世纪欧洲人下意识地认定为"东方的"，而且因为它可以被制作成"东方的"。而这种东方被"东方化"，是西方与东方之间存在一种权力关系、支配关系和霸权关系影响的结果。因此，东方学是欧洲及大西洋诸国在与东方的关系处于强势地位的背景下，人为创造出来的一套有关东方知识的理论和实践体系。东方学关于东方的知识和话语，由于是从强力中产生的，在某种意义上创造了东方、东方人和东方人的世界。[56]

近代欧洲崛起之后出现的欧洲国家与非欧洲国家之间经济及军事力量的失衡，造成了欧洲人与其他民族之间互动中的权力不平等，以及欧洲人关于非欧洲民族的话语霸权，由此有了欧洲人建构的各种非欧洲民族的"他者"形象。但是，这种形象建构，从文化上来说也与欧洲中心论的盛行有着密切关系。J.M. 布劳特提出，欧洲中心主义是关于欧洲人比非欧洲人优越的一套信条，为殖民主义活动辩护，成为殖民者的世界模式。在这种世界模式中，欧洲人是历史的创造者，欧洲永远是先进的、进步的和现代化的。世界其他各地或者进步缓慢，或者停滞不前，属于"传统社会"。因此，世界有一个永久的中心（欧洲）和一个永久的外围（非欧洲世界），中心领先，外围落后；中心创新，外围模仿。[57] 这种观念不仅影响到近现代欧洲人对非欧洲社会的认知，也影响到近现代欧洲与世界其他地方的文化交流。

文化交流

文化交流史在史学研究中并不是一个新领域，然而，在 20 世纪末新文

---

[56]　爱德华·W. 萨义德：《东方学》，王宇根译，北京：生活·读书·新知三联书店，2007 年。
[57]　J.M. 布劳特：《殖民者的世界模式：地理传播主义和欧洲中心主义史观》，谭荣根译，北京：社会科学文献出版社，2002 年。

化史和全球史兴起之前的文化交流史研究，关注点在于技术、宗教、思想观念等的传播过程，即这些东西是如何从一地传播到了另一地，几乎忽视了传播过程中不同文化的影响。全球史学者则将文化交流置于世界历史中来理解，强调不同文明（文化）之间交流的跨文化背景及其影响，因此在研究中除了考证传播过程之外，更重视对交流过程及其影响的文化解释，即考察跨文化因素对交流带来的影响。例如，一种思想从一个国家传播到另一个国家，不可能没有任何改变，必然要适应接受国的文化而实现本土化，因此，如何从跨文化视角来理解和解释这种本土化，是文化交流史研究中的一个重要任务。

美国历史学家大卫·阿米蒂奇（David Armitage）在《独立宣言：一种全球史》中，考察了美国《独立宣言》对世界各地"独立宣言"的影响。他提出，美国《独立宣言》文本传播到世界各地，为其他地方起草"独立宣言"提供了模板。但是，由于各国国情及文化的差异，人们在模仿美国《独立宣言》时，要根据自身情况来书写符合本国国情的独立宣言。例如，1804年1月1日海地发布的独立宣言，在起草时最初的版本基本上模仿了美国的《独立宣言》，但负责修改独立宣言的黑人作家路易·布瓦龙－托内尔（Louis Boisrond-Tonnerre）认为这一宣言太温和，提出"不独立，毋宁死"，对法国殖民者深恶痛绝，因此他撰写的独立宣言，比美国《独立宣言》中称英国人为"兄弟"要有更强的战斗性。对于海地黑人来说，"自由和独立"的含义不同于美国人，他们反对法国人的斗争不仅仅是争取独立建国，也是奴隶解放斗争，他们要在宣布独立时废除奴隶制。[58]

概念和观念的传播也是如此。例如，在东亚社会中，现代意义的"文明"概念是从欧洲传播来的。19世纪下半叶欧洲的"文明"概念传播到日本和

---

[58]　大卫·阿米蒂奇：《独立宣言：一种全球史》，孙岳译，北京：商务印书馆，2014年，第71—72页。

中国之时，日本福泽谕吉对"文明"的阐释显然受到法国基佐的影响，而中国的梁启超则又明显受到福泽谕吉的影响，他们之间有一条清晰的承继脉络，对文明基本内涵的理解是相似的，强调"文明"意味着社会与个体的进步、物质与精神的发展。但是，福泽谕吉和梁启超在阐发"文明"时都将这一概念本土化了，并不是原封不动地将这个概念移植到本国。例如福泽谕吉提出"文明"是实现国家独立的手段，为此提倡建设"日本的文明"，而梁启超则给文明进步论和文明阶梯论赋予了"春秋之义"。[59] 因此，日本学者和中国学者在吸收欧洲"文明"概念时，并不完全是一种西方霸权下的消极反应和被动接受，而是具有一定的能动性，他们试图通过学习欧洲而为本国找到富强之路，因此在吸收西方观念时力图建构起适用于本国的本土化"文明"概念。

上述两个例子只是关于某一思想或概念的个案，这种文化交流会影响到输入地社会的某一方面。如果从总体上来考察不同文明之间相遇引起的文化交流，那么这种交流对整个社会变化有何影响？因此，一些学者试图从宏观层面来考察文化交流的模式，从不同文化交流模式来理解不同社会的转型或变化。

美国社会学家本杰明·纳尔逊（Benjamin Nelson，1911—1977）对不同文明之间相遇引起的文化交流及其后果进行了考察。他提出，"文明"这个概念完全是精神文化领域的，它是一种在社会中占主导地位的"文化传统"，包括语言、技术、制度、观念和意识结构（structures of consciousness）等元素。在文明的进程中，意识结构转型是其中的重要标志，而意识结构的转型往往又是由文明之间相遇引起的。因此，他从文明互动入手来探讨一种文明如何影响另一种文明的意识结构，以及由此引起的文明变迁。纳尔逊通

[59] 刘文明：《欧洲"文明"观念向日本、中国的传播及其本土化述评——以基佐、福泽谕吉和梁启超为中心》，《历史研究》，2011 年第 3 期。

过对世界历史上主要文明的意识结构的考察，提出了意识结构的三种类型。第一种类型是意识的"祭祀－巫术结构"（sacro-magical structure），其特点是，在社会生活中有一种集体认可的责任，这种责任就是对集体的过失或堕落进行赔罪，而赔罪的形式是集体承担义务、赎罪、献祭和纪念仪式。在习惯性礼节和仪式占主导地位的一切早期社会中，都可以发现这种意识结构，例如古风时代的印度、中国和犹太社会。第二种类型是意识的"信仰结构"（faith-structure），这种结构要求所有个体和群体都有义务不断净化其"邪恶的"思想和情感，以便找到一条道路来遵循"信仰－意识"的要求。意识的信仰结构代表了许多宗教发展过程中的一个阶段。例如罗马时代从犹太教发展到基督教，说明了意识从神圣巫术结构向信仰结构的转变。第三种类型是意识的"理性化结构"（rationalized structures）。当人们怀疑信仰的内容及其行动结构的含义时，意识的理性化结构就出现了。例如在 12—13 世纪的欧洲，当时新逻辑学和新辩证法导致了一种新神学出现，意识结构就开始朝着这一方向发展。[60]

纳尔逊认为，12—13 世纪是西欧文明的意识结构发生突变的时期，而这种变化主要是在十字军东征的影响下发生的。由于十字军东征，西方基督教王国开始与外界发生广泛的接触，在军事、政治、文化和神学等方面，与伊斯兰教、拜占庭基督教、蒙古人、中国、非洲、犹太人等文明综合体发生了相遇。正是在这种背景下，西方国家在 12—13 世纪出现了军事、商业、科学、神学、自然哲学和数学方面的广泛复兴。这期间，翻译家和学者在以阿拉伯和希伯来文本为媒介而重新获取希腊遗产方面做了大量工作。阿拉伯人取得的巨大进步也被吸收到了西方科学当中，尤其在光学、代数学和医学领域更是如此。中国和印度的重要文化元素也传播到西方。来自中国的有指

---

[60]　Benjamin Nelson, "Civilizational Complexes and Intercivilizational Encounters", *Sociological Analysis*, 1973, Vol. 34(2): 79-105.

南针、航海技术、造纸及印刷术，来自印度的有所谓的印度-阿拉伯数字体系。当然，在这些借鉴中，最重要的是来自穆斯林国家，正是他们将已经失传的柏拉图和亚里士多德的著作进行了保存和处理，阿威罗伊等人还在一些著作中添加了重要评注。当这些著作传回西方时，尤其是那些关于新逻辑学和自然哲学的新书，促进了具有理性的西方精神的形成。新逻辑学给知识界带来巨大变化的一个表现，就是在阿伯拉尔及其继承者的思想和行动领域中出现了意识的理性化结构。从 1210 年到 1325 年，在西欧发生了对基督教神学和自然哲学的合法化，以及对理论的逻辑推理结构的彻底修改。因此，西方在不同文明的互动中最终突破了意识的信仰结构而走向理性化，逐渐获得文明的优势。正是基于这种认识，纳尔逊说："只有在基督教中，向自然神学的突破发生较早，而且随着 12—13 世纪新逻辑学和新科学的出现，加速向普世性结构的发展，这就为独具特色的西方文明模式作了准备，加速走向现代化、理性化和普世化。"[61]

社会学家约翰·阿纳森（Johann P. Arnason）对纳尔逊的观点做了进一步发挥，把文明互动中的意识结构集中体现在宗教。他认为，应该根据更广泛的相遇类型来重新思考宗教扩张或传播的问题。因此他提出，当一种世界宗教扩展到一个相异于其发源地的广阔的社会和文化范围，就可以用文明分析的术语把整个过程描述为"模式的传播"，因为它重构了社会生活的一切领域。这种宗教传播与文明模式之间的关系，一个典型例子就是伊斯兰教的扩张对文明产生了巨大影响。伊斯兰教的传播造成了伊斯兰地区在文化上具有统一性，一些历史学家从理论上将其看作一个独特的世界体系，而这种基于宗教的文化统一性表明了伊斯兰地区的文明认同和文明层面的共享结构。当然，也有一些地方，伊斯兰教在传播过程中不可能实现与当地传统的完全

---

[61]　Benjamin Nelson, "Civilizational Complexes and Intercivilizational Encounters", *Sociological Analysis*, 1973, Vol. 34(2): 79-105.

结合，于是就造成了"长期的文明际相遇"，印度的情形就是如此。因此，这也可能代表了宗教传播与文明模式之间关系的另一种类型。佛教在中国的传播情况与此相类似，佛教与古代中国的帝国秩序和文化体系之间的互动也构成了一种"长期的文明际相遇"，但是，其结果却与伊斯兰教在印度的轨迹完全不同。在中国，儒家吸收了佛教中的一些思想后对儒家进行了重新解释，其传统得到重新确认，而佛教则只处于次要地位。[62]

杰里·本特利像阿纳森一样也将关注点放在宗教，以宗教传播为重点探讨了跨文化互动中文化交流的模式，这主要体现在其专著《旧世界的相遇：近代以前的跨文化接触和交流》和论文《世界历史上的文化交流》。

本特利提出，当"新文化史"在史学领域蓬勃发展的时候，全球史学家对跨文化互动的文化维度的探讨却相对滞后。主要原因是，"当历史学家把关注点从个体社会转移到大规模比较的、跨地区的和全球的课题的时候，他们发现，对文化借鉴的意义、宗教信仰改变的程度、文化交流的内在动力进行评估，比计算丝绸的贸易量、探寻物种交流的后果或者概括殖民统治的结构要困难得多。对于分析源自跨文化互动和交流的文化发展，还没有一个主流的范式可循"[63]。但是，本特利认为，尽管存在这种困难，全球史学家应该关注和重视跨文化互动中文化层面（文化交流）的研究，这种研究包括科学、技术、意识形态、教育、哲学宗教等传统的传播，尤其是来自不同社会和不同传统的人们互相交流时所发生的调适及其他反应。

为了探讨文化交流的全球史模式，本特利声称，他的研究方法是"找出跨文化互动频繁的历史时代或时期，追溯不同时期的不同环境体系下所形成

---

[62]　Johann P. Arnason, *Civilizations in Dispute: Historical Questions and Theoretical Traditions*, Leiden: Brill, 2003,pp.292-293.

[63]　杰里·H.本特利：《世界历史上的文化交流》，刘新成主编，《全球史评论》第五辑，第 32 页。

的不同文化交流模式"[64]。由此他将世界历史上的文化交流分为前现代和现代两个时期。他的专著《旧世界的相遇》就是试图对前现代时期不同文明和文化区域的人民之间的相遇提供一种分析，重点关注文化边界的建立和渗透，探寻文化边疆变化的动力问题。他说："自人类形成的很早时候起，跨文化相遇一直是世界史的一个经常性特征。本书就是要分析前现代时期跨文化相遇的动力。它将特别关注不同文明的人民之间相遇的文化影响。"[65] 于是，他提出了"跨文化改宗（cross-cultural conversion）"和"社会改宗（social conversion）"等概念来指称前现代时期人们接受或适应异域文化传统的过程。他说："'改宗'这一术语使人想起一种具有强烈感情色彩的个人经历，一种个人灵魂的再定位，一种对旧价值体系的排斥和对新价值体系的赞同，就像经历佛陀、圣保罗、圣奥古斯丁或穆罕默德那种深刻的精神转变"[66]。但是他指出，在《旧世界的相遇》一书中，"改宗"这个术语很少指个人精神或心理上的经历，而是指整个社会转型导致的一个更大的过程。而且，他认为社会改宗时常要经历三至五个世纪才引起大规模社会的文化转型。在前现代世界中这种由社会改宗引起的文化转型，是文化交流史研究中极为重要的内容。由此出发，本特利探讨了前现代时期宗教和文化传统传播中跨文化改宗的三种模式：自愿改宗、迫于压力的改宗和通过同化的改宗。他说："不同政治、社会和经济背景的影响支配着改宗进程，皈依异域信仰、价值观念或文化标准也呈现出不同的方式，遵循不同的模式。……没有一成不变的解释原则，也没有一种变化理论可以一般性地解释跨文化改宗的过程。因此，在前现代时期，在较大社会情境中的跨文化改宗，改宗过程不存在单一的类型，

---

[64] 杰里·H.本特利：《世界历史上的文化交流》，刘新成主编，《全球史评论》第五辑，第 39 页。

[65] Jerry H. Bentley, *Old World Encounters: Cross-Cultural Contacts and Exchanges in Pre-Modern Times*, Oxford University Press, 1993, p.vii.

[66] Jerry H. Bentley, *Old World Encounters: Cross-Cultural Contacts and Exchanges in Pre-Modern Times*, pp.6-7.

而是通常有三种模式：通过自愿联合的改宗，由政治、社会或经济压力引起的改宗，由同化造成的改宗。"[67]

本特利认为，改宗过程中必然出现文化调适问题，因为皈依者在接受新宗教的时候，对新宗教的理解并不会像长期的信仰者所理解的那样。"在对新宗教进行简单翻译或解释的时候，必然要使外来思想适应人们所习惯的看待世界的方式。结果就是，不同主张的调和必然伴随着皈依，因此或多或少的，皈依者在从一种文化或宗教立场转移到另外一种立场的时候，总是通过自己本地传统的滤色镜来看待新的选择对象。很多研究显示，一些重要的宗教传统的发展并不是以其铁板一块的形式进行的，因为不同地理位置的倡导者和皈依者为了地方的需求和利益而对它们进行了调适。"[68] 例如他在谈到佛教传播到东南亚时提出，佛教在很大程度上迎合了东南亚的文化传统，当地与太阳、土地、水等崇拜相关联的宗教价值观念不仅保留了下来，而且与传播到此的印度文化相互融合，形成了新的文化结构。这样，"东南亚本土文化传统并没有被轻易地抛弃和取代，异域文化仅仅是迎合当地的需要来进行解释，这个过程不可避免地产生了文化融合，而不是单纯地接受异域文化标准。因此，东南亚本土神灵融入到了印度众神之中"[69]。

由上可见，以本特利为代表的全球史学者在探讨文化交流时，更多的关注和考虑文化交流中的跨文化因素，不再局限于文化交流过程的考证，而是将交流双方当作具有不同文化背景的主体及其对交流的影响，因此强调文化交流过程中的文化适应问题。这种强调互为主体的跨文化互动视角，考虑到了不同文化背景和文化交流中的"他者"认知，尤其在解释近代西方的文化扩张时，强调非西方社会在吸收西方文化中的能动性，从历史叙述上具有反

---

[67]　Jerry H. Bentley, *Old World Encounters: Cross-Cultural Contacts and Exchanges in Pre-Modern Times*, pp.8-9.

[68]　杰里·H. 本特利：《世界历史上的文化交流》，《全球史评论》第五辑，第 42—43 页。

[69]　Jerry H. Bentley, *Old World Encounters: Cross-Cultural Contacts and Exchanges in Pre-Modern Times*, p.73.

欧洲中心论的意义。因此，全球史学者对跨文化交流的思考和探索，为文化交流史研究打开了一个新视野，在方法论上也具有启迪意义。在某种程度上，从跨文化视角来思考世界历史上的文化交流，已成为全球化背景下文化交流史研究的一个新趋势。

第六章 比较世界史与交互比较史

　　全球史研究要求从宏观视角对某些历史现象进行整体把握，而比较研究向来是宏观考察历史的重要方法之一。比较作为一种历史研究方法由来已久。在西方史学界，年鉴派历史学家马克·布洛赫于 1928 年就发表了论文《论欧洲社会的历史比较》，提出普及和完善历史比较方法是当时历史研究中一项迫切和必要的任务，他的名著《封建社会》也大量运用了比较研究方法。[1]1958 年《社会和历史比较研究》季刊在荷兰海牙创办，此后发表了大量的历史比较文章。在美国，1966 年 C.E. 布莱克的《现代化的动力——一个比较历史的研究》和巴林顿·摩尔的《民主和专制的社会起源》，1979 年西达·斯考切波的《国家与革命：对法国、俄国和中国的比较分析》等著作，都是历史比较研究的杰作。在中国，马克垚教授主编的《中西封建社会比较研究》（1997）和熊家利先生发表的一系列中西封建社会比较的论文，推动了中国比较史学的发展。范达人、易孟醇合著的《比较史学》（1991）一书对历史比较作了理论探讨。西方和中国史学家对历史比较研究的探索，为全球史研究中比较方法的创新奠定了基础。

　　全球史研究中的比较方法不同于以往历史比较的一个特点，就是将比较当

---

[1] 马克·布洛赫：《比较史学之方法——论欧洲社会的历史比较》，载项观奇编《历史比较研究法》，济南：山东教育出版社，1986 年；《封建社会》，张绪山等译，北京：商务印书馆，2004 年。

作一种考察全球史宏大主题的手段，即服务于全球史的主题阐述，并且在比较中力求避免以其中一方为坐标，而是采用交互比较的方法。本章以菲利普·柯丁和"加州学派"的比较研究为例，对全球史研究中的比较方法作一阐述。

第一节　比较世界史的实践与方法

全球史在兴起之初就表现出多元性的特点，威廉·麦克尼尔、马歇尔·霍奇森、列夫顿·斯塔夫里阿诺斯、菲利普·柯丁、阿尔弗雷德·克罗斯比、伊曼纽尔·沃勒斯坦等著名学者，他们依据自己的学术优势开拓了全球史的不同研究领域。以菲利普·柯丁为首的"威斯康辛学派"（Wisconsin School）运用跨文化比较的方法研究全球史，可谓独树一帜。

一、菲利普·柯丁的比较世界史

菲利普·柯丁是著名的英帝国史、非洲史、大西洋史和世界史专家，1922 年出生于费城，1948 年获得文学学士学位后进入哈佛大学深造，1953 年获得博士学位。毕业之后他回到母校斯沃斯莫尔学院工作，1956 年转任职于威斯康辛大学麦迪逊分校，在威斯康辛大学耕耘近二十年，正是这一段时期奠定了他杰出历史学家的地位。1975 年，开始执教于约翰·霍普金斯大学，2009 年，柯丁逝世于宾夕法尼亚的西切斯特，享年 87 岁。

柯丁一生的学术成就大体可以分为两个部分，一是在非洲史、加勒比地区史等区域研究方面做出了巨大贡献，二是运用比较世界史的方法进行了大范围的跨区域研究，建树良多。对于后一种贡献，他无愧于全球史研究先驱者的称号。实际上，全球史在当时并不被西方学术界重视，柯丁致力于这一领域的探索，主要是因为他不满于当时美国历史学的现状。不满主要来自三个方面，一是西方中心或美国中心的叙事模式。本书第二章已提及，他在1964 年出版的著作《非洲史》中曾批评以美国为中心的历史观念，认为"过去的历史叙述，不是试图根据现代世界的历史来解释它，或者去追踪人类文明的兴起，而是从美国出发，探求美国文明的根源。实际上，这就是'向后讲授历史'——回顾北美大陆的殖民时期，然后回溯到欧洲，再回溯到西方中世纪、罗马、希腊，以及近东的古代文明"。这种"向后讲授历史"是当时历史教育的普遍模式，在这种模式下，非西方的历史是缺位的。二是区域史研究的狭隘性。二战以后，服务于美国全球霸权需要的区域研究大行其道，在美国大学的院系里遍地开花。区域研究的研究对象虽然包括了非西方世界，但是这种研究本身也带有与生俱来的弊病，选题日益专深化，研究者彼此缺少对话，造成了知识碎裂化的局面。三是世界通史内容的散乱。美国一些学校也开设世界通史（World History Survey），但是，通史教材的编写，内容空洞，观点陈旧，不同文明板块缺乏联系和比较，被机械地堆在一起。[2]

为了避免这三种缺陷，柯丁一方面像霍奇森、麦克尼尔、斯塔夫里阿诺斯等人那样对全球史进行了探索，另一方面，他将全球史与区域研究结合，采用比较世界史的方法进行实证研究。柯丁曾经给出一个"比较世界史"的定义，他说："'比较'，是因为它概括……特定现象，并从中寻找相似点及不同点；'世界'，是因为它力图摆脱西方中心主义的观点，而非要囊括所有地区的活动；'历史'，是由于它涉及的是一段相当长时间内发生的变化。"[3] 实际上，这个定义并没有准确地描述出"比较世界史"的特征，比如它不能与一般的"比较史"区别开来。后来，柯丁在一篇文章中又做出

---

[2]　Craig A. Lockard, "The Contributions of Philip Curtin and the 'Wisconsin School' to the Study and Promotion of Comparative World History", in *The New World History: A Teacher's Companion,* ed., Ross E. Dunn, Boston: Bedford/St. Martin's, 2000, pp.60-61.

[3]　菲利普·柯丁：《世界历史上的跨文化贸易》，"前言"第 1 页。

了补充，他说："在我看来，这种比较史从世界史的角度出发，比较跨越主要文化区边界的历史现象，并找出相似性或差异性。"[4]因此，根据柯丁的理解，比较世界史是比较史的一个分支，但有独特的研究对象。换句话说，"比较世界史"比较的是"世界史"。我们知道，在西方，"世界史"的概念与我们不同，它的研究对象是跨越地理、文化、国家边界的历史现象。柯丁主要关注的跨文化现象包括"奴隶贸易""跨文化贸易""种植园"和"西方的扩张"。他对这些现象的研究十分深入，皆有相关专著面世，这里介绍几本代表作。

1969年，柯丁出版了《大西洋奴隶贸易：一项人口研究》一书，在学术界产生了广泛的影响。他在这本书中质疑了先前存在的有关大西洋奴隶贸易的人口估算，认为这种估算虚高了，而且没有足够的证据可资证明。他运用大量材料和统计学的方法重新计算了被贩卖到美洲的奴隶人口，给出一个较为可靠的数字，即1000万。柯丁的实证研究为大西洋奴隶贸易史奠定了基础，也开拓了大西洋史这一全新的研究领域。[5]

赴任约翰·霍布金斯大学之后，柯丁进入了高产期，先后出版《世界历史上的跨文化贸易》《种植园综合体的兴衰：大西洋史论文集》《世界与西方：帝国时代欧洲的挑战与海外反应》以及其他有关大西洋史、疾病史和移民史的著作。[6]《世界历史上的跨文化贸易》《种植园综合体的兴衰》《世界与西方》这三本书是柯丁比较世界史研究的代表作。

---

[4]　Philip D. Curtin, "Graduate Teaching in World History", *Journal of World History*, Vol. 2, No. 1 (Spring, 1991), p. 82.

[5]　Philip D. Curtin, *The Atlantic Slave Trade: A Census*, Madison: The University of Wisconsin Press, 1969.

[6]　Philip D. Curtin, *Cross-cultural trade in world history*, Cambridge University Press, 1984; *Death by Migration: Europe's Encounter with the Tropical World in the Nineteenth Century* , Cambridge University Press, 1989; *Disease and Empire: The Health of European Troops in the Conquest of Africa*, Cambridge University Press, 1998; *The Rise and Fall of Plantation Complex: Essays in Atlantic History*, Cambridge University Press, 1998; *The World and the West: The European Challenge and the Overseas Response in the Age of Empire*, Cambridge University Press, 2000; *Migration and Mortality in Africa and the Atlantic World, 1700-1900*, Burlington: Ashgate/Variorum, 2001.

《世界历史上的跨文化贸易》选取若干代表性的个案进行比较研究，尽量展现世界历史上跨文化贸易的统一性和多样性。一以贯之的主题、相似性的比较、抽象的模式研究使得这本书博洽而严谨。柯丁使用了一个由人类学家提出的概念——贸易流散社群（trade diaspora）以统筹全书，在本书中贸易流散社群指前工业时代因跨文化贸易而形成的流散且相互联结的网络社会，比如，上古时期地中海的腓尼基商人和希腊商人、中古时期印度洋的阿拉伯商人。柯丁就以贸易流散社群为主轴，纵论从上古至现代早期，横论从非洲、欧亚大陆、印度洋到北美的贸易行为和文化变迁，并总结相似性和差异性，视野之开阔，视角之独特，出版之后便引起强烈的反响。

《种植园综合体的兴衰》采用同样的研究视角和研究方法，主题聚焦于世界范围内的种植园综合体（plantation complex）。柯丁用复合体这个概念旨在表明这种政治经济的复杂性和全球性，他提到，复合体的政治控制来自欧洲，劳动人口最初来自非洲以及美洲印第安人，后来又加入了印度人和华人，产品则销往全世界。这本书的写法不同于区域史研究，它超出了纯粹研究中世纪地中海史、非洲史、拉美史、欧洲史、美国史学者的研究范围，而是综合考察中世纪到现代时期的地中海、印度洋、大西洋世界，甚至南太平洋地区的种植园社会。

《西方与世界》讨论的主题是"西方的扩张与非西方的反应"。全球史的一个宗旨是反对西方中心论，柯丁也是反西方中心论的旗手。该书避开了"冲击—反应"模式，借用了"互动"这一社会学和人类学惯常使用的概念。互动的视角能够更多关注应战者的能动性以及非西方世界借鉴西方文化的本土化措施。另外，去殖民化也是该书的重要内容。

柯丁的比较世界史研究以区域研究为依托，专注于非西方世界的经历，强调全球的互动关系，并且运用跨文化比较的方法将不同区域的历史放在极其宏大的框架内进行考察，形成了独特的研究方法。他的比较世界史研究具有两个优势，第一，弥补了全球史兴起之初的空泛之弊。20 世纪 50—60 年代，麦克尼尔和斯塔夫里阿诺斯等人开始探索全球史的教学与教材编撰，但是，在柯丁看来，他们的世界通史的宏大叙事模式流于表面化，未能深入地探讨历史问题。[7] 柯丁于是将全球史的宏大视角与区域研究结合起来，为全球史研究奠定了实证的基础，增强了全球史研究的可行性和可操作性。第二，跨越区域研究的边界，为区域研究提供了跨文化的框架。从区域研究的角度看，柯丁的比较世界史即为区域研究的全球转向，这为区域研究拓展了新的空间。

二、"威斯康辛学派"与比较世界史丛书

柯丁不仅将比较世界史的方法和理念运用到自己的历史研究当中，还率先在美国开展全球史的研究生教育，教授的方法主要就是比较世界史。1959 年，他与同事、东南亚专家约翰·斯梅尔（John Smail）等人在威斯康辛大学开设"比较热带史项目"（Comparative Tropical History Program），培养博士研究生，对非洲、拉美、东南亚地区的政治、经济、历史和文化进行比较研究。柯丁是这个项目的主要负责人，他设立这个项目的目的也很明确，他说，设立这个项目是为了"帮助非西方史专业的博士研究生避免历史知识的碎片化而提供的一个训练方法"。不久，"比较热带史项目"扩展为"比较世界史项目"（Comparative World History Program），与前者比起来，后者研究的范围更为宽广，不仅包括热带地区，还包括亚洲、欧洲和北美。

据统计，从 20 世纪 60 年代早期到 70 年代早期大概有 100 名研究生通

---

[7] Philip D. Curtin, "The Comparative World History Approach", in *The New World History: A Teacher's Companion*, ed., Ross E. Dunn, Boston: Bedford/St. Martin's, 2000, p.414.

过了博士学位层面的"比较世界史项目"。[8] 很多毕业的博士已经成为了美国其他高校颇有成就的世界史学者或者带有世界史背景的区域史研究专家。像迈克尔·亚达斯（Michael Adas）、罗斯·邓恩（Ross Dunn）、理查德·伊顿（Richard Eaton）、富兰克林·奈特（Franklin Knight）、帕特里克·曼宁（Patrick Manning）、约瑟夫·米勒（Joseph Miller）等人，他们都在世界史或全球史研究中颇有影响。有学者把秉持这一理念和跨文化比较方法的学术团体称作"威斯康辛学派"。[9]

迈克尔·亚达斯用比较世界史的方法研究第一次世界大战对欧洲人、亚洲人以及非洲人文明观念的冲击，他在《争议的霸权：一战与亚非人民对文明使命观念的抨击》一文中说，这次欧洲人内部的大规模屠杀沉重打击了欧洲人向外狂热传播文明的信心，欧洲人自己普遍反思物质文明的危机，亚非的民族主义和反帝国主义力量也开始抨击欧洲的物质文明，同时在自身的传统中寻找制约西方物质文明的因素，精神文明成为文化民族主义者共同诉求的对象。亚达斯考察的亚非思想家包括，印度的泰戈尔、阿罗频多（Aurobindo）、甘地，非洲的勒内·马朗（René Maran）、列奥波尔德·桑戈尔（Léopold Senghor）等人。[10] 罗斯·邓恩以 14 世纪摩洛哥旅行家伊本·白图泰（Ibn Battuta）的旅行为切入点，为我们全景式描述了从西非到东南亚整个伊斯兰世界相互联系、彼此交往的广阔场景。曼宁在柯丁的基础上进一步研究了奴隶贸易的历史，并着力探讨了奴隶买卖对非洲和世界人口的影响。

---

[8] Craig A. Lockard, "The Contributions of Philip Curtin and the 'Wisconsin School' to the Study and Promotion of Comparative World History", in *The New World History: A Teacher's Companion*, ed., Ross E. Dunn, Boston: Bedford/St Martin's, 2000, pp.63.

[9] Craig A. Lockard, "The Contributions of Philip Curtin and the 'Wisconsin School' to the Study and Promotion of Comparative World History", in *The New World History: A Teacher's Companion*, ed., Ross E. Dunn, Boston: Bedford/St. Martin's, 2000, pp.62-65.

[10] Michael Adas, "Contested Hegemony: The Great War and the Afro-Asian Assault on the Civilizing Mission Ideology", *Journal of World History*, Vol. 15, No. 1 (Mar., 2004), pp. 31-63.

伊顿在《作为全球史的伊斯兰史》中将伊斯兰史放在跨大洲的背景中加以考察，探索伊斯兰教的兴起以及它对亚洲、非洲和欧洲的持续影响。奈特在《拉美社会的非洲向度》中比较了拉美国家对非裔人口接受以及跨种族整合的不同方式。[11]

另外，柯丁在世的时候还牵头主编了一套"比较世界史丛书"，进一步扩大了比较世界史的影响，确立了比较世界史的研究范式。柯丁的《世界历史上的跨文化贸易》和《种植园综合体的兴衰》也列入了这套丛书。当初这套丛书的作者群体以"威斯康辛学派"的成员为主，如柯丁、亚达斯等人，后来加入了许多持比较世界史理念的学者，比如，利奥·斯皮策（Leo Spitzer）、约翰·桑顿（John Thornton）、大卫·诺斯拉普（David Northrup）、劳伦·本顿（Lauren Benton），也包括已经去世的全球史研究先驱马歇尔·霍奇森。

亚达斯的著作《反叛的预言家》被列为这套丛书的第一本，这本书也是柯丁培养研究生所列的必读书目之一。这本书关注的是具有代表性的五个反抗欧洲殖民统治的暴力运动，即由印度尼西亚迪帕纳尕拉王公（Prince Dipanagar）领导的反对荷兰统治的起义（1825—1830 年），新西兰毛利人反抗英国统治的帕伊·梅尔运动（1864—约 1867 年），印度中东部蒙达人发动的抗英运动（1895—1900 年），德属东非的马基起义（1905—1906 年），缅甸的萨雅森起义（1930—1932 年）。这五起抗争运动时间跨度超过一个世纪，空间跨越南亚、东南亚、非洲和大洋洲，统治者也分属英国、荷兰和德国三个欧洲国家。在亚达斯看来，他们都是由西方的殖民主义势力渗透到殖民地而引起的原住民反抗运动，是一种全球性的现象，具有相似的特征。他们的

---

[11]　Ross Dunn,*The Adventures of Ibn Battuta*, Berkeley: University of California Press, 1986; Richard Eaton, *Islamic History as Global History*, Washington, D.C.: American Historical Association Press, 1992; Franklin Knight, *The African Dimension in Latin American Societies*, New York: Macmillan, 1974, Patrick Manning, *Slavery and African Life: Occidental, Oriental, and African Slave Trades*, Cambridge: Cambridge University Press, 1990.

共性还包括，这些反抗运动由个别宗教领袖或者预言家领导，宗教领袖通过传布抵制西方文化、复兴传统的口号以及许诺美好的宗教愿景团结大批追随者，暴力反抗的手段依靠"超自然的力量"即神秘的宗教仪式，反抗斗争很快遭到了殖民者的残酷镇压。亚达斯注意到了殖民地人民利用传统的意识形态和宗教观念来反抗殖民统治的问题，并总结出一种社会抗争的类型——预言家反叛（prophetic rebellion）。这本书视野宏阔，特别是它关注到了我们经常忽视的原住民地区的反抗，这在很大程度上丰富了我们对反殖民主义运动的认识。[12]

这套丛书还加入了全球史先驱马歇尔·霍奇森的一部极具开拓性的论文集《重新思考世界史》。这本论文集是在霍奇森去世后由后人辑录的，文章集中地提出了许多世界史的理论和方法论问题。霍奇森反对历史学的本质化和碎片化，他认为西方史学将世界划分为西方和东方的二元空间，并且把"西方"和"东方"本质化为相互独立的两种"文明"，前一种文明被赋予进步的、高级的和富有优越性的特征，后一种文明长期遭到负面的描述。在霍奇森看来，这种历史观念带有强烈的"西方主义"（westernism）或西方中心主义色彩，将人类作为一个整体的历史人为地割裂开来，造成了历史的碎片化。所以，为了避免上述西方史学的弊病，他主张用大规模（large-scale）的历史视角研究半球的和区际的文明交往史。而跨文明的比较方法是实现大规模广域研究的重要手段。[13]

利奥·斯皮策的《两种生活之间》研究的是 19 世纪末全球性的种族主义现象，作者选取了西非塞拉利昂的梅伊家族、奥地利犹太人茨威格-布雷特奥尔家族和非裔巴西人瑞博卡斯家族作为个案考察的对象，作者认为这三

---

[12]　Michael Adas, *Prophets of Rebellion: Millenarian Protest Movements against the European Colonial Order*, Chapel Hill: The University of North Carolina Press, 1979.

[13]　Marshall G. S. Hodgson, *Rethinking World History: Essays on Europe, Islam and World History*, ed., Edmund Burke III, Cambridge: Cambridge University Press, 1993.

个家族努力接受西方的文化，包括皈依基督教，进而跻身中产阶级阵营，但是随着 19 世纪末种族主义的盛行，这三个家族面临相似的命运，文化的迎合没有改变种族的身份，家庭频遭变故，家族成员或选择自杀，或被放逐，经几代人辛苦经营的事业走向衰败。斯皮策为我们呈现了种族主义肆虐下欧洲、非洲、美洲边缘家庭之间看不见的命运关联。[14]

诺斯拉普的《帝国主义时代的契约劳工》研究的是 19 世纪至 20 世纪初的劳工移民问题。作者认为很多区域研究学者研究劳工问题关注的往往是某个地区到某个地区的劳工移民问题，缺乏整体性的考察，作者将 19 世纪的契约劳工问题作为一个整体进行研究，把非洲、中国、日本、印度、太平洋岛屿的劳工移民放在一个全球的框架下考量，探讨了契约劳工贸易的起源、供需、移民的路线、路途经历、死亡率、生活生产状况等等问题，并与不同时期其他移民形式比如奴隶贸易导致的移民以及自由移民进行比较，得出结论，劳工移民的遭遇远比非洲奴隶要好，接近于自由移民。[15] 洲际移民问题是这套丛书关注的重要话题，约翰·桑顿的《大西洋世界形成中的非洲与非洲人》以及科瑞·沃德（Kerry Ward）的《帝国网络——荷属东印度公司的强制移民》都是讨论殖民主义背景下的全球性移民问题。[16]

除了这些主题之外，"比较世界史丛书"还包括近现代殖民地多重法律制度之间的冲突与整合、18 世纪末期废奴运动之后美洲种植园经济向印度和印度尼西亚的移植和革新，等等。

由此可以看出，以柯丁为首的"威斯康辛学派"以及持相同治学理念

[14] Leo Spitzer, *Lives in Between: Assimilation and Marginality in Austria, Brazil, and West Africa, 1780-1945*, Cambridge: Cambridge University Press, 1989.

[15] David Northrup, *Indentured Labor in the Age of Imperialism, 1834-1922*, Cambridge: Cambridge University Press, 1995.

[16] John Thornton, *Africa and Africans in the Making of the Atlantic World, 1400-1680*, Cambridge: Cambridge University Press, 1992; Kerry Ward, *Networks of Empire: Forced Migration in the Dutch East India Company*, Cambridge: Cambridge University Press, 2009.

的世界史学家已经用比较的方法做出相当大的成就。他们为全球史研究提供了一种别样的研究对象、思路和方法，拓展了全球史研究的视野和研究领域，特别是将第三世界和西方国家的关系用比较的思路整合在全球的框架之下，展现了人类共同经历的发展历程和互动关系。在全球化的今天，我们尤应重视人类所经历的一体化过程，可以说，比较世界史仍有许多有待开垦的土地。

三、比较世界史的方法

历史研究的方法是多维的，比较世界史对历史研究的其他方法并不排斥，比如柯丁培养博士生的"比较世界史"项目就极力推崇人类学的方法，重视文化的影响、传播和互动。[17]柯丁对比较世界史方法的探索，可以从他的教学实践中窥见一斑。

柯丁在 1985 年的《比较世界史方法》一文中，对"比较世界史"方法在教学中的运用进行了总结，并以"世界与西方"这门课程为例作了说明。[18]这门课程主要讨论：从 18 世纪末至 20 世纪是世界史上的"欧洲时代"，欧洲扩张取得了军事、文化和政治霸权，由此对其他文化产生了影响，非欧洲民族在这种影响下发生了怎样的文化变迁。柯丁认为，殖民地的文化变迁往往包含了欧洲霸权的因素。通过宏观比较，他把欧洲控制的殖民地社会分为 4 种不同的文化模式：一是"领土帝国"（territorial empire），欧洲人以少量殖民官吏和军队统治一个异域社会，如部分热带非洲地区、英属印度等。二是"真正的殖民地"（true colonies），是殖民者文化成为当地新文化的文化

---

[17]　Philip D. Curtin, "Graduate Teaching in World History", *Journal of World History*, Vol. 2, No. 1 (Spring, 1991), p. 83.

[18]　Philip D. Curtin, "The Comparative World History Approach", *The History Teacher,* Vol.18, No.4 (Aug.,1985), pp. 520-527.

人口模式，如美国、加拿大、阿根廷、澳大利亚、新西兰等。三是"种植园社会"（plantation society），这种社会的关键不是耕种制度，而是耕种者——由欧洲人引入的来自第三方社会的定居者，主要是非洲人。欧洲人建立种植园，由大批非洲人从事劳动。这种模式最典型的是巴西和加勒比海各岛屿。尽管非洲人在这些地方构成了人口的大多数，但由于他们不是群体性自主移民，而是被迫作为奴隶来到美洲的，因此他们很难将自己的文化完整地带到美洲，结果在这些地方出现了新的被称为"克里奥尔"的混合文化。四是"多元社会"（plural society），这是处于领土帝国与真正殖民地之间的另一种文化人口类型，至少两种文化并存，并且长期保持各自的完整性。例如马来西亚、南非、拉丁美洲的安第斯山区等。这4种模式为进一步比较分析提供了一个方便的框架。

课程大纲的执行通过一系列论题（topics）来实现，每个学期大约3—4个论题，这些论题包括16—18世纪欧洲对印度洋沿海地区的影响、热带美洲的奴隶制种植园综合体、19世纪欧洲人的传教与非洲社会的"改宗"（Conversion）、20世纪中叶非西方世界的独立运动对西方造成的政治和文化压力，等等。从柯丁对"世界与西方"这门课程的设计可以看出，"比较世界史"在这里体现为一种以跨文化比较方法探讨西方影响下文化互动和文化变迁的世界史。柯丁将比较的方法引入世界史或全球史研究，从而开拓出一种新的研究视角和研究方法。总的来说，柯丁的"比较世界史"有以下几个特点。

第一，超越欧洲中心论的狭窄视角，通过跨文化和洲际比较理解世界。比较研究在西方史学和其他人文社会科学的发展过程中也有相当长的历史，比如韦伯的比较宗教社会学，年鉴派早期代表人物布洛赫对欧洲封建社会的研究以及他对比较研究方法的阐述，布莱克的比较现代化理论。但是，这些比较研究都带有西方中心主义的缺陷，总体来说有两点，其一，比较研究的视野局限在欧洲，比如布洛赫比较的范围主要是法国、德国、英国、意大利等欧洲内部国家和地区。其二，比较研究的目的在于论证欧洲的特殊性和优越性，或者将欧洲的制度和文化普世化，显然韦伯和布莱克的比较属于这种类型，前者孜孜以求导致欧洲兴起的独特的文化和制度因素，后者致力于探索供非西方不发达国家照搬的西方现代转型的经验。比较世界史研究尝试弥补这两种缺陷，首先，它将研究视野扩展到了欧洲之外，而且特别重视对于殖民地和第三世界的研究，从柯丁等比较世界史学者的研究视域来看，包括欧洲、北美、拉美、大洋洲、非洲、南亚、东亚、东南亚、伊斯兰文明区，几乎囊括了人类的整个生活区域。其次，试图走出西方优越论的陷阱。比较世界史学者采用"互动"的概念，强调世界史上西方和非西方的文化互动和交流，例如，柯丁十分重视跨文化贸易在世界历史上的作用，他说"跨文化领域的贸易与交易在人类历史上扮演着一个关键性的角色，抛开军事征服不可估量但略显消极的影响不说，它可能是引起历史变迁的最为重要的外部因素。相应的，外界刺激也成了艺术、科学以及技术领域变化发展的最为重要的单一来源。也许可以肯定地说，任何一个人类群体都无法独立创造其文化及科技遗产"[19]。柯丁研究近现代欧洲海外扩张史也采用了"文化互动"的理念，强调相对强势的欧洲文化和相对弱势的非欧洲文化的相互作用，而非一味地建构欧洲文明的传播史。"互动"理念的引入重视了非欧洲人民的地位和创造性作用，在很大程度上是对西方优越论的修正。

第二，在世界史的整体框架下对具有关联性的跨文化互动进行比较，以理解其共性和差异性。因此这种"比较世界史"不以比较为目的，而是以世界的一体性为基础，为了理解整体世界中特定历史现象的共性和差异性，对共同背景下具有相互联系的特定历史现象进行比较；而且，这种比较的对象

---

[19] 菲利普·柯丁：《世界历史上的跨文化贸易》，第1页。

不是静止的事物，而是文化互动；最终，这些跨文化互动的比较研究服从于一个具有整体性的世界史框架。但是，这个框架不是一个囊括一切的框架，而是一个由众多特定主题构成的框架。柯丁等人考察的贸易流散社群、种植园综合体、西方的扩张及其激起的反应、全球性的种族主义、文明间的相遇和交往，这些宏大的历史主题构成一个整体性框架，也构成了宏大的人类整体史的关键内容。

第三，显性比较与隐性比较的结合。我们常常提到的历史比较以探究两种或两种以上对象的相似性和差异性为明确的目标。这是显性的比较，比较世界史也广泛使用这种显性比较的方法，比如亚达斯比较五个殖民地反抗运动的实例，斯皮策比较种族主义冲击下三个家族的相似性命运。但是，比较世界史还使用隐性比较的方法。隐性比较并不以总结相似性和差异性为目的，而是将两种或多种研究的对象放在跨文化的或者全球的背景下进行考察，在对比中认识研究对象的联系、互动以及整体性关联。比较的对象小可以是某种全球化现象，大可以是文明共同体之间的交往。霍奇森对东西方文明的比较属于后者，他把欧洲文明和伊斯兰文明放在东西方交往的框架之内重新思考，致力于破除对东西方文明的本质化解读。

总之，从柯丁在威斯康辛大学开展比较世界史的研究与教学以来，比较世界史已经获得了相当大的成就，这一方法越来越成熟，也得到越来越多学者的认可。时至今日，全球史研究已经蔚为壮观，在20世纪末形成全球转向的史学思潮，至今没有消退，但是，在全球史兴起之初、饱受质疑之时，以柯丁为代表的比较世界史学者筚路蓝缕，为全球史研究实证化做出了重要贡献，而且在当今的全球史研究当中，比较方法的运用仍然有一席之地，值得我们借鉴和实践。

第二节 "加州学派"的交互比较史

20 世纪末 21 世纪初,一批研究中西社会经济比较史的学者引起了国际学术界的注意,他们相继出版若干有影响力的著作,对早期现代史的研究造成了重大的冲击。这批学者大部分在加利福尼亚的几所大学供职,因此他们的研究团体被称为"加州学派"。"加州学派"的学者包括王国斌(Bin Wong)、贡德·弗兰克(Andre Gunder Frank)、李中清(James Lee)、王丰(Wang Feng)、康文林(Cameron Campbell)、彭慕兰(Kenneth Pomeranz)、杰克·戈德斯通(Jack Goldstone)等人。给本学派命名的学者戈德斯通还将其他学者也包括在内,比如万志英(Richard von Glahn)、丹尼斯·弗林(Dennis Flynn)、吉拉尔德斯(Arturo Giraldez)、马立博(Robert Marks)、杰克·古迪(Jack Goody)、詹姆斯·布劳特(James Blaut)、珍妮特·阿布-卢格霍德(Janet Abu-Lughod)等学者。[20] 另外,中国的学者李伯重因曾在加州访学和讲学,且与"加州学派"的旨趣和理念相投,也被视为属于该学派。[21] 本节不打算全面介绍"加州学派"的研究成果,而将重点放在王国斌、弗兰克、李中清、王丰、彭慕兰、李伯重等几位学者。

一、"加州学派"命题

"加州学派"的研究针对的主要是早期现代史中的西方中心主义叙事。[22]

---

[20] 参见 Jack Goldstone, "The Rise of the West-Or Not? A Revision to Socio-Economic History", *Sociological Theory*, Vol. 18, No. 2 (Jul., 2000), p.179.

[21] 李伯重反思明清经济史的著作有:《理论、方法、发展趋势——中国经济史研究新探》,北京:清华大学出版社,2002 年;《多视角看江南经济史(1250—1850)》,北京:生活·读书·新知三联书店,2003 年;《江南农业的发展(1620—1850)》,上海:上海古籍出版社,2007 年;《火枪与账簿:早期经济全球化时代的中国与东亚世界》,北京:生活·读书·新知三联书店,2017 年。

[22] 20 世纪 60 年代,西方学者用"早期现代"(early modern)的概念表示 1500—1800 年欧洲史 (转下页)

西方的学者惯常将 1500—1800 年的世界历史表述为这样一种宏大叙事：欧洲的历史进程在 1500 年前后发生了断裂，从此西方开启了早期现代史的征程，而兴起的标志是文艺复兴、宗教改革、地理大发现、启蒙运动等革新运动，这使得欧洲产生了具有现代性构成要素的个人主义、世俗主义、资本主义、理性主义，并最终催生了工业革命；西方的兴起得益于西方的特性：资本主义伦理精神、先进的科学技术、发达的市场和兴盛的长途贸易、人口的控制、法律保障的私有产权、理性的经济制度、现代的国家。与西方社会的进步相对照，非西方社会在经过了古代文明的繁荣之后停滞不前了，衰落之根缘在于缺乏诞生于西方社会的现代性因素，唯有阻碍进步的前现代力量：文化伦理抑制逐利的冲动，科技落后，市场阻滞，无节制的人口增长与人口压力，产权缺失，理性经济制度的缺失，东方专制主义等。总之，在西方学者看来，西方在 1500 年前后已经超越其他地区，走向了现代化的道路，而非西方的社会则仍然停留在中世纪的黑暗阶段，无法摆脱传统力量的束缚，等着西方人的刺激和援助。

这种叙事由西方学者不断地建构和生产，诸如亚当·斯密的市场论认为市场交换和分工提高了劳动生产率，几百年来欧洲国家的进步就是依靠这种增长方式，而包括中国在内的东方国家的停滞恰恰因为市场作用的缺失。斯密提出的经济增长方式被后来的学者总结为"斯密型增长"或"斯密动力"。人口论者马尔萨斯主张"西方进步"的秘密在于欧洲特殊的人口控制机制。而文化论者马克斯·韦伯和桑巴特强调欧洲特有的新教伦理和奢靡观念，其他技术论者和制度论者又分别突出西方在技术和制度方面的优势。总而言之，西方学者从多重角度解释了"西方的兴起"，但是这些解

（接上页）的一个特殊时期，以弥补"上古、中古、现代"欧洲史分期三分法的不足。到了 80 年代，这一概念已经常见于世界史或全球史的历史书写当中。参见 Jerry Bentley, "Between Early Modern Europe and Early Modern World", in Charles Parker and Jerry Bentley, eds., *Between the Middle Ages and Modernity*, Lanham: Rowman & Littlefield Publishers, Inc., 2007, p.13.

释却有着共同的研究理路和深层次信念，即，宣扬西方之于非西方的独特性优势以及内部的决定性力量。也就是说，这些解释都受到西方中心主义范式的支配。

但是，随着殖民体系的逐步解体以及亚洲国家和地区（韩国、新加坡、中国和印度）的兴起，人们才有勇气质疑西方中心主义范式的合法性问题，"加州学派"就是其中的一支力量。"加州学派"着重检讨西方中心主义范式的局限，并尝试重新解读早期现代甚至更长一段时期的历史。为了方便了解"加州学派"的观点，我们这里综合几位代表学者如王国斌、弗兰克、李中清、王丰、彭慕兰、李伯重的著作，总结该派的基本命题如下：

1. 关于西方兴起的时间。明清时期的江南地区，经济水平一直在增长，劳动生产率也在不断提高，不存在所谓的停滞和不发展（李伯重）；与欧洲同一时期（公元 1500—1800）相比，中国和欧洲的经济水平和生活水平没有实质性差距，甚至中国还高一些，这种状况在工业革命发生之初没有发生改变，中西经济拉开距离也就是西方兴起的时间是在 1800 年左右（彭慕兰）。

2. 关于中西市场、人口和技术的比较。支持西方兴起于 1500 年左右的证据并不存在，相关解释也不成立。有证据表明 1800 年之前中国和欧洲核心地区（中国的江南和英格兰）的增长模式都是斯密型增长（王国斌），而且都尚未遭遇真正的马尔萨斯危机（李伯重、王国斌、李中清和王丰），事实上，18 世纪中国的经济状况比西欧更接近于古典经济学家所描述的市场经济（彭慕兰）；欧洲在某些技术赶上了中国和其他东方国家，但这并不意味着全面超越了东方国家，相反，东方国家在很多技术上仍保有优势（弗兰克、彭慕兰）。

3. 关于中西制度和文化的比较。西方兴起于 1500 年左右的制度论、文化论解释也不成立。在 1800 年之前，欧洲的国家机构并没有明显地刺激经济增长（彭慕兰），而且中国国家组织的负面作用被夸大了（王国斌）；在东方国家，理性的产权制度、企业管理制度、金融制度普遍运用于经济生活当中（弗兰克、彭慕兰）；另外，中国的劳动力自由程度甚至比欧洲的还要高（彭慕兰）。西方学者最近质疑了新教伦理推动了资本主义发展的观点，更倾向于桑巴特的解释，但是，中国的奢侈品消费特别是意义更为重大的日常奢侈品消费以及奢侈的观念显然被忽视了（彭慕兰）。

4. 西方真正兴起的标志和原因。西方真正兴起或者西方与非西方"大分流"的标志是工业革命，但是英国爆发工业革命的决定论和目的论解释应该摒弃，换句话说英国爆发工业革命不是必然的而是偶然的：欧洲人殖民美洲获取了一批生态横财从而缓解了欧洲人特别是英国人的生态制约，英国得天独厚的煤炭资源为爆发工业革命提供了契机，其他世界则没有此种幸运。（彭慕兰）

从这些基本命题可以看出，"加州学派"的叙事模式与西方中心主义叙事是针锋相对的。西方中心主义范式给我们的惯性思维是"西方有什么、非西方缺少什么"或者"只有西方有什么"，西方的独特性决定了"西方的兴起"。而在"加州学派"看来，"西方有什么，非西方社会也有什么"，因此，王国斌说"18世纪的欧洲与中国的相似之处要多于18世纪的欧洲与19世纪欧洲的相似之处"，彭慕兰更是从各个角度论证早期现代时期中西"无数令人惊异的相似之处"。[23]

然而，人们不禁追问，"加州学派"对相似性的追求是不是又陷入了普遍主义范式的陷阱，仅仅机械地反驳"欧洲中心论"，同时抹杀了非西方本身的历史经验？沃勒斯坦曾经警告说，"反欧洲中心主义"的历史叙事却使用了"欧洲中心主义"的前提，因为"它恰恰接受了欧洲人所定义的'成就'

---

[23] 王国斌：《转变的中国——历史变迁与欧洲经验的局限》，李伯重、连玲玲译，南京：江苏人民出版社，1998年，第11页。

概念、意义或价值，并且仅仅声称其他社会也能做出或者正在做出这样的成就，只是由于某些可能的偶然性原因，欧洲获得相对于其他社会的暂时性优势，并强行干涉他们的发展"。他认为这种论述是"反西方中心主义"的"欧洲中心主义"，不但于破除欧洲中心主义无益，反而"加强了欧洲中心主义对社会知识的恶劣影响"。[24]

不可避免，"加州学派"的比较研究仍然带有普遍主义的痕迹。但是"加州学派"还是试图避免沃勒斯坦所说的两种西方中心主义的缺陷，它的宗旨是建构一种多元主义范式，以取代业已遭到批判的西方中心范式。所谓多元主义范式，是指既承认多元共同体的差异性也肯定相似性的研究模式。事实上，"加州学派"的多元主义取向是十分明显的。该派学者在考察西方与非西方的相似性之外，也没有忽视她们各自的特性。比如，李伯重等人承认明清时期中国拥有广阔的市场和斯密型经济增长动力，但在是否存在资本主义或资本主义萌芽这一问题上持比较谨慎的态度。[25]彭慕兰在使用资本主义概念的时候习惯加引号，用意在于表明"资本主义"是一个颇具争议性的概念；而弗兰克主张取消"资本主义"和"资本主义生产方式"的种种概念，认为它们误导我们"不去分析真实的世界"。[26]王国斌明确反对历史发展的单线论，认为"中国和欧洲历史变化的动力，包含相同和相异之处，进而形成变迁的多重轨迹"，他考察中国二百年来的经济史特别是 1949 年以来的经济史，发现与明清时期的经济发展有着很强的延续性，这种"路径依赖"显示了中国特色的经济发展模式。[27]彭慕兰的一段话表达了"加州学派"多元主义范式

---

[24]　Immanuel Wallerstein, "Eurocentrism and Its Avatars: The Dilemmas of Social Science", in *The End of the World as We Know It: Social Science for the Twenty-First Century*, p.169, pp.178-179.

[25]　李伯重认为明清时期中国不存在资本主义萌芽，参见李伯重：《理论、方法、发展趋势——中国经济史研究新探》，第 5—41 页。

[26]　彭慕兰：《大分流——欧洲、中国及现代世界经济的发展》，史建云译，南京：江苏人民出版社，2003 年，第 310—311 页。

[27]　王国斌：《转变的中国——历史变迁与欧洲经验的局限》，第 73—74 页。

的基本思路，他说："西欧的文化和制度差异，即是与其他'核心'地区相比，也确实显示出了一些潜在的重要性。然而，这些差异是程度差异而不是性质差异，完全限制在强度和范围内。"[28]

多元主义范式并不否定西方的个性，也不否认西方近几百年来作为历史变迁推手的作用，而是旨在发覆被西方中心主义所掩盖的非西方历史，发现非西方制度与文化的合理性及当代价值。这种范式在很大程度上既可以祛除例外主义的傲慢，也可以克服普遍主义的轻薄。实际上，就破除西方中心主义而言，沃勒斯坦认为，承认西方在近几百年来的独特作用才能超越西方中心主义，才能实现一种更具包容性的普遍主义愿景（universalist vision），此种愿景就是包含特殊性与普遍性的多元主义。这与"加州学派"的学术理念是一致的。[29]

"加州学派"的多元主义范式为我们摆脱西方中心主义的叙事，重新认识早期现代甚至更长时期的世界文明史提供了新的路径，它的命题也日益得到学术界的认可。美国学者李丹（Daniel Little）详细地考察了近些年来有关现代早期中西历史的比较研究，着重评述了"加州学派"的成果。他支持王国斌和彭慕兰的观点，认为西方的发展道路没有创制一个现代化的标准模式，中国的经济发展之路也不能被轻率地看作是欧洲道路的模仿或变种。他还提醒我们有必要认识中国自身的发展模式、政治演变与经济变迁的途径，并应用新发现的"中国模式"检讨世界其他地区的历史进程。[30] 著名左派思想家乔万尼·阿里吉（Giovanni Arrighi）也认同"大分流"和中国斯密型经济发展动力的观点，还以此为基础解释了为什么中国在经过一百多年衰退之

---

[28] 彭慕兰：《大分流——欧洲、中国及现代世界经济的发展》，第 27 页。

[29] Immanuel Wallerstein, "Eurocentrism and Its Avatars: The Dilemmas of Social Science", in *The End of the World as We Know It: Social Science for the Twenty-First Century*, p.184.

[30] Daniel Little, "Eurasian Historical Comparisons: Conceptual Issues in Comparative Historical Inquiry", *Social Science History*, Vol. 32, No. 2, (Summer. 2008), pp. 235-261.

后高速发展的原因。[31] 总之，"加州学派"的贡献愈加不可忽视，它提供的多元主义范式将成为我们进一步研究的基础。当然，多元主义范式的突破离不了方法的创新，"加州学派"比较方法的创新可能给我们带来更多的启迪。

二、交互比较的方法

比较方法的创新是"加州学派"研究范式转换的一部分。"加州学派"的若干命题或有可商榷之处，但是它的方法论具有普遍意义。西方中心主义范式的比较方法是一种二元对立模式，也就是说，西方中心论者标榜西方与非西方之间的"有""无"对立，而且"有"的事物被赋予了价值，成为评优劣、判是非的标准。"有""无"对立变成了正反的对立、优劣的对立和是非的对立。多元主义范式目的在于打破二元对立的思维模式，将西方和非西方放在一个对等的位子上，深入地比较多元共同体的相似性和差异性，并努力地避免价值评判的介入。"加州学派"的比较方法就是交互比较。王国斌始称这种比较方法为"对向视角"（symmetric perspectives）[32]，彭慕兰在王国斌的基础上才命名为"交互比较"（reciprocal comparative method），有时他还称之为"双向比较"（two-way comparisons）[33]。吴承明以"双轨制"的说法介绍这种新的比较方法。[34] 具体为而言，与带有西方中心论色调的比较方法相比，交互比较有三个明显的特征：

第一，全球视野的空间单位。"加州学派"首先在空间的选取上取得了

---

[31]　参见乔万尼·阿里吉：《亚当·斯密在北京》，路爱国、黄平、许安结译，北京：社会科学文献出版社，2009 年。

[32]　Bin Wong, *China Transformed: Historical Change and the Limits of European Experience*, p.282.

[33]　Kenneth Pomeranz, *The Great Divergence: China, Europe, and the Making of the Modern World Economy*, pp.8-9.

[34]　吴承明：《中西历史比较研究的新思维》，《读书》，1998 年第 12 期，第 80 页。

突破，它的研究单位不仅仅局限于民族国家的范围。弗兰克指向了宏观的全球整体主义视野。他把全球视为一个相互联系、相互依存的整体，各个国家、地区，不同的部门，都是这个整体的一部分，每一部分都发挥着它的影响力。他说，"西方的兴起""资本主义的发展""欧洲的霸权""大国的兴衰""东亚奇迹"等诸如此类的过程和事件都不只是由于内部力量的结构或互动造成的，而都是"统一的世界经济体系的结构和发展的一部分"。所以欧洲也不是靠自身力量而兴起的，欧洲的"特殊性"或"例外"不足以解释兴起的过程。[35] 弗兰克在《白银资本》中正是基于整体主义方法考察了东方在 1400—1800 年世界经济体系中所发挥的主导性作用，给我们带来了强烈的冲击。

李伯重和彭慕兰选择以核心区域做为重点的比较对象，更能体现比较的对等性。如果将法国或者英国与整个中国做比较是不合适的，尽管我们已经习惯了这种比较，因为地理规模不对称，可比性打了折扣。整个欧洲与中国版图相近，但是不管是欧洲还是中国，内部差异极大，又降低了比较的可操作性。为避免这两种局限，李伯重和彭慕兰都选择了更合理的比较单位——欧洲核心区域英国和中国的核心区域江南。[36] 两者都是最有可能取得经济突破的地区，地理规模也相当，具有更多的相似性特征。所以选取英国和江南作为比较研究的单位拥有更大的可操作性空间。但是比较核心区域并没有忽视更大的单位，当一些问题的探讨需要更大的单位时，比如讨论核心区域与腹地之间的关系，那么，中国大陆、欧洲大陆甚至大西洋世界也是考察的地理范围。[37] 宏观单位与微观单位的结合可以进一步弥补以民族国家或单一文

---

[35] 弗兰克：《白银资本——重视经济全球化中的东方》，刘北成译，北京：中央编译出版社，2008 年，第 4—5 页。

[36] 参见李伯重：《理论、方法、发展趋势——中国经济史研究新探》，第 22—41 页；彭慕兰：《大分流——欧洲、中国及现代世界经济的发展》，第 6—10 页。

[37] 彭慕兰：《大分流——欧洲、中国及现代世界经济的发展》，第 10 页。

明区为研究单位的不足。

第二，时间的对称性。西方中心主义范式预设了两种历史时间，[38] 即现代时期与前现代时期或传统时期。在西方中心论者看来，公元 1500—1800 年的自然时间内存在两种对立的历史时间：西方已经从前现代时期进入现代时期，而非西方还处在前现代时期。人为的"时间"对立造成了历史时间的断裂以及西方与非西方的时间错位，从而破坏了西方历史本身的延续性，也割裂了与非西方的整体性关联，同时拒斥了非西方的"成就"。

与西方中心论者的时间断裂性叙事不同，"加州学派"将西方与非西方放在一个历史时间内，更为恰当地分析世界历史多元发展的延续性、革新性、相似性和差异性。"加州学派"放弃了二元对立的"时间"观念，它肯定历史发展的延续性，但又不否定历史的变迁过程，而是从长时段观察历史进程的"变"与"不变"。弗兰克将世界体系的形成推演至 5000 年前，而不是沃勒斯坦所说的 500 年前的大航海时期，有意打破现代与前现代的对立。当然，弗兰克的激进观点带来了不少争议。[39] 王国斌对中西历史长时段的考察显得更温和，也更有说服力，特别是他在中西现代国家形成比较上的应用。王国斌反对把中国等同于"传统"或"前现代"、把欧洲等同于"现代"的做法，认为这种取向"限制了我们解释政治变迁之动力的能力"。[40] 为打破中西历史时间的不对称性，他将中西现代国家形成的起始时间追溯到 12 世纪。然后，王国斌依据三个考量因素，即"国家必定面对着什么（国家所面临的挑战）、国家能够做到什么（国家所具有的能力）和国家必须做什

---

[38]　德国著名历史学家科泽勒克将时间分为两种，一种是自然时间，一种是历史时间。前者是指自然变化的历时刻度，后者常常作为一种话语被人为地切割为若干分期。参见 Reinhart Koselleck, *Futures Past: On the Semantics of Historical Time*, trans., Keith Tribe, New York: Columbia University Press, 2004, pp.93-104.

[39]　参见弗兰克、吉尔斯主编：《世界体系：500 年还是 5000 年？》，郝名玮译，北京：社会科学文献出版社，2004 年。

[40]　Bin Wong, *China Transformed: Historical Change and the Limits of European Experience*, p. 283.

么（国家所负的任务）"，考察中西国家形成道路的相似性和差异性，如此看来，国家统一、征收赋税、国家的治理能力和义务、社会秩序都是现代国家的要素和目标，而且中国和西方在国家建设方面都取得了相应的成绩。他还认为 1800 年之后，中国政治传统虽然遭到西方的强烈撞击，但是仍然保持了延续性。[41] 长时段对称性的历史比较避免了仅仅依赖于西方政治经验的局限，后一种比较将 1800 年以来的西方政治发展史概念化为一种民主化的宏大叙事，只聚焦现代国家的一个维度，并且历史化，以此批判非西方的政治传统。显然，基于时间不对称的观察既未能全面理解现代国家的内涵，也忽视了非西方的政治成就及其合理性。

第三，互为主体、对向比较。对向比较是针对西方中心主义范式单向的、偏向的比较方法。西方中心论者的比较拘泥于一种文化的经验而不自知。在西方中心主义研究范式当中，非西方的地位是被动的，为西方的存在而存在，根本无历史的主体性可言。王国斌指出了西方中心主义范式的这种弊病，他在研究"中西国家形成"的问题时说："我们通常也是首先从欧洲经验中抽出政治发展的标准，然后进行分析。学者们在选取其认为重要的西方的特征时，彼此分歧很大。但是他们都重在研究西方政治的不同传统，而将中国经验置于一种次要的地位，着眼于中国经验是否符合西方的企盼而非中国的实际。中国学者习惯于探寻中国与欧洲的不同之处，将此作为中国的失败（如在民主制方面）或无能（如在西方式的财政活动方面）的表现。"[42] 至于中国的国家制度为何这样运作，有无合理性，其合理性安在，这些学者却无意识去解释。

为了解决偏向比较的问题，王国斌的对向比较不以两者比较对象的任何一方为标准来研究另一方，而是"把比较中的主体与客体的地位进行转换"。

[41]　王国斌：《转变的中国——历史变迁与欧洲经验的局限》，第 77—149 页。
[42]　王国斌：《转变的中国——历史变迁与欧洲经验的局限》，第 82 页。

比如，他采用两个步骤分析中西现代国家的形成："第一，从欧洲的角度来评价中国的国家形成""第二，把习惯的做法颠倒过来，根据中国的经验评价欧洲"。[43] 彭慕兰的交互比较也是相当成功的，他循着王国斌的路子一边思考"为什么中国不是欧洲"，一边反思"为什么欧洲不是中国"。《大分流》一书的宗旨就是把通行的做法即寻找"阻碍非欧洲地区没有走向正常的欧洲道路的原因"，用交互比较的方法逆向探索"英格兰偏离本来使她更像长江流域和古吉拉特发展道路的缺失的、偶然的和阻碍性的因素"。[44] 交互比较给予了非西方主体性地位，使比较研究不再局限于西方的历史经验，在很大程度上能够克服西方中心主义历史叙事的弊病。

---

[43] 王国斌：《转变的中国——历史变迁与欧洲经验的局限》，第 95 页。

[44] Kenneth Pomeranz, *The Great Divergence: China, Europe, and the Making of the Modern World Economy*, p.8.

第七章　新全球史和跨国史

　　在全球史兴起与发展的过程中，不同学术领域的学者对全球史的探讨往往会打上其学科背景的烙印，这也是促使全球史多元化发展的一个重要因素。例如，杰里·本特利在从事全球史研究之前的研究领域是欧洲中世纪和近代早期，由于这一时期民族国家尚未完全形成，但正是全球从分散走向联系日益紧密的转变时期，不同地区、不同社会之间交流的跨文化色彩非常浓，因此他关注的重点是世界历史上的跨文化互动。布鲁斯·马兹利什（Bruce Mazlish）在从事全球史之前的研究领域主要是史学理论和心理史学，关注的时段为近代至当代，因此他转向全球史研究时，主要对现当代的全球化问题及人类文明的走向感兴趣，提出了以当代全球化为研究对象的"新全球史"。伊恩·蒂勒尔（Ian Tyrrell）、托马斯·本德（Thomas Bender）和入江昭（Akira Iriye）是著名的美国史和美国外交史学者，主要研究现当代美国史及国际关系史，他们所研究的时段正是民族国家盛行的时代，因此在转向全球史时，采用了"跨国史"的概念，将全球史理论运用于美国史和国际关系史研究。入江昭关注现当代全球化进程中的国际非政府组织、跨国公司、全球共同体等问题，这些也正是马兹利什关注的重点，因此他俩在全球史研究中的兴趣点有许多相似之处。正因如此，2005年他们合作共同主编了《全球史读本》。

第一节　新全球史

20 世纪下半叶，当全球史在美国兴起之时，学者们以不同的概念来称呼这个不同于以往传统世界史的新兴学科。大多数学者仍然用"世界史"这一名称，但同时也认为它是一种"新世界史"。一些学者则喜欢用"全球史"这一概念。学者们从自身学术传统和理解出发对全球史概念进行的讨论中，马兹利什对这一问题的思考值得我们关注。他认为"世界史""全球史"和"新全球史"是三个不同的概念，并由此大力倡导"新全球史"。本节将主要介绍他提出的"新全球史"概念及其研究主题。

一、马兹利什提出的"新全球史"

布鲁斯·马兹利什（1923—2016）于 1944 年毕业于哥伦比亚大学，并于 1947 年和 1955 年在哥伦比亚大学分别获得硕士和博士学位。他在博士毕业后即进入麻省理工学院工作，除了有几年待在缅因和哥伦比亚之外，一直在麻省理工学院从事历史教学，直到 2003 年退休。马兹利什的主要研究领域是西方思想与文化史、心理史学及史学方法论、全球史，已出版专著、合著、主编著作共计约 23 本。从事全球史研究之前的著作主要有：《西方思想传统：从列奥纳多到黑格尔》（1960，合著）、《心理分析与历史学》（1963）、《铁路与太空计划：历史类比视角的解释》（1965，主编）、《历史之谜：大思想家从维科到弗洛伊德》（1966）、《寻找尼克松：一项心理史学的研究》（1972）、《詹姆士和约翰·斯图亚特·密尔：19 世纪的一对父子》（1975）、《基辛格：美国政策中的欧洲思想》（1976）、《革命的苦行者：一种政治类型的演变》（1976）、《卡尔·马克思的意义》（1984）、《一门新科学：关系的崩溃和社会学的诞生》（1989）、《第四断裂：人类与机器的共同演进》（1993）。全球史方面的著作主要有：《概念化全球史》（1993，合作主编）、《不确定的科学》（1998）、《文明及其内涵》（2004）、《全球史读本》（2005，合作主编）、《利维坦：跨国公司与新全球史》（2005，合作主编）、《新全球史》（2006）、《全球时代的人道观念》（2009）、《反思现代性与全球化》（2013）。除了这些成就之外，他还担任数家学术杂志的编委，其中在历史学界具有重要影响的《历史与理论》和《跨学科历史杂志》，更是在他的推动下建立起来的。由于他的学术贡献，1986 年他获得了"汤因比奖"（Toynbee Prize）。

从马兹利什的著述可以看出，他的研究领域虽一直以思想文化史为主，但研究的理论与方法却发生了变化。20 世纪 90 年代之前，他的研究主要是心理史学的成果，而在 90 年代之后，其研究重心转向了全球史和新全球史。

1991 年夏，在意大利贝拉吉奥（Bellagio）举办了首届以"全球史"为名的研讨会，以探讨该新兴学科的研究领域。随后，马兹利什经一些与会者如雷蒙德·格鲁（Raymond Grew）、沃尔夫·沙弗（Wolf Schafer）、王赓武（Wang Gengwu）等学者的进一步研究和探讨，决定在该学科名称的前面再冠以"新"的字样，用以表示其与世界史（World History）特别是与全球史（Global History）的区别。这样，以马兹利什为代表的一些全球史学者提出了具有特定内涵的"新全球史"（New Global History）概念。之所以要在全球史的前面冠以一个"新"字，主要是由于在这些学者看来，虽然全球化可以被视为一个连续不断的历史进程（有些学者甚至将其追溯至早期的采集狩猎时代），但在第二次世界大战之后这一进程就发生了质变。在第二次世界大战、核武器、信息革命、国际组织以及非政府组织等因素的促进下，发生了一种可以与过去的缓慢进展截然分开的"断裂"（rupture）过程，以至于必须在其前面冠以一个形容词"新"字才能表明这种突变的重要意义。[1]

马兹利什为了阐明他的"新全球史"理论，对"世界史""全球史"和"新全球史"几个相关概念进行了界定和区分。他认为，概念非常重要，因为"它们决定了我们如何构想我们所从事的研究。……更准确的定义将使得历史学中世界史和全球史这两个分支领域分别独立地发展起来"[2]。

在 1998 年的《越界：普同史、世界史和全球史》一文中，马兹利什评述了"普同史"（ecumenical history）、"世界史"和"全球史"三个概念及其差异。他提出，"普同史"就是把"全部人类活动都处于一个指导原则之下，并且可以作为一个整体故事来讲述"[3]。例如在博絮埃（Bossuet）的《论普世史》中，指导原则就是神意或上帝；在黑格尔的历史哲学中，指导原则是理性。这种历史在作者普同理念的引导下带有预言性，讲述一个已知的结局，是末世论（eschatology）的历史。斯宾格勒的《西方的没落》和汤因比的《历史研究》在某种程度上也属于这种历史。因此，普同历史学家的著作具有致命的缺陷，它对于我们有效地理解现代世界及其历史，很少甚至没有帮助。马兹利什提出，"世界史"是一个具有多样性定义的概念，不同的定义反映了世界史中不同的学派。杰里·本特利把世界史的主要关注点看作是"参与大规模历史进程中的不同人们之间的互动"，而威廉·麦克尼尔的兴趣点则在于"跨文明的相遇"，这一兴趣使他把世界史定义为"不同文化的人们之间

---

[1]　Bruce Mazlish, *The New Global History*. New York:Routledge, 2006, p.106. 需要提醒读者注意的是，杰里·本特利和赫伯特·齐格勒所著的 *Traditions & Encounters:A Brief Global History* 一书的中文译本名为《新全球史：文明的传承与交流》，这与马兹利什所说的"新全球史"明显不同。马兹利什的《新全球史》（The New Global History）一书尚无中文译本。另一点需要注意的是，本节中马兹利什所讲的"世界史"是美国语境中的 world history。

[2]　Bruce Mazlish, "Comparing Global History to World History", *Journal of Interdisciplinary History*, Vol. 28, No. 3 (Winter, 1998), pp.385-395.

[3]　Bruce Mazlish, "Crossing Boundaries: Ecumenical, World, and Global History", in Philip Pomper, Richard H. Elphick, and Richard T. Vann eds., *World History: Ideologies, Structures, and Identities*, Blackwell Publishers Inc., 1998, p.42.

的互动"，因而远距离贸易、宗教和瘟疫的传播等因素成为他的主要关注点。沃勒斯坦探讨了现代商业和资本主义世界体系的形成，世界史成了一种世界体系分析。阿布-卢格霍德则把这种"世界体系"分析扩展到了 13 世纪。所有这些都是不同形式的世界史，它们与普同史的一个重要区别在于没有预言未来。

关于世界史与全球史的差异，马兹利什首先从词源学的角度区别了 world 和 globe 两个词的含义。他认为，world 一词在中古英语中用来表达"人类存在"，主要指地球上的任何人和任何事物。"世界"可以用作比喻，如"来世""学术世界""新世界""第三世界"等。而 globe 却没有这些用法，1492年发现"新世界"不能说成是发现"新地球"，也不能用"第三地球（third globe）"来代替"第三世界（third world）"。Globe 一词来自拉丁词 globus，它的第一层意思是像"天体"那样"球形的或圆形的东西"，第二层意思才与"地球"是同义词。因此，global 一词向我们表达的是指向太空，包括站在地球之外看"地球号宇宙飞船"而产生的观念，"这是一种新视野，而这种新视野是理解全球史的关键之一"。在这种新视野之下，全球史的定义可分为两个方面：一是指全球化的历史，这是全球史的核心和新颖之处，决定了全球史最初的研究领域；二是指从全球而非从地方、国家或地区层面来研究历史进程，秉持一种全球视野，这层含义正是对麦克尼尔式的世界史的延续，区别在于全球史以当代现实为起点。[4] 马兹利什所说的全球史，是第一种定义的全球史，因此全球化中所涉及的各种因素成了全球史研究的主要内容，包括从历史视角来探讨太空技术带来的全球前所未有的联系方式、全球生态环境问题、全球消费主义、文化全球化、跨国公司、国际非政府组织、联合国、人权问题等。在此，马兹利什主要把世界史看作一种从全球视野来

[4] Bruce Mazlish, "Crossing Boundaries: Ecumenical, World, and Global History", *World History: Ideologies, Structures, and Identities*, p.47.

考察的历史，可以具有多种形式，尤其是指不同文明或文化群体之间大规模互动的历史。而全球史则与当代全球化直接相关，更加着眼于现实，主要指当代全球化的历史。

2005 年，马兹利什专门为《帕尔格雷夫世界史进展》一书写了"术语"一章，进一步丰富了他对"世界史"和"全球史"的理解。在该文中，马兹利什提出在复数"世界史"（world histories）的名义下可以包括多种历史，"在世界史这一类目下出现的相关名称，包括地区史、普世史、普同史、末世论历史、比较历史、世界体系史、宏观史、大历史、世界史和全球史，其实还有现在的新全球史"[5]。在此，包括普同史、全球史和新全球史在内的各种宏观历史研究都归入了世界史这一范畴。他在该文中从史学史角度回顾了基督教普世史（弗莱辛的奥托、博絮埃等）、历史哲学（伏尔泰、康德、黑格尔等）、世界史（斯宾格勒、汤因比、麦克尼尔、本特利等）、世界体系分析（布罗代尔、沃勒斯坦、阿布-卢格霍德、贡德·弗兰克等）、大历史（大卫·克里斯蒂安、弗雷德·斯拜尔、贾雷德·戴蒙德等），然后阐述了全球史和新全球史。他在该文中虽然把全球史看作世界史中的一种形式，但仍然坚持了区别世界史和全球史的观点，重申了世界史可以研究全部人类历史，而"全球史是一部当代史"，"全球史只是更加意识到要将其视野与兴趣更直接地集中于当代发生的事情"。[6] 正由于这种差异，马兹利什认为，越来越多的人开始对新全球化——第二次世界大战以来全球主义的表现——予以特别的关注，并将这种区别于其他世界史或全球史的研究称为"新全球史"。[7]

2009 年，马兹利什应约为《全球史评论》撰写了《世界史、全球史和

[5] Bruce Mazlish, "terms", in Marnie Hughes-Warringtoned.,*Palgrave Advances in World Histories*, Palgrave Macmillan, 2005, p.18.

[6] Bruce Mazlish, "An Introducetion to Global History", *Conceptualizing Global History*, pp.2-3.

[7] Bruce Mazlish, "terms", *Palgrave Advances in World Histories*, p.38.

新全球史》一文，对这三个概念的联系与区别做了较为概括地说明。他指出："历史研究中试图理解全球化的努力大致被冠之于世界史、全球史和新全球史的名下。其间虽有很多分歧，但各路史学家均在力所能及的范围内试图超越欧洲中心论和民族国家的框架，在这点上是一致的。此外，尽管上述三种取向均将历史作为主要的学科载体，三者在研究方法上却都追求多学科和跨学科的探讨。总之，上述三种尝试本质上都有一个共同的视角，即三者均基于后殖民和后帝国主义的立场上，将全球化作为一种历史的过程加以关注。……但在我看来，上述世界史、全球史和新全球史可简单描述如下。世界史潜在地囊括了'一切'。……全球史关注世界史中涉及的一种全球进程，即随时随地都在发生的日渐增进的相互联系和彼此依赖。……新全球史的研究最初在全球史的主题下展开。其中的'新'字是在最近十年左右的时间内添加的，目的在表明其研究的重点是全球化的当代表现，即全球化在 1945 年之后的表现。简而言之，此时的新全球史虽依然从属于全球史，但却有自身特殊的研究领域。因此，新全球史既为此前阶段的全球化研究进行了补充，同时也对后者提出了挑战。"[8] 由此可见，马兹利什至此对世界史、全球史和新全球史三个概念的区别与联系，有了更加清晰的看法。

二、"新全球史"的研究主题

马兹利什认为，由于第二次世界大战后信息革命、核武器的出现，以及跨国公司、非政府组织和国际组织的爆发式增长，全球化进入了一个完全不同的阶段。因此有必要将第二次世界大战后出现的新形势和新情况，作为一段历史单独剥离出来进行研究。对当代全球化的关注是新全球史的一大特点。

---

[8] 布鲁斯·马兹里什：《世界史、全球史和新全球史》，刘新成主编《全球史评论》第二辑，北京：中国社会科学出版社，2009 年，第 13—15 页。

马兹利什认为，历史学在研究全球化方面具有天然的优势。第一，"通过长时段的视角，历史学可以为全球化研究提供其他学科所不具备的深度，因而可以对全球化的诸因素进行更加深入的理解"。第二，历史学是社会科学诸多分支中"唯一力图从总体上对全球化进行全面研究和阐释的学科，它的研究范围涵盖了政治、经济、文化等方方面面的内容（尽管必须吸收和借鉴其他学科的研究成果和理论）"[9]，这就为全球化研究提供了其他学科所不具备的广度和整体性。而且，对于当今的历史学者来说，全球化就发生在我们的日常生活之中，我们每天的工作、学习和生活都与全球化有着密切的联系。

马兹利什把全球化分为两种，一种是贯穿于整个人类历史的全球化，它始于人类早期的狩猎－采集者，历经数千年迁徙到世界各地；第二种是当今的全球化，即新全球化。新全球史探讨的就是第二次世界大战之后的新全球化，其主题包括冷战与全球化、跨国公司、国际非政府组织、地方与全球的关系、全球公民社会、全球人道（global Humanity）、全球文明等问题。其中，冷战是新全球化的重要背景和影响因素，而跨国公司和国际非政府组织是新全球化的重要参与者，地方与全球的关系问题则是理解新全球化的核心，因为对全球化进程中的跨国组织、全球公民社会、全球人道和全球文明等问题的考察，都涉及这一问题。

冷战与全球化

关于冷战与全球化的关系，马兹利什认为，"全球化的推动力不仅存在于 1939—1945 年的战争中，也存在于其后的冷战中"[10]。因此，新全球化孕育于第二次世界大战这场全球规模的战争，到之后的冷战时期得到推进。战后建立的布雷顿森林体系和世界银行、国际货币基金组织、关贸总协定（世

---

[9] Bruce Mazlish, *The New Global History*, p.18.

[10] Bruce Mazlish, *The New Global History*, p.25.

界贸易组织）等国际组织，加强了世界经济的一体化。冷战中，美苏两个超级大国怀着对未来世界的不同看法，美国寻求建立一个"自由世界"，而苏联要建立一个共产主义世界，都相应地建立了不同范围内合作的国际性组织。同时，美苏的竞争刺激了科技的发展，尤其是人造卫星和计算机技术的进步，使远距离的实时交流成为可能，大大压缩了时空。因此马兹利什说道："对许多历史学家来说，战争是生活中不愉快的事实，他们宁愿忽略它在历史中的作用。"但是，"无论好坏，战争一直是发明之母，也带来了意想不到的后果。我一直用这一视角来分析冷战和全球化"[11]。

跨国公司和国际非政府组织

第二次世界大战后，跨国公司和国际非政府组织得到飞速发展，成为国际经济和政治舞台上具有重要影响的非国家行为体，成为全球化的重要参与者和推动者。因此，马兹利什认为，"新全球史"研究的主题不应再局限于民族国家史，而应关注各种国际组织的发展。他与阿尔弗雷德·钱德勒（Alfred D. Chandler）共同主编的论文集《利维坦：跨国公司与新全球史》，把9篇论文分为跨国现象的范围、跨国公司的文化和社会影响、跨国公司的治理三个主题，从不同维度探讨了全球化进程中的跨国公司。钱德勒和马兹利什认为，跨国公司就是同时在多个国家控制创收资产（income-generating assets）的公司，其生产设施存在于多个国家，员工来自全世界，金融投资遍布全球。从跨国公司的历史变迁来看，17世纪英国和荷兰的东印度公司是较早的跨国贸易公司。19世纪80年代之后，随着科技革命和资本主义向垄断发展，现代意义的跨国企业（MNEs）开始出现。到20世纪70年代，跨国公司（MNCs）走向成熟。2002年，跨国公司的数量达63000家左右。这些跨国公司不仅

---

[11]　Bruce Mazlish, *The New Global History*, p. 33.

在经济上有巨大影响，而且在政治、文化、环境、社会生活等方面都有很大影响。"跨国公司对现代生活几乎每个领域都有影响：从环境决策到国际安全，从个人认同问题到社区问题，从工作的未来到民族国家的未来，甚至区域的未来、国际机构和联盟的未来。"[12] 这些跨国公司超越国家边界产生的影响，成为当代全球化进程中的一个重要因素。因此，跨国公司与全球化的关系、跨国公司对民族国家的影响等问题，成为新全球史研究的重要问题。

马兹利什认为，跨国公司与全球化的关系，一方面是全球化推动跨国公司的发展，人造卫星技术、交通和通信技术的进步，大大促进了全球交流，加速了信息、商品、资本、人员在全球的流通，这些都为跨国公司的发展提供了条件。另一方面，跨国公司的发展有利于推进全球化，但同时也存在一些负面影响，如跨国公司造成的环境污染问题，使全球化在跨国公司面前显得脆弱。[13]

国际非政府组织（INGOs）作为全球化进程中的一个重要因素，马兹利什既将其视为全球化的重要原因，也将其看作是全球化影响下的产物。历史上较早的非政府组织，可能呈现为各种不同的形式，例如一些伊斯兰教慈善组织、废奴运动及其组织、妇女争取选举权运动等。但到 1946 年，"非政府组织"（NGO）这一词汇才在英语中出现。此后，非政府组织在范围、强度、社会渗透程度和发展意识等方面具有了不同于以往的新特点。

国际非政府组织种类繁多，其中科学、技术、职业、医疗和商业等领域的组织占大多数。对于各种国际非政府组织，马兹利什着重考察了国际人权组织和国际法庭，因为这与他所关心的"全球人道"密切相关。从马兹利什的论述来看，对于国际非政府组织的研究，重点应探讨它与以下三者的关

---

[12]　Alfred D. Chandler, Jr. and Bruce Mazlish,*Leviathans:Multinational Corporations and the New Global History*,Cambridge University Press, 2005, p.2.

[13]　Bruce Mazlish, *The New Global History*, p. 39.

系：全球化、民族国家政府、全球公民社会。国际非政府组织只有放在全球化的背景下才能得到理解，而民族国家政府往往秉持与之不同的理念，对于全球公民社会的构建来说，国际非政府组织是其中一种重要力量。

全球公民社会

马兹利什提出，全球化的一个重要后果是将出现一种全球社会。但从全球化的趋势来看，这种全球社会存在三种可能性：全球公民社会、伊斯兰全球社会和美国化全球社会。马兹利什通过分析认为，伊斯兰全球社会的可能性不大，竞争主要存在于全球公民社会和美国化全球社会之间。他说，"全球化进程及其所产生的社会应被视为一个将人类从国家和区域一级提高到全球一级的文明进程"[14]，其结果应是建立全球公民社会。因此，关于美国化全球社会，马兹利什对美国政府在全球化进程中的所作所为，基本上持批评态度。美国政府出于自身的利益，通过支持并操控自由市场、跨国公司和国际非政府组织，最终试图绑架全球化。因此，美国倡导的全球化和全球社会，迫使其他国家采用美国式的民主和资本主义，是美国政府提出的"自己版本的全球化使命：建立一些人所说的'美利坚帝国'。美国这一使命与二战后大约半个世纪以来在不同国家以不同形式聚集力量推进全球公民社会的运动相对立"。"与全球社会的需求和愿望形成了明显的对比。"[15]

全球人道与全球文明

马兹利什认为，全球化具有多重维度，除了大家关注较多的经济、政治、文化层面，还存在一种道德维度，即全球化的发展会带来一种超越地方风俗的更高层次的道德，他称之为"全球人道"。他说："事实上，正是全球

[14] Bruce Mazlish, *The New Global History*, p.56.

[15] Bruce Mazlish, *The New Global History*, pp.61-62.

化所体现的普遍主义，让我们能够提出这样的主张并据此声称：存在一种倾向于超越地方差异的更高道德。结果是，在全球化中，我们主要的概念角色（conceptual actor）现在变成了'人道'，而不再是阶级、种族或民族（尽管这些可能仍然是社会现实）。"[16]

当然，抽象的人道观念在历史上早已存在，但马兹利什认为，直到当今全球化时代，人道观念才开始在全球相互联系和相互依存中得到实际体现，成为一种更高层次的道德。原因主要有三个方面：首先，当今的全球化大大增强了人类社会的联系纽带，各民族同为人类的认知越来越深刻，这构成了国际社会中情感与关怀的基础，出现了更高的全球社会道德。其次，随着科学的发展，理性思维有助于全球人道的形成。学科技术、信息革命、网络将每个人紧密联系起来，为人类成为一个道德共同体提供了基础。同时，科学知识使人认识到自己的物种属性，即智人，这是人性的基础，这种认识促使人的自我意识觉醒，全球人道的建构也由此成为可能。最后，全球文化的兴起推动了全球认同的形成，如世界音乐，这种全球文化成为更高层次道德的基础。[17]

马兹利什把"全球人道"看作是一种普遍的人性关怀，因此把"人道"（Humanity）一词的首字母大写，使其成为一个具有特定内涵的专有名词。在《全球时代的人道观念》一书中，他特别辨析了 Humanity 与小写 h 的 humankind、humanity、humanitarianism 等几个词的区别，通过比较来突显"全球人道"的内涵。他认为，humankind 主要指涉人的生物属性，即"人类"；而 humanity 在近代才出现，其含义比较复杂，既指人类，也指人类的品质，比如友爱、同情心、仁慈等，作为人应该具备的特点和属性。[18] 关于

[16]　Bruce Mazlish, *The New Global History*, p. 81.

[17]　Bruce Mazlish, *The New Global History*, pp.81-90.

[18]　Bruce Mazlish, *The Idea of Humanity in a Global Era*, Palgrave Macmillan, 2008, p. 1.

humanitarianism，马兹利什认为它是一种起源较晚的信念，即"人道主义"，西方国家声称这种思想具有普世性，其实带有欧洲或西方中心论色彩。因此他提出，可以将其视为一种意识形态，是西方用以治疗或者掩盖其对世界造成伤害的一剂膏药。[19]"人道主义"从 19 世纪开始与战争发生关联，并进一步与帝国主义联系在一起，成为帝国主义侵略扩张的借口和旗号。现在，"人道主义"已无法适应今天全球化的社会结构了，在当今资本主义体制下，国家权威在限制着人道主义的发挥。还有一些国家利用人道主义来谋取国家利益，比如美国以人道主义名义来攫取国家利益，这些都说明了人道主义的局限性，它是人类走向"全球人道"过程中的一段充满瑕疵的阶段。[20] 所以在马兹利什看来，上述三个词都与"人"（human）有关，都源于对"人"的认识，但其内涵在发展演变中走向了不同的方向并出现了偏差，导致自身存在一些局限。由此，他倡导"全球人道"，并提出它是由"人性"发展而来，是"人性"经历一系列战争、挣扎而向"全球人道"的转变。二战后"反人类罪"这一概念的出现，是"全球人道"出现的重要体现。因此，通过将"全球人道"与其他几个相关概念的比较，通过着重阐述"反人类罪"的重要意义，马兹利什强调普遍的人性是"全球人道"的基础。另外，马兹利什还比较了"全球人道"与"人权"两个概念，认为二者不同。因为人权观念源于欧洲经验，近代历史上的几次革命及其成果，如法国大革命、美国独立革命中的宣言，是人权观的历史渊源。对于非欧洲国家来说，人权观是欧洲国家借助经济、军事实力强加于自己的，所以与"全球人道"这种在当代全球化进程中形成的全球意识不同。

马兹利什进一步提出，全球化进程中形成的全球人道将有助于推动人类走向一种共同的"全球文明"。在《文明及其内涵》一书中，他从全球视

---

[19]　Bruce Mazlish, *The Idea of Humanity in a Global Era*, p. 66.

[20]　Bruce Mazlish, *The Idea of Humanity in a Global Era*, pp. 66-75.

角考察了文明概念的历史演变，指出西方的"文明"概念是一种欧洲意识形态和殖民意识形态。一方面，"文明"概念在欧洲一出现就"体现了一种欧洲中心的视角，它在 18 世纪表达的是启蒙哲学家们的思想和观念"[21]，而此后欧洲人"对文明进行的一种有利于欧洲的种族主义解释"[22]，完全是一种欧洲意识形态。另一方面，"欧洲人统治支配其他民族，确立自身主导地位时，用文明概念为其行为开脱，提供合法依据"[23]，因此它又是一种殖民意识形态。马兹利什正是在反思欧洲文明观念的基础上，提出了"全球文明"的主张。

马兹利什认为，在新全球化时代，欧洲文明与世界上其他文明面临一个共同任务，即通过文明对话而构建出一种新的全球文明。因此，不同文明之间的对话是全球文明形成的重要途径。在历史上，中世纪的伊斯兰文明、18 世纪前的中国文明、19 世纪至 20 世纪的欧洲文明等都曾出现过自视优越的自我中心主义，缺乏与其他文明平等对话的意愿。而到了当今全球化时代，随着全球联系日益紧密和多元主义盛行，各个文明开始自视为众多文明中的一元，文明之间的平等对话成为可能。

马兹利什构想，正在形成中的全球文明以科学技术为基础，因为科技具有放诸四海皆准的特征。"在科技文明中，不再存在传统意义上的中心或者疆域。它是信息革命的后果之一，我们生活在一个网络化社会，也就意味着我们生活在一个虚拟空间中。这并不是要勾销地方区域。也不是说要从整体上瓦解人类的联系纽带，部落、地方和国家纽带会存留下去。"[24] 因此，这样的"全球文明是一种有着若干文化形态的共同文明"[25]。在构建全球文明的过程中，以往的各个文明并不会消失，而是变成了各种地方文化。因此对于

---

[21]　布鲁斯·马兹利什：《文明及其内涵》，汪辉译，刘义明校，北京：商务印书馆，2017 年，第 23 页。

[22]　布鲁斯·马兹利什：《文明及其内涵》，第 78 页。

[23]　布鲁斯·马兹利什：《文明及其内涵》，第 30 页。

[24]　布鲁斯·马兹利什：《文明及其内涵》，第 136 页。

[25]　布鲁斯·马兹利什：《文明及其内涵》，第 142 页。

全球文明的理解,"我们需要从全球文明和地方文化的角度来思考问题。在这一框架中,我们可以持这样的立场,即把 21 世纪之前的先前各文明,如中国文明、伊朗文明等在今天视为文化,这样可能更有益。这些过去的文明便在一个更宏大的共同文明内半自主地存在"[26]。马兹利什这些构想是基于他对全球化的认识和思考,"全球文明"能否成为现实有待未来的检验。不过,从全球化的历史进程来看,全球化虽是人类社会发展大势,但其过程具有复杂性和曲折性,各种文明之间交流和互鉴的结果,不能简单地理解为必然会出现一种"全球文明"。

地方与全球的关系

全球化意味着各地的相互联系日益增强,全球化的进程,也就是国际或全球层面的社会互动相对于地方或国家层面的社会互动,密度和频率日益增强。因此,以互动形式呈现出来的地方与全球的问题,是理解全球化的一个关键。在分析全球化当中的跨国公司、国际非政府组织、全球公民社会、全球人道和全球文明等问题时,都要涉及这个核心问题。

全球的意味着普遍的,而地方的意味着特殊的,对这种普遍性与特殊性关系的思考,很早就体现在古希腊思想家的"宇宙公民"(citizen of the cosmos)观念中,18 世纪以来欧洲的世界主义者也对此有所讨论,此后的地方主义者与世界主义者便长期争论不休。马兹利什认为,到当今全球化时代,地方与全球的界线已经变得模糊,全球化并不意味着同质化,地方性与全球性是一种辩证关系,在某种程度上,全球的可以成为地方的,而地方的也可以成为全球的。最典型的例子就是世界杯足球赛。这种国际比赛成为全球关注的焦点,但关注者却是出于地方热情,国际比赛受到高度关注正是由

---

[26] 布鲁斯·马兹利什:《文明及其内涵》,第 135 页。

于球队的地方性。

关于民族国家作为地方性力量对全球化的影响，马兹利什做了批评性分析。他认为，民族国家作为现代性的产物，有的国家对全球化表现为直接的、表面的抗拒，有的国家则是参与全球化但利用全球化为自身谋利。美国就是将全球化国家化并谋取私利的一个例子。美国曾在全球化进程中起了推动作用，但是近年来，美国发现全球化与其所谓国家利益相悖，便阻挡、利用甚至误导全球化来为自己的国家利益服务，还企图用一些全球化口号来掩盖其实际目的。[27]

如何处理好全球化进程中地方与全球的关系？马兹利什认为应解决以下两个问题。首先，应该消解地方与全球这个二元对立问题本身。他认为，全球化其实是另一种形式的地方化，这就好像国家一样，小地方构成国家，但国家并不否定小地方，反而利用小地方来巩固人们对国家的忠诚度，全球化也是如此。[28] 所以，换个角度来看，把全球化看作某种形式的地方化可以解决很多问题，"全球在地化"（glocalization）这一概念就辩证地反映了全球与地方的关系。在这种理念下，全球化时代不存在地方与全球的分歧，二者不是非此即彼的对立关系。其次，全球与地方的关系可以解读为文明与文化的关系，进而从文明、文化两个概念及其关系着手来理解和解决这一问题。从人类学的视角来看，文化代表地方，而文明则具有普遍性和全球性。由此马兹利什提出，到了全球时代，具有普遍意义的文明与全球化相结合，有可能建构起一种全球文明，而过去的文明可以成为地方性文化。这样，一个文明中涵盖多个文化，在迈向未来的全球文明中，地方与全球的关系问题就解决了。

综上所述，马兹利什通过对第二次世界大战后全球化进程的考察，提出

[27] Bruce Mazlish, *Reflections on the Modern and the Global.* Transaction Publishers, 2013, pp. 101-109.

[28] Bruce Mazlish, *The New Global History*, pp. 70-71.

在新全球化时代要消解地方与全球之间的矛盾，加强对跨国公司和国际非政府组织的研究，建构一种以全球人道为基础的全球文明，这些都构成了"新全球史"的重要研究主题。马兹利什之所以将这些主题作为新全球史的主要内容，从 2005 年他与入江昭合作主编的《全球史读本》中可以看出端倪。该书导言解释了什么是全球化，强调了二战后的新全球化，以及以此为研究主题的新全球史。其中指出："传统的以民族国家为中心的框架，不能解释 20 世纪尤其是其最后几十年的历史。因为，有许多新现象突破了民族国家和地理的边界：通信和信息技术、移民（包括难民）、全球资本市场、非政府组织的发展、环境问题、人权的推进、跨国宗教、民族运动、恐怖主义等等。这一切都是和民族国家一道把世界塑造成如今模样的全球力量。"[29] 因此，《全球史读本》中组织的文章也基本上按照这一思路来选择，总共包括 14 个专题：历史分期问题、时间和空间、信息革命、跨国公司、移民、消费主义、自然环境、人权、非政府组织、国际主义、全球文化、疾病的全球化、恐怖主义、综合与结论。实际上，马兹利什对新全球史研究主题的思考，也可以从其合作伙伴入江昭的一些论述中得到间接反映。入江昭在《我们生活的时代》中描述了现代社会的趋势性特征，认为这是一个非国家行为体兴起和发现普适性"人类"的全球化时代，"在全球化时代，以国家为单位无法完全容纳的跨国现象增长势头迅猛，为了理解这种现象，比起'国际'，更有必要关注'全球'（'跨国'）——那些与国界无关、在世界各地建立起来的网络"[30]。这些网络包括各种世界主义和跨国主义现象，跨国非政府组织、跨国公司、全球性道德意识、移民、环境和能源问题等。可以说，入江昭所描述的现代世界的趋势性特征与马兹利什对新全球史的构想不谋而合。

---

[29]　Bruce Mazlish and Akira Iriye (eds.), *The Global History Reader*, Routledge, 2005, pp.8-9.

[30]　入江昭：《我们生活的时代》，王勇萍译，北京：中信出版集团，2016 年，第 148—149 页。

第二节 跨国史

20 世纪 80 年代，"跨国"概念开始为西方史学界所使用，而首先明确提出"跨国史"（transnational history）的历史学家可能是澳大利亚新南威尔士大学的伊恩·蒂勒尔。他在 1991 年的论文《国际史时代的美国例外论》中，提出以"跨国史"来克服民族国家历史研究中的美国例外论。随后，托马斯·本德、入江昭等一些从事美国史和近现代国际史的学者也开始明确采用"跨国史"一词，并积极倡导跨国史研究。到 21 世纪初，"跨国史"便很快成为全球史大潮中一个引人注目的概念，并成为史学"全球转向"中一个重要的流派。

一、"跨国史"概念及其研究领域

如何理解"跨国史"？它与全球史是一种怎样的关系？西方史学界对此没有统一的定义，但曾组织过几次关于"跨国史"的讨论。例如，1999 年《美国史杂志》第 3 期以"国家及其之外：跨国视野下的美国史"为题刊出了一组讨论文章，2006 年《美国历史评论》第 5 期以"跨国史"为题组织了 6位学者进行讨论。在 2006 年的讨论中，C. A. 贝利（Bayly）认为，跨国史与全球史差不多是一回事，都是探讨跨越国家边界的社会或政治现象。但是，在 1850 年之前世界大部分地方都不是由民族国家控制的，所以，探讨这一时间之前超越国家边界的历史，可以是"全球史"，但不能称为"跨国史"。斯文·贝克特（Sven Beckert）在很大程度上把跨国史看作一种研究"视角"，把相互联系的历史看作一个整体，关注超越国家边界的网络、进程、信仰和机构，但同时也承认民族国家的重要性。[31]

---

[31]　C. A. Bayly, Sven Beckert, Matthew Connelly, Isabel Hofmeyr, Wendy Kozol, and Patricia Seed, "AHR Conversation: On Transnational History", *The American Historical Review*, Vol. 111, No. 5 (December 2006), pp. 1441-1464.

伊恩·蒂勒尔、托马斯·本德和入江昭是跨国史的主要倡导者，他们都对"跨国史"概念提出了自己的看法。蒂勒尔认为，跨国史的出现与美国史研究有着密切关系，由那些关注人口、思想观念、技术、制度等跨国流动的学者所倡导。"它适用于民族国家作为重要现象出现在世界历史上之后的时期。这一时代的起点可以追溯到 1648 年的威斯特伐里亚条约，这一条约确立了主权国家间关系的国际法。它主要用于描述所谓民主革命时代以来的历史，美国也是在这个时代诞生的。"[32]托马斯·本德则把跨国史看作一种以超越民族国家的视野来研究民族国家历史的方法，认为任何一个民族国家都具有跨国性质，每个民族国家都是组成世界的诸多地方政治区域（provinces）中的一块，每个民族国家的历史都只是全球史中的一部分。因此他提出，一个民族国家并不足以构成解释其自身的背景，对民族国家史的研究必须在一个大于它自身的框架中展开。历史学家要迈出民族国家的封闭框架，考虑到民族国家的全球维度，由此对民族国家史作出全新的解释。[33]

入江昭是怎样理解"跨国史"的？他说："跨国史可以被界定为对跨越国家边界的运动和力量的研究。"[34]这些运动和力量包括国际主义、全球公民社会、全球化等历史进程中的各种表现，其中重要的方面是国际非政府组织、跨国公司、环境保护、人权等。因此"跨国史专注于研究跨国个体、非国家行为体和各种无法用国籍界定的共同体之间所存在的跨国纽带，并探索国家间关系以外的网络"[35]。如前所述，这些也正是马兹利什等其他学者提出的新全球史的研究主题。由此可以看出，跨国史与全球史都是历史学家面对

---

[32] 蒂勒尔于 2007 年 1 月在巴黎高等社会科学研究学院的一次发言。见 https://iantyrrell.wordpress.com/what-is-transnational-history/，2018 年 5 月 22 日。

[33] 托马斯·本德：《万国一邦：美国在世界历史上的地位》，孙琇译，北京：中信出版集团，2019 年，第 6 页。

[34] Akira Iriye, "Transnational History", *Contemporary European History*, 13, 2 (2004), pp.211-222.

[35] 入江昭：《全球史与跨国史：过去，现在和未来》，邢承吉、滕凯炜译，杭州：浙江大学出版社，2018 年，第 18 页。

全球化而对历史研究提出的新思考，二者没有本质的差异，因此入江昭说："跨国史和全球史之间的差异通常十分细微，因而在本书中它们基本被视为是等价的、可以互换的概念。……根本说来，跨国史和全球史有两个共同之处：首先，它们都试图超越民族国家的边界，探索国家边界之外的往来与联系；其次，它们都关心整个人类世界的历史事件和历史现象，而并不局限于世界上一小部分国家或者某个特定的区域，也都试图打破西方中心论的叙事模式并将欧美以外的历史发展纳入研究框架之中。全球史与跨国史的学者都持续在近现代史和当代史的研究中贯彻上述两种研究思路。"[36]

当然，入江昭也认为，跨国史不能在任何情况下都完全等同于全球史，蒂勒尔、本德等一些学者愿意将自己的研究归入跨国史而不是全球史，主要原因在于跨国史研究可以保留民族国家作为核心叙事单位，从跨国的视角来重新审视民族国家的历史。因此他提出，跨国史并不否认民族国家的存在及其在特定历史时刻所扮演的重要角色。民族国家与跨国个体、国家事务与跨国日程、国家利益与跨国使命之间的复杂关系，正是跨国史研究所关注的核心议题。如果全球史试图研究的是整个人类世界，那么跨国史则试图在不同的情境（包括民族国家）中研究个体的生存境况。[37]由此可见，入江昭等一些学者坚持认为跨国史不能完全等同于全球史，主要原因在于其研究的历史是民族国家时代的历史，即近现代史和当代史，而一些全球史学者研究的是自古以来人类社会的历史，这两种历史研究当然存在差异，即使从相同的全球视角来研究也是如此。由此我们便不难理解，入江昭在讲跨国史与全球史的相同之处时，强调"全球史与跨国史的学者都持续在近现代史和当代史的研究中贯彻上述两种研究思路"。

由此可见，跨国史与全球史从研究理念和方法来说并没有本质区别，都

---

[36] 入江昭：《全球史与跨国史：过去，现在和未来》，第13页。
[37] 入江昭：《全球史与跨国史：过去，现在和未来》，第13、18页。

是从全球、互动和关联的视角来理解历史，但是，它与全球史也存在差异：一是它们所适用的历史时期存在差异，跨国史主要探讨民族国家形成之后的历史现象；二是跨国史承认民族国家的重要性，甚至包括以全球史理念和方法来研究的民族国家史。正是在这种意义上，塞巴斯蒂安·康拉德也把跨国史置于全球史之外。他这样阐述了跨国史与全球史的关系："跨国视角与全球视角之间的关系依旧相当密切。它们具有共同的目标，即超越'容器式思维'和'将历史现实区隔化'的做法，摆脱本质上的内在分析方法。跨国取径的特殊之处，在于承认在过去两个世纪里，民族国家在世界大多数地区所扮演的强大角色。这有助于让国别史变得更有活力，也有助于呈现历史进程的复杂性。当前很多研究的目的并非全然抛却国别史，而是拓展国别史，进而实现国别史的'跨国化'。"[38] 结合上述学者们的阐述，可以说，跨国史既是一种以近现代和当代跨国现象为研究对象的历史，也是从全球视角来重新审视近现代和当代民族国家的历史，是当今全球史多元实践中的一种重要表现。

20 世纪 90 年代以来，跨国史作为全球化背景下一种新的史学潮流，在西方史学界蓬勃发展起来，许多学者在这一领域中辛勤耕耘并取得了丰硕成果。例如，丹尼尔·罗杰斯（Daniel Rodgers）的《大西洋的跨越》考察了 1900 年左右大西洋两岸在意识形态和政治社会改革方面的相互联系和交流，这种思想的双向流动塑造了一个大西洋共同体。安武留美（Rumi Yasutake）的《跨国妇女行动主义》考察了北美和东亚的日裔美国人、日本人如何参与妇女基督教禁酒联盟的活动。维多利亚·格拉齐亚（Victoria de Grazia）的《不可抗拒的帝国》探讨了 20 世纪美国消费文化如何在欧洲传播及与当地文化互动，以及反过来对美国的影响。杰西卡·吉诺－赫克特（Jessica Gienow-

---

[38]　塞巴斯蒂安·康拉德：《全球史是什么》，杜宪宾译，北京：中信出版集团，2018 年，第 39 页。

Hecht）的《声音外交》考察了第一次世界大战前几十年古典音乐在跨大西洋范围内的传播。尼尔·弗格森（Niall Ferguson）等人主编的论文集《全球震荡》，从跨国史视角探讨了 1970 年代全球化进程中所表现出来的重大问题。莎拉·斯奈德（Sarah B. Snyder）的《人权行动主义与冷战的终结》考察了铁幕两边人权积极分子的"赫尔辛基网络"通过对普世人权的呼吁而成功地弥合了地缘政治分隔。[39]

对于美国学者的跨国史研究，王立新教授在其《在国家之外发现历史：美国史研究的国际化与跨国史的兴起》一文中做了较为全面的阐述。他提出，作为研究视角和方法的跨国史，主要有以下几种研究路径：（一）将美国历史置于更广阔的跨国背景中，视美国历史为跨国或全球力量互动的产物，是更大的地区历史的一部分。（二）考察美国与其他国家的联系（思想、人员、制度）如何影响和塑造美国历史事件和进程，把跨国交流作为影响美国国内事态的因素与力量。（三）探究外国事件和国际事态对美国历史的影响。（四）研究美国对其他国家和世界的影响，以及这种影响如何回流到美国并塑造美国自身的历史进程。（五）通过引入多国视角和关注"低端政治"，将外交史"重新概念化"，把美国外交史发展成国际史。[40] 这些视角和方法改变了对美国历史上诸多问题的解释，重塑了美国史各领域的研究，为重新书写整个美国历史奠定了基础。王立新教授在概括美国史学者的跨国研究方法的同时，也指出跨国史是一个研究领域和学科分支。他说："如果说民族国家史

[39]　Daniel T. Rodgers, *Atlantic Crossings: Social Politics in a Progressive Age*, The Belknap Press of Harvard University Press, 1998; Rumi Yasutake, *Transnational Women's Activism: The United States, Japan, and Japanese Immigrant Communities in California, 1859–1920*, New York University Press, 2004; Victoria de Grazia, *Irresistible Empire: America's Advance Through Twentieth-Century Europe*, The Belknap Press of Harvard University Press, 2005; Jessica C. E. Gienow-Hecht, *Sound Diplomacy: Music and Emotions in Transatlantic Relations, 1850–1920*, The University of Chicago Press, 2009; Niall Ferguson, Charles S. Maier, Erez Manela, Daniel J. Sargent, eds, *The Shock of the Global: The 1970s in Perspective*, The Belknap Press of Harvard University Press, 2010; Sarah B. Snyder, *Human Rights Activism and the End of the Cold War: A Transnational History of the Helsinki Network*, Cambridge University Press, 2011.

[40]　王立新：《在国家之外发现历史：美国史研究的国际化与跨国史的兴起》，《历史研究》，2014 年第 1 期。

学关注的是政治疆域，即国家空间内的事情，跨国史研究关注的则是跨国空间 (transnational space) 内的事情。'跨国空间'并不意味着实际存在一个不属于任何国家的地理空间，而是指跨国性的网络和纽带。跨国空间中的行为体既有为主权国家和国际组织服务的国家代表，但更多的是非国家行为体，如跨国移民，国际性的妇女、劳工和宗教团体及国际非政府组织。"[41] 接着他对作为研究领域的跨国史关注的主题做了如下概括：(一) 思想、信息、商品、技术的跨国流动。(二) 妇女、劳工、宗教、环境、和平等领域的跨国运动。(三) 跨国行为体，包括国际非政府组织、政府间组织。(四) 跨国事务及相关的跨国合作。跨国事务是指疾病传播、人口变迁、环境变化、人权保障、武器扩散等需要国际社会合作加以解决的事务。(五) 移民与流散族群。

从王立新教授的概括可以看出，这些研究主题同时也是全球史的研究领域，因此在跨国史与全球史之间很难划出一条清晰的界线。入江昭在对跨国史进行学术总结时，涉及的跨国史主题包括环保主义、跨种族和跨文化相遇、移民、人权、经济与文化的全球化，以及在地缘政治中的战争、地方社群和非政府组织等现象的文化维度，这些主题也从 2009 年出版的《帕尔格雷夫跨国史辞典》中反映出来。但他同时指出："尽管辞典取名'跨国史'而不是'全球史'，但是无论是各卷主编还是词条撰写者，都没有把这两个概念完全区分开来。"[42]

跨国史首先由美国史学者提出并运用于美国史研究，然后扩展到其他国别史领域，其中包括对中国史有关问题的跨国史研究，例如香港大学的徐国琦教授就在这方面做了很好的尝试。徐国琦在入江昭的指导下从哈佛大学获得博士学位，致力于国际史或跨国史研究，出版了《中国与大战：寻求新的国家认同和国际化》(2005)、《奥林匹克之梦：中国与体育 (1895—2008)》

---

[41] 王立新：《在国家之外发现历史：美国史研究的国际化与跨国史的兴起》，《历史研究》，2014 年第 1 期。

[42] 入江昭：《全球史与跨国史：过去，现在和未来》，第 39 页。

（2008 年）、《西方战线的陌生客：华工与第一次世界大战》（2011）、《中国人与美国人：一个共享的历史》（2014）和《亚洲与第一次世界大战》（2017 年）。他在回顾自己的研究方法时指出："国际史是一种全新的史学方法，其特点是跨学科、踏国别，兼容并包，融会贯通。国际史研究方法既可以运用于国别史如中国史、美国史或世界史的研究，也可以用于微观研究。以国际史方法来研究第一次世界大战、'一战'华工、竞技体育这三个在中国历史进程中扮演极其重要角色但又长期被忽视或误解的题目，可以得出如下结论：中国与'一战'的互动，标志着中国人真正意义上寻求国际化及新的国家认同的开始；'一战'期间中国的'以工代兵'策略，是中国有史以来第一次有胆识、有目的、有远见地加入国际社会的开端；中国近代体育的'奥林匹克之梦'，同几代中国人利用西方体育来改善中国的命运、重塑国家认同、提高中国国际地位的努力密不可分。"[43]

二、蒂勒尔和本德的跨国史研究

澳大利亚历史学家伊恩·蒂勒尔（1947—　）的跨国史探索，对跨国史的兴起起了重要推动作用。蒂勒尔长期任教于澳大利亚新南威尔士大学，曾任澳大利亚和新西兰美国研究学会主席，2012 年作为历史学荣誉教授退休，主要研究领域为美国史、环境史和史学理论。1991 年，《美国历史评论》发表了一组讨论跨国史的文章，包括蒂勒尔的《国际史时代的美国例外论》、迈克尔·麦杰尔（Michael McGerr）的《"新跨国史"的代价》和蒂勒尔的《伊恩·蒂勒尔回应》，实际上是蒂勒尔与麦杰尔之间关于跨国史的争论。蒂勒尔批评了美国史研究中的美国例外论，提出美国史研究应该超越民族主义

---

[43]　徐国琦：《"会当凌绝顶，一览众山小"——国际史方法及其应用》，《文史哲》，2012 年第 5 期。

史学，而其中一条重要途径就是采用跨国史的方法。他提出，跨国史研究可以从三个领域着手。首先是区域研究，这方面可以借鉴法国年鉴学派的区域史、欧美学者的大西洋体系研究和沃勒斯坦的世界体系理论。其次是环境史，因为环境破坏、工业污染、自然灾害、自然资源过度开发等问题都是跨越民族国家边界的，环境保护运动也往往具有跨国性。第三个领域是对国际组织、国际运动和国际主义思想观念的研究。因为美国具有国际影响，许多协会组织及其活动、思想都具有跨国性。[44] 当然，蒂勒尔提出跨国史方法，是为了克服美国史研究中的美国例外论，主张把美国放在一个更宽广的视野和跨国联系中来理解，而不是排斥否定美国史研究中的民族国家史学。但即便如此，他还是受到了麦杰尔等美国史学者的批评。

蒂勒尔将其跨国史理论运用于美国史和环境史研究，取得了一系列成果。1991 年他出版专著《女性的世界／女性的帝国：国际视野下的基督教妇女禁酒联盟（1880—1930）》，从全球视野考察了基督教妇女禁酒联盟从美国发展到在 42 个国家有分支机构的国际组织的历史。他力图阐明，美国妇女通过禁酒的国际行为，不仅希望改变世界范围内的饮酒习惯，还努力促进和平，反对卖淫、贫穷和男权政治结构。但他也指出，美国基督教妇女禁酒联盟的国际行为，与其在意识形态和宗教上表现出的文化帝国主义是相互矛盾的。[45]1999 年，蒂勒尔出版了《真正的诸神花园：加利福尼亚-澳大利亚的环境改良（1860—1930）》一书，从关联和比较的视角探讨了加利福尼亚和澳大利亚之间植物、昆虫、人员、观念和技术的交流，并由此阐明了这种"太平洋交流"对塑造这两个地区文化景观的重要性。他提出，澳大利亚和加利福尼亚的"环境改革者"觉得他们所处的环境相似，在世界经济中同

---

[44] Ian Tyrrell, "American Exceptionalism in an Age of International History", *The American Historical Review*, Vol. 96, No. 4 (Oct., 1991), pp. 1031-1055.

[45] Ian Tyrrell, *Woman's World/Woman's Empire: The Woman's Christian Temperance Union in International Perspective, 1880-1930*, The University of North Carolina Press, 1991.

样处于边缘地位，而且发展模式也相似，因而随着交流网络的扩大而相互吸引。他们志同道合，相互交流，都试图改变由黄金开采、大规模单一作物种植和畜牧业塑造的社会，将其改造成以小规模农业和园林景观为基础的平等社会。蒂勒尔的论述便从跨国环境史视角围绕这些环境改革而展开，考察了这一改革进程中跨越国界的环境交流（environmental exchange）。[46]

蒂勒尔提出，倡导跨国史并不意味着民族国家不重要，民族国家在许多方面仍然扮演着重要角色，例如，尽管跨国环境问题日益突出，但许多（虽然不是全部）环境政策都植根于国家，因为国家仍然保留了主权。因此，跨国史既承认民族国家，同时又强调跨越国界的人员、观念、制度的互动及跨国自然灾害对民族国家所带来的影响。由此，蒂勒尔的跨国史实践中的一个重要特点，就是把美国置于全球视野下来考察，以此来理解美国的社会历史变迁和跨国因素的对外对内影响，他的《跨国之国：全球视野下 1789 年以来的美国史》（2007 年）和《改造世界：美国道德帝国的创立》（2010 年）两本著作便是如此。

在《跨国之国》中，蒂勒尔认为，国家本身也是在跨国情境中形成的，也就是说，地区的和全球的安全环境、经济竞争和人口变化意味着必须划定国家边界。国家不是孤立存在的，国家认同是在针对跨国现象等其他认同的过程中形成的，通过界定什么不属于这个国家来理解这个国家。[47] 因此他的《跨国之国》从地区和全球两个层面探讨了 1789 年以来的美国史。

《改造世界》主要探讨了 19 世纪 70 年代到 20 世纪 20 年代美国传教士和道德改革者的海外活动及其影响。蒂勒尔通过考察"基督教青年会"（Young Men's Christian Association）、"学生外国宣教志愿团"（Student Volunteer

---

[46] Ian Tyrrell, *True Gardens of the Gods: Californian-Australian Environmental Reform, 1860-1930*, University of California Press,1999.

[47] Ian Tyrrell, *Transnational Nation: United States History in Global Perspective since 1789*, Palgrave Macmillan, 2007, p.4.

Movement for Foreign Missions）等组织的海外活动，描述了美国价值观输出对国内的影响，包括福音派改革对美国殖民和外交政策的影响，并探讨了道德改革者们所用的方法及网络如何把美国塑造成为一个全球性和非领土性的帝国。因此，蒂勒尔通过对美国福音派改革产生广泛影响的研究，阐明了跨国组织在美国政治和经济扩张中所起的重要作用。关于跨国史方法在本书中的运用，他作了这样的概括："'跨国'这个概念包括非政府的社会、文化和经济活动这一广泛领域。这个更现代的词汇描述了民族国家建立时代人口、商品、思想和制度的跨国界运动。它在本研究中的一般用法，就是关注国家的跨国'塑造'，在本书中指美国与更广泛的世界之间的关系。对美国来说，19世纪晚期到第一次世界大战结束是联邦国家成长的一个关键时期。近年来的历史研究表明，这一时期国家与海外帝国及战争的联系非常明显。跨国影响有助于塑造美国民族国家，但跨国史也包括对个人和群体在国家之外创造的（精神的和物质的）跨国空间的研究。新教传教士和道德改革者虽然在文化上受到其美国根源和新建国家权力的影响，但他们以其正直（integrity）发挥对外影响所创造的空间，同时也反馈给了美国。国家与跨国之间复杂的辩证关系是本书的主题。"[48]

美国历史学家托马斯·本德也是跨国史的积极倡导者。他于1974年入职纽约大学，1982年晋升为教授，2015年退休。他的主要研究领域为美国城市史和思想史，但随着历史研究的全球转向，他主张用跨国史方法来研究美国史。他着手跨国史研究是从一个集体研究项目开始的。1996年，美国历史学家组织（OAH）和纽约大学国际高级研究中心（New York University's International Center for Advanced Studies）联合实施了一个"美国史研究的国际化"项目，由本德担任项目主管。这个项目每年在意大利佛罗伦萨的拉比

---

[48] Ian Tyrrell, *Reforming the World: The Creation of America's Moral Empire*, Princeton University Press,2010, pp.6-7.

埃特拉山庄（Villa La Pietra）举行一次学术会议，1997—2000 年共举行了 4
次会议，来自美国及世界各地的 80 多位美国史学者参加了会议，最终形成
了一份报告和一本论文集。由本德执笔的《拉比埃特拉报告》于 2000 年公布，
而由本德主编的论文集《全球化时代重新思考美国史》于 2002 年出版。《拉
比埃特拉报告》提出了"在全球化时代重新思考美国史"，并且对教学课程
和学生培养提出了意见。与会学者们对全球化时代美国史的重新思考，更体
现在本德主编的论文集中。对于这一经历，本德回忆说："这对我而言，这
是一次斩获颇丰的学习经历，通过与会者发来的信函和电邮，我也知道这对
他们中的大多数也同样如此。我先前的研究和写作一直聚焦于合众国史，特
别关注在城市——特别是纽约城——背景下的知识分子。我曾给朋友打趣说：
写完这么多纽约城的史著，下一步我要放眼全球了！"[49] 由此可见，1997—
2000 年，经过 4 年的研讨和思考，本德实现了从美国史向跨国史的转变。

在《全球化时代重新思考美国史》一书中，本德提出，民族国家史作
为一个分析框架在全球化时代已经不能适应需要，应该将民族国家置于跨
国的或全球的更广阔联系中来理解。他说："人们意识到了国家内部的、跨
国的和全球的政治、经济、社会和文化进程，这种新意识不可避免地正在
改变当代的历史编纂。这些情况促使（甚至要求）人们从一种视角重新思
考美国史，这种视角不再受制于把国家当作美国史容器的观念。人们不再
相信国家是闭关自守、独立自足和内部没有差别的。我们也不能理所当然
地把国家当作自然的或独一无二的历史分析单位，或者把它当作历史系和
研究生教育的组织原则。"[50] 因此他提出，美国史叙事应该把美国置于一个
更大的跨国和跨文化的全球情境中，这样的叙事比现有历史叙事更能清晰
地揭示美国史的丰富多彩。

---

[49] 托马斯·本德：《万国一邦：美国在世界历史上的地位》，孙琇译，北京：中信出版集团，2019 年，第 xiv 页。
[50] Thomas Bender, ed, *Rethinking American History in A Global Age*, University of California Press, 2001, p.3.

本德将其跨国史理念付诸实践，于 2006 年出版了专著《万国一邦：美国在世界历史上的地位》。他在该书导言中声称："本书试图宣告美国史的寿终正寝，……我有意吸引大家来关注民族国家史的终结，美国史也位列其中。各国的历史通过学校教育被带入公众话语中，进而打造和维持了民族国家的认同感。自足的国家被呈现为历史的天然载体。我认为：这种写作和教授历史的方式早已黔驴技穷。我们所需要的史学是一种能够把民族国家史理解为自身不断构成了多重历史，同时又被多重历史所塑造的史学。而多重历史（的范畴）既可能大于也可能小于民族国家史（的范畴）。民族国家并非决然独立、封闭自足的；它跟其他各种人类团结（的形式）一样，不仅与外部相关联，也或多或少地被自身之外的环境所塑造。事到如今，（我们）不应再忽略（这种观察）民族国家史的显而易见的维度了。……在这本书中，我的目的就是要在超越国家的背景下，提供另外一种理解美国史中心事件和主题的方式。不同于'美国例外论'的概念，我的这一框架坚持认为：民族国家并不足以构成其自身的历史背景。事实上，它早已逼迫着，将其生存的环境推展到了最终端的大陆尽头，即整个地球。在此，美国史中的一切重大主题和事件，包括像革命和内战这样独特的美国事件，都应在一种全球史的背景下接受检视。"[51] 因此，本德呼吁要打破"民族国家是历史天然的容器和载体"的观念，试图在民族国家史与全球史之间找到一个契合点，也就是以全球史理念与方法来审视民族国家史，这是本德所倡导的跨国史的特点。它体现在《万国一邦：美国在世界历史上的地位》中，就是"检视了美国史中的五大重要主题并将其视作全球史的一部分来重新加以解释"，并且"借此来提倡一种历史的叙事，这种叙事能够更好地把我们拥有丰富历史的内部叙事同具有互联和互相依赖特质的全球叙事连接起来"。[52] 因此该书的主要 5 章，包括海洋世

---

[51] 托马斯·本德：《万国一邦：美国在世界历史上的地位》，第 1—3 页。
[52] 托马斯·本德：《万国一邦：美国在世界历史上的地位》，第 7、373 页。

界与美国史的开端、"大战"与美国革命、国家构建时代中的自由、帝国中
的帝国、工业化的世界与自由主义的转型，把美国置于全球情境中，从全球
关联来阐述美国历史变迁，以此理解这个"位于欧洲帝国'边缘之边缘'的
微不足道的殖民地日渐成长为合众国，成为居于主导地位的世界强权；正因
如此，从属于全球史的合众国史，才可能轻而易举地变形为作为一种全球史
的美国史"[53]。

三、入江昭的跨国史探索

入江昭 1934 年出生于日本东京，1953 年高中毕业后赴美留学，此后定
居美国。1961 年，他从哈佛大学获得博士学位，1971 年到芝加哥大学任教，
1989 年到哈佛大学任教，2005 年退休。他在 1982 年当选为美国人文与科学
研究院院士，1978 年曾任美国外交史学家学会会长，1988 年曾任美国历史
学会主席。在入江昭的学术生涯中，其主要研究领域为近现代美国外交和东
亚国际关系，但对这一领域进行研究的视角和方法却经历了一个变化过程。
最初，他从事以民族国家为本位的外交史研究，然后从文化角度探讨国际
史，最后转向了跨国史。

入江昭早年以民族国家为中心的外交史和国际关系史著作，包括《帝国
主义之后：1921—1931 年对远东新秩序的追求》（1965）、《跨越太平洋：美
国与东亚关系的内在史》（1967）、《亚洲的冷战》（1974）、《从民族主义到国
际主义：1914 年之前的美国外交政策》（1977 年）。[54]20 世纪 70 年代以

---

[53]　托马斯·本德：《万国一邦：美国在世界历史上的地位》，第 374 页。

[54]　Akira Iriye, *After Imperialism:The Search for a New Order in the Far East, 1921-1931* (Harvard University Press,1965);*Across the Pacific: An Inner History of American-East Asian Relations* (Harcourt, Brace, 1967);*The Cold War in Asia* (Prentice-Hall, 1974); *From Nationalism to Internationalism: American Foreign Policy to 1914* (Routledge and Kegan Paul, 1977).

后，"外交史"逐渐被称为"国际史"，当时的入江昭认可并接受了这一概念。他回忆说："从'外交史'到'国际史'的这一变化，至少显示出外交史学家开始试图超越国家制定政策和对外策略方面的讨论，而日渐关注世界各国如何基于自身利益而塑造世界秩序。但即便如此，国际史仍以民族国家为核心的叙事单位，而在考虑世界事务之时，也更偏重强调'大国'所扮演的角色。"[55]与此同时，西方人文学科研究中出现了文化转向，入江昭也开始关注文化问题和文化视角的研究。因此，这一时期的入江昭主要在国际史框架下从文化视角来探讨国际关系，这方面的著作主要有《太平洋上的隔阂：1897—1911年日本和美国的扩张》（1972）、《权力与文化：1941—1945年的美日战争》（1981）、《20世纪的战争与和平》（1986）和《第二次世界大战在亚洲和太平洋的起源》（1987）。[56]

从20世纪80年代后期起，美国人文社会科学的学者日益感受到自己生活在一个全球化日益发展的时代，由此出现了学术研究的国际化和全球化趋势。在此影响下，入江昭在1988年美国历史学会的年会上，作了《历史学的国际化》的发言。他在发言中提出："为了使历史学国际化，也许有必要使历史学'去国家化'（denationalize）。……与此同时，国际史力图超越国家的分析层次，并把整个世界当作一个研究框架。……而且，最近的艺术史著作强调，需要超越国家的框架和寻找跨国的（transnational）艺术主题。"[57]由此可见，入江昭此时已经看到了历史学研究将超越民族国家界限这一新趋势，也使用了"跨国"一词，但并没有明确使用"跨国史"。后来他对此次

---

[55]　入江昭：《全球史与跨国史：过去，现在和未来》，第7页。

[56]　Akira Iriye, *Pacific Estrangement: American and Japanese Expansion, 1897-1911* (Harvard University Press, 1972);*Power and Culture: The Japanese-American War, 1941-1945* (Harvard University Press, 1981);『二十世紀の戦争と平和』（東京大学出版会、1986）;*The Origins of the Second World War in Asia and the Pacific* (Longman, 1987).

[57]　Akira Iriye, "The Internationalization of History", *The American Historical Review*, Vol. 94, No. 1 (Feb., 1989), pp. 1-10.

发言做了这样一番自我评价：

> 虽然我们很难说这种以跨国视角研究国际史的新范式究竟始于何时，然而自 80 年代以来，已经有一小批历史学家开始频繁使用"跨国"一词。就我本人而言，在 1988 年美国历史学会的年会上，我曾以《历史学的国际化》为题做主席演说，重新阐释文化对国际关系研究的意义。文化维度的重要性在当时已成为学界共识，然而现在想来有意思的是，当时的我似乎已经开始不自觉地运用"跨国"一词，但当时如果我真的有意识地想推动跨国研究的新浪潮，主席演说就理当以"历史学的跨国化"（the transnationalization of history）为题。虽然我的演说中谈到历史学家有必要将他们的研究"去国家化"，挖掘那些"超越国家边界范围的、有意义的历史题目和观念"，然而我并没有意识到"国际史"同"跨国史"两个词之间有那样明显的差异。现在想来，我应该以"跨国化"（transnationalize）代替"去国家化"（denationalize）一词，可当时的自己却完全没有想到这些。[58]

所以，当时的入江昭只是"模模糊糊地开始朝这个方向努力，但完全没有料到 20 世纪末全球史和跨国史会衍生成一股截然不同于传统民族国家历史叙事和国际史的研究路数的新浪潮"[59]。他在 90 年代初出版的两本著作就是这种状况下的产物。1992 年出版的《全球背景下的中国和日本》，把 19 世纪末到 20 世纪末的中日关系置于全球背景下进行了探讨。1993 年，他的《美国的全球化（1913—1945）》一书作为"剑桥美国外交史"第 3 卷出版，

---

[58] 入江昭：《全球史与跨国史：过去、现在和未来》，第 10 页。
[59] 入江昭：《全球史与跨国史：过去、现在和未来》，第 11 页。

从外交史的角度探讨了 1913—1945 年美国作为一个全球性大国的兴起。[60]
然而，这两本书的标题虽然都提到了"全球"，但内容却与之关系不大，对
全球化现象并没有分析。因此他对此反思说："用全球史的叙事框架重新分
析各类跨国力量现象，可能会和已有的研究路数发生冲突，毕竟 90 年代初
大多数研究（包括我本人的作品在内）仍旧承袭的是以民族国家为中心的历
史叙事。尽管当时的我倡导历史研究应当'去国家化'，探索那些超越民族
国家边界的跨国现象，然而我自己的研究并未真正践行这一理念。"[61]

到 20 世纪 90 年代末，美国的全球史研究蓬勃发展起来，入江昭此时才
明确感到"跨国史"应该是一种不同于"国际史"的历史。于是他从自身历
史研究的经历和实践出发，开始明确倡导"跨国史"。

入江昭的跨国史思想和实践主要体现在他的 4 本著作：《文化国际主
义与世界秩序》（1997）、《全球共同体：国际组织在当代世界形成中的角
色》（2004）、《全球史与跨国史：过去，现在和未来》（2013）和《我们生
活的时代》（2014）。另外，入江昭和皮埃尔-伊夫·索尼尔（Pierre-Yves
Saunier）共同主编的《帕尔格雷夫跨国史辞典》（2009）也体现了他对跨
国史的构想。他与马兹利什共同主编了《全球史读本》（2005），与奥斯特
哈默共同主编了 6 卷本《世界史》（2014），其跨国史理念则通过全球史的
形式表现出来。

入江昭把他早年倡导的文化视角和新的全球视角结合起来，于 1997 年
出版了《文化国际主义与世界秩序》一书。[62] 在这本书中，入江昭考察了文
化国际主义的发展历程，认为文化国际主义是促进国家间文化交流、理解以

---

[60]　参见 Akira Iriye, *China and Japan in the Global Setting* (Harvard University Press, 1992); *The Globalizing of America, 1913-1945* (Cambridge University Press,1993).

[61]　入江昭：《全球史与跨国史：过去，现在和未来》，第 11—12 页。

[62]　Akira Iriye, *Cultural Internationalism and World Order,* Johns Hopkins University Press, 1997.

及合作的最好途径，主张用国际主义的世界观取代民族国家中心观。文化国际主义就是通过跨国文化交流来增强国与国之间的相互理解和合作，并由此在某种程度上形成共同的价值观。文化是国家力量中一个非常重要的元素，一个持续稳定的国际秩序单靠政治、军事、国家权力来维持显然是行不通的，只有增强国家之间的文化交流和情感沟通，才能减少国际摩擦与争端，构建良好的国际秩序。因此文化国际主义成为跨国史研究中的重要主题。入江昭后来回忆说，当时这本书应该取名为《文化跨国主义与国际秩序》，"这样可以更好地描述文化交流中体现出的跨国主义和国际主义"[63]。

国际组织是入江昭倡导的跨国史研究的重要主题，他的《全球共同体：国际组织在当代世界形成中的角色》，就是对人道主义救助、文化交流、和平与裁军、发展援助、人权、环境保护等 6 种国际组织的发展过程进行了历史考察，以此探讨它们的活动在国际事务中发挥的重要作用。他指出，19世纪晚期以来各种国际组织的数量稳步增长，如果无视国际组织就无法理解当今的世界，但是历史学家却几乎完全忽略了这一事实，没有对此展开研究，因此他希望这本书能够填补这一学术空白。而且，这一跨国史研究也具有重要的方法论意义。他说："以国际组织、而不是民族或国家为分析单位，这为研究国际关系的发展提供了一个崭新的视角，从而也使得我们得以重新阐释世界现代史。举例来说，通过探索国际组织在过去几十年间争取建立政治上、经济上、文化上的跨国纽带方式，我们可以更好地理解全球化这一现象。"[64] 因此王立新教授对此评价道："《全球共同体》不仅为历史学者提供了新的关于国际组织的丰富知识和观察 20 世纪国际史的崭新视角，同时也为研究国际组织的社会科学家提供了历史的视野，因而具有跨学科的意

---

[63]　入江昭：《全球史与跨国史：过去，现在和未来》，第 19 页。
[64]　入江昭：《全球共同体：国际组织在当代世界形成中的角色》，刘青、颜子龙、李静阁译，北京：社会科学文献出版社，第 1 页。

义。……《全球共同体》就是一位杰出历史学家为更好地理解和应答我们时代的新问题（全球化）而书写的历史著作的典范。"[65]

入江昭在《全球史与跨国史：过去，现在和未来》中对全球史和跨国史进行了学术史梳理，并在此基础上对全球史和跨国史提出了一些思考，是体现入江昭跨国史理论的主要著作。在该书中，入江昭考察了国际史、跨国史、全球史等概念及其研究的兴趣，并按照跨国史的研究主题对现有成果进行了评述，包括环保主义、跨种族和跨文化相遇、移民、人权、经济与文化的全球化，以及在地缘政治中的战争、地方社群和非政府组织等现象的文化维度。《我们生活的时代》也反映了入江昭的跨国史理论思考。该书以一个历史学家的眼光，给读者展现了一个全球框架下的现代世界。他把 20 世纪 70 年代之后的世界称为现代世界，认为在全球化进程中，现代世界发生了急剧变化，并给历史学提出了许多新问题。一方面，民族国家的作用在下降，传统国际关系面临挑战；另一方面，跨国公司、国际非政府组织等非国家行为体快速发展，全球性道德意识和国际主义也对民族国家构成了挑战。因此，他提出，要从全球史和跨国史来理解和考察这个现代世界，"在全球联结发展得如火如荼、跨国意识不断高涨的时候，支持国家中心主义与排他主义无异于在开历史的倒车"[66]。

2005 年，入江昭与马兹利什共同主编了《全球史读本》，这一读本体现了马兹利什的新全球史和入江昭的跨国史理念，所选文章都是反映近现代以来全球化进程中出现的问题，包括信息革命、跨国公司、移民、消费主义、自然环境、人权、非政府组织、国际主义、全球文化、疾病的全球化、恐怖主义等主题。这一读本体现出的对全球史的理解，不同于夏继果、本特利主

---

[65]　入江昭：《全球共同体：国际组织在当代世界形成中的角色》，"译序"，第 7—17 页。

[66]　入江昭：《我们生活的时代》，王勇萍译，北京：中信出版社，2016 年，第 220 页。

编的《全球史读本》。2014 年出版的《全球相互依存：1945 年之后的世界》[67]，
是入江昭与奥斯特哈默共同总主编的 6 卷本《世界史》中的第 6 卷，这一分
卷由入江昭主编。该书分 5 章从国家与均势变化、全球经济开放、环境问题
与人类世、全球文化、跨国世界的形成等方面探讨了 1945 年之后的全球史。
其中第 5 章"跨国世界的形成"由入江昭撰写，分战后跨国主义、人道的
跨国化、跨国主义的不同层面、21 世纪等 4 节，阐述了在当代跨国世界中，
人类个体和群体所扮演的角色并不主要是国家的公民，同时也是构建了跨国
网络的移民、旅行者、艺术家、传教士等行动者。

---

[67]　Akira Iriye,Jürgen Osterhammel,eds, *Global Interdependence: The World after 1945* (*A History of the World*)
Belknap Press，2014.

第八章　新帝国史和新海洋史

帝国和海洋作为历史研究对象并非近年来才有的新生事物，帝国史在19世纪末、海洋史在20世纪上半叶就开始成为历史学中两个专门的研究领域，约翰·罗伯特·西利（J. R. Seeley）《英格兰的扩张》（1883）和费尔南·布罗代尔的《菲利普二世时代的地中海和地中海世界》（1949）分别成为这两个领域的奠基之作。然而，随着20世纪末以来全球化的发展，传统的帝国史和海洋史出现了"全球转向"，研究理念和方法都受到了全球史的影响，日益注重整体视角下的互动和网络研究；与此同时，帝国史和海洋史在新社会史、新文化史、后殖民理论等新思潮影响下，也开始关注种族、性别、身份认同等问题。这样，进入21世纪，"新帝国史"和"新海洋史"出现了。

第一节　新帝国史

从广义上来说，帝国史应该指对历史上任何帝国的研究，既包括古代世界的大陆性帝国，也包括近代以来欧洲的海洋性帝国。然而，由于不同学者对帝国的界定存在分歧，以帝国为考察对象或借帝国之名进行的相关历史研究，内容极为庞杂，很难将其当作历史研究中的一个分支领域加以概述。因此，本节所考察的帝国史是一种狭义的帝国史，把帝国史看作历史研究中一个特定范畴和专门的分支领域，以其自身所具有的相关概念及方法而区别于其他历史研究。这种帝国史的学术传统渊源于19世纪下半叶英国的英帝国史研究，它作为一个专门的研究领域发展至今，在全球化的背景下受到全球史学者的关注和重视，并成为全球史研究中一个重要的分支领域。20世纪80年代以来，随着全球化的发展和冷战的结束，帝国史研究出现了复兴，并在后殖民理论、新社会史、新文化史、全球史等思潮影响下，出现了不同于传统帝国史书写的"新帝国史"。

一、"帝国"概念的历史渊源及争鸣

什么是"帝国"？这是一个见仁见智的问题，学术界存在较大分歧。世界历史上的"帝国"并不存在一种统一的模式，而是各有特点。这里从学术史的角度对西方文化中的"帝国"概念做一初步考察，并简要评述当前学术界关于"帝国"概念的讨论。

（一）西方文化中"帝国"概念的历史渊源

"帝国"在西方的历史和文化中扮演了重要角色，从古代罗马帝国到中世纪的神圣罗马帝国，再到近现代的葡萄牙、西班牙、荷兰、法国和英国建立的庞大海外殖民帝国，以及奥匈帝国、德意志第二帝国和第三帝国等，都对世界历史进程产生了影响。一些学者曾尝试着对这些帝国进行归纳性研究，试图寻找其中的相似之处或共同的模式和规律。其实，如果将"帝国"当作西方世界中的　个文化因素来考察，其文化渊源无一例外必须追溯到古代罗马。正如西方史学家所称的"伟大归于罗马"，从中世纪到近现代西方的帝国无不以罗马帝国为榜样。安东尼·帕格顿（Anthony Pagden）说道："从近代早期的西班牙到 19 世纪晚期的英国，罗马一直为所有欧洲帝国提供灵感、形象和词汇。欧洲所有先前帝国的首都——伦敦、维也纳、柏林——都充满了宏伟的建筑，它提醒人们这归功于罗马。"[1] 因此，理解罗马时代的帝国观念是理解其后西方其他帝国的文化基础。

西方的"帝国"（Empire）一词源于古代罗马拉丁语的 imperium，但这个词最初并非指空间（领土）意义上的帝国，而是指一种统治权。古罗马思想家西塞罗（Cicero）著作中经常使用的一个词组是 imperium populi Romani，即"罗马人民的统治权"。后来，imperium 一词由"统治权"演变出了"帝国"的含义。有人认为，公元前 1 世纪的罗马历史学家萨鲁斯特（Sallust）开始用 imperium Romanum 这一词组来描述罗马人民的权力的地理范围。到公元 1 世纪时，imperium 一词开始有了类似于现代意义上"帝国"的含义。奥古斯都实现独裁后，他作为元首或皇帝，不仅拥有西塞罗所讲的 imperium（统治权），而且还直接控制着罗马大片领土，由此在他身上实现了权力与领土的合一。这样，imperium 从"罗马人民的统治权"（imperium populi Romani）中的"统治权"，演变成了"罗马帝国"（imperium Romanum）中的"帝国"。当然，imperium 在这一转变过程中，并没有丧失原本的"统治权"之意。这样，imperium 就既指其统治权，也指这种权力之下的领土。从"帝国"概念的起源可以看出，一方面它始终与一种至高无上的统治权紧密联系在一起，另一方面也指这种统治权之下一片生活着多种民族的辽阔领土，而且这一含义后来越来越成为主要用法。

imperium 所具有的内涵承载着罗马帝国统治的合法性及其普世理念，它作为一种帝国的思想文化遗产对欧洲中世纪及近代产生了深远影响。中世纪及其后的欧洲人将罗马帝国视为文明、秩序、和平和繁荣的象征，因此从中

---

[1] Anthony Pagden, *Peoples and Empires: A Short History of European Migration, Exploration, and Conquest, from Greece to the Present*, Modern Library, 2003, p.19.

世纪开始，欧洲各王国的统治者便争相自诩为罗马帝国的合法继承者，为自己的统治寻求合法性和正统性。公元 800 年的圣诞节，教皇利奥三世（Leo III）为法兰克国王查理曼加冕，授予他为"统治罗马帝国的皇帝"。这样，拉丁基督教世界中也产生了罗马帝国的合法继承者，查理曼统治的王国也可以名正言顺地称为"帝国"了。查理曼加冕事件可以说是一种对东部拜占庭帝国的公开宣示，查理曼才是罗马帝国统治世界的普世权力的唯一合法的继承者，而且这种权力是由上帝选定和由教皇代表上帝授予的。公元 962 年，德意志国王奥托一世加冕为"罗马帝国皇帝"，这个"罗马帝国"成为欧洲大陆一支主要的政治力量。1155 年，德意志国王腓特烈一世又加冕称为"神圣罗马帝国皇帝"，更显示出其作为"罗马帝国皇帝"的神授合法地位。1442 年之后，这个"神圣罗马帝国"名字前又进一步添加了"德意志民族"，成为"德意志民族的神圣罗马帝国"。这个名称包含了三个文化因素：罗马帝国（合法统治权）、基督教（普世帝国）和德意志民族。因此在中世纪，一个国家要成为帝国，首先其统治者要获得一种由教皇授予的罗马帝国合法继承者的身份，有了这种"罗马皇帝"的身份，才拥有权威统治一个居住着众多民族的广阔世界。

西方"帝国"观念中的普世主义，从思想史的角度来看，最早源于亚历山大帝国的希腊化，将希腊文明视为一种普世文明，它遍布于"文明世界"（oikoumene）。到罗马时代，罗马人相信"罗马治下的和平"会给各民族带来和平、秩序和正义，其范围包括整个已知的世界（orbis terrarium）。中世纪时，神圣罗马帝国的皇帝们也都强调"罗马世界"（orbis romanus）和"基督教世界"（orbis christianus）的统一，认为这种具有双重因素的帝国可以实现基督教的普世文明。到了近代，以法兰西帝国和大英帝国为代表的帝国统治者则以"教化""野蛮民族"为使命，以"文明化使命"（civilizing mission）和"白人的负担"（White Man's Burden）为殖民扩张和帝国主义行为寻找合法性。同时，大英帝国的统治者也有一种"不列颠治下的和平"（pax Britannica）的理想。因此，"帝国"概念从罗马时代的 imperium 延续到中世纪，对中世纪及近代早期帝国的影响主要体现在两个要素：统治者至上统治权（或权威）的合法性、作为帝国意识形态的普世统治观念。

中世纪到近代早期正是欧洲民族国家形成和发展的时代。有学者认为，这一历史时期也正是帝国观念衰落的时期，因为这是两种完全不同的国家或政体类型。当1806年4月6日拿破仑迫使弗朗茨二世放弃神圣罗马皇帝称号，神圣罗马帝国宣告结束，他们认为这是具有罗马帝国理念的中世纪帝国在欧洲的终结。实际上，神圣罗马帝国虽然灭亡了，但古代罗马帝国遗留下来的"帝国"理念并未在欧洲消失，它与基督教的普世主义相结合，又在欧洲新兴民族国家中找到了新的"宿主"，"帝国"观念在近代欧洲国家扩张过程中又"借尸还魂"了。不过，近代欧洲的殖民帝国是新兴民族国家与传统帝国理念相结合的产物，是以民族国家为核心的复合型帝国，即由宗主国和广大海外殖民地构成，不同于以往欧洲的帝国。

欧洲许多近代民族国家的统治者经常强调自己拥有类似于罗马皇帝的权威，罗马遗留下来的帝国理念成为嫁接欧洲民族国家与殖民帝国之间的桥梁。以英国为例，大卫·阿米蒂奇（David Armitage）指出："中世纪晚期至近代早期三个王国［英格兰、苏格兰和爱尔兰］对帝国和殖民地的诉求，表明了大英帝国意识形态的罗马渊源。正是这些新罗马（neo-Roman）渊源产生了一种连续性，把一个统一、有法定边界、独立的国家概念的创造与后来在大西洋世界形成一个跨国的、广泛的帝国的过程连接起来。"[2] 因此，罗马帝国遗留下来的遗产，弥合了近代民族国家与帝国之间的界限，使欧洲近代民族国家与帝国具有很大的重叠性。

---

[2] David Armitage, *The Ideological Origins of the British Empire*, Cambridge University Press, 2004, p.29.

　　近代欧洲以海外殖民扩张为基础建立起来的帝国，在一定程度上把国家的民族主义与帝国的普世主义巧妙地融合起来了，这就使得由民族国家发展而来的近代欧洲帝国在很大程度上具有民族国家的特征。因此，近代欧洲殖民帝国虽然继承了罗马及中世纪帝国的遗产，但又在很大程度上不同于古代中世纪的帝国。简言之，它们是民族国家时代的帝国。因此在大英帝国，英国人是核心民族和统治民族，但他们会以具有普世面貌的"责任"和"使命"来构建一种帝国认同，使帝国内的其他民族参与进来。克里尚·库马尔认为可以把这种帝国各民族的认同感称为"帝国民族主义"（imperial nationalism）或"使命民族主义"（missionary nationalism）。"帝国民族主义"在欧洲最突出表现在 1870 年之后到第二次世界大战这一时期，当时欧洲帝国主义和民族主义的合流达到了非常高的程度，以至于世界上大多数民族都被卷入到了世界大战之中。

　　综上所述，从帝国文化史的视角来看，从罗马帝国到中世纪的神圣罗马帝国，再到以大英帝国为代表的近代殖民帝国，始终贯穿着一种"帝国的理念"，而这种理念就是来自罗马时代 imperium 所蕴含的意义。帝国的几个基本要素——合法的统治权威、由多民族构成的广大领土、以"责任"和"使命"相标榜的普世追求，无不来自罗马帝国。所以史蒂芬·豪（Stephen Howe）指出："罗马人发明了帝国的概念，它至少是一种后来的帝国缔造者可以理解并经常援引的形式。"[3]

（二）当代西方学者关于"帝国"的讨论

　　尽管西方历史上的"帝国"从文化传统来说具有某些共性，但这并不意味着学者们就会以此达成共识而得出一个公认的"帝国"定义。相反，对于"帝

---

[3]　Stephen Howe, *Empire: A Very Short Introduction*, Oxford University Press, 2002, p.41.

国"的含义及其适用范围、与民族国家的异同及关系等问题，当代西方学术界中出现了百家争鸣。当然，由"帝国"引申出来的"帝国主义"问题，争论的历史更为悠久也更为复杂。这里的关注点是"帝国"概念，因而在此不讨论有关"帝国主义"的争论。

关于"帝国"的概念，综观近年来在西方学术界具有一定影响的论著，大致可以分为三种类型的观点。

第一类观点主要是对历史上多种多样的帝国从共性维度进行抽象概括，试图找到一个具有普遍适用性的"帝国"定义。例如，迈克尔·多伊尔（Michael W. Doyle）认为，"帝国是两个政治实体的互动体系，其中一个是支配中心，它对另一个即从属边缘的内外政策（即有效的主权）施加政治控制"[4]。他这一定义是超越历史语境的一种抽象概括，适用于一切具有这种国际关系行为的国家。同样地，史蒂芬·豪（Stephen Howe）也给"帝国"下了一个概括性定义："帝国是一个庞大的、复合的、多族群或多民族的政治单位，通常通过征服而建立，被划分为统治中心和从属的（有时是遥远的）外围。"[5]由此他评论说："根据定义，帝国必须是庞大的，而且它们必须是复合实体，由以前是独立的单位组成。族群、民族、文化、宗教的多样性是其本质。但在许多观察人士看来，这并不是一种平等的多样性。如果是的话，如果'核心'和'边缘'之间没有支配关系，那么这个体系就不是一个帝国，而应该称之为像'联邦'这样的名称。因此，20 世纪的英国政府辩称，他们正在逐步从一个伦敦主导的帝国转变为一个联邦，一种平等的自由联合。"[6]因此，他也将这一抽象的"帝国"概念运用于包括中国在内的古代亚洲、非洲和美洲。

---

[4]　Michael W. Doyle, *Empires*, Cornell University Press, 1986, p.12.

[5]　Stephen Howe, *Empire: A Very Short Introduction*, p.30.

[6]　Stephen Howe, *Empire: A Very Short Introduction*, p.15.

　　如果说多伊尔、豪的"帝国"只是对以往各种帝国中共性的抽象概括，那么麦克尔·哈特和安东尼奥·奈格里提出的"帝国"则是基于现实思考和对未来的展望。他们在《帝国——全球化的政治秩序》中提出，随着全球化的发展，民族国家的主权走向了衰落，但衰落的不是主权本身，而是承载主权的民族国家。这样，帝国作为一种主权的新形式就应运而生了。他们说道："帝国正在我们的眼前出现。……我们基本的假设是主权已经拥有新的形式，它由一系列国家的和超国家的机体构成，这些机体在统治的单一逻辑下整合。新的全球的主权形式就是我们所称的帝国。"[7] 为了进一步阐明这一"帝国"的含义，他们还将"帝国"与"帝国主义"进行对比说明，提出，"与帝国主义相比，帝国不建立权力的中心，不依赖固定的疆界和界限。它是一个无中心、无疆界的统治机器。在其开放的、扩展的边界当中，这一统治机器不断加强对整个全球领域的统合。帝国通过指挥的调节网络管理着混合的身份、富有弹性的等级制和多元的交流"[8]。因此，帝国概念的基本特征是没有边境，它的规则是没有限定。意大利学者达尼洛·佐罗（Danilo Zolo）也提出，帝国是一种范式，帝国范式的政治结构具有三个形态学的和功能的特征：其一，帝国主权是一种非常强大的、集权的、不断扩大的政治主权范畴。其二，帝国权力机构的集权主义和专制主义伴随着广泛的多元主义，允许不同的群体、社区、文化、习语和宗教信仰共存。其三，帝国的意识形态是和平主义的和普世主义的。[9] 他这种对帝国特征的概括，与哈特、奈格尔、多伊尔一样，都是脱离了罗马帝国的遗产及其影响来谈"帝国"，因此他们的"帝国"概念基本上都是去历史化的。

---

[7]　麦克尔·哈特、安东尼奥·奈格里：《帝国——全球化的政治秩序》，杨建国、范一亭译，南京：江苏人民出版社，2003 年，第 1—2 页。

[8]　麦克尔·哈特、安东尼奥·奈格里：《帝国——全球化的政治秩序》，第 2 页。

[9]　Danilo Zolo, "Contemporary Uses of the Notion of 'Empire'", *The Monist*, Volume 90, Issue 1 (1 January 2007), pp.48-64.

第二类观点，一些学者基于对世界历史尤其是欧洲历史的演变来考察什么是"帝国"，提出"帝国"是与民族国家相对应的一种国家或政权类型。由于欧洲历史的发展进程明显经历了从中世纪向近代转型过程中民族国家的兴起，而民族国家所具有的特征又明显不同于古代的帝国，因此一些学者把"帝国"界定为不同于民族国家的一种国家或政权类型。例如，简·伯班克（Jane Burbank）和弗雷德里克·库珀（Frederick Cooper）提出："诸帝国是庞大的政治单元，是扩张主义的或是曾将权力扩及广大空间的，以及当其兼并新民族时仍维持差异和等级制度的诸政治形态。与之大相径庭的是，民族国家则立基于如下理念之上，即一个单一领土之上的一种单一民族将其自身组成一个独立的政治共同体。民族国家宣称其民众的共性（即使事实更加复杂），而帝国则声言其多元人口的不同性。两种类型的国家都是吸纳性的（它们坚持主张民众被它们的国家机构所统治），但是民族国家倾向于同化那些其境内的民众而排斥那些境外者，而帝国则向外延展并吸纳（通常是强迫式的）在帝国统治下差异被人为地明确化的民族。帝国这一概念假定对于该国体之内的不同民众将会按照不同的方式加以统治。"[10] 正因为如此界定"帝国"，伯班克和库珀将"帝国"概念运用于包括中国在内的古代大国和近现代欧美列强。

阿兰·德·伯努瓦（Alain de Benoist）对"帝国"的界定也以民族国家作为参照范畴，但他把帝国与民族国家两极化。他提出，欧洲人精心设计并发展了国家和帝国这两种政体模式。帝国是一种理念或原则，其疆域是流动和变化的，而国家则与一个具体的疆域联系在一起。国家形成了自己单一的文化，而帝国则拥抱各种文化。国家试图使人民和国家保持一致，帝国却把不同的民族联系在一起，尊重多样性。现代国家被建设为封闭的社会，唯

---

[10] 简·伯班克和弗雷德里克·库珀：《世界帝国史：权力与差异政治》，柴彬译，北京：商务印书馆，2017年，第11—12页。

一的官方认同是国家赋予公民的认同。正因为把帝国与民族国家对立起来，伯努瓦评论说："就其诞生和基础而言，国家一直是反帝国的。……'帝国'一词只应用于名副其实的历史构建，如罗马帝国、拜占庭帝国、德意志罗马帝国或奥斯曼帝国。拿破仑帝国、希特勒的第三帝国、法国和英国的殖民帝国以及美国和苏联的现代帝国主义，这些当然都不是帝国。这一名称被滥用于仅仅从事扩张其国家领土的企业或大国。这些现代'大国'不是帝国，而只是想要扩张的国家，通过军事、政治、经济或其他征服来超越其现有疆界。"[11] 因此他只承认"帝国"存在于古代中世纪。

第三类观点，一些历史学家从世界历史上帝国的多样性出发，强调各国的特殊性，认为很难给"帝国"下一个统一的定义，"帝国"既不是一种国家类型，其概念也不能到处通用。例如，约翰·理查德森（John Richardson）就认为，"在现实中，帝国在实现和行使政治控制的方式上千差万别。这些变化是一个帝国与另一个帝国的区别，每一个帝国都必须用自身的术语来加以考察，以避免帝国观念不适当地从一个社会转用于另一个社会的危险"[12]。罗素·福斯特（Russell David Foster）也持类似的看法，认为从古代罗马帝国到中世纪和近代欧洲的帝国，各帝国各有不同，帝国概念是不断变化和多义的，不能用一个固定的概念来表达。因此他提出，"'帝国'不能固定为一个单一的、静态的定义，因为它是一种话语；它是流动的、动态的、多义的，当它在通过时间、空间和文化传播之时，在人与人之间的交流中演变。人们对帝国的想象有很多方面，但并非所有方面都完全令人满意。相反，最好将帝国理解为一种话语——一种哲学、一种态度或一种思维方式，根据这种思维方式，一个政治实体有统治的权利和责任。这种统治（按照帝国）是

---

[11] Alain de Benoist, "The Idea of Empire", *Telos,* December 21, 1993, pp.81-98.

[12] John Richardson, *The Language of Empire: Rome and the Idea of Empire from the Third Century BC to the Second Century AD*, Cambridge University Press, 2008, p.2.

合法的、普世的、独有的、从历史上继承下来的，并且是基于自由承认的不平等。'帝国'社会确信自己有明显的道德优势，并认为它有义务把它的统治扩大到那些还没有足够幸运享受它的人。"[13] 因此在他看来，"帝国"观念虽然变化多义，但可将其归结为西方文化中一种话语和思维方式，而且只存在于西方文化当中。因此他反对把帝国看作是一种国家类型。他批评那些将帝国作为一种国家类型的学者，认为他们是把"帝国"这个概念应用到了在时间和空间上都远离欧洲帝国的社会，如把奥斯曼、日本、阿赫门尼德、祖鲁、新亚述、阿什提斯（Ashantis）、印加等都描述和分析为"帝国"。所以他进一步指出，"帝国不是一种普遍的政治现象。这是一种局限于欧洲政治社会学的欧洲想象，试图用它作为理解蒙古人、印加人或科萨人的模板虽是善意的，但却被误导了。与其用帝国来描述非欧洲社会，或许是时候开始使用那些社会自己的词汇了，因为这些词汇反映了当学者们将一个西方词汇塞进非西方政治历史时所失去的政治微妙之处。帝国不是中立的，它充满了记忆、认同和情感的政治"[14]。

在上述西方学者关于"帝国"的讨论中，第一类观点把"帝国"抽象为一种国家或政权形式，并将这一概念应用于世界历史上符合其特征的所有大国。第二类观点将"帝国"看成是相对于民族国家的一种国家类型，也将这一概念应用于古代世界具有庞大疆域和人口的大国。第三类观点强调各国社会文化的特殊性，强调"帝国"理念是西方文化特有的，反对将"帝国"概念应用于西方之外的国家。这一类学者的观点，基本上承认西方历史上那些自我认同为"帝国"并继承了罗马帝国理念的国家为"帝国"，认为研究者从客位的视角将"帝国"应用于欧洲之外的国家是不合适的。

---

[13] Russell David Foster, "The Concept of Empire", in William Outhwaite and Stephen Turner (eds.) *The SAGE Handbook of Political Sociology*, p.457.

[14] Russell David Foster, "The Concept of Empire", in William Outhwaite and Stephen Turner (eds.) *The SAGE Handbook of Political Sociology*, p.457.

二、从帝国史到"新帝国史"

帝国史作为一个专门的史学研究领域，从其产生到21世纪经历了一个变化过程。概而言之，1883年约翰·罗伯特·西利出版《英格兰的扩张》标志着帝国史的诞生，而1953年约翰·加拉格尔（John Gallagher）和罗纳德·罗宾逊（Ronald Robinson）发表《自由贸易的帝国主义》一文，则是对帝国史研究视角的一次重要修正。在20世纪50—70年代民族独立运动和去殖民化浪潮的影响下，帝国史研究在西方学术界逐渐为"区域研究"所取代。80年代之后，随着全球化的发展和冷战的结束，帝国史研究出现了复兴，并在后殖民理论、新社会史和新文化史等思潮影响下，出现了不同于传统帝国史书写的"新帝国史"。

帝国史作为一个专门的研究和教学领域出现于19世纪末的英国。1883年，剑桥大学现代史教授约翰·罗伯特·西利将其讲课内容编辑成《英格兰的扩张》一书出版，这被认为是英帝国史诞生的标志。西利在书中回顾了18世纪至19世纪上半叶英格兰及其扩张的历史，提出英国在对外战胜了西班牙、葡萄牙、荷兰和法国之后，成为"更大的不列颠"，因此领土扩张是英国历史发展的重要动力。西利从历史维度阐述了母国与殖民地的关系及其帝国联邦的主张，反映了当时一部分英国人转向对"有形帝国"的追求。此后，英帝国史在英国逐渐发展成为一个专门的历史研究领域，并在20世纪初通过制度化设计而最终确立起来。1905年，牛津大学开设贝特殖民史讲席教授（Beit Chair of Colonial History）。1919年，伦敦大学国王学院开设罗德斯帝国史讲席教授（Rhodes Chair of Imperial History）。同年，剑桥大学开设维尔·哈姆斯沃思海洋史讲席教授（Vere Harmsworth Chair of Naval History）（1933年改为"帝国史与海洋史讲席教授"）。这三个教席代表了英帝国史研究的权威。

20世纪上半叶，英国的帝国史研究中最具代表性的成果是8卷本的《剑桥英帝国史》。这套丛书从 1929 年开始出版，直到 1959 年出齐，这 30 年间正经历了从英帝国向英联邦的转变。这套书前 3 卷按照时间顺序，分别叙述了旧帝国、新帝国、英联邦的历史，后 5 卷则叙述了英国主要殖民地印度、加拿大、澳大利亚、新西兰、南非的历史。从历史书写视角及方法来看，这套丛书主要秉承了当时史学中的政治史传统，围绕宗主国及其对殖民地的统治来构建叙述框架，主要探讨了英国如何从一个欧洲小国兴起发展成为一个世界性帝国，英国的扩张及帝国的建立对于作为宗主国的英国及其殖民地的意义。这种叙事显然围绕着英帝国意识形态而展开。

20 世纪上半叶以《剑桥英帝国史》为代表的帝国史著作关于英帝国形成的叙事，基本上认为英国扩张并没有明确的目的性和计划性，而且在 19 世纪中叶自由主义盛行之时，还出现了针对殖民地的"小英格兰人"及其"分离主义"思想，把移民殖民地看作是母国的"负担"，因此 19 世纪中叶前英帝国是在"心不在焉"中形成的，与 19 世纪末强调"有形帝国"的时期不同。针对这种观点，约翰·加拉格尔和罗纳德·罗宾逊于 1953 年发表了《自由贸易的帝国主义》一文，以"非正式帝国"（informal empire）概念表达了不同的看法。他们认为，对 19 世纪英帝国的研究，不能局限于其正式版图，因为在自由贸易的帝国主义形式下，英帝国的正式版图只是帝国看得见的部分，要理解 19 世纪的英帝国，应该考察这个触角伸张到世界各地的"非正式帝国"，其中包括英帝国在政治和经济上涉及的非洲、中东、拉丁美洲和亚洲的不同国家。因此，他们主张 19 世纪英帝国扩张的连续性，不赞同"分离主义"的说法，并强调对殖民地的研究。他们的主张从其 1961 年合著的《非洲与维多利亚时代》（Africa and the Victorians）一书中体现出来。该书聚焦于非洲不同地区的政治和经济史，从殖民地而不是宗主国的视角来解释。加拉格尔和罗宾逊的帝国史研究具有重要意义，尤其是《自由贸易的帝国主义》"这篇文章的重要意义，在于它不再把帝国只看作一个领土实体，而是看作与当地合作者的一种经济联系，更为重要的是，它转而关注帝国中心的特性、土著社会的结构，以及边缘地区政治和社会的发展，从而为帝国研究开启了一个新的视角。……他们坚称正式与非正式帝国统治之间的连续性，这不仅为解释 19 世纪的英帝国主义，也为解释 20 世纪的非殖民化，甚至为解释美帝国，提供了思路"[15]。

20 世纪 50—70 年代是帝国史研究衰微的时代。第二次世界大战之后，随着殖民地民族独立运动的兴起和殖民帝国的瓦解，"帝国"和"帝国主义"在这股大潮中都成了批评的对象，人们通常把研究帝国史看成是认同或同情帝国主义。因此从 20 世纪 50 年代起，帝国史陆续从欧美大学的教学计划和课程体系中，甚至从研究机构中删除，代之而起的是"区域研究"或"第三世界研究"，也有一些帝国史家转向原宗主国本土历史的研究。这样，作为整体的帝国史基本上分解成了两个领域，即原宗主国的历史和原殖民地新兴国家的历史，帝国史为民族国家史的潮流所淹没。当然，帝国史在西方尤其是英国史学界并没有完全消失，1972 年创办的《帝国和英联邦史杂志》为帝国史研究者提供了一个展示成果的阵地。

在去殖民化的浪潮中，帝国史很容易地被分解成宗主国的历史和殖民地国家的历史，这也恰恰反映了 20 世纪 70 年代之前帝国史研究的特点：帝国史就是宗主国的扩张及其殖民地的历史。这种历史实际上是以宗主国为中心展开的，其关注点主要包括以下四个方面：首先是欧洲国家扩张的原因和动机，主要从宗主国的政治、经济、社会、宗教及意识形态等方面来分析。其次是帝国建立的过程，主要包括欧洲的探险者、航海者、传教士、殖民公司、移民等"发现"和"开拓"殖民地的过程。第三是帝国的统治和组织，包括殖民地政府的组织、宗主国制度和法律扩展到殖民地等。第四是帝国的

---

[15] 阿西娜·赛利亚图：《民族的、帝国的、殖民的和政治的：英帝国史及其流裔》，《全球史评论》第十辑，2016 年 6 月，第 22 页。

成本和收益，即拥有大量殖民地的帝国给宗主国和宗主国各阶层带来了什么。[16] 这种以宗主国为中心的帝国史书写，完全把殖民地及其人民置于被动的、次要的和附属的角色，同时也忽视了文化、性别、种族等其他因素。

20世纪80年代以后，帝国史在欧美史学界开始出现复兴，"帝国"一词在学术界和大众媒体中的使用频率越来越高，相关的学术著作和大众读物不断涌现，到世纪之交，帝国史研究呈现出一片"繁荣"景象。就西方学术界的帝国史研究而言，从古代大陆性帝国到近代海外殖民帝国，相关著作多得难以统计。影响较大的著作中，迈克尔·多伊尔的《帝国》（1986）是帝国史研究出现复兴的一个重要标志。随后保罗·肯尼迪（Paul Kennedy）的《大国的兴衰》（1988）成为一本重要的历史畅销书。这种帝国史叙事对普通读者的吸引，随着尼尔·弗格森（Niall Ferguson）《帝国：不列颠如何塑造了现代世界》（2004）一书的出版达到了一个新高潮。如果说大多数帝国史都是以西欧几大帝国为对象，那么，多米尼克·列文（Dominic Lieven）的《帝国：俄罗斯帝国及其竞争对手》（2001）成为理解俄罗斯帝国的一本重要著作。简·伯班克和弗雷德里克·库珀的《世界帝国史：权力与差异政治》（2010年）出版后即获得了2011年度美国世界历史学会图书奖。还有一些学者在全球化、后殖民理论、文化史转向、女权主义等思潮的影响下，开始摆脱传统帝国史的研究视角和书写方式，由此出现了所谓的"新帝国史"。A.G.霍普金斯（A. G. Hopkins）、史蒂芬·豪、约翰·达尔文（John Darwin）、托尼·巴兰坦（Tony Ballantyne）、安托瓦内特·伯顿（Antoinette Burton）、约翰·麦肯齐（John MacKenzie）、克莱尔·安德森（Clare Anderson）、菲利帕·莱文（Philippa Levine）、琳达·科莉（Linda Colley）等人的帝国史研究就是如此。面对这种帝国史研究的盛况，克里尚·库马尔（Krishan Kumar）和罗素·福

---

[16]　David K. Fieldhouse, "Can Humpty-Dumpty Be Put Together Again? Imperial History in the 1980s," *Journal of Imperial and Commonwealth History* 12, no. 2 (1984): 9–23.

斯特不约而同地感叹道："帝国回来了。"[17]

何谓"新帝国史"？史学界对此有不同的看法。从学术史来看，最初提出"新帝国史"概念的学者都有英帝国史的学术背景，因此这一概念在很大程度上是相对于传统英帝国史而言。但是，后来有一些学者将"新帝国史"概念用于法国、西班牙、德国的殖民帝国，也有少数学者将之用于欧洲之外的"帝国"史。

英帝国史专家大卫·菲尔德豪斯（David K. Fieldhouse）早在1984年就撰文呼吁重新研究帝国史，把"旧帝国史的碎片重新组织成新的范式"，以宗主国和殖民地之间的"互动领域"（area of interaction）作为"新的和重建的帝国史的主题"。[18]2004年凯思琳·威尔逊(Kathleen Wilson)主编的文集《新帝国史：1660—1840年不列颠及其帝国中的文化、认同和现代性》，可能是最早以"新帝国史"为书名的著作。该书共收录了她认为属于"新帝国史"范畴的不同学者的16篇论文，它们基本上以文化作为切入视角，涵盖了以下三个主题：(1)帝国对英国社会和文化活动及身份认同的影响。(2)跨越民族、"公共"和"私人"边界的日常生活的跨洋网络，以及通过这些网络实现的人员、商品和思想的交流。(3)在使英帝国的权力成为可能、使其神秘化或与之相抗争的过程中表象（representation）的作用。[19]在威尔逊看来，帝国内部的差异、文化、身份认同和权力关系是"新帝国史"的重要概念。后来威尔逊进一步提出，"新帝国史"是由历史研究和批判实践构成的一种跨学科形式，也可以称之为"批判性帝国研究"（critical imperial studies），

[17]　Krishan Kumar, *Visions of Empire: How Five Imperial Regimes Shaped the World*, Princeton University Press, 2017, p.2. Russell David Foster, "The Concept of Empire", in William Outhwaite and Stephen Turner (eds.) *The SAGE Handbook of Political Sociology*, SAGE Publications, 2017, p.457.

[18]　David K. Fieldhouse, "Can Humpty-Dumpty Be Put Together Again? Imperial History in the 1980s," *Journal of Imperial and Commonwealth History* 12, no. 2 (1984): 9–23.

[19]　Kathleen Wilson, *A New Imperial History: Culture, Identity and Modernity in Britain and the Empire, 1660-1840*, Cambridge: Cambridge University Press, 2004, pp.18–19.

它采用了女权主义、文学、后殖民和非西方的视角，并利用当地知识来重新评估权力与维持现代性观念之间的关系。这种历史研究不仅仅是关注社会底层，也是对长期忽视下层及非西方群体并反映西方观念的学科规则和范式从本质上进行干预，以此从概念上重新思考帝国意味着什么，并通过这一途径来重构关于帝国的叙事。[20]

斯蒂芬·豪在其主编的《新帝国史读本》（2010）中也对"新帝国史"这一概念做了探讨。他认为，尽管学者们对"新帝国史"有不同的界定，但却可以找到其间共同的内涵："他们意指以文化和话语的观念为中心的帝国史研究取径，极为关注性别关系和种族想象，强调殖民主义文化对宗主国及被殖民者的影响，并倾向于进一步探讨正式殖民统治结束后的持续影响。他们对知识、身份认同和权力之间的关系，包括关于历史学家自身定位的一种高度明确的自我意识，提出问题或假设。"[21]

杜尔巴·高希（Durba Ghosh）提出，"新帝国史"是"对旧帝国史的一种修正，关注点在于文化、性别和种族，而不是高端政治、经济或军事扩张"[22]。这一表述简明扼要地指出了新旧帝国史的区别。阿西娜·赛利亚图（Athena Syriato）在回顾了英帝国史研究的演变历程之后，对"新帝国史"做了如下总结："历史学行业的新动向，在帝国主义研究中找到了一方沃土。其间，混杂身份得以考察，文化因素得到优先关注，以揭示自帝国建设伊始出现的底层歧视、种族歧视和性别歧视。相关研究主题涵盖丰富，包括全球性、地方性、网络，以及宗主国与帝国之间私人身份和集体身份的流动性等，展开了一个宽泛的知识光谱，这一知识光谱既涉及帝国经历，又涵盖历

---

[20] Kathleen Wilson, "Old Imperialisms and New Imperial Histories: Rethinking the History of the Present", *Radical History Review*, Issue 95 (Spring 2006): 211–34.

[21] Stephen Howe, *The New Imperial Histories Reader*, London and New York: Routledge, 2010, p.2.

[22] Durba Ghosh, "Another Set of Imperial Turns ?" *The American Historical Review* 117, Issue 3 (June 2012):772-793.

史方法论。"[23] 由此可见，"新帝国史"既是从文化、性别、种族、身份认同、流动网络等视角来研究帝国史的新领域，也是研究帝国史的新方法。

三、后殖民理论、性别和文化视角下的"新帝国史"

为何帝国史在 20 世纪 80 年代之后逐渐为史学界所关注并得到复兴？这与 80 年代以来欧美史学界所处的社会和学术环境有着密切关系，也可以说是各种新学术思潮影响下整个史学变革中的一部分。这些新学术思潮包括后殖民理论、新社会史和庶民研究、女权主义与性别史、新文化史等，它们为帝国史焕发出新的活力提供了理论和方法论的基础。

20 世纪 80 年代，随着后现代思潮在西方的盛行，尤其是在后结构主义的影响下，以后殖民文化批评为特色的后殖民理论发展起来，这种思想着眼于对西方殖民主义的反思和批判，在很大程度上也就是对西方帝国主义的反思和批判，因此对历史学界的帝国史研究产生了深刻影响。后殖民理论的主要代表人物爱德华·W. 萨义德、盖娅特里·查克拉巴蒂·斯皮瓦克和霍米·巴巴等人，从福柯、葛兰西、德里达等人那里吸取思想的养分，试图从话语角度解构西方帝国主义的文化霸权。"后殖民主义理论家采取的策略是对殖民者的语言进行批判性审视，解构有代表性的文本，揭露他们表面叙述背后的话语设计。"[24] 例如，萨义德的《东方学》和《文化与帝国主义》，通过对帝国主义时代西方作品尤其是文学作品的文本分析，批判了其对"东方"的建构和文化霸权。他指出："东方是欧洲物质文明与文化的一个内在组成部分。

---

[23] 阿西娜·赛利亚图:《民族的、帝国的、殖民的和政治的：英帝国史及其流裔》,《全球史评论》第十辑，2016 年 6 月，第 50 页。

[24] Dane Kennedy, "Imperial history and post-colonial theory", *The Journal of Imperial and Commonwealth History*, Vol.24, Issue 3 (1996): 345–363.

东方学作为一种话语方式在文化甚至意识形态的层面对此组成部分进行表述和表达，其在学术机制、词汇、意象、正统信念甚至殖民体制和殖民风格等方面都有着深厚的基础。"[25] 因此在西方许多文学作品中，"这些作品都认为，世界上有意义的行动和生活的源头在西方。西方的代表可以随心所欲地把他们的幻想和仁慈强加到心灵已经死亡了的第三世界的头上。在这种观点看来，世界的这些边远地区没有生活、历史或文化可言；若没有西方，它们也没有独立和完整可展现"[26]。

在萨义德等人的后殖民理论影响下，出现了一些从殖民话语分析来批判西方帝国主义的著作，例如，玛丽·路易斯·普拉特（Mary Louise Pratt）的《帝国之眼：旅行书写与文化互化》（1992 年），大卫·斯珀尔（David Spurr）的《帝国的修辞：新闻、旅行写作和帝国管理中的殖民话语》（1993），珍妮·夏普（Jenny Sharpe）的《帝国的寓言：殖民文本中的女性形象》（1993），蒂姆·扬斯（Tim Youngs）的《在非洲的旅行者：1850—1900 年的英国游记》（1994）等。这些作品通过对殖民者的历史记录进行话语分析，批评了他们对非欧洲社会的歪曲、简化和建构。这些后殖民理论视角下的帝国史研究，虽然存在着忽视具体历史差异、将西方对非西方世界的描述公式化和同质化的倾向，但对历史学界的帝国史研究仍然具有方法论的启示，为帝国史研究提供了新的审视维度。

20 世纪 60 年代以后，从英国兴起的新社会史主张"眼光向下"，书写普通民众的历史，这一倡导与 80 年代兴起的庶民研究理念相一致。以印度学者为主开展的庶民研究，反对从"殖民主义"和"民族主义"的视角来书写印度历史，认为以往的印度历史研究由这两种视角的精英主义主导，其历

---

[25] 爱德华·W. 萨义德：《东方学》，王宇根译，北京：生活·读书·新知三联书店，2007 年，第 2 页。

[26] 爱德华·W. 萨义德：《文化与帝国主义》，李琨译，北京：生活·读书·新知三联书店，2003 年，第 13 页。

史书写带有一种偏见，即把印度民族的形成与民族主义的发展归结为精英的成就，假定民族主义完全是精英行动的产物，在任何一个叙事中都没有庶民进行独立政治行动的位置。[27] 因此他们主张转向"非精英"和"庶民"研究。印度历史学家拉纳吉特·古哈（Ranajit Guha）是这一学派的一个重要代表，他主编的连续出版物《庶民研究》在学术界产生了很大影响，尤其是后殖民理论学者斯皮瓦克加盟这一研究之后，后殖民史学方法成为这一学派研究的一个重要特点。印度在近现代历史上大部分时间是英帝国的一部分，因此在英国学术传统中，印度史也就是英帝国史的一个重要组成部分。庶民研究对印度历史研究中精英主义的批评，倡导印度史研究中的文化和语言转向，书写庶民的生活和境遇，这无疑也成为推动英帝国史走向"新帝国史"的一个重要因素。这种学术影响下的新帝国史，例如克莱尔·安德森的《清晰可辨的身体：南亚的种族、犯罪和殖民主义》（2004），通过考察 19 世纪印度殖民地罪犯身上的刑罚纹身（godna），认为这种纹在囚犯、罪犯和惯犯（habitual offenders）前额上的罪名使得他们的身体文本化了，其身体变得清晰可辨，而文本化的身体为帝国管理者在殖民地社会中构建种族化和性别化的"社区"提供了途径。[28] 安德森的另一著作《庶民生活：1790—1920 年印度洋世界中的殖民主义传记》（2012），通过考察罪犯、俘虏、水手、奴隶、契约劳工和土著居民这些"庶民"的生活，描绘了一幅 19 世纪印度洋世界殖民地生活的图景。[29]

　　西方史学界在女权主义的影响下，从 20 世纪 80 年代起出现了社会性别视角的妇女史和性别史研究，"社会性别"（gender）像种族、阶级一样成

[27]　张旭鹏：《"庶民研究"与后殖民史学》，《史学理论研究》，2006 年第 4 期。

[28]　Clare Anderson,*Legible Bodies: Race, Criminality and Colonialism in South Asia*, New York: Berg, 2004.

[29]　Clare Anderson,*Subaltern Lives: Biographies of Colonialism in the Indian Ocean World, 1790–1920*, Cambridge: Cambridge University Press, 2012.

为历史分析中的一个重要范畴。在此影响之下，帝国史中的主角不再是男性殖民者，被淹没的女性被发掘出来，女权主义、性别问题和妇女生活，也成为帝国史叙事的一个重要方面。例如，安托瓦内特·伯顿的《历史的重担：1865—1915 年英国女权主义者、印度妇女和帝国文化》（1994），考察了维多利亚和爱德华时代的英国女权主义者如何构建并利用"印度妇女"的刻板印象来促进她们自身的解放。因此她对英国中产阶级女权主义者、印度妇女和帝国文化之间关系的研究，旨在"重新定位英帝国情境中的女权主义意识形态，并且质疑西方女权主义者与本土帝国文化之间的历史关系"[30]。她认为，维多利亚和爱德华时代的中产阶级女权主义与英帝国主义有着密切的联系，是英帝国文化霸权的表现。因为"印度妇女"被塑造成无助的受害者形象，依赖于她们的英国女权主义姐妹来帮助其改善境况，这种"印度妇女"形象在意识形态上服务于英国的中产阶级自由女权主义。菲利帕·莱文的《卖淫、种族和政治：英帝国中的性病监管》（2003）考察了 1918 年之前英帝国关于卖淫和性病的殖民政策，尤其是关于旨在阻止性病在各殖民地传播的殖民地立法，并从理论上进一步思考了殖民主义、性别、种族与性之间的相互关系，以期促进不同历史分支学科学者之间的对话。[31] 另外，莱文主编的《性别与帝国》（2004）是一本从性别视角来探讨帝国史的文集，其中的作者都是这一领域颇有成就的学者，包括安托瓦内特·伯顿、凯瑟琳·霍尔（Catherine Hall）、凯思琳·威尔逊（Kathleen Wilson）、芭芭拉·布什（Barbara Bush）等。她们主张把性别放在帝国史研究的中心而非边缘，认为从性别视角来分析帝国，并不仅仅意味着承认妇女的行动和存在，也不仅仅是承认男性统治的帝国中存在着基于性别的差异，而是要进一步主张，"在理解帝

---

[30]　Antoinette Burton, *Burdens of History: British Feminists, Indian Women, and Imperial Culture, 1865-1915*, Chapel Hill and London: The University of North Carolina Press, 1994, p.2.

[31]　Philippa Levine,*Prostitution, Race, and Politics: Policing Venereal Disease in the British Empire*, New York: Routledge, 2003.

国时，除了这些的因素外，如果不采用性别视角，就无法理解帝国的观念以及帝国大厦本身"[32]。丽莎·奇尔顿（Lisa Chilton）的《帝国代理人：1860 年代至 1930 年去加拿大和澳大利亚的英国女性移民》（2007），主要从跨国史视角探讨了英帝国中上层妇女在支持女性移民中所扮演的角色。她认为，从 19 世纪中叶到 1930 年间，英国、加拿大和澳大利亚的中产阶级妇女在很大程度上促进并改变了帝国的移民。她们通常隶属于少数几个英国女性移民团体，形成了一个女性移民促进者（emigrators）的帝国网络，以此支持和推动女性移民。因此，这些具有帝国意识的中上层妇女帮助英国妇女移民到澳大利亚和加拿大，是在致力于帝国的发展。正是出于挑战帝国在本质上是男性事业的观点，奇尔顿不仅把女性移民促进者描述为帝国代理人，而且也将她们看作是"帝国女性化"（empire feminization）的推动者。[33]

另外，20 世纪 80 年代以来历史书写中的"文化转向"，也是推动"新帝国史"兴起的一个重要因素。英国历史学家约翰·麦肯齐（John MacKenzie）是从文化视角来书写帝国史的积极倡导者，他总主编了一套"帝国主义研究"丛书，由曼彻斯特大学出版社出版，从 20 世纪 80 年代起陆续出版了 114 册，其中包括《学者帝国：大学、网络和英国学术界（1850—1939）》《博物馆和帝国：自然史、人类文化和殖民地身份认同》《尚武种族：英帝国文化中的军事、种族和男子气概（1857—1914）》《殖民联系：资助、信息革命和殖民地政府（1815—1845）》《英国文化和帝国的终结》《公民、民族、帝国：英国历史教学中的政治（1870—1930）》《女性帝国主义和民族认同：帝国女儿社团》《巧克力、妇女和帝国：一部社会和文化史》《帝国愿景：爱国主义、大众文化和城市（1870—1939）》《帝国和性：英国的经历》等，推动了学术界

---

[32] Philippa Levine,ed., *Gender and Empire*, Oxford and New York: Oxford University Press, 2004, p.1.

[33] Lisa Chilton, *Agents of Empire: British Female Migration to Canada and Australia, 1860s–1930*, Toronto: University of Toronto Press, 2007, p.70.

的帝国史研究从政治经济传统转向关注社会文化的"新帝国史"。这一丛书中也包括麦肯齐的著作《宣传与帝国：1880—1960 年的英国舆论操纵》（1984年）及其主编的文集《帝国主义与大众文化》（1986）。前者主要以大众帝国主义（popular imperialism）为关注点，考察了 19 世纪中叶至 20 世纪中叶英帝国的戏剧、电影、教育、青少年文学、帝国展览、青年运动和各种帝国宣传机构。后者则探讨了英国的音乐、绘画、小说、报纸、学校教育、电影、BBC 广播、帝国营销局（Empire Marketing Board）、童子军运动等与帝国主义意识形态的关系。[34] 这些研究还表明，具有帝国主义意识形态的大众文化和宣传，有助于培养英国民众的优越感、帝国认同和民族认同。

因此，帝国史文化转向带来的一个重要研究主题就是身份和文化认同问题。英国的扩张及英帝国对英国人的身份和民族认同有何影响？这一问题成为新帝国史家关注的对象。琳达·科莉（Linda Colley）的《不列颠人：1707—1837 年的民族塑造》（2003）从对外战争的角度讨论了这一问题。她认为，在 1707 年英格兰与苏格兰联合成为不列颠王国之时，英格兰人和苏格兰人并没有统一民族的观念，但在其后不列颠王国发展的一百多年里，也逐渐形成了一个不列颠民族。这一过程，与英国的扩张及一系列对外战争有关。18 世纪下半叶，英帝国经历了北美独立，与法国和与西班牙的战争，在 1792—1815 年又进行了一场艰苦持久的反法战争。正是这些对外战争，使得不列颠王国中的不同社会群体团结一致，在广大民众中逐渐形成一种民族团结感。[35] 与科莉不同，凯瑟琳·霍尔的《教化臣民：英国人想象中的宗主国和殖民地（1830—1867）》（2002），则主要以牙买加为例从宗主国和殖民地相互建构的角度考察了英国民族性的形成。霍尔的基本假设是，殖民者

---

[34]　参见 John MacKenzie, *Propaganda and Empire: The Manipulation of British Public Opinion, 1880-1960*, Manchester University Press, 1984; John MacKenzie,ed., *Imperialism and Popular Culture*, Manchester University Press, 1986.

[35]　Linda Colley, *Britons: Forging the Nation, 1707–1837*, London: Pimlico, 2003.

和被殖民者相互建构，宗主国决定了殖民地的发展，而对殖民地的想象则从观念上塑造了"英国性"（Englishness）。因此，她一方面"把殖民地和宗主国放在一个分析框架内"，另一方面探讨了使二者联系在一起"走在双行道上"的复杂辩证关系，尽管二者处在一种不平等的权力关系中。[36] 英国人正是在"学会如何定义和管理他们所遇到的新世界"的过程中，"通过成为殖民者而实现了自我"。[37] 霍尔和桑娅·O.罗斯（Sonya O. Rose）主编的《与帝国同在：宗主国文化与帝国世界》，其中的论文也主要讨论了帝国对英国本土产生了怎样的影响。[38] 另外，安托瓦内特·伯顿的著作也强调帝国和殖民地对英国本土的影响，前述《历史的重担》即凸显了想象"印度妇女"对于英国女权主义的意义。她的《在帝国的中心：维多利亚晚期在不列颠的印度人和殖民相遇》（1998）通过讲述三个印度人前往英国的经历，探讨了 19 世纪晚期印度人和英国人相遇所引发的身份认同问题。她试图说明前往帝国中心的殖民地臣民，身份认同颇为复杂，这种复杂的身份认同是在一种动态的互动中建构起来的，而帝国意识形态在其中起了重要作用。[39]

四、全球化与全球史视角下的"新帝国史"

在"新帝国史"兴起发展过程中，历史学的"全球转向"也像"文化转向"那样对"新帝国史"研究产生了巨大影响。当代全球化的发展成为唤起帝国史复兴的现实基础，而全球史的发展则为新帝国史的兴起提供了理论和

---

[36]　Catherine Hall, *Civilising Subjects: Colony and Metropole in the English Imagination, 1830-1867*, Chicago: University of Chicago Press, 2002, p. 9.

[37]　Catherine Hall, *Civilising Subjects,* pp.14-15.

[38]　Catherine Hall and Sonya O. Rose, eds., *At Home with the Empire: Metropolitan Culture and the Imperial World*, Cambridge University Press, 2006.

[39]　Antoinette Burton, *At the Heart of Empire: Indians and the Colonial Encounter in Late-Victorian Britain*, Berkeley: University of California Press, 1998.

方法的借鉴。我们可以从以下三个方面来理解全球化背景下帝国史与全球史的关系。

首先，20世纪末的全球化趋势，意味着人口、商品、资本、信息的快速全球流动，意味着跨国公司和国际非政府组织的蓬勃发展，同时也意味着以民族国家为单位来思考相关问题会暴露出视野的局限性。例如，如何理解当代国际社会中的跨国"流散社群"？如何理解日益相互依赖的跨区域贸易关系？如何实现大范围不同民族和谐共处的"多元文化主义"？如此等等，对于这些全球化过程中需要解决的问题，一些历史学家力图从全球史视角来思考和回答，但同时也想到了昔日的帝国。克里尚·库马尔就指出："帝国至少作为一个反思的对象，又重新受到了青睐，因为它以一种实用的方式重现了一种形式，这种形式包含了我们今天所关注的许多特性。……帝国可以成为一面棱镜，通过它来审视当代世界的许多紧迫问题——甚至是一个新世界秩序诞生的阵痛。无论我们走向何方，我们似乎都会遇到在历史上的帝国中有先例可循的问题和情况。"[40] 因此，全球化背景下帝国史像全球史一样这种以史鉴今的功用，是帝国史复兴的一个重要现实基础。

其次，对全球史学者来说，帝国扩张和帝国主义行为是理解历史上全球化的一条重要途径，帝国史由此成了全球史的一个重要研究领域。在世界历史上，随着欧洲的扩张，到20世纪30年代，世界上85%的领土直接或间接地处于帝国的控制之下。而与这一进程相一致的是交通和通讯技术的发展，铁路、轮船和电报发展起来，人口、货物和信息以前所未有的速度在世界各地流通，这些反过来也在帝国扩张中起了重要作用。这种帝国扩张和全球化的齐头并进，使得世界变小了。从历史学来说，要理解和分析这种全球化的历史进程，需要突破民族国家史的框架。这样，帝国由于其空间上的跨区域

---

[40]　Krishan Kumar, *Visions of Empire: How Five Imperial Regimes Shaped the World*, p.3.

性、政治上的多民族性、经济上的区域一体化、文化上的多元共存，成为全球化背景下历史学者探讨区域史或全球史的一个重要突破口。A.G. 霍普金斯说："世界上最紧迫的问题都是发生在民族国家这个层次以下或以上的问题。……后殖民时代的重大问题在很大程度上是过去三个世纪中统治世界大部分地区的帝国的遗产，如果不承认这一点就无法理解这些问题。"[41] 因此，在西方史学界，帝国史成了历史学"全球转向"或全球史发展过程中一个重要的研究领域。

最后，对帝国史学者来说，全球史为帝国史研究提供了有用的视角和方法。例如，全球史学者把欧洲帝国扩张置于全球情境中来理解，认为帝国的扩张不仅是帝国实力的表现，在很大程度上也受到欧洲之外因素的影响，比如来自非洲、亚洲和美洲的原材料和劳动力推动了欧洲的资本积累和工业化；非欧洲世界（包括殖民地）在文化和技术上的创新，往往通过帝国途径传播到宗主国和西方。全球史研究中的网络分析也成为帝国史研究中一种重要方法。这种方法把帝国看作一个由宗主国和各殖民地构成的联系网络，而且它与相关外部世界构成一个关联性的整体，通过考察帝国网络，并且强调这种网络存在于帝国的政治、经济、文化和日常生活之中，以此来理解帝国本土和各殖民地之间的相互影响，包括人员流动、商品交换、文化传播、政治控制、社会运动等许多方面。这种研究避免了以往帝国史研究中简单地从宗主国与殖民地、统治与被统治的二元模式来理解帝国的扩张、统治和运行。

从全球史理论和方法来研究帝国史，自 20 世纪 80 年代以来在西方史学界已经取得了不少成果。总体来说，这些成果可以概括为以下四个方面的探索实践。

---

[41]　A. G. Hopkins, "Back to the Future: From National History to Imperial History", *Past & Present*, No. 164 (Aug., 1999):198-243.

（一）从关联、互动和整体的视角把帝国置于一个更大的全球化背景下来理解

整体观和互动观是全球史研究最基本的视角，全球史学家把帝国这一历史现象放在一个更广阔的情境中，在不忽视帝国扩张内在动力的同时，注重从帝国与外界的接触和互动来理解其兴衰，这成为全球史视角下帝国史研究的一个重要特点。例如，C.A. 贝利（Bayly）于 1989 年出版的《帝国子午线：1780—1830 年的英帝国与世界》，书中首先分析了欧洲征服之前亚洲（尤其是中东）伊斯兰国家的危机和衰落，然后分析了 1780—1830 年英帝国的扩张，将亚洲与英国作为一个相关的整体来看待，英帝国的建立正是以莫卧儿、萨法维、奥斯曼帝国的衰落为前提。他认为，英国的扩张及其结果受到那些成为殖民地或"准殖民地"的社会的特征和状态的制约，反过来它们又受到帝国的影响。他在交代该书的写作思路时说："1780 年至 1830 年期间不列颠的新帝国，只有在同时考虑了大不列颠的社会变化和殖民地或其周围准独立（quasi-independent）国家的发展后，才能被理解。再者，由于帝国是一个关于态度、传说（legends）、理论和制度的问题，本书并没有特别把经济利益作为英国扩张的决定力量。种族、贵族、宗教和爱国主义等概念成为头等重要的概念。最重要的是，英帝国不仅必须被视为美洲、亚洲或非洲历史上的一个关键相位（phase），而且也必须被视为英国民族主义本身产生的关键相位。"[42] 因此对于英国的扩张及其发展到"新帝国"，贝利没有从传统的经济和政治视角来分析，而是从英国与殖民地的关系以及文化的视角来加以考察。

P. J. 该隐（P. J. Cain）和 A. G. 霍普金斯（A. G. Hopkins）合著的《英帝国主义》（1993 年），与贝利一样将英帝国主义置于全球化的情境中来研究。该书初版时以不同的副标题"革新与扩张（1688—1914）"和"危机与解构

---

[42] C.A. Bayly, *Imperial Meridian: The British Empire and the World 1780-1830*, London: Longman, 1989, p.15.

（1914—1990）"分为两卷，2001 年第 2 版和 2016 年第 3 版则合成了一卷并有所修订。该隐和霍普金斯认为，"帝国是全球化的力量，它所产生的冲击远远超出其自身领土的边界。帝国扩张的全球化后果遍及世界并持续影响到去殖民化时期"[43]。"现代英国的形成离不开英帝国的历史，英帝国本身就是一个具有全球化雄心的跨国组织。我们的研究致力于追踪多元互动，这种互动有助于在本土巩固民族国家并扩大在海外的影响。"[44] 因此，他们将帝国扩张过程看作是全球化历史上的一系列阶段，将不列颠的世界角色根据全球化进程划分为前后相继而又部分重叠的三个阶段：从 1688 年到 1850 年的原始全球化、从 1850 年到 1950 年的现代全球化、从 1950 年至今的后殖民全球化。他们提出，在全球化和帝国化的过程中，英国由军事财政国家向民族国家转型并不断对外扩张，"绅士资本主义"（gentlemanly capitalism）是其背后的推动力量。"绅士资本家"是 18 世纪出现的一个新兴英国精英阶层，主要从土地贵族的后裔中发展而来，另外还包括从事银行、保险、航运和证券交易等新兴行业收入丰厚的人。"他们需要英国政府来维持国内的社会秩序和稳健货币，并为了维护他们的利益，将拉丁美洲、亚洲、非洲和太平洋的新领土纳入贸易和金融的流通中，开放新的市场，汇寄借款和收入。由于这个群体的成员控制了英国的公共生活，他们的计划（agenda）就成功地变成了国家的计划。"[45] 这样，该隐和霍普金斯把绅士资本家、英国本土、英帝国和全球化联系在一起，从经济利益驱动和大范围互动的视角分析了英帝国的兴衰，于尔根·奥斯特哈默称这一研究思路是"把帝国史视为一种通向连贯的全球史视野的路径"[46]。

---

[43] P. J. Cain and A.G.Hopkins, *British Imperialism:1688-2015*, Third edition, New York: Routledge, p.705.

[44] P. J. Cain and A.G.Hopkins, *British Imperialism:1688-2015*, p.706.

[45] Richard Drayton, "Book Reviews", *Journal of Southern African Studies*, Vol. 20, No. 1 (Mar., 1994), pp.149-150.

[46] 于尔根·奥斯特哈默：《20 世纪的帝国史研究谱系》，《全球史评论》第十辑，2016 年 6 月，第 6 页。

约翰·达尔文（John Darwin）在《未终结的帝国：不列颠的全球扩张》（2012）中声称，该书的主题就是："英国的扩张史是英帝国与其他地区经历的一系列遭遇的历史，以接触交流为始，以建立殖民社会为终，这就是帝国的构建过程。"[47]因此他把英帝国扩张放在全球情境中看作是英国与外界相遇、接触、占领和统治的过程。达尔文的《后帖木儿时代：全球帝国的兴与衰（1400—2000）》（2007）也将帝国置于全球化过程中来理解，但在这本著作中，达尔文考察的对象并非局限于英帝国，而是帖木儿时代之后世界主要大国的竞争兴衰历程。因此，除了欧洲殖民帝国，他也把奥斯曼土耳其、莫卧儿印度、中国和日本列入探讨的范围。该书探究了三个议题：全球化进程、欧洲权力和帝国在这一进程中的作用、欧亚大陆其他国家面临欧洲扩张时的应对。[48]他认为，"欧洲国家是创造 19 世纪晚期'全球化'世界的主要力量。它们是把 19 世纪 80 年代与 20 世纪 40 年代的'现代世界'拧在一起的两大转变的主要作者"[49]。"我们必须把欧洲的扩张时代坚定地放在其欧亚大陆的背景中。这意味着承认欧洲在与亚洲、北美洲和中东的其他旧大陆文明和国家的联结中的中心作用。"[50]因此该书主要从宏观背景考察了欧洲帝国在全球化进程中的作用及其兴衰。

（二）从宏观历史比较的视角对帝国史进行研究

比较方法的运用在历史学研究中早已有之，即使在帝国史研究方面，在全球史兴起之前也已有这方面的佳作。例如，艾森斯塔得于 1963 年出版的《帝国的政治体系》，比较是其中主要的方法。迈克尔·多伊尔的《帝国》（1986

---

[47] 约翰·达尔文：《未终结的帝国》，冯宇、任思思译，北京：中信出版社，2015 年，第 12 页。
[48] 约翰·达尔文：《后帖木儿时代：全球帝国的兴与衰（1400-2000）》，陆伟芳、高芳英译，郑州：大象出版社，2011 年，第 3 页。
[49] 约翰·达尔文：《后帖木儿时代：全球帝国的兴与衰（1400-2000）》，第 12 页。
[50] 约翰·达尔文：《后帖木儿时代：全球帝国的兴与衰（1400-2000）》，第 14 页。

年）作为"康奈尔比较历史研究"丛书中的一本，也主要采用了比较的方法。多伊尔在交代撰写该书的目的时说："数千年来，帝国一直在世界政治中扮演了关键角色。它们促成了欧洲、印度、美洲、非洲和东亚这些相互依赖的文明，这些文明构成了我们的文化遗产。它们塑造了现代世界几乎所有国家的政治发展。……我们现在没有理由把这个问题排除在我们对世界政治理论的研究之外，在本书中，我试图结合历史学家和社会科学家的见解来系统地予以解释。"[51] 因此，他从历史社会学和世界政治的视角比较分析了世界历史上的主要帝国，包括雅典、罗马、奥斯曼、英国、法国、德国和西班牙，通过理论论证与历史例证相结合阐述了其有关帝国的理论。

然而，随着全球史的兴起，历史比较尤其是宏观历史比较的运用得到了发展，例如彭慕兰的《大分流：欧洲、中国及现代世界经济的发展》等，历史比较成为加州学派在研究方法上的一个重要特征。全球史视角下的帝国史，运用比较方法进行研究的著作，较有影响的有多米尼克·列文的《帝国：俄罗斯帝国及其竞争对手》（2000 年），简·伯班克和弗雷德里克·库珀的《世界帝国史：权力与差异政治》（2010），克里尚·库马尔的《帝国愿景：五个帝国政权如何塑造世界》（2017）等，达尔文的《后帖木儿时代：全球帝国的兴与衰（1400—2000）》也运用了比较方法。

列文在《帝国：俄罗斯帝国及其竞争对手》中，将俄罗斯帝国史置于广阔的国际情境中与其他帝国进行比较，尤其是与竞争对手英帝国、哈布斯堡帝国和奥斯曼帝国的比较，包括从政治、经济、军事、地缘政治、人口、文化和意识形态等因素来衡量各国国力的强弱，并从这种比较和国际政治中来探讨俄罗斯帝国的兴衰。[52] 在《世界帝国史：权力与差异政治》中，伯班克和库珀声称，"我们探究的是不同帝国运转的多种方式，并观察它们经历岁

[51] Michael W. Doyle, *Empires*, p.12.
[52] Dominic Lieven, *Empire: The Russian Empire and Its Rivals*, London: John Murray, 2000.

月置身种种境况中所做出的无数努力的程度与局限性"[53]，尤其"集中关注于帝国从征服转向统治时的不同方式，以及帝国如何和谐地将民众整合于在他们中间维持着差异的政体之中"[54]。因此，该书将古代罗马和汉朝以来世界上主要帝国的历史，在比较视野下从帝国统治的差异政治、中间人、政治想象、权力武库、扩张动力等方面探讨了各个帝国不同的特征，并希望通过各帝国兴衰演变的历史来理解当代这个不确定的世界。如果说伯班克和库珀主要从政治维度考察了世界历史上不同帝国的差异，那么，库马尔的《帝国愿景：五个帝国政权如何塑造世界》，则主要从思想文化视角探讨了奥斯曼帝国、哈布斯堡王朝、俄罗斯帝国、英帝国和法兰西帝国，库马尔的目的是要考察支配帝国统治思想背后的理念和意识形态，以及帝国统治者的政策，"通过比较一群不同的帝国来揭示它们在意识形态和身份认同上的共同特征——尤其是统治民族的身份认同，他们是如何从其在帝国中所扮演的角色中获得自我意识的"[55]。因此，库马尔的比较并不仅仅是为了寻找这几个帝国间在统治政策上的差异，而更多的是通过比较来发现它们在统治理念和意识形态上的共性，包括帝国统治者"如何看待自身的使命，他们作为一个帝国民族如何构想自己的角色，赋予自身怎样的身份认同"[56]。

（三）从网络视角来理解和分析帝国境内各地之间的相互联系和影响

全球史学者在考察人类历史的全球化发展时，往往把不同民族、不同文明、不同地区之间互动关系的发展理解为一种网络化发展，麦克尼尔父子在《人类之网：鸟瞰世界历史》中就描绘了一幅人类历史网络化的图景。

---

[53]　简·伯班克、弗雷德里克·库珀：《世界帝国史：权力与差异政治》，第 2 页。

[54]　简·伯班克、弗雷德里克·库珀：《世界帝国史：权力与差异政治》，第 14 页。

[55]　Krishan Kumar, *Visions of Empire: How Five Imperial Regimes Shaped the World*, p.xii.

[56]　Krishan Kumar, *Visions of Empire: How Five Imperial Regimes Shaped the World*, p.6.

在帝国史研究中，网络成为理解帝国史的重要概念，托尼·巴兰坦（Tony Ballantyne）指出："重要的是要认识到，帝国不仅由连接各殖民地与宗主国的诸多网络和交流组成，而且其结构本身也依赖于各殖民地之间一系列至关重要的横向联系。"[57] "网络的隐喻也让我们注意到殖民地之间至关重要但通常被忽视的横向联系。英帝国就像一张蜘蛛网，依赖于殖民地间的交流。殖民地之间的资本、人员和思想的流动为殖民地的发展和帝国体系的功能注入了活力。"[58] 而且一些学者还"将帝国网络视为传播、动员和颠覆欧洲殖民主义和霸权影响的重要工具"[59]。因此，帝国网络成为了一种研究帝国境内各种关系的重要分析方法。

安·劳拉·施托勒（Ann Laura Stoler）和弗雷德里克·库珀（Frederick Cooper）在谈到殖民帝国境内的各种再生产时，把人员、思想、制度等方面在帝国境内的流动和传播称为"巡回"（circuits），这种巡回是帝国网络的一个重要表现。他们提倡以一种大范围巡回观来考察帝国史，放弃以往那种以宗主国–殖民地为轴线的研究路径。他们认为，"随着高低级文官和军官从马提尼克岛前往乍得，随着棉花商人从乌干达来到印度，随着在印度支那进行教育改革的法国建筑师从巴达维亚把模型带回河内，随着主要大臣们从德兰士瓦到塔斯马尼亚处理各种危机，围绕帝国的巡回建立起了以全球经历为基础的帝国观念，并且产生了阶级流动的新途径。……通过这些巡回，一代代的家庭成员、各种分析工具、社会政策、军事学说和建筑规划得以流动。一整套的管理策略、人种志分类和科学知识得以在一个不断巩固的帝国世界里

---

[57] Tony Ballantyne, "Rereading the Archive and Opening Up the Nation-State: Colonial Knowledge in South Asia (and Beyond)," in *After the Imperial Turn: Thinking with and through the Nation*, edited by Antoinette Burton, Durham: Duke University Press, 2003, p.112.

[58] Tony Ballantyne, *Orientalism and Race: Aryanism in the British Empire*, Basingstoke: Palgrave Macmillan, 2002, p.15.

[59] Durba Ghosh, "Another Set of Imperial Turns ?" *The American Historical Review* 117, Issue 3 (June 2012):772-793.

分享和比较"[60]。可见，帝国网络和"巡回"在维持帝国运行及文化再生产中扮演了重要角色。

艾伦·莱斯特（Alan Lester）的《帝国网络：在19世纪南非和英国建立身份认同》（2001）是一部以帝国网络作为分析工具的颇有影响的著作，主要通过考察19世纪英国对南非东开普（eastern Cape）殖民地的统治，从帝国网络和殖民主义话语构建的角度，探讨了英国殖民者的身份认同。他认为，18世纪末19世纪初不同类型的英国人身份认同是在不同的殖民环境中形成的，是在与印度人、毛利人、澳大利亚原住民和西印度奴隶的关系中建立起来的。因此他提出，东开普英国人的身份认同是在与科萨人和荷兰人的紧张关系中建立起来的，尤其与科萨人的抵抗有关。[61]这些英国人包括总督和行政人员、传教士及其宗主国主管、国会议员和殖民地政治家、殖民定居者、记者、旅行者和商人。莱斯特认为，这些人相关殖民话语的形成及其身份认同，并不仅仅是在东开普或者在多个殖民地，而是在一个把各个殖民地及宗主国连接起来的网络中形成的。"无论物质上还是精神上，帝国每一个场所都连结在一起。特别是在帝国危机时期，人们思考构建科萨人的殖民表征，是根据澳大利亚殖民者对土著人的形象、新西兰殖民者对毛利人的描绘、印度官员的'印度'观念、西印度种植园主对前奴隶的描绘，尤其是英国资产阶级对劳动阶级及其他国内'庶民'群体的看法。就大多数殖民地英国人而言，这种与帝国从属民族的相互认知，本身就有助于产生一种作为英国流散社群的集体意识。"[62]

托尼·巴兰坦的《东方主义与种族：英帝国中的雅利安主义》（2002）

---

[60]　Frederick Cooper and Ann Laura Stoler, eds., *Tensions of Empire: Colonial Cultures in a Bourgeois World*, Berkeley: University of California Press, 1997, p.28.

[61]　Alan Lester, *Imperial Networks: Creating Identities in Nineteenth-Century South Africa and Britain*, London: Routledge, 2001, p.ix.

[62]　Alan Lester, *Imperial Networks: Creating Identities in Nineteenth-Century South Africa and Britain*, p.189.

从帝国网络视角探讨了雅利安主义的出现及其在英帝国各地（尤其是新西兰）的传播。巴兰坦为了阐明其帝国网络理论，批评了以往帝国史研究中以宗主国为中心的帝国史和以殖民地为中心的民族国家史的研究路径，认为应该修正将帝国比喻为"轮辐"的帝国观，在这种思路下的历史，宗主国与各殖民地的关系就像一个从伦敦辐射到周边每个殖民地的车轮。因此他提出，他的研究"是将大英帝国视为一个'关系束'（bundle of relationships），它通过流动和交换体系将不同的区域、社群和个人联系起来"[63]。这样，"突出帝国史的关系特性，强调构成帝国的复杂而多变的关系。为此，我采用了一种流动方法，这种分析不是牢牢地扎根于一个空间，而是在不同地点之间旅行，对不断流动的人、思想和物品进行评估"[64]。

此外，佐伊·莱德劳（Zoë Laidlaw）的《殖民联系（1815—1845）：资助、信息革命和殖民政府》（2005），凯瑞·沃德（Kerry Ward）的《帝国的网络：荷兰东印度公司的强制移民》（2009），盖里·麦基（Gary B. Magee）和安德鲁·汤普森（Andrew S. Thompson）主编的《帝国与全球化：不列颠世界中人员、商品和资本的网络（1850—1914）》（2010）等，也表明了网络概念在帝国史研究中重要的工具性作用。

（四）从关联、互动的视角将人物的生活经历置于帝国框架中来书写，即全球史的宏观视野与"生活书写"（life writing）的微观路径相结合

这种帝国史研究，往往以个人传记为基础，将个体的人生经历和命运置于帝国这个宏大背景下来理解和分析，琳达·科莉的著作就是这方面的代表性作品。在《俘虏：1600—1850 年的不列颠、帝国和世界》（2002）一书中，科莉探讨了近代一些海外被俘英国人的历史，"通过被俘的个人及其故事来

---

[63] Tony Ballantyne, *Orientalism and Race: Aryanism in the British Empire*, p.1.

[64] Tony Ballantyne, *Orientalism and Race: Aryanism in the British Empire*, p.3.

考察和重新评估更广泛的国家、帝国和全球的历史"[65]，从而从一个新维度审视了英帝国扩张过程中的另一面。书中分三部分探讨了三个区域的英国俘虏。第一部分关于北非和地中海，时间从 1600 年到 18 世纪早期，当时英国人在这一地区受到伊斯兰力量的威胁。第二部分是在北美大陆的俘虏，重点是13 个殖民地，探讨时间从 17 世纪后期到 1783 年美国独立战争结束。第三部分是在南亚和中亚的俘虏，时间从 1760 年之后英国在印度南部的活动开始，直到 19 世纪 40 年代英国在阿富汗的失败。通过对这三个地区英国人被俘的描述，科莉"试图表达英国日益扩大的全球影响力及其一直存在的局限性"，亦即英帝国强大的一面和脆弱的一面，并且在研究方法上"强调相互关联，把那些通常只能偶尔重建的历史编织在一起"[66]。"因此，本书将大规模、全景和全球的历史与小规模、个体和特定的历史结合起来。在一个层面，它是对英国在过去 250 年中所面临的一些制约和危机的宏观叙述，正是这些制约和危机使英国成为世界上最重要的强国，并且对本民族和其他民族带来了影响。在另一个层面，本书是对微观叙事的一种探索，这种微观叙事是由许多英格兰、威尔士、苏格兰和爱尔兰的男男女女中一部分人创作的，由于这个强国不断外扬侵略而又时常具有内在脆弱性，这些人在各地被俘。"[67] 可见，这一著作是宏观与微观相结合进行研究的尝试，为帝国史研究提供了一种新视角和新路径。

这种通过书写小人物来反映大帝国的研究方法，在科莉的《伊丽莎白·马什的磨难：世界历史中的一位女性》（2007）中表现更为突出。该书叙述了生活于 18 世纪中后期的英国妇女伊丽莎白·马什的艰辛经历，以她为中心讲述了三个层面的故事。首先是关于伊丽莎白的一生，她的足迹遍及欧非美

[65] Linda Colley, *Captives: Britain, Empire, and the World, 1600-1850*, New York: Pantheon Books, 2002, p.12.

[66] Linda Colley, *Captives: Britain, Empire, and the World, 1600-1850*, p.18.

[67] Linda Colley, *Captives: Britain, Empire, and the World, 1600-1850*, p.17.

亚四大洲。其次讲述了她的大家族成员，包括她的父母、叔伯、兄弟、丈夫、孩子、堂兄妹和其他远房亲戚，这些人在促成伊丽莎白大范围流动中扮演了重要角色。再次，这是一个全球性的故事。伊丽莎白生活在一个全球联系增强而又动荡的时期，这种全球局势塑造和扭曲了她的人生历程。"所以本书描绘了一个生活中的世界和一个世界中的生活。这也是为何要改造和重新评价传记，把传记作为加深我们对全球史理解的一种途径。"[68] 因此，科莉在该书中，通过把伊丽莎白这个普通妇女的个人命运与当时的英帝国及全球化联系起来，"试图在个人历史和世界历史之间转换，以便使它们同时出现"[69]，从而实现了微观历史与宏观历史叙事之间的巧妙结合。

艾玛·罗斯柴尔德（Emma Rothschild）的《帝国的内在生活：18 世纪史》（2011）也是以小见大的帝国史杰作。该书以苏格兰约翰斯通家族的四姐妹七兄弟为中心来讲述 18 世纪英帝国史。约翰斯通家族成员属于正在兴起的英帝国中的"新人"（new men），受惠于帝国的扩张，他们的足迹遍及不列颠、法国、西班牙、印度等，7 个兄弟中至少有 6 人成为奴隶主，但也有 2 人反对奴隶制。"在约翰斯通家族的生活中，经济和政治、公共和私人、商业和法律及良知交织在一起。他们的历史是那个时代和 18 世纪启蒙运动的新思想和新情绪的一幅图景。"[70] 艾玛认为，由于约翰斯通家族的成员及其奴仆的活动空间范围极广，即使在苏格兰的姐妹也因通信而与外界紧密联系在一起，因此书写这个家族的历史，虽然是一种以传记为基础的微观史，但却是一种与宏观场景相互关联的新微观史。她说："在现代晚期（late-modern）的微观史研究中，新的可能性是通过个体自身的联系史，把微观史和宏观史

---

[68] Linda Colley, *The Ordeal of Elizabeth Marsh: A Woman in World History*, New York: Pantheon Books, 2007, p.xix.

[69] Linda Colley, *The Ordeal of Elizabeth Marsh: A Woman in World History*, p.xxxi.

[70] Emma Rothschild, *The Inner Life of Empires: An Eighteenth-Century History*, Princeton: Princeton University Press, 2011, p.2.

联系起来。我试图在约翰斯通家族的故事中探索的正是这种可能性：从一个家族的历史开始，通过一个接一个的相遇，最后到一个帝国的或启蒙的或思想的更大社会的历史。"[71]

还有一些学者也在全球视野下以个人传记为基础、以"生活书写"为中心的帝国史研究方面取得了成就。例如，克莱尔·安德森的《庶民生活：1790—1920 年印度洋世界中的殖民主义传记》，"探讨了 19 世纪与印度洋刑罚殖民地有关的处于社会边缘的男人和女人的生活片段。它从庶民史的角度审视了殖民主义，并将罪犯流放置于一个广阔的全球情境之中。它采用了一种书写生活的写作方式，将普通印度人和欧亚混血儿、非洲奴隶和学徒以及获得自由的奴隶、契约劳工、士兵和反叛者等这些犯罪者的传记片断，与帝国的水手、土著居民、'贫穷白人'的生活编织在一起"[72]。戴维·兰伯特（David Lambert）和阿兰·莱斯特（Alain Lester）主编的《英帝国的殖民生活：漫长 19 世纪的帝国职业生涯》（2006），托尼·巴兰坦和安托瓦内特·伯顿主编的《流动的主体：全球帝国时代的性别、流动性和亲密关系》（2009）等，其中的论文也体现了见微知著的帝国史研究。

第二节　新海洋史

在全球史思潮的影响下，海洋史研究的方法和理路发生了诸多转变，逐渐形成了"新海洋史"。"新海洋史"的出现体现了海洋史研究在以下三个方面的变化：第一，新海洋史的研究视角由陆地本位转向以海洋为中心，即从海洋活动群体的角度观察思考问题，而不是站在陆地看海洋。第二，新海洋

---

[71] Emma Rothschild, *The Inner Life of Empires: An Eighteenth-Century History*, p.7.

[72] Clare Anderson, *Subaltern Lives: Biographies of Colonialism in the Indian Ocean World, 1790–1920*, p.1.

史把近代以来西方的航海活动视为其融入既有海洋网络、与当地人不断互动的历史进程，这一点在印度洋史中表现得尤为明显。第三，新海洋史的本质特征是把海洋当作互动区（或者说流动的网络）来研究，这与以前通常仅把海洋当作交往的通道有着重大的不同。从空间上说，新海洋史的研究对象包括作为通道的水面（即"网线"）以及沿岸的港口城市和岛屿（即网上的"结"）；从研究主题来说，涉及远程贸易、移民和流散社群、思想文化交流等方面；从研究特色来说，所关注的是人在这种网络形成和运行中所发挥的作用以及网络运行的机制。

历史学研究随着时代的发展而不断变化、演进。如果说区域研究（area studies）所体现的世界观反映了冷战时代的政治、军事和经济关切，那么，针对海洋区域、强调交往进程的新海洋史无疑折射了全球化时代的人类需求。新海洋史对于全方位、立体化地认识人类历史发展进程，对于历史学科的发展是非常有助益的。"历史的海洋性元素对人类——不仅西欧人还有阿拉伯人、日本人和美洲土著人——产生了总体性影响，最终使所有人之间建立起联系"，"人类与海洋的互动是世界历史的根本性成因之一"。[73]

一、海洋史研究的全球史转向

人类关于海洋的著述有非常悠久的历史。在苏美尔人的创世神话中，在印度教和佛教的宇宙论中，在荷马史诗中，海洋都占有重要的地位。[74] 有关"中国海洋史"的记载也可以上溯至久远的年代。然而，真正的海洋史研究

---

[73]　Daniel Fnamore, "Introduction,(Maritime) History: Salting the Discourse," in Daniel Finamore, ed., *Maritime History as World History: New Perspectives on Maritime History and Nautical Archaeology*, Salem: The Peabody Essex Museum, pp.2,1.

[74]　Michael Pearson, "Oceanic History," in Prasenjit Duara, Viren Murthy and Andrew Sartori, eds., *A Companion to Global History Thought*, Chichester: John Wiley & Sons, Ltd, 2014, p.337.

的兴起却是 20 世纪的事情。西方有学者把法国年鉴学派的第二代领军人物费尔南·布罗代尔称为海洋史研究的开山鼻祖（the founding father of oceanic history）[75]，而中国的海洋史研究却是从 20 世纪 90 年代开始的。[76] 进入 21 世纪以来，或许受到联合国缔约国文件中"21 世纪是海洋世纪"这种提法的影响，海洋史研究在国际学术界有了重大发展，中国的海洋史研究也出现了郑和下西洋、海洋政策、海上丝绸之路与海洋文化、海洋社会经济史、海疆和海权这五大热点。[77] 与此同时，受 20 世纪下半叶以来兴起的全球史思潮的影响，海洋史研究的方法和理路也发生了诸多转变，本节所关注的正是这种全球史的转向。[78]

（一）研究视角的转变

在传统史学研究中，海洋被视为陆地的边缘，海洋本身并没有被当作历史发生和发展的"场"来加以关照；而全球史影响之下的海洋史研究（下文称之为"新海洋史"）从海洋本位出发来展开研究，海洋也因此由边缘变成了研究的中心。

长期以来，历史学研究以陆地为本位，并依此构建起世界历史的学科框架，中外史学界概莫能外。这在世界古代中世纪史的教学与研究中尤为明显。例如，吴于廑先生的不朽名篇《世界历史上的游牧世界和农耕世界》探讨了古代时期农耕世界和游牧世界的分立以及游牧世界对农耕世界的三次大冲击，这种冲击"为历史之发展为世界史带来了不少有积极意义的影响"[79]。

---

[75] Michael Pearson, "Oceanic History," p.338.

[76] 张丽、任灵兰：《近五年来中国的海洋史研究》，《世界历史》，2011 年第 1 期，第 118 页。

[77] 万明：《海洋史研究的五大热点》，《国家航海》第七辑，2014 年 5 月。

[78] 本文主要以地中海和印度洋的研究为例来探讨海洋史研究的全球史转向，其他海域涉猎较少。

[79] 吴于廑：《世界历史上的游牧世界和农耕世界》，载《吴于廑学术论著自选集》，北京：首都师范大学出版社，1995 年，第 108 页。

该文在我国世界史编纂中具有举足轻重的地位，但它只关注游牧世界和农耕世界这些陆上的人类活动空间，并没有提及海洋在古代世界发展中所起的作用。受这种"陆地史观"的影响，历史学家常常忽视、贬低海洋在历史发展中所起的作用。有人认为，"生活在船上如同生活在监狱一样"，甚至还不如生活在监狱，因为"监狱中的人有更多的空间、更好的食物、通常有更多的同伴"；有人把渔民与农民对立，认为渔民只收获不耕种，无异于商店扒手。[80] 甚至布罗代尔也曾怀疑海洋的作用。在他看来，16 世纪的地中海贸易中，粮食是最主要的商品，但其中只有 1% 是通过海上交易的，其他用于地方性消费或者由陆上交易。他的代表作《菲利普二世时代的地中海和地中海世界》得出这样的"结论"："16 世纪的地中海首先是农民、佃农、地主的世界……目前也好，长远也好，农业生活都起着主导的、支配的作用……相比之下，其他问题都不值一提了。"[81]

　　进一步说，在"陆地史观"主导下撰写的一些所谓的"海洋史"其实不过是"海洋周边陆地史"。这在地中海史的研究中非常明显。例如新近翻译出版的《地中海史》共分为 33 章，其中前几章的标题分别为：古希腊，罗马：共和国，罗马：帝国早期，伊斯兰教，中世纪的意大利，……[82] 这种地中海史其实是一个又一个地区的历史，之所以纳入地中海史的框架之下，只不过是因为它们在地理上或近或远地处于地中海的周围。布罗代尔的《菲利普二世时代的地中海和地中海世界》也属于此类。由于对长时段的过度重视，他的视野远离地中海沿岸，越过阿尔卑斯山和比利牛斯山，进入黑海及其腹地，甚至克拉科夫、马德拉这样一些地方也都在该书的记载范围中。他之所

---

[80]　Michael Pearson, "Oceanic History," p.341.

[81]　费尔南·布罗代尔：《菲利普二世时代的地中海和地中海世界》第二卷，北京：商务印书馆，1996 年，第 980 页。

[82]　约翰·朱利叶斯·诺威奇：《地中海史》，殷亚平等译，上海：中国出版集团东方出版中心，2011 年。

以得出前述"结论",也与这种陆地本位思想密不可分。2013 年出版的《海洋:一部文化史》的作者约翰·麦克对这种倾向给予了恰如其分的评价:"海被描绘成舞台的背景,而陆地是剧情真正展开的舞台……海本身的特性,人与海互动的性质,在海上发生或因海而发生的联盟,那些缔结、巩固或撕毁的和约,所有这些在这种历史著述中都是见不到的。"[83] 与地中海史类似,很多所谓的大西洋史不过是欧洲和北美的关系史。艾莉森·盖姆斯在《大西洋史:定义、挑战与机遇》一文中指出:"很多历史学家所写的大西洋史很少以海洋为中心,海洋与其研究主题没有关系……就大西洋史来说,应当区分大西洋周边史和大西洋的历史。前者是多不胜数的,而后者则要少得多。"[84]

20 世纪下半叶以来,伴随着经济的全球化,关注全球联系与交往历程的全球史兴起。作为人类联系与交往的便捷手段,海洋在全球史学中占有重要的地位。全球史的鼻祖威廉·麦克尼尔在发表于 1995 年的《变动中的世界历史形态》一文中指出,人类最初的文明的兴起,与海上的交流和互动是密不可分的:"在一个非常早的但我们无法说清楚的时间,……印度洋及毗邻海域的沿海水域就成为运输和交流的极为便利的媒介。……如果苏美尔的传说是令人信服的,那么世界上第一个文明的开拓者们就诞生于这一广阔水域……"而地中海上的交往"激发并支撑着米诺斯、腓尼基—迦太基以及希腊—罗马文明的兴起。在最初,借鉴埃及和叙利亚是至关重要的,而这些接触大多是通过海上完成的"[85]。

受全球史的影响,一些史学工作者的研究视角发生了转变,由陆地本位的视角转向以海洋为中心的研究视角,即从海洋活动群体的角度观察思考问

---

[83]　John Mack, *The Sea, A Cultural History,* London: Reaktion Books Ltd., 2013, pp.19-20.

[84]　Alison Games, "Atlantic History: Definitions, Challenges, and Opportunities," in *American Historical Review*, 111（3）, June 2006, p.745.

[85]　威廉·麦克尼尔:《变动中的世界历史形态》,载夏继果、杰里 H. 本特利主编《全球史读本》,北京:北京大学出版社,2010 年,第 14 页。

题，而不是站在陆地看海洋。在他们的研究中，海洋不再仅仅是陆地的延伸，而是被当做与陆地相平行的舞台。英国历史学家大卫·阿布拉菲亚的《伟大的海：地中海人类史》（下文简称《伟大的海》）是这种海洋史的代表作。作者在该书的开篇明确指出："本书是地中海的历史，而不是其周围陆地的历史。"[86] 近年来，更有一些学者强调"海"（sea）与"洋"（ocean）的区别，提出应重视"海史学"（Thalassography）的研究。2013 年出版的《大海：海史学与历史学》对此有较为全面的阐发。"海史学"与"历史学"（historiography）相对应，"历史学"是一般的史学研究，而"海史学"则是专门针对海的史学研究。"海史学"从地方的语境中探索全球史的研究手段，用微观的方法探索大规模的框架，为此，它强调贸易、交通、交流和网络的作用。"当我们言及海史学时，必然是把海放在中心，陆地放在边缘，在地理上和概念上都是如此。"[87] 著名大西洋史学者威姆·克洛斯特的《大西洋和加勒比海的视野：研究一个混杂交错的世界》一文通过比较大西洋与加勒比海，认为对加勒比海这样的狭窄之海的研究更容易产生突破。因为从表面上看，海与洋的区别只是大小之分，但是转向一个更小的规模便是转向一种不同的史学：洋的研究是宏大叙事，而海的研究则是微观史学，后者更容易开展相互关系的研究。[88]

　　总的来看，进入 21 世纪以来，海洋史已成为历史学中的"显学"，以至于我们可以听到这样的评价："对历史学家来说，历史从没有像今天这么多水（watery）。"[89] 而艾莉森·盖姆斯在倡导开展大西洋史研究时更是激情四射：

[86]　David Abulafia, *The Great Sea: A Human History of the Mediterranean*, London, Penguin, New York: Oxford University Press, 2011, p.xvii.

[87]　Peter N. Miller, ed., *The Sea: Thalassography and Historiography*, Ann Arbor: University of Michigan Press, 2013, p.ix, 5.

[88]　Wim Klooster, "Atlantic and Caribbean Perspectives: Analyzing a Hybrid and Entangled World," in Peter N. Miller, ed., *The Sea: Thalassography and Historiography*, pp.60-83.

[89]　W. Jeffrey Bolster, "Putting the Ocean in Atlantic history: Maritime Communities and Marine Ecology in the Northwest Atlantic, 1500–1800," in *American Historical Review* 113 (1), February, 2008, p.20.

"撰写大西洋史需要极其乐观、无畏，相信跃入大洋不会以这样的悲剧而告终——为百慕大神秘三角增加一块残骸，相反会让你拥有一片新的、意想不到的学术沃土。投入伟大的海洋吧！"[90]

历史研究常常伴随着研究视角的转变，时代变了，人们的关注点也会随之发生改变，原来被认为边缘的地区就会变成中心地带。"虽然我们不能改变历史，但我们可以控制并改变观察历史的视角"，视角改变后，虽然"历史没有改变，但历史学的形态却改变了，从而在固有的历史当中观察出了新的意义"。[91]海洋史研究由边缘向中心的转变正是伴随着今天的全球化进程而发生的。

（二）把西方以往航海活动视为其融入既有海洋网络、与当地人不断互动的历史进程

早期的海洋史研究忽视西方兴起之前各海域的历史发展，因而实质上是西方世界的海洋开拓史。著名的太平洋史家奥斯卡·斯佩特（Oskar Spate）明确指出，"这是太平洋的历史，不是太平洋人的历史。那时没有，也不可能有任何'太平洋'的概念，后来这片大洋有了边界和轮廓，而这毋庸置疑是欧洲人的功劳"[92]。而新海洋史深入研究前近代的海洋网络，视近代以来的航海活动为西方融入既有的海洋网络、与当地人不断互动的历史进程。

这里涉及两个层面的问题。第一，新海洋史注重对大航海时代之前的海洋史研究。关于古代地中海、印度洋的研究前文已有提及。同样，关于古代太平洋的研究近年来也有新的进展。远在近代以前，太平洋盆地就是一个频

---

[90] Alison Games, "Atlantic History: Definitions, Challenges, and Opportunities," p.757.

[91] 李红岩：《"海洋史学"浅议》，《海洋史研究》第三辑，北京：社会科学文献出版社，2012年，第4页。

[92] O.H.K. Spate, *The Pacific since Magellan,* vol. I, Canberra: Australian National University Press, 1979, p. ix. 转引自 Michael Pearson, "Oceanic History," p.340.

繁互动的场所。澳斯特洛尼西亚人遍布所有适宜居住的太平洋岛屿，在大多岛屿上，他们带来了丰富的粮食作物和家畜，包括芋头、薯蓣、香蕉、面包果以及狗、猪和鸡。他们的后代，即通常所谓的波利尼西亚人、密克罗尼西亚人和美拉尼西亚人，不但互相间有交往，而且与东亚人、东南亚人、南美人互动。萨摩亚、汤加和斐济的岛民在欧洲人到来之前的几个世纪里通婚、互访、结盟、战争。一些密克罗尼西亚人和美拉尼西亚人与来自马来亚、印度尼西亚、菲律宾、台湾、冲绳、琉球群岛甚至日本的商人进行交易，这种交易是频繁的，甚至是定期的。在太平洋的另一岸，拉帕努伊岛的岛民与南美海岸的人们，特别是秘鲁人，保持着零星的联系。公元400—700年间，甘薯从南美传到太平洋岛屿，很快传遍波利尼西亚，并传到新喀里多尼亚和瓦努阿图。甘薯成为太平洋岛屿的美食，并且对于新西兰的毛利人来说至关重要，因为新西兰不太适合热带波利尼西亚农作物的生长。[93]

第二，新海洋史注重具体研究欧洲人融入既有海洋网络的过程。这最明显地体现在印度洋史的研究中。如前所述，在葡萄牙人到来之前，印度洋已经形成了成熟的交往网络；欧洲人并没有推翻这样一个全球体系，而是努力去理解、去适应，最终变成了其中的一部分。起初，香料把欧洲人吸引到印度洋世界的市场。但即使欧洲人参与香料贸易，建立贸易公司，他们的成功也有赖于与当地人的互动。例如，葡萄牙帝国以及后来的荷兰东印度公司特别有赖于当地劳工维护军事工事、修建船只、充当翻译和代理商等。即使在葡萄牙人占领的果阿或荷兰人占领的巴达维亚，欧洲人只占不到10%的人口比例，在其他地方比例更小。琼·格尔曼·泰勒（Jean Gelman Taylor）认为，巴达维亚呈现出多种文化融合的特征。当地妇女凭借对当地市场、语言和风俗的知识，在当地经济中占有重要地位。荷兰人到来后，其中有人与荷

---

[93] Jerry H. Bentley, "Sea and Ocean Basins as Frameworks of Historical Analysis," in *The Geographical Review* 89 (2): 215-224, April 1999,p.219.

兰男性成婚，并对荷兰丈夫及其家族产生影响。由于疾病带来的高死亡率，东南亚妇女的寿命往往长于荷兰男性，尽管如此，一些杰出的寡妇始终维持着与荷兰和亚洲亲属的联系。在这种融合的基础上，17 世纪、18 世纪的巴达维亚形成了所谓的克里奥尔语社会（creole society），孩子们把马来语作为第一语言，亚洲食物、亚洲装束是他们生活的主要特征。当然，欧洲人也给印度洋注入了新的全球动力。例如，荷兰东印度公司在其运行过程中需要不断地与臣民和当地人谈判，从而赋予印度洋以荷兰东印度公司的特性。荷兰东印度公司在好望角、斯里兰卡、巴达维亚等地拥有殖民地，它不仅从事贸易，在香料种植园使用外来劳工从事生产，而且还强迫人们在各殖民地间流动，从而增强了相互联系。但无论如何，近代以来，印度洋世界的古老网络、传统地方社会仍然维持着强大生命力。例如，在桑给巴尔，英国人试图用满载制造品的蒸汽船代替三角帆船贸易，但是，以三角帆船为核心的非正式的经济体制仍然保留，其货物有粮食、地毯、松香等；三角帆船能够到达蒸汽船不能到的地方，包括东非海岸，阿拉伯、波斯和印度的港口。[94]

二、新海洋史：探讨作为互动区域的海洋

西方历史学家论及 1500 年之后的历史的时候是比较重视海洋的，但他们又常常受到英国女王伊丽莎白一世时期的编年史家理查德·哈克卢伊特（Richard Hakluyt，1552—1616）的影响。他提及英格兰的扩张时仅仅"把海洋视为殖民扩张所经过的水路，关注点在于对水路尽头的描述，而不是对水路表面的特性和构成进行评估"[95]。在这种历史叙事之下，海洋仅仅被描述

---

[94]　参见 Thomas Anderson, *Teaching the Indian Ocean as World History*, http://worldhistoryconnected.press. illinois. edu/11.1/anderson.html。

[95]　Jonathon Raban, *The Oxford Book of the Sea*, London: Oxford University Press, 1992, p.3. 转引自 Michael Pearson, "Oceanic History," p.341.

为各大陆文明间联系的大通道，落脚点仍然在于陆地上的风云变幻。与之相较，新海洋史关注海洋本身，把海洋当作互动区进行研究，或者说，视海洋为一个流动的网络。从空间上说，所研究的对象包括水面上的交流通道（即"网线"）以及沿岸的港口城市和岛屿（即网上的"结"）；从研究主题来说，包括远程贸易、文化交流、流散社群等；从研究特色来说，所关注的是人在这种网络形成和运行中所发挥的作用以及网络运行的机制。下文就其中几个重要的方面予以详细说明。

（一）港口城市、岛屿及船上社会

新海洋史研究关注海洋本身，但很显然，海面不可能脱离陆地而存在，在强调海洋重要性的同时，如何做到海陆融通是海洋史研究顺利发展的关键。事实上，中外史学家在这方面已做出了有益的尝试。中国著名海洋史学家杨国桢先生就指出："海洋世界的空间结构，是由大陆海岸地区、岛屿、海域组合而成的。"[96]全面关注这些构成元素，便于海陆融通的实现以及海洋互动区的构建。需要指出的是，海洋史对沿海地区的关注与传统的"陆地史观"不同，"陆地史观"把这里视为"农业文明的海上延伸"，[97]关注的是这里与内地的联系，而海洋史中的沿海地区和港口城市注重其与外部的联系，特别是在海洋网络运行中所发挥的作用。

可以说，大卫·阿布拉菲亚的《伟大的海》就是这样一部海陆融通的海洋史。该书给人留下的最深刻印象就是"互动"的视角，其"序言"中，阿布拉菲亚明确指出："我的主题是关注地中海在不同程度上成为统一的商业、文化甚至（在罗马时期）政治区域的进程，同时关注某些情况下出现的强大

[96] 杨国桢：《海洋世纪与海洋史学》，《东南学术》，2004 年增刊，第 291 页。
[97] 杨国桢：《从涉海历史到海洋整体史的思考》，《南方文物》，2005 年第 3 期，第 4 页。

的分裂因素（如战争和瘟疫）是如何结束这些统一的时期的。"[98] 在这种思想指导下，该书分五个阶段讲述公元前 2200 年至公元 2010 年的地中海人类史，在每个阶段，贸易、文化交流和帝国等因素把地中海编织联系在一起，而每个阶段的起止标志就是这种联系的形成与破坏。它所关注的是地中海本身、地中海岛屿以及一些沿海城镇。所涉及的不同时期、不同地区的代表性城镇有休达、热那亚、威尼斯、杜布罗夫尼克、叙拉古、迦太基、亚历山大、科林斯、萨洛尼卡、士麦那、阿克、特拉维夫等。它们连接起地方性的或泛地中海性的贸易网络。该书对这些港口城市的叙述是颇具特色的。例如，在提及威尼斯时，作者关注的重点不是其政治制度和阶级关系等"陆地性"内容，而是威尼斯给整个地中海贸易网络带来了什么影响、在东地中海统一性的重建中发挥了怎样的作用等"海洋性"问题。除港口城市外，一些重要的岛屿在《伟大的海》中也有着重要的地位，如克里特、塞浦路斯、西西里、萨丁岛、马略卡岛，等等。

因现存资料稀缺，关于船上社会的研究相对薄弱。但需要提到的是，来自伊比利亚半岛的穆斯林朝圣者伊本·朱拜尔记载了乘船回归故里的经历，留下了地中海船上社会的珍贵资料。1184 年，他与其他穆斯林一起，登上一艘热那亚船，同行的还有基督教徒 2000 人。因是长途航行，船上出售许多商品，就像"一个货品供应充足的城市"。船被风吹到一个拜占庭占领的城市，乘客从当地人那里买到了肉类和面包。按照热那亚海商法规定，如果在旅途过程中有乘客去世，船长就可以把其财物据为己有，因为"死者的真正继承人无法获得这些遗产，我们都感到这很有趣"。朱拜尔的这次航行在那个时代是很典型的，即，穆斯林和基督教朝圣者共同搭乘热那亚船只。[99] 这个例子也让我们进一步认识到，在作为互动区的地中海世界，港口城市、岛

---

[98]　David Abulafia, *The Great Sea: A Human History of the Mediterranean*, p.xvii.

[99]　David Abulafia, *The Great Sea: A Human History of the Mediterranean*, pp.312-315.

屿及船上社会除了在贸易中的极端重要性之外，那里还是不同种族、不同信
仰、不同文化的人们互动共生的重要舞台。举例来说，人们往往从圣战、十
字军东征的角度来解读中世纪的地中海史，但通过深入研究可以发现，三大
宗教间的互动共生是该时期的主旋律。从发现于开罗的戈尼萨文书可以得知，
950—1150 年，生活在穆斯林中的犹太人可以在地中海的广阔区域内自由活
动，与欧洲商人也有广泛接触。在穆斯林统治下的开罗城，三大宗教间在建
筑艺术、语言文字、教育和节庆等方面互相借鉴，真正做到了你中有我，我
中有你。西西里岛自古以来是地中海的交通枢纽，是多元文化共存之地。进
入中世纪以来，在被信奉天主教的诺曼人占领之前，这里曾先后被拜占庭和
穆斯林所统治。诺曼国王罗杰二世(1130—1154)是推行宗教宽容政策的典范，
被誉为"跨越东西方"的国王，甚至有学者认为他所缔造的"是一个和平与
快乐的国度，他本人就像和平的缔造者所罗门一样"。他执政时期，每个族
群都有相当的自治权，包括宗教信仰自由，在自己的法庭审判跨宗教案件的
自由。进一步说，甚至在十字军的占领区，也可以看到基督教徒和穆斯林的
友好相处。叙利亚北部一位叫吴萨麦·本·孟基兹（1095—1188）的阿拉伯
酋长在回忆录中记载了他与一位西欧骑士的关系："他与我关系甚密，我们
经常见面，以至于他开始称呼我为'兄弟'。"[100]

　　港口城市在印度洋史的研究中同样具有突出的地位，其中包括苏拉特、
卡里库特、亚齐、穆哈、开普敦、霍尔木兹、巴士拉等。举两个例子说明。
亚丁凭借基础设施、安全保证、船只维修水平等在 10—13 世纪成为富裕而
强大的城市，把印度洋贸易与红海和地中海的贸易连接起来，东非木材源源
不断地运到这里，维持着其船舶中心的运转。马六甲在 15 世纪、16 世纪主
导着印度洋贸易，特别是香料贸易。像东南亚的许多港口一样，马六甲靠贸

[100]　David Abulafia, *The Great Sea: A Human History of the Mediterranean*, p.311.

易生存，征收商品价值 3% - 6% 的交易税。这里的官方宗教是伊斯兰教，但民族和文化背景却各有不同，如古吉拉特人、泰米尔人、中国人、阿拉伯人、爪哇人等。葡萄牙商人道咪卑利士（Tome Pires）曾在这里发现了 84 种语言。到 1511 年被葡萄牙人占领的时候，这里的人口已超过 10 万人。[101]

不仅如此，近年来，越来越多的印度洋史学者开始从事印度洋岛屿的研究。埃默里大学的罗克萨尼·马加里提撰文指出，在历史上的某些时段，印度洋完全可以被称为 "岛屿的大洋"（an ocean of islands），即 "由地理学的、地理政治学的岛屿所构成的地理历史学实体"。10—13 世纪就是这样的一个时段，那时，印度洋形成了一些独立或半独立的政治体，它们大多以岛屿为基地，对于远程贸易、移民、知识网络和宗教朝圣起到重要作用，而这些交往模式是印度洋世界的重要特征。在互动的框架下研究这些岛屿，思考它们在该时期印度洋整体性形成中的作用，具有重要的学术意义。[102] 罗克萨尼在文章最后进一步指出，"关注岛屿可以揭示印度洋的各组成部分运转及互相联系的机制"[103]。

港口城市、岛屿及船上社会已成为当今海洋史研究的一大热点。[104] 如果把某一海域视为一个缩小的 "全球"，我们可以进一步把这些地方视为更小的 "全球"。在这里相对静止的表象之下，发生着频繁的经贸活动；不同种族、不同文化群体密切接触，共存互鉴，创造着新的文化。成功地解剖这些 "麻雀"，可以为全球史研究积累更多的经验和方法，为今天全球化的世界提供有益的历史经验和教训。

---

[101]　参见 Thomas Anderson, *Teaching the Indian Ocean as World History*, http://worldhistoryconnected.press. illinois.edu/11.1/anderson.html。

[102]　Roxani Margariti, "An Ocean of Islands: Islands, Insularity, and Historiography of the Indian Ocean," in Peter N. Miller, ed., *The Sea: Thalassography and Historiography*, p.199.

[103]　Roxani Margariti, "An Ocean of Islands: Islands, Insularity, and Historiography of the Indian Ocean," p.219.

[104]　笔者惊喜地发现，越来越多的中国史学者关注此类研究。例如，厦门大学鲁西奇教授在《历史研究》2015 年第 3 期发表了《中古时代滨海地域的 "水上人群"》。

（二）思想文化交流

传统上，人们从功能的角度，强调海洋连接起了不同的陆地空间，便利了贸易、军队调动、思想文化交流等。对于前两者，学者们着墨较多，但新海洋史却越来越重视海洋在思想文化交流方面的功能。

以印度洋为例。从遥远的古代开始，印度洋就编织起贸易和人口流动的网络，使得从东亚到东非的广大地区建立起联系。在古代，南亚次大陆的佛教文化就通过这个网络传到东南亚各地。后来，伊斯兰教也凭借此网络传到东非海岸、印度以及中国港口城市，渐渐地在印度洋周围广大地区扩散开来，那里的穆斯林不仅有阿拉伯人，还有东非人、古吉拉特人、波斯人、中国人、东南亚人等。今天，印度尼西亚是世界上穆斯林最多的国家，印度洋网络的存在应该是其重要的成因。商人凭借税收、贸易联系这样一些诱惑在传播伊斯兰教中发挥了重要作用，而商人、朝圣者和学者的不断往来推动不同地区的穆斯林社会建立起互相联系。按照伊斯兰教的规定，健康的穆斯林一生中应当至少到麦加朝觐一次，这样，麦加成为印度洋世界交流的汇合点。在阿拉伯半岛西部的麦加和吉达之间，来自伊斯兰世界各地的穆斯林讨论政治和文化，交易商品，其中有香料、纺织品、咖啡、中国瓷器等。[105]伊斯兰教不仅带给印度洋的部分地区以共同的宗教信仰，还有共同的语言、法律体系、货币政策。以至于14世纪的穆斯林旅行家伊本·白图泰每到一处，都可以遇到相似的文化上的和语言上的地标。关于伊斯兰教迅速传播的原因，人们往往从阿拉伯的军事征服中来寻找，印度洋网络的研究可以部分地校正这种看法。

（三）移民与流散社群

移民和流散社群是海洋史研究的重要内容。关于移民，可以以印度洋研

[105]　参见 Thomas Anderson, *Teaching the Indian Ocean as World History*, http://worldhistoryconnected.press. illinois. edu/11.1/anderson.html。

究为例来说明。首先是自愿移民。印度洋的发展动力在很大程度上来自移民，他们互相学习语言、习俗、宗教、技术，交换商品。例如，澳斯特洛尼西亚人（Austronesian peoples）从印度尼西亚跨印度洋到达东非以及西印度洋的岛屿，特别是马达加斯加岛。与他们同行的还有其语言和文化习俗，例如耕作技术和宗教信仰。在马达加斯加，他们与来自东非的人一起，创造了独特的文化。其次是奴隶贸易，或者说强迫移民。印度洋奴隶贸易呈现出多样性、多方向性；奴隶进出口于很多地方，包括东非、南亚次大陆、阿拉伯城市国家以及东南亚；奴隶可以担任多种社会角色，如家仆、耕农、商人、妾、士兵、政府官员等，总的来看，印度洋的奴隶主要是妇女儿童，其中大多数人从事的不是种植园工作。[106] 提到奴隶贸易，人们通常会想到大西洋奴隶贸易。与之相比，印度洋奴隶贸易呈现出很多不同的特点。

与移民研究相比，流散社群的研究相对薄弱。"与移民研究最为关注的政治、经济和人口统计等方面的问题不同，流散社群研究关注更多的是大范围移民带来的社会和文化层面的问题，尤其是侨民区及其后代与母国和寄居国之间的关系问题。"[107] 照此理解，流散社群所关注的似乎主要是移民的结果。在印度洋，流散社群的形成主要是由跨文化贸易推动的。印度洋的航行主要依赖季风，在季风交替风向期间有一个中间期。在这种中间期内，商人与当地人家庭住在一起，常常是多次回到同一个家庭，与该家庭从事贸易。商人常常通过婚姻（通常是暂时的婚姻）成为该家庭的一员，从而加强了经济联系。

（四）人在网络中的作用

杨国桢先生指出："海洋发展的历程，是人与海洋的关系不断协调适应

---

[106]　参见 Thomas Anderson, *Teaching the Indian Ocean as World History*, http://worldhistoryconnected.press.illinois.edu/11.1/anderson.html。

[107]　杰里·H. 本特利：《新世界史》，载夏继果、杰里 H. 本特利主编《全球史读本》，第 62 页。

的历程；也是人类社会海洋活动的个体、群体、区域社会、国家之间在用海、争海上从竞争到合作、从冲突到共处、从无序到有序的不断反复协调适应的历程。"[108] 可见，他特别强调"人"在海洋史中的地位和作用。以笔者之见，关注人本身是全球史的一大特色，新海洋史充分体现了这一点。

以阿布拉菲亚的《伟大的海》为例。他关注的焦点是互动，在他笔下，真正的"人"成为地中海的主角，而不再是布罗代尔笔下的"环境"。"在塑造地中海史方面，人类之手是非常重要的，而布罗代尔却不愿意承认这一点"，"本书关注把脚趾伸向地中海的人，尤其是跨海航行的人，在某些情况下，他们直接参与跨文化贸易、宗教及其他思想的传播，同等重要的是，有些人还参与了海上航路控制权的争夺"[109]。这样，人类是如何感知地中海的，就成为《伟大的海》的中心内容，而该书的副题"地中海人类史"也旗帜鲜明地表达了作者的观点。粗略概括起来，《伟大的海》所涉及的人类群体主要有商人、传教士和朝圣者、军人、游客。其中对商人的关注尤其值得注意。阿布拉菲亚评价布罗代尔"精通自然环境而不是人类的活动，在他的笔下，甚至贸易史都近乎变成了商品史"[110]，《伟大的海》所关注的是"从事贸易的人，而不是他们所运送的商品"[111]。在进行商品交流的同时，商人们还交流着语言、思想、宗教、疾病，在各种文化和社会之间架起了桥梁。需要特别指出的是，《伟大的海》中不仅有人类群体，而且包括具有明显时代特色的鲜活个体，例如，12 世纪历经事业沉浮的威尼斯商人罗马诺·马里亚诺，12 世纪末 13 世纪初的穆斯林旅行家伊本·朱拜尔，13 世纪到 14 世纪初旨在统一地中海的三大信仰的天主教传教士雷蒙·卢尔等。

[108]　杨国桢：《论海洋人文社会科学的兴起与学科建设》，《中国经济史研究》，2007 年第 3 期，第 107 页。

[109]　David Abulafia, *The Great Sea: A Human History of the Mediterranean*, pp.XXX, XVIII.

[110]　David Abulafia, "Mediterranean History," in Jerry H. Bentley, ed., *The Oxford Handbook of World History*, p.499

[111]　David Abulafia, "Mediterranean History as Global History," in *History and Theory* 50 (May 2011), p. 223.

人与海的互动存在着多样性（diversity）和易变性（changeability）。阿布拉菲亚正是从这里出发寻找地中海的统一性（unity）。布罗代尔认为，自然地理特征塑造了地中海地区人们的生活，赋予地中海史以统一性。然而，"这种寻找统一性的做法却始自一种误解，即误解了地中海对于生活在地中海海岸及其岛屿、跨越地中海海面的人们意味着什么"[112]。从人类的层面来看，首先是存在着种族、语言、宗教和政治上的多样性，但是，这种多样性又不断受到来自海面上的外来因素的影响，因此处于不断变动之中。在这种不断交往、不断互相影响的过程中，地中海被编织在一起，形成"五个地中海"，从而使地中海具有了统一性。这样看来，是"人"赋予了地中海以统一性而不是自然环境。在这部正文长达 648 页巨著的最后一段，阿布拉菲亚指出："因此，地中海史的统一性存在于其纷乱的变动性之中，虽然这看似矛盾……"，"在我们的星球上，地中海或许是互动最为强劲的地区，它在人类文明史上所发挥的作用远远超过了其他任何海域。"[113]

（五）网络运行机制

全球史不仅关注交往和互动的具体表现，而且关注支撑交往和互动的内在机制。对于今天全球化的世界来说，这种机制更具有借鉴的意义。关注互动的海洋史学家同样也认识到这一点。例如，在地中海史研究者看来，中世纪地中海贸易网络的运行得益于一系列地中海规则的形成。

中世纪地中海是拜占庭帝国、阿拉伯帝国和拉丁西欧三大势力争夺的对象，在这里没有一个势力是独霸的，没有任何势力能够把其法律施加到整个地中海，不同法律的共存在所难免。但是，在地中海的网络之上，不论是人员还是物品都是在流动的，跨越政治边界和法律边界的事每日每时都在发

---

[112] David Abulafia, "Mediterranean History as Global History," p.221.

[113] David Abulafia, *The Great Sea: A Human History of the Mediterranean*, p.648.

生。要协调相互间的关系，就需要有共同接受的规则。规则的制定有两个方面。一方面是适合单独一个国家的商法的发展，另一方面是签订双边的合约，制定双方都能接受的规则。在基督教世界，不论是拜占庭帝国还是拉丁西欧，这些法律主要来自罗马法，典型例证其一为拜占庭帝国于 600—800 年汇编的《罗得海法》；其二为 12—14 世纪在阿拉贡王国的土地上编纂的《康梭拉多海法》，它实际上是从 13 世纪开始流行于地中海地区的海事习惯法和法院判决的汇编。出于这样的共同法律基础，拜占庭帝国与西欧的双边关系处理起来比较便利。1082 年，拜占庭皇帝阿历克塞一世签署《黄金诏书》，给威尼斯人很多特权：他们可以在除黑海和塞浦路斯之外的拜占庭帝国属地上进行贸易，免除各种税收；他们在金角湾旁得到了小块土地，包括一座码头、一座教堂；皇帝维持君士坦丁堡作为地中海和黑海之间的纽带的地位，它可以从地中海获得香料和奢侈品，从黑海获得毛皮、木材和其他北方商品。该诏书成为意大利各城市此后为寻求海上帮助而与贸易合作者谈判的一个模本。[114] 类似地，7—9 世纪之间，伊斯兰教法的编纂使得商业规范和实践在伊斯兰世界得以统一。然而，基督教与伊斯兰教的法律传统却有着重大的不同。穆斯林法律主要来源于《古兰经》和《圣训》，被视为神法。渐渐地，在交往的过程中，两者产生了相互影响。在拜占庭帝国原先的土地上，穆斯林法学家的观点受到了包括《查士丁尼法典》和《罗得海法》等罗马—拜占庭法的影响。与此同时，穆斯林商法也对基督教世界产生了深远影响。11 世纪晚期，"康美达"这种新型的远程海上贸易（通常在中东、非洲或西班牙之间）经营方式在欧洲海岸城市流行开来。它最早是穆斯林的一种商业惯例，于 8—10 世纪传播到拜占庭，包括南意大利的港口城市。"康美达"其实是一种合伙协议，一方合伙人提供资金但待在家里，另一方合伙人则专门从事

---

[114]　David Abulafia, *The Great Sea: A Human History of the Mediterranean*, p.285.

航行；通常说来，前者可获得四分之三的利润，而后者获得另外四分之一的利润。[115]

在这种互相交流、借鉴的基础上，通过合约来协调规则变得方便可行。从 12 世纪开始，随着意大利以及后来的阿拉贡的扩张，这种双边合约越来越多，而且越来越准确。一些合约是两国谈判的结果，是某种势力均衡的结果，但某些规则是所有合约共有的，不受时间、地点和条件的限制。久而久之，就出现了被地中海所有国家心照不宣地接受的大量通则：它们规定战争与和平的界线，管理商人的旅居和港口的交易，便利在和平时期赎回俘虏等。[116] 正如《亚洲的地中海》一书的作者弗朗索瓦·吉普鲁所言，中世纪地中海是"通过对法律的共同尊重联系在一起"[117] 的。

---

[115] 哈罗德·J. 伯尔曼：《法律与革命——西方法律传统的形成》，贺卫方等译，北京：中国大百科全书出版社，1993 年，第 429 页。

[116] 参见 Dominique Valerian, "The Medieval Mediterranean," in Peregrine Horden and Sharon Kinoshita, eds., *A Companion to Mediterranean History*, Chichester: John Wiley & Sons, 2014, pp.86-88。

[117] 弗朗索瓦·吉普鲁：《亚洲的地中海——13—21 世纪的中国、日本、东南亚商埠与贸易圈》，龚华燕、龙雪飞译，广州：广东省出版集团新世纪出版社，2014 年，第 I 页。

第九章　生态环境全球史

2011 年 3 月 11 日，日本东北部海域发生 9 级大地震，由此造成的福岛第一核电站泄漏事故引发了全世界的关注。韩国、中国等日本周边国家的民众，由于担心本地空气、水源和食品可能遭到放射物污染而产生了担忧和焦虑，甚至美国西海岸也一度出现了抢购抗辐射碘片的风潮。这表明，人们生活在彼此休戚相关的"地球村"，某一地方的生态环境破坏有可能影响到周边国家甚至世界各地民众的生活，因而引起人们的广泛担忧。全球性的环境破坏问题，近年来受到各国学者的普遍关注。新兴的全球史作为历史学者对全球化及其问题的思考，自然也包含了对全球环境的历史考察，它反映了全球史学者对全球生态环境问题的一种现实人文关怀。当然，从学术研究的对象来说，气候变化、自然灾害、环境污染、物种交流、疾病传播等问题都不可能仅仅局限于一个民族国家内部，而是跨越国界的区域性或全球性问题，这一特点决定了环境问题必然成为全球史的一个研究领域。

第一节　生态环境问题的全球史

自从全球史兴起以来，生态环境问题就成为全球史学者关注的一个重要主题。从全球史视角探讨生态环境问题的先驱者是威廉·麦克尼尔和艾尔弗雷德·克罗斯比。麦克尼尔的《瘟疫与人》（1976）从环境、疾病和人三者的互动关系探讨了人类文明的变迁。克罗斯比的《哥伦布大交换：1492年以后的生物影响和文化冲击》（1972）和《生态帝国主义：欧洲的生物扩张，900—1900》（1986），从生态学、生物学、地理学的视角考察了欧洲人在近现代的世界性扩张及其后果。20世纪90年代以后，随着全球史的发展，以生态环境为主题的全球史蓬勃发展起来，至今已取得了丰硕的成果，并成为当今全球史多元实践中一个重要的研究领域或流派。

一、生态环境全球史的发展及其研究主题

人与环境的关系一直是人们关注的重要问题，很早就有人对此展开论述，例如1864年美国学者乔治·珀金·马什（George Perkins Marsh）的著作《人与自然》，就探讨了人类活动对自然的影响。历史学家涉及这一话题也比较早，古代历史著作中就有关于地理环境的描述，而20世纪上半叶的年鉴学派则开始有意识地重视环境因素，吕西安·费弗尔于1925年出版的《历史的地理学导论》、费尔南·布罗代尔于1949年出版的《菲利普二世时代的地中海和地中海世界》，埃马纽尔·勒华拉杜里于1967年出版的《公元1000年以来的气候史》，都是环境史的先驱之作。一般认为，环境史作为历史学的一个分支学科，是20世纪60—70年代在环保主义运动的影响下出现的。在美国，1967年罗德里克·纳什（Roderick Nash）的《荒野与美国精神》一书的出版，被认为是环境史兴起中一个重要事件。随后至20世纪80年代，环境史在美国逐渐发展起来，早期著作主要有：威廉·麦克尼尔的《瘟疫与人》（1976），艾尔弗雷德·克罗斯比的《哥伦布大交换》（1972）和《生态帝国主义》（1986），唐纳德·沃斯特（Donald Worster）的《尘暴：

1930 年代的南方平原》（1978）和《帝国的河流：水干旱和美国西部的成长》
（1985），威廉·克罗农（William Cronon）的《土地的变迁：印第安人、殖民
者和新英格兰的生态》（1984），理查德·怀特（Richard White）的《依附的
根源：乔克托人的生计、环境和社会变迁》（1983），卡洛琳·麦钱特（Carolyn
Merchant）的《自然之死：妇女、生态和科学革命》（1980）和《生态革命：
新英格兰的自然、性别和科学》（1989），唐纳德·休斯（Donald Hughes）
的《古代文明中的生态》（1975）和《北美印第安人的生态》（1983），马丁·梅
洛西（Martin V. Melosi）的《城市垃圾：废物、改革和环境（1880—1980）》
（1981），罗素·梅格斯（Russell Meiggs）的《古代世界的树木和木材》（1982），
伊恩·西蒙斯（Ian Simmons）的《改变地球面貌：文化、环境、历史》（1989），
约翰·麦考密克（John McCormick）的《恢复天堂：全球环保运动》（1989）。

从早期的环境史著作可以看出，环境史自其产生之日起就与全球史交织
在一起，威廉·麦克尼尔、艾尔弗雷德·克罗斯比、唐纳德·休斯等人的著
作就是如此。20 世纪 90 年代之后，全球史视角的生态环境研究随着全球史
和环境史的蓬勃发展而涌现出了更多成果。

环境史与全球史相结合取得的显著成就，首先表现在出现了大量宏观的
全球环境史著作。1990 年由特纳（B. L. Turner）、威廉·克拉克（William C.
Clark）、罗伯特·凯茨（Robert W. Kates）、约翰·理查兹（John F. Richards）、
杰西卡·马修斯（Jessica T. Mathews）、威廉·迈耶（William B. Meyer）编写
的《人类活动改变了的地球：过去 300 年生物圈的全球性和区域性变化》，阐
述了 18 至 20 世纪全球环境的变化。伊恩·西蒙斯写了两本概要性全球环境
史著作，即《环境史简介》（1993）和《全球环境史：公元前 10000 年到公元
2000 年》（2008）。贾雷德·戴蒙德（Jared Diamond）的《枪炮、病菌与钢铁：
人类社会的命运》（1997）和《崩溃：社会如何选择成败兴亡》（2005），探讨
了地理和生态环境对历史的影响，解释了历史上及现代社会在解决环境问题

时，为何有的获得成功，有的走向失败。克莱夫·庞廷（Clive Ponting）的
《绿色世界史：环境与伟大文明的衰落》（1991），从生态学视角考察了人类
历史的变迁及其重大环境问题。约翰·R. 麦克尼尔（John R. McNeill）的《阳
光下的新事物：20 世纪世界环境史》（2000），从土壤、空气和水三个方面考
察了 20 世纪人类活动对环境的影响。唐纳德·休斯的《世界环境史：人类
在生命群落中变化着的作用》（2001），探讨了人类社会与生态系统之间关系
的历史变迁。辛·丘（Sing C. Chew）的《世界生态的退化：积累、都市化
和森林砍伐（公元前 3000 年到公元 2000）》（2001）认为，在人类社会的发
展历程中，财富积累、城市化和人口增长消耗了资源，破坏了环境，造成了
生态的退化。约阿希姆·拉德卡（Joachim Radkau）的《自然与权力：世界
环境史》（2002），探讨了人类与自然从最初的和谐，到破坏和改变自然，最
后力图保护自然的历程。约翰·理查兹的《无尽的边疆：近代早期世界环境
史》（2003），考察了 15 至 18 世纪欧洲扩张过程中对其他地区动植物资源的
猎取及其环境影响。史蒂芬·莫斯利（Stephen Mosley）的《世界历史中的
环境》（2010）是一本专题性概要的世界环境史。安东尼·彭纳（Anthony N.
Penna）的《人类的足迹：一部地球环境的历史》（2010 年）则叙述了人类社
会变迁过程中人与环境的关系。

其次，关于生态环境的专题性全球史著作也在 1990 年代之后涌现出来，
这些专题包括森林管理与采伐、气候问题、能源问题、环境保护、战争与环
境、帝国主义与环境、环境与疾病传播等。

森林问题是一个重要主题，学者们对历史上森林的采伐、经营和管理等
问题给予了关注。迈克尔·威廉姆斯（Michael Williams）的《滥伐地球：从史
前到全球危机》（2003）揭示了世界历史进程中人类对森林的破坏。保罗·穆
迪尼奥（Paulo Moutinho）主编的论文集《世界各地的森林砍伐》（2012）收集
了森林采伐的影响、规划森林采伐和阻止森林采伐三个主题的论文。关于气

候问题，理查德·格罗夫（Richard Grove）和约翰·查佩尔（John Chappell）合著的《厄尔尼诺：历史与危机》（2000）探讨了厄尔尼诺现象对人类历史的世界性影响。格罗夫和另一位学者乔治·亚当森（George Adamson）合著的《世界历史上的厄尔尼诺》（2018）则探讨了厄尔尼诺的历史、科学解释、与流行病的关系和对当代社会的影响。关于能源方面，克罗斯比的《人类能源史》（2006）对人类历史进程中的能源问题做了简要回顾。

　　环境保护运动是全球环境史学者关注的一个重要问题。约翰·麦考密克在其《恢复天堂：全球环保运动》中，从思想、政治、社会和经济方面追溯了环保行动主义的起源，阐述了环境问题如何从乏人关注到成为中心议题，并使环境成为一个公共问题。该书内容包括联合国促进环保的早期尝试，雷切尔·卡森（Rachel Carson）等作家所起的作用，70 年代初斯德哥尔摩会议的影响，联合国环保项目的成败，全球环境状况和对 21 世纪发展情况的预测。卡洛琳·麦钱特（Carolyn Merchant）于 1992 年出版的《激进的生态学：寻找可居住的世界》一书，考察了环境问题的哲学、伦理、科学和经济的根源，并指出激进的生态学家为了可持续的生活，可以改变科学和社会，因为仅靠法律、规范和科学研究无法阻止污染的蔓延或恢复日益减少的资源。麦钱特认为，为了维持一个可居住的世界，必须寻找新的社会、经济、科学的方法来改变人类与自然的关系。由此她分析了激进生态学家的革命性思想，评述了他们为引起公众对环境问题的关注所做的努力。该书在 2005 年出了修改后的第二版。2000 年，拉马昌德拉·古哈（Ramachandra Guha）出版的《环保主义：一部全球史》是全球环保运动史的一部重要著作。该书回顾了世界各地环保运动的历史，并分析了美国、欧洲、苏联、印度、中国、巴西等地环保主义的异同。古哈把 18 世纪以来的环保运动分为两个阶段。第一阶段为环保意识的兴起准备了条件。这一时期的思想家、哲学家、科学家、生物学家、牧师和环保积极分子提出了环保的观念及其对于一切生命赖以生存的意义，这是对欧洲工业革命引起的环境急剧恶化的反应。1962 年雷切尔·卡森出版《寂静的春天》引发了第二波环保运动，因为书中揭示了除草剂、杀虫剂和致癌物（如 DDT）的危害性，表明了在食品生产中使用化学品是如何毒害食物链并导致人类、动物、鱼类和鸟类的死亡。《寂静的春天》发行之后，环保运动由消极的个体运动发展成为一种积极的大众运动，促使了"美国激进环保主义"的兴起，"深层生态学"和"地球优先"等运动也开始要求环境公正。这对欧洲也产生了影响，欧洲的"绿色运动"导致了一个极具影响力的绿党的崛起。随后，古哈还阐述了环保运动在第三世界国家和苏联的情况。

近年来，战争与环境的关系受到历史学者越来越多的关注。理查德·塔克（Richard P. Tucker）和埃德蒙·罗素（Edmund Russell）主编的论文集《自然的敌人、自然的盟友：迈向一种战争环境史》（2004），从多维视角考察了战争与自然环境之间的相互影响，涉及殖民地时期的印度和南非、美国内战以及 20 世纪日本、芬兰和太平洋岛屿的战争，主题包括自然环境对军事策略的影响、环境与美国内战中的决定性战役、战争与和平对木材资源的影响、战时病虫害和疾病的传播等。查尔斯·克劳斯曼（Charles E. Closmann）主编的《战争与环境：现代时期的军事破坏》（2009）也是一本类似的论文集，探讨的主题包括第一次世界大战的堑壕战对环境的破坏，从殖民地时期到 1945 年菲律宾用于军事目的的森林采伐，1864—1865 年威廉·特库姆塞·谢尔曼（William Tecumseh Sherman）的焦土战术，第二次世界大战期间的战时政策对美国和德国环境保护实践的影响。朱迪思·贝内特（Judith A. Bennett）的《本土与外来：第二次世界大战与南太平洋的环境》（2009）是一部颇有深度的二战环境史，论述范围从博拉博拉岛（Bora Bora）到新几内亚的后方基地和作战前线，包括外来者对海洋环境的认知、对当地资源的开发、战争及战时政治的环境影响。作者在分析这场战争对环境具有重大而持久影响的同时，也阐述了生态环境对军事的影响，例如不熟悉的潮汐使登陆艇搁浅，看不见的微生物传播的地方性疾病使成千上万的军队失去战斗力，总之，天气、地形、植物、动物都扮演着一种敌人或盟友的角色。约翰·R.麦克尼尔的《蚊子帝国：1640 至 1914 年大加勒比地区的生态和战争》(2010)则从疾病传播的视角分析了生态环境与战争的关系。麦克尼尔提出，"该书的目的在于阐明对财富和权力的追求如何改变了大加勒比海地区的生态，反过来生态变化又如何影响了 1620 至 1914 年间帝国、战争和革命的命运"[1]。因此他首先描述了 1620 年之后大加勒比地区的生态变化，把这一地区由于大种植园盛行而导致的森林减少和物种变化称为"克里奥尔生态"(Creole ecology)，而这种生态环境有利于携带黄热病菌的伊蚊和携带疟疾病菌的疟蚊的繁殖。接着他讲述了"帝国的蚊子"和"革命的蚊子"的故事，分别探讨了蚊子传播的黄热病和疟疾，对大加勒比地区 18 世纪 80 年代之前的帝国征服活动和 18 世纪 80 年代之后的革命进程产生的影响。

帝国主义与环境是生态环境全球史研究中的一个热点问题。继克罗斯比的《生态帝国主义》之后，1995 年理查德·格罗夫出版的《绿色帝国主义：殖民扩张、热带岛屿伊甸园和环保主义的起源（1600—1860）》是一部重要著作。在该书中，格罗夫通过考察 1600 至 1860 年间荷兰、法国、英国等海洋帝国中欧洲殖民者与殖民地环境及原住民之间的互动，探讨了全球环境保护意识的起源及其早期历史。他认为，现代环保主义产生于殖民统治对殖民地生态环境造成破坏作出的回应。他提出，欧洲的科学家和作家把圣赫勒拿(St Helena)、阿森松(Ascension)、毛里求斯(Mauritius)、多巴哥(Tobago)、圣文森特(St. Vincent)等热带岛屿看作人间天堂，随着殖民扩张造成的环境破坏，他们对这些岛屿进行科学研究和产生的保护意识，是西方环保主义

---

[1]　J. R. McNeill, *Mosquito Empires: Ecology and War in the Greater Caribbean, 1640-1914*, Cambridge University Press, 2010, p.2.

的起源。因此他说："在很大程度上，人们甚至可以说环保思想产生于重农主义和18世纪中叶法国人痴迷于岛屿的结合，他们把这些岛屿看作是'发现'早先田园牧歌式社会的理想的乌托邦之地。"[2] 产生于岛屿殖民经历的环保思想首先被运用于印度次大陆，然后逐渐传播到世界各地。格罗夫的另一著作《生态、气候和帝国：殖民主义与全球环境史（1400—1940年)》(1997)，在上述观点的基础上，聚焦于殖民政府当局和科学家如何将森林砍伐与气候变化联系起来。由此，他考察了殖民者的森林管理改革措施及其本土回应。但该书一些章节与《绿色帝国主义》有重复。

将世界历史上的帝国与生态环境结合起来探讨的研究成果，较有影响的还有以下这些：约翰·麦肯齐（John M. MacKenzie）的《自然的帝国与帝国的自然：帝国主义、英格兰和环境》(1997) 一书，通过提出英帝国环境史新的分析模式及其与苏格兰经验之间的关系，考察了苏格兰及苏格兰人在英帝国环境史中所扮演的角色。汤姆·格里菲斯(Tom Griffiths)和利比·罗宾(Libby Robin) 主编的论文集《生态与帝国：移居者社会的环境史》(1997) 收集的一系列论文，探讨了在澳大利亚、南非、美国和拉丁美洲，帝国史和环境史之间的相互联系。理查德·德雷顿(Richard Drayton)在其《自然的统治：科学、不列颠帝国和世界的"改善"》(2000) 一书中，提出英帝国的科学充当了帝国主义的工具，但他也强调以英国皇家植物园为代表的植物园在"改善"英帝国主导的世界中所起的作用。佩德·安克尔（Peder Anker）的《帝国生态学：1895—1945年英帝国中的环境秩序》(2001)，探讨了1895—1945年生态学在英帝国的蓬勃发展。他认为，生态学在英帝国得到快速发展，一部分有影响的科学家和政治家建立起了一种由自然、知识和社会三部分构成的生态学，其原因在于帝国南方以扬·克里斯蒂安·史莫茨（Jan Christian Smuts）

---

[2] Richard H. Grove, *Green Imperialism: Colonial Expansion, Tropical Island Edens and the Origins of Environmentalism, 1600-1860*, Cambridge University Press, 1995, p.223.

为代表和北方以亚瑟·乔治·坦斯利（Arthur George Tansley）为代表的生态研究的赞助者，迫切需要一种工具来理解环境史以及人类与自然的关系，以便制定政策来管理广大帝国的自然资源、有效控制土著居民和白人定居地。科学家们借鉴心理学、经济学等学科的方法，把植物学发展成为人类生态学，为帝国的环境、经济和社会管理创建了一种新的生态秩序。威廉·贝纳特（William Beinart）和洛特·休斯（Lotte Hughes）的《环境与帝国》（2007）是理解大英帝国环境史的一本重要著作。作者认为，帝国主义与全球环境变化的历史密不可分，因此该书的目的就是阐明大英帝国史中的各种环境主题，包括商品边疆（commodity frontiers）、环境变化、疾病、环保主义思想、城市环境、自然的视觉形象、政治生态学等。帝国扩张与欧洲之外自然世界之间的关系是该书前半部分关注的问题，集中讨论了影响这种关系的物质因素，包括英国消费者和制造商如何吸收来自农业系统中通过采集、狩猎、捕鱼、采矿、耕作而获得的资源，帝国力量驱动下的环境和社会变化，不同商品边疆对殖民地人民的影响等。作者在最后几章主要探讨了殖民地人民在环境方面的政治主张。在非殖民化的过程中和后帝国时代，他们对自然环境有了新的看法，发出了一种新的声音，对谁有权管理自然提出了质疑。另外，詹姆斯·比蒂（James Beattie）、爱德华·梅利洛（Edward Melillo）和埃米莉·奥戈尔曼（Emily O'Gorman）主编的论文集《生态—文化网络与英帝国：环境史的新视野》（2015）反映了帝国环境史研究的新趋势。"生态—文化网络"（eco-cultural networks）是从文化视角来理解生态系统，包括人在内的一切生命体和无生命世界及其相互关系构成了生态系统，而这个系统在人的能动性影响下也是一个文化系统，在生态系统中人口、动植物和商品的流动形成的网络就是一种生态—文化网络。因此，该论文集以英帝国内的生态—文化网络为主线，探讨了从维多利亚时代到第二次世界大战结束，英帝国范围内的气候影响、农业开发、农产品消费、种植园管理、鸟类迁徙等问题。

　　另外，环境与疾病传播的关系也是生态环境全球史研究的重要主题，这一主题将在本章第二节中专门探讨。

　　上述研究主题，并没有囊括全球史或世界史视角关于生态环境问题的所有研究，还有一些研究领域亟待历史学家们去开垦。约翰·R.麦克尼尔认为以下六个方面是"有待进一步研究的问题"：（1）现代中东和俄罗斯的环境史；（2）大海和海洋的环境史；（3）有关美洲奴隶种植园世界的环境史；（4）1960 年以来东亚地区的工业化及其对环境的影响；（5）关于资本主义和社会主义在环境史中的角色及其比较研究；（6）关于迁徙和移民的环境史。[3] 唐纳德·休斯在《全球环境史：长远视角的思考》一文中，也着眼于未来而对世界环境史中的四个主题进行了探讨，即人口增长带来的问题、地方性和全球性的环境政策、对生物多样性的威胁、能源及原料的供给与需求。[4] 他指出，每个主题都向人类提出了挑战，而四个主题合在一起构成了人类生存的危机，人类应针对危机采取积极的应对措施。约翰·R.麦克尼尔和唐纳德·休斯所指出的这些方面，或为全球环境史研究的薄弱环节，或为直接关系到人类生存的重要问题，全球环境史学者应该予以重视并开展深入研究。

二、对生态环境全球史的理论探索

　　全球史学者对生态环境问题的关注，是基于他们对现实世界和人类命运的关怀与思考。E.H.卡尔在《历史是什么》中指出："历史是历史学家与历史事实之间连续不断的、互为作用的过程，就是现在与过去之间永无休止的对话。"[5] 因此，全球史视域中的环境问题研究，是历史学者从全球环境退化

[3]　约翰·R.麦克尼尔：《环境史研究现状与回顾》，《全球史评论》第四辑，第35—36页。
[4]　J.唐纳德·休斯：《全球环境史：长远视角的思考》，《全球史评论》第四辑，第103—123页。
[5]　E.H.卡尔：《历史是什么》，陈恒译，北京：商务印书馆，2007年，第115页。

的现实出发与历史事实对话的结果，是以历史上的环境变迁来理解和解释当今的全球环境问题，同时也是以当今环境保护的眼光来重建人与环境互动的历史。这种全球环境史研究的现实性，正如威廉·贝纳特和彼得·科茨所说："环境变迁的进程深深植根于过去。对危机的感知和应对这些危机的尝试同属于人类历史的核心内容，虽然可能曾被忽略。现在，从历史的视角来探讨当前的环境困境以及人类的应对是人文科学和社会科学领域内最让人着迷的、具有重大意义的研究领域。"[6] 由此我们不难理解，全球史学者面对当今世界的环境破坏，常常表现出一种对人类命运的担忧。这种担忧也成了他们对生态环境问题进行史学理论思考的出发点。因此，全球史学者对生态环境问题的史学思考，既是学术的，也是现实的。

全球史学者在从事生态环境问题的研究时，所持有的一个基本理念就是把人当作生物圈中的一个生物体，从生物学和生态学的角度来理解人与环境的关系。例如，克罗斯比说道："人，先是一个生物性的实体，然后才是一位罗马天主教徒、资本家，或其他任何身份。……若要了解人，第一步，必须先把他视为一个生物性的实体进行考量。这个生命体，已在这个星球上生存了千千万万年，影响着同在此星球的其他同伴，同时也受它们的影响。一旦把人放在这个恰当的时空脉络下，我们就可以开始较有把握地——或至少抱着希望——去审视他的个别历史面相或事件。"[7] 正是基于这种认识，他将欧洲殖民者首先看作是生态系统中的一种生物性实体，以此为基础来理解他们在美洲、澳大利亚和新西兰等地得以生存发展的原因。约阿希姆·拉德卡也说道："人与环境的联系的首要因素，正是因为人是一个生物的有机体。""人是一个生物的有机体，它和它赖以生存的其他有机体一样必须服从同样的规律。没有水人会渴死，没有植物和动物人会饿死，没有阳光人会萎缩，没有

---

[6] 威廉·贝纳特、彼得·科茨：《环境与历史》，包茂红译，南京：译林出版社，2008 年，第 1 页。

[7] 艾尔弗雷德·W. 克罗斯比：《哥伦布大交换》，第 xv 页。

性交人种会灭绝。……企图忽略人的生物性作为人类历史基础的讨论，亦如否认精神与身体的不可分割的联系一样荒唐。"[8] 由此可见，把人当作生物体是理解人与环境之间关系的首要因素，是环境史研究的重要基础。生态环境全球史的研究实践也表明，把人当作生物体置于其生存关系情境之中来考察，是环境史和全球史学者理解世界历史变迁的一个重要维度。

（一）克罗斯比对生态环境全球史的理论思考

艾尔弗雷德·克罗斯比是一个跨学科的学者，他致力于从生态学、地理学的视角来研究和解释历史，这方面的主要著作有《哥伦布大交换：1492年以后的生物影响和文化冲击》(1972)、《生态帝国主义：900—1900年欧洲的生物扩张》(1986)、《美国被遗忘的传染病：1918年流感》(1989) 和《病菌、种子和动物：生态史研究》(1994)。克罗斯比研究历史的一个重要出发点，就是如何理解现代欧洲的兴起及其扩张。然而，他对这一问题的思考，并没有沿袭西方主流学者的思路，而是另辟蹊径，从生态环境视角来理解欧洲的扩张。

《病菌、种子和动物：生态史研究》是一部论文集性质的专著，在某种意义上是克罗斯比对其先前生态史研究的概括，从史学观念上反映了他的治史理念。美国全球史学家凯文·雷利（Kevin Reilly）称这本书"描述了一条通往生态史的智识之路，这有可能在总体上为世界史确立起一种基本理论"[9]。克罗斯比在该书中对传统史学和全球史视角下的生态环境史作了对比评价。

关于哥伦布航行美洲及其后续影响，不同历史学家的解释迥异。克罗斯

---

[8] 约阿希姆·拉德卡：《自然与权力：世界环境史》，王国豫、付天海译，保定：河北大学出版社，2004年，第6页、第22页。

[9] Alfred W. Crosby, *Germs, Seeds and Animals: Studies in Ecological History.* M.E. Sharpe, 1994,p.vii.

比将美国历史学家对这一事件的解释分为两类："吟游诗人般解释"（bardic interpretation）和"分析性解释"（analytic interpretation）。他认为，吟游诗人般的解释是西方历史学中的经典解释，是 19 世纪到 20 世纪上半叶叙事历史学家的产物，他们的叙述以可获得的文献记录为依据，并且具有白人种族中心主义色彩。他们常常只以白人为中心来组织文本，既不关注印第安人等非欧洲民族，也不关心生态系统的变化。这种历史叙述是以选择性历史观点对历史进行叙述的结果，会强化欧裔美洲人的种族中心主义，因此具有欺骗性和危险性。他指出，从事这种叙述的历史学者，"其历史材料总是文献资料（特别是信件、日记、回忆录）而不是统计数据，也很少求助于经济学、考古学、生物学或其他此类学科，这导致了令人吃惊的历史缺失。普雷斯科特（William Prescott）力图撰写关于征服墨西哥和秘鲁的鸿篇巨著，却几乎没有提及征服者的最好盟友——天花。有关天花的信息存在于原始材料之中，但并没有作为重要史料纳入普雷斯科特的视野。"[10] 在此，克罗斯比从研究视角、史料运用及研究方法等方面，都对传统史学处理哥伦布问题的方式进行了批评。

相反，对于历史学中新兴的分析性解释，克罗斯比给予了高度评价。他认为，由于传统的经典解释没有回答当今人们关心的许多重大问题，于是史学家们开始寻找新的解释路径。"历史学家们敞开胸怀接纳了（或者由于生怕落后，急忙去寻找）地质学、气候学、生物学、流行病学和其他学科。其结果是，倒进当今史学家之磨的这种谷物，可能会磨损掉利奥波德·冯·兰克（Leopold Von Ranke）的磨石。"[11] 因此传统的兰克史学方法无法解决具有跨学科性质的新问题，这需要史学的变革。于是，一方面，一些史学家在研究视野上纳入了整体观，促使了世界史及全球史的兴起。仅就欧洲人发现美

[10]　Alfred W. Crosby, *Germs, Seeds and Animals: Studies in Ecological History.* p.5.

[11]　Alfred W. Crosby, *Germs, Seeds and Animals: Studies in Ecological History.* p.8.

洲这一事件来说，"引发哥伦布和欧洲人发现和开发美洲的动力是跨民族国家和跨大陆的。哥伦布时代及其之后的原材料、制造品和生物交流，在任何比世界范围小的单位内都不能得到完全意义的描述与分析"[12]。因此，历史研究的宏观整体视野是必要的。分析性解释的史学家不像经典历史学家那样只将视野局限于白人英雄，而是关注更大时空范围内诸多族群的民众。另一方面，他们在史料方面开始运用地质学和生物学的非文献材料，从生态学的视角来理解欧洲对美洲的征服。

正是基于上述认识，克罗斯比积极倡导对欧洲人向美洲扩张的"分析性解释"。他提出，欧洲的动植物传播到美洲，使得美洲的生态环境欧洲化了，这有助于欧洲人的定居。然而，"入侵美洲者的决定性优势并非其动植物——当然也不是他们的火枪和来复枪，印第安人最终会大量获得这些东西——而是他们带来的疾病"[13]。这些疾病包括天花、麻疹、水痘、百日咳、斑疹伤寒症、伤寒症、淋巴腺鼠疫、霍乱、猩红热、疟疾、白喉和流感，它们导致了印第安人的大量死亡。这是理解欧洲人成功大量移民到美洲的关键。

1995 年，克罗斯比发表了《环境史的过去与现在》一文，他在该文中对美国环境史作了简单的学术回顾，并进一步表明了他对传统史学与环境史的看法。他认为，20 世纪上半叶的美国历史学者对诸如 1918 年大流感"这样几乎世界性的灾难漠不关心"，只专注于伯纳德·贝林（Bernard Bailyn）所说的"显性历史"（manifest history），"专业历史学者对我们今天所说的环境史没有兴趣，人类活动在地方性、区域性和世界范围的生态系统中常被看作是消极的或不起眼的参与者"。而对于美国因经济发展和城市化而引起的生态环境变化，"美国历史学者完全（几乎是痛苦地）意识到了这种巨大而加速的变化，但仍没有从生态角度考虑这一问题"。是什么原因造成了美国

---

[12]　Alfred W. Crosby, *Germs, Seeds and Animals: Studies in Ecological History*. p.8.

[13]　Alfred W. Crosby, *Germs, Seeds and Animals: Studies in Ecological History*. p.11.

历史学者对环境问题的漠不关心？克罗斯比从学术视角进行了分析。他认为，历史学者不太关心环境问题，是因为"他们被训练成把见证者叙述的文献资料置于首位，而真正的环境史材料却只能偶尔散见于日记或自传之中。他们被训练成专攻和投身于细小历史碎片的细微研究，而环境史学家必须是通才，因为环境变迁很少是几天、几星期或者甚至是几年的事情，而且常常是只能从整个区域甚至整个大陆的范围来认识"。因此，在克罗斯比看来，传统的史学观念与方法阻碍了环境史的发展。正因为这样，他极力称赞 20 世纪上半叶考古学对环境史兴起的先行作用。因为考古学没有传统史学中注重文本史料的局限，考古学家也不仅仅局限于发掘文物，而是转向关注古代民族如何生存，利用新技术来了解古代的气候和生态系统。这种研究打破了史前史与历史之间的界限，使那些对生存环境感兴趣的历史学者产生了对自然环境和生态的关注。这样，"以一种意想不到的方式，史前史和无文本材料的历史成了环境史学者的沃土。在没有文献可用的地方，历史学者不得不运用那些大范围和长时段的材料：土壤肥力、侵蚀、气候、营养、病患、动植物群"。而这一时期生态学的发展也有助于历史学者以整体观来处理分散的历史材料。因此，在克罗斯比看来，环境史要获得发展，必须打破传统史学的桎梏，在研究视野和史料运用等方面超越传统史学。在这方面，克罗斯比肯定法国年鉴学派做出的积极贡献。他说："法国历史学家作为一个群体首先蔑视'显性历史'，并且不断努力探讨在与有机及无机世界互动中作为集体的人类。"他们的研究倾向，"常常引导历史学者去思考人类与环境的互动"。[14]

由上可见，超越传统史学的狭隘视野与史料局限，从全球视野与生态视角来关注人们的生存状态并理解他们的行为，成为克罗斯比治史的一个基本理念。在这种理念下，克罗斯比试图从生态视角提出一种理解欧洲扩张及其

---

[14]　上述引文均参见：Alfred W. Crosby, "The Past and Present of Environmental History", *The American Historical Review*, Vol. 100, No. 4 (Oct., 1995), pp. 1177-1189。

兴起问题的新解释。

克罗斯比认为，对于如何理解欧洲的兴起，不同时代的学者有不同的解读，但每一代历史学者"至少具有一种带有共同特征的看待历史的方式——范式（paradigm）"。但他觉得"范式"一词太"沉重"，因而主张称之为"脚本"（scenario）。[15] "脚本"一词的使用，表明克罗斯比更倾向于历史由历史学者建构的一面，不同时代的历史学者会设想出不同的"脚本"。克罗斯比明确提出，他要建构自己解读历史的"脚本"。他认为，现代帝国主义和工业革命首先出现在欧洲的原因，至今仍没有得到较好的回答。维多利亚时代的历史学者把问题简单化了，他们认为自古以来白人就在技术、管理、经商等方面优越于其他民族。第二次世界大战后，殖民地纷纷独立，新兴民族国家涌现，于是出现了一种新的历史"脚本"。根据这种"脚本"，欧洲帝国主义成功的原因，在于欧洲人的野蛮残忍、优越的军事技术和资本主义侵略。20世纪末，历史学者开始反对传统社会与传统史学的父权奠基者，试图再寻找新的"脚本"。然而，所有这些脚本都带有缺陷与遗漏，它们无法回答欧洲何以兴起的许多疑问。因此，"我们历史学者一直没有停下自己的手。我们夜以继日地坐在电脑键盘旁构建一种脚本——一种适用于21世纪的脚本，以便回答或者至少面对这些问题"[16]。《哥伦布大交换》和《生态帝国主义》便是克罗斯比尝试构建新"脚本"的努力。在这两本书中，他从全球视野与生态视角考察了欧洲人在"新欧洲"地区的成功。关于这一探讨，他说，"这就是新脚本，我为构建了它而感到自豪"[17]。这也可以说是克罗斯比对自己的史学研究的评价与定位，表明他的研究不仅仅是要解决历史上的某个具体问题，而是具有方法论意义的探讨，最终目的是要构建一种具有普

---

[15]　Alfred W. Crosby, *Ecological Imperialism:The Biological Expansion of Europe, 900-1900*, Cambridge University Press, 2004, p.xv.

[16]　Alfred W. Crosby, *Ecological Imperialism:The Biological Expansion of Europe, 900-1900*. p.xvii.

[17]　Alfred W. Crosby, *Ecological Imperialism:The Biological Expansion of Europe, 900-1900*. p.xx.

遍解释力的历史研究的"脚本"。因此，从全球视野与生态视角来理解欧洲的扩张，成了克罗斯比为我们从事历史解释所提供的有用"脚本"。这种"脚本"甚至为我们提供了一些有用的历史研究的概念范畴，例如"哥伦布大交换""生态帝国主义""新欧洲"等。

克罗斯比从全球视野和生态视角对欧洲扩张问题的研究，得到当今全球史学家和环境史学家的称赞，其《哥伦布大交换》和《生态帝国主义》成为全球史与生态环境史的经典之作。凯文·雷利在给《病菌、种子和动物》作序时，对克罗斯比的研究给予了高度评价："克罗斯比几乎独自地引导历史学者把注意力转向生态问题，这些问题正由于其全球性而颇为重要。一些人认为，生态史、新社会史、区域研究、心智史、大众文化史、少数民族和族群研究等新兴历史学分支领域在战后蓬勃发展，结果使世界历史［全球史］成为不可能。但克罗斯比通过他的研究，解答了这些人的疑问。"[18] 因此，在20世纪下叶半历史研究碎片化的趋势下，当人们"怀疑这是否真正算得上是历史"的时候，克罗斯比以自己坚持不懈的治史实践，证明了自己所走道路的正确性，更重要的是向人们表明了生态环境全球史研究的可能性。

（二）约翰·R.麦克尼尔对生态环境全球史的理论思考

约翰·R.麦克尼尔（1954—　）是美国乔治城大学教授，致力于环境史和全球史研究，2017年曾当选为美国历史学会主席，其主要著作有《法国和西班牙的大西洋帝国：1700—1763年的路易斯堡和哈瓦那》（1985）、《地中海世界的山区：一部环境史》（1992）、《阳光下的新事物：20世纪世界环境史》（2000）、《人类之网：鸟瞰世界历史》（2003年与威廉·麦克尼尔合著）、《蚊子帝国：1640至1914年大加勒比地区的生态和战争》（2010）、《大加谏：

---

[18]　Alfred W. Crosby, *Germs, Seeds and Animals: Studies in Ecological History*. p.vii.

1945 年以来人类世的环境史》（2016 年与彼得·恩格尔克［Peter Engelke］合著）。

约翰·R. 麦克尼尔提出，环境史就是人类社会与其所赖以生存的自然界之间关系的历史。它包括三个互相交叉的研究领域，即物质环境史、政治环境史和文化环境史。物质环境史是关于人类与森林、青蛙、霍乱以及氯氟化碳之间关系的故事，对人类活动与大自然之间交互影响的演进方式进行研究。这种形式的环境史将人类历史置于地球与地球上的生命这一更广阔的背景之中，认为人类的活动只不过是这一宏大故事的一部分，而主角也并不仅仅只有人类。政治环境史是人类采取措施自觉调整人类社会与大自然之间，以及社会团体与自然环境之间关系的历史，包括人类在水土保持和控制污染方面的努力、人类在开发利用土地和各种矿产资源方面的努力，以及政策性环境史。文化环境史属于思想文化史，主要关注人们怎么思考、信仰、书写以及如何描画、雕刻、歌唱人类社会和大自然之间的关系，包括对现代环保思想的研究。[19] 这三个领域都可纳入全球视野来考察，成为生态环境全球史的研究领域。

如何理解作为生态环境史的全球史？约翰·R. 麦克尼尔认为，全球史研究以一种宏大叙述框架展现人类历史，不可避免地为了叙述上的简洁而牺牲掉了大量内容，而避免这种困境的方法之一就是只选择全球史的一个侧面、只突出某个选定的主题来叙述，他的选择就是生态环境。[20] 而且，他认为作为生态环境史的全球史，既可以克服以往环境史研究中不能把物质环境史、政治环境史和文化环境史合而为一进行整体研究的缺点，也可以克服民族国家环境史研究中的一些不足，因而具有学术上的优点。他说："由于一些生态过程的发生和发展是全球范围的，而一些与自然环境相关的文化趋势也具

---

[19]　约翰·R. 麦克尼尔：《环境史研究现状与回顾》，《全球史评论》第四辑，第 4—6 页。

[20]　J. R. 麦克尼尔：《世界环境史：最初十万年》，《全球史评论》第二辑，第 73—74 页。

有类似的特点，因此，在全球的层面展开环境史研究，无疑具有很多学术上的优点。"[21] 对此，我们可以从以下两个方面来理解。

　　首先，从全球史视角来探讨环境问题，超越了民族国家的视野和情感，从全球史关怀人类命运的理念出发，将人当作全球生态系统中的一种生物，从宏观层面来理解和探讨人与环境的关系史，并且可以通过回顾历史来反思现实。约翰·R. 麦克尼尔认为，以单一民族国家为论述单位的分析体系与环境史存在矛盾，历史学者长期对以民族国家为基础的分析体系的依恋，导致在历史研究的众多领域尤其是环境史研究中产生了许多问题。因为历史学者将其研究领域限定在单一国家的范围之内，而以自然现象为对象的环境史研究，政治意义上的边界几乎不起作用。因此，把生态环境纳入全球史的范畴，一方面可以更好地理解跨国环境问题，有助于历史学家对全球化过程中全球性环境问题的探讨。众所周知，自英国工业革命以来，工业化带来的生态环境破坏，随着全球化发展而进一步加剧，土壤流失和地力下降、森林减少、空气污染、水污染和水资源缺乏、气候变暖等，这些都成为人类社会共同面临的全球性环境问题。因此，全球史与环境史的结合所形成的视角和方法，可以解决全球化背景下许多民族国家环境史学所不能解决的问题。另一方面，从全球视角来考察生态环境史，可以使我们对当今人类所处的世界有更好的理解。约翰·R. 麦克尼尔说道："世界史视角使我们认识到我们所处的这个时代的独特之处，在某种意义上说，它使我们看清了现代文明构架的脆弱性。廉价能源业已成为大多数人群和国家得以存在的必要条件。没有廉价能源，我们便无力养活自己；没有廉价能源，数以百万计的人将无法获得充足的水源供给。可以肯定地说，在未来的世纪，有关能源的历史将成为环境史乃至世界史的重心所在。"[22] 这种看法，也反映了他作为一个全球环境史

---

[21]　约翰·R. 麦克尼尔：《环境史研究现状与回顾》，《全球史评论》第四辑，第 15—16 页。

[22]　J. R. 麦克尼尔：《世界环境史：最初十万年》，《全球史评论》第二辑，第 82 页。

学者通过反思历史来思考人类的未来。他也曾说道："我预期生态与社会问题在未来会更为可怕的理由是因为我看到了过去发生了什么。"[23]

其次，生态环境视角的全球史研究，可以从一个新视角来理解和回答一些传统的历史问题。约翰 .R. 麦克尼尔提出："对于那些数代以来都是历史学家所关注的重大中心问题，环境史会作出怎样的解释呢？它对帝国、战争和革命是怎样评价的呢？对于那些已经事先占据了最后一代历史学家脑海的议题，如性别、个性或奴隶制，环境史是怎样看待的呢？"[24]全球环境史学者的研究实践表明，从生态环境视角对这些问题的回答，极大地丰富了我们的历史解释。例如，克罗斯比对欧洲扩张的研究，探讨了欧洲与美洲、大洋洲之间相互的生态影响，尤其是欧洲人把天花等疾病带到美洲和美洲的玉米、土豆等粮食作物传播到欧亚大陆，对世界历史产生了巨大影响。这种全球视野下的生态环境史研究，回答了传统史学和民族国家环境史所不能解决的问题。

人类社会自产生以来就对全球环境产生了影响，而且人类活动对环境的影响随着科技和社会的发展而不断扩大，甚至深刻地改变了人类所赖以生存的环境。于是有人提出，人类的活动开创了一个新的地质年代——"人类世"（Anthropocene）。约翰·R. 麦克尼尔作为一个全球环境史学家，对"人类世"这个概念高度关注并撰写论文和著作发表自己的看法，他因此成为人类世工作组（AWG）的成员之一。人类世工作组包括一个特设的地质学家小组、几个考古学家和土壤科学家、一名律师和两名历史学家，共 37 人。2016 年，这个工作组向第四纪地层仲裁委员会（SQS）和国际地层委员会（ICS）提议，并向国际地质科学联合会（IUGS）汇报，建议地质学界正式承认"人类世"为地球历史上一个新时代。

---

[23]　J.R. 麦克尼尔：《阳光下的新事物：20 世纪世界环境史》，韩莉、韩晓雯译，北京：商务印书馆，2013 年，第 367 页。

[24]　约翰·R. 麦克尼尔：《环境史研究现状与回顾》，《全球史评论》第四辑，第 22 页。

约翰·R. 麦克尼尔认为，"人类世"这一名称标志着时代已发生巨大变化。因为人类释放出巨大力量，影响了地球一些基本的生物地球化学系统（biogeochemical systems）、地球生命和地表本身。一些化合物和化学元素（包括水、氮、硫磺和碳）一直环绕地球运动，在生物、岩石和沉积物、海洋以及大气中间循环，这些是生物地球化学系统的一部分。人类影响这些循环已长达数千年，并且在最近几十年从根本上改变了这些循环中的一部分。与此同时，人类活动除了扰乱生物地球化学循环外，也影响了地球上有 4 亿年历史的生命的第六次大灭绝，因为人类将数百万物种经过几百万年习得生存能力的栖息地，转变成了养活人类的田地和牧场，而且人类抓刨、探挖、粉碎岩石和土地的程度超过了冰川与河流的大规模运土能力，使人类成为地球上最活跃的地质作用。最近几十年，人类活动将地球推向一个从未在全新世出现的境况。温室气体浓度、海洋酸度、供人类使用的生物量比例全已超出了先前全新世的变动范围，氮循环和硫循环尤其不同于地球历史上的任何一个时代，地球平均气温和地表覆冰比率也正在发生变化。正是意识到人类活动造成了巨大的环境变化，一些地质学家因此认为"全新世已经结束"，建议将"人类世"正式列入地质年代的官方名录。[25] 因此，"人类世"意味着：（1）地球正从目前被称为"全新世"的地质时代走出来；（2）对地球从"全新世"中退出，人类活动负有主要责任，即人类本身已成为一种全球地质力量。[26]

当然，"人类世"至今仍然是一个有争议的概念，其中讨论最为激烈的两个问题是：是否存在一个"人类世"？如果存在的话，从何时开始？

"人类世"概念的反对者们提出，虽然人类活动对自然环境产生了影响，但它不足以被提升到地质年代的高度。人类必须等待几千年的时间去证实人

[25]　约翰·R. 麦克尼尔：《人类世与 18 世纪》，《全球史评论》第十四辑，第 4 页。
[26]　Will Steffen, Jacques Grinevald, Paul Crutzen and John McNeill，"The Anthropocene: Conceptual and Historical Perspectives"，*Phil. Trans. R. Soc.* A (2011) 369, 842–867.

类世的存在，也许，未来一些地质事件可能会抹去人类对地球的影响，如新一轮冰期、玄武岩熔体的又一次涌流或凌空的火流星接连不断地撞击地球。而且，其他地质年代的分期都不是以单一物种来命名，人类不能傲慢地为自己命名一个地质年代，因此即使人类世作为一个地质年代成立，它也应该采用另一个名称。对此，约翰·R.麦克尼尔认为，应该看到人类对地球环境产生的巨大影响，人类活动造成的环境改变是前所未有的。而且，仅局限于从地球来理解人类世有点狭隘。因为自1957年起人类就向太空的临近区域发射了几千枚火箭，火箭在火星、金星和月球上遗留下了着陆架，在地球轨道上放置了成千上万的卫星，如今还有数百万的太空垃圾围绕在地球周边区域急速运动着，并且会在未来几个世纪中持续下去。因此，地球的太空时代也是太阳系的人类世环境变化的时代，"人类世"概念也许可以超越地球本身来使用。如果在地球之外还有很多其他行星存在生命体，那么"人类世"这一现象就有可能是各种行星的历史中的一部分。[27]

　　如果我们承认"人类世"的存在，那么它始于何时？有人提出，人类世始于公元前5000年，从那时起，人类在一些地区砍伐并焚烧了很多的森林，向大气中排放了大量的二氧化碳，强化了温室效应。有人认为人类世应该始于1492年，从那时起，新旧大陆间出现了物种交流，生物圈产生了持续的变化。这两种观点都影响不大。而较有影响的是由施特默（Stoermer）和克鲁岑（Crutzen）提出的观点，认为人类世伴随着化石燃料的持续性使用而出现，大概始于18世纪末。克鲁岑还具体将1784年詹姆斯·瓦特改进燃煤驱动的蒸汽机作为人类世的开端。因为煤炭燃烧能向大气中释放二氧化碳。18世纪末大气中的二氧化碳浓度开始缓慢爬升，这种爬升持续至今而且快速增长。约翰·R.麦克尼尔则认为，人类世始于1950年左右。他说："始于

---

[27]　约翰·R.麦克尼尔：《人类世与18世纪》，《全球史评论》第十四辑，第16页。

1950 年的一个更晚的人类世，是一个更好的选择。在 1800 年以前，尽管人类活动对地球以及生物圈产生了很多影响，或许对气候也有影响，然而和之后的时代相比，这些影响的比重、程度和范围并不算太大。一个人类影响史的新阶段是随着 18 世纪末的工业革命而来的，尽管工业革命对大气化学的影响只在 19 世纪才显现。但是，一次更为彻底的变革发生于 20 世纪中叶，随之而来出现的是不同种类的大规模激增现象：化石燃料能源的使用，人口增长，城市化，热带毁林，二氧化碳排放，二氧化硫排放，平流层臭氧耗减，再生水使用，灌溉，河道治理，湿地排水，含水层枯竭，化肥施用，有毒化学物质排放，物种灭绝，水产登陆，海洋酸化等其他诸多现象。因此，正如我所展示的这些证据，人类世开始于 1950 年左右。"[28] 接着他进一步指出，如果人类世是由化学燃料的使用和人口的加速增长来界定，那么以 18 世纪作为开端是正确的。但是，如果对人类世的界定除了化学燃料使用和人口增长外，还有迅速扩散的排放、森林砍伐、生物多样性的减少以及其他现象，那么以 20 世纪中叶开始则更为合理。因此，约翰·R. 麦克尼尔认为人类世始于 18 世纪末和 20 世纪中叶这两种看法，没有本质区别，但存在环境改变程度、范围和速度的差异。始于 18 世纪末的环境变化，到 20 世纪中叶出现了"大加速"。因此他又把 1945 年以后称为人类世的大加速时期。2016 年他与彼得·恩格尔克合著的《大加速：1945 年以来人类世的环境史》就表达了这种观点。[29] 该书以 1945 年以来人类对地球和生物圈的影响指数的上升（他称之为"大加速"）作为人类世的开始，将能源问题置于分析的中心，并以统计数据来说明。例如，他们强调自 1945 年以来，大气中四分之三的二氧化碳是人为造成的，机动车数量从 4000 万辆增加到 8.5 亿辆，人口（大

---

[28] 约翰·R. 麦克尼尔：《人类世与 18 世纪》，《全球史评论》第十四辑，第 11 页。

[29] J. R. McNeill and Peter Engelke, *The Great Acceleration: An Environmental History of the Anthropocene since 1945*, MA: Belknap Press of Harvard University Press, 2016.

部分在城市）增长了两倍，塑料产品从 1950 年的 100 万吨增加到 2015 年的 3 亿吨，合成氮（主要用于化肥）从不到 400 万吨增加到 8500 万吨。而发生这种变化的时间只相当于一个人的一生，说明人类对地球及其资源、环境的影响已经大大加速了。

第二节　物种交流和病菌传播

不同地区、不同民族之间的物种交流是世界历史上跨文化交流的一种重要形式，在全球史学者的跨文化互动研究中占有重要的一席之地。在世界历史进程中，随着人类社群活动范围的扩大和交往的日益密切，动物、植物、微生物等物种的交流也变得日益频繁，尤其是 1492 年哥伦布远航美洲之后的 4 个多世纪，欧亚大陆与美洲之间随后出现的物种交流对地球生态系统和人类社会生活产生了巨大影响，克罗斯比将这种现象称之为"哥伦布大交换"。

一、哥伦布大交换

哥伦布大交换包括人口、植物、动物和微生物在美洲与其他大洲之间的流动，而且这种流动尤其在动植物交流方面是双向的。

首先来看看旧世界的物种和人口向美洲的流动。

由于美洲与其他大陆长期隔绝，形成了自己独特的生态系统和动植物种类，印第安人日常生活中的食物种类完全不同于欧亚大陆。然而，欧洲殖民者到达美洲之后，他们也竭力把欧洲生活方式引入美洲，于是将其生活所需的欧洲动植物带到了美洲。例如，西印度群岛、巴西沿海等地印第安人以木薯作为主食，偏爱欧洲食物的西班牙和葡萄牙人，为了满足自身生活的需要，便将旧世界（包括欧洲、非洲、亚洲）的许多农作物大规模引入美洲。印加帝国末代王室后裔印卡·加西拉索·德拉维加就记载了西班牙殖民者在征服印加帝国之后，把小麦、葡萄、橄榄这三种西班牙人饮食中最重要的作物引入美洲。[30]旧世界的主要农作物大部分都在新世界种植成功了，谷物如小麦、大麦、稻米，蔬菜如白花椰菜、包心菜、小萝卜、生菜、洋葱等，水果如葡萄、蜜瓜、橘子、石榴、橘柚、无花果、香蕉等，经济作物如橄榄、甘蔗、棉花、咖啡、靛蓝等，[31]都在美洲找到了适合它们的土壤和气候。甘蔗和咖啡这类经济作物对美洲的影响更大，因为它们促使了美洲种植园经济的兴起。16—17世纪时甘蔗传入巴西和加勒比地区，很快发展起以非洲黑奴劳动为基础的种植园经济。源自埃塞俄比亚和阿拉伯地区的咖啡在18世纪时也成为美洲种植园中的重要作物。而种植园综合体的发展是大西洋奴隶贸易的直接动因。

在动物方面，欧洲殖民者从旧世界带来的驯化动物，极大改变了美洲（包括印第安人）的生活方式和社会文化。在哥伦布到达之前，美洲印第安人只饲养狗、骆马、羊驼、天竺鼠、火鸡、番鸭等很少几类家畜家禽，没有马、牛、驴等可供骑乘和负重的大型牲畜。欧洲殖民者引入猪、马、牛、绵羊、山羊、鸡等家畜家禽，这些动物在新环境中繁殖很快，挤占了美洲本土动物的生存空间。在这些动物中，马的引进对美洲社会的影响最大。约翰·麦克尼尔指出："马类的出现扰乱了北美的政治秩序。大草原上的印第安人在17世纪从西属墨西哥收购马类，他们中的一些人很快就掌握了骑马的技术。在马背上，他们成了更加娴熟的野牛猎手，只要野牛存在，他们就可以解决任何温饱问题。此外，那些有马的族群在军事上能轻易地击败那些没有马的

---

[30] 参见印卡·加西拉索·德拉维加：《印卡王室述评》，白凤森、杨衍永译，北京：商务印书馆，2009年，第713—720页。

[31] 艾尔弗雷德·W. 克罗斯比：《哥伦布大交换》，第56—58页。

族群，所以像苏族和科曼奇这样的民族大约在 1850 年之前已经在骑兵战争的基础上建立起领土相当可观的帝国。"[32]

除了动植物，欧洲殖民者带到美洲的还有病菌，其中天花给印第安人带来了毁灭性的打击。欧洲人对天花已有免疫力，而美洲印第安人由于长期与外界隔绝而没有免疫力，由此造成了印第安人的大量死亡。这种致命的"处女地传染病"导致印第安人人口大量减少，同时也破坏了其原有的社会结构，为欧洲人征服和移民美洲开辟了道路。

正是由于印第安人人口锐减，在哥伦布到达美洲之后的 4 个多世纪里，欧洲人大量向美洲移民，主要集中在今天的美国、加拿大、阿根廷、巴西南部、乌拉圭等地，把美洲变成了新欧洲。仅在 1851—1960 年就共有 6100 万欧洲人迁往其他各大洲，其中绝大多数迁往美洲。与此同时，由种植园劳动力需求引起的黑人奴隶贸易，也将大量非洲人掳往美洲，据估计总数在 800 万到 1050 万之间。历史表明，新旧世界之间的人口流动是极不平衡的，因为它几乎是一种向美洲的单向流动。这种情况在澳大利亚、新西兰也是如此。

在哥伦布大交换中，虽然美洲的人口和病菌没有向外输出的能力，但印第安人栽培出来的作物却影响了世界。美洲印第安人培育出了玉米、马铃薯、甘薯、豆类、木薯、花生、南瓜、番茄、辣椒、可可、菠萝、烟草等作物，它们被欧洲人带到全世界，极大改变了人类的饮食习惯、经济活动和生活方式。在这些作物当中，玉米、马铃薯、甘薯、豆类、木薯等后来成为许多地区人们的主要食物，促进了全世界人口的快速增长，对世界历史进程产生了影响。例如，马铃薯对世界尤其是欧洲北部地区产生了巨大影响。在从爱尔兰到俄罗斯的欧洲北部地区，土壤和气候条件都非常适合马铃薯的生长。因

---

[32]　约翰·麦克尼尔：《世界历史中的物种交流》，《全球史评论》第四辑，第 223 页。

此马铃薯引入这一地区，对 18—19 世纪这一地区的人口增长起了主要推动作用，而人口增长为工业革命提供了足够的劳动力，同时也为帝国扩张提供了大量人力。但是，由于对马铃薯作为主食的高度依赖，1845—1852 年马铃薯的歉收使爱尔兰陷入了饥荒之中，据估计有 100 万人死亡，还有 100 万人移民到国外，爱尔兰因此丧失了四分之一的人口。[33] 又如，玉米在欧洲南部、中国和非洲的大片地区都能生长良好，提高了这些地区抵抗饥荒的能力，促进了这里的人口增长。尤其在非洲，玉米的作用比其他地方更大，到今天玉米已成为非洲最主要的食物。原生于巴西的木薯，可以适应干旱贫瘠的土壤并且有很强的抗害虫能力，葡萄牙人将其带到非洲，大概 1558 年首先在刚果河流域开始种植，然后扩大到非洲的多个地区，20 世纪初成为非洲尤其是西非一些地方的主食。

发生于 16—19 世纪的哥伦布大交换是世界历史上规模最大、影响最为深远的一次洲际物种大迁移，对世界许多地区的人口结构、生态环境、食物结构、生活方式、社会经济甚至政治结构都产生了巨大影响。约翰·麦克尼尔指出："所有这些近代早期的物种交流都导致了历史性的后果。在美洲、澳大利亚和新西兰，欧洲帝国主义与欧洲（或者更通常是欧亚）动物、植物和疾病的传播同时具有促进和被促进的关系。欧洲人带来了一个生物群系，这一群系在不知不觉中作为一个团体帮助了欧洲殖民者、欧洲势力和欧亚物种进行扩张和传播，从而创造了艾尔弗雷德·克罗斯比——研究这一过程的最著名的历史学家——所说的新欧洲：包括澳大利亚、新西兰、北美大部分地区、乌拉圭、阿根廷和巴西的最南端。"[34]

[33]　约翰·麦克尼尔：《世界历史中的物种交流》，《全球史评论》第四辑，第 225 页。

[34]　约翰·麦克尼尔：《世界历史中的物种交流》，《全球史评论》第四辑，第 227 页。

二、病菌传播

全球史学者关注传染病对人类历史的影响。传染病具有超越民族、国家与地区的特点，同时也是生态环境中的微生物传播问题，因此是生态环境全球史研究中的重要主题。

（一）克罗斯比和威廉·麦克尼尔的疾病传播史研究

克罗斯比是从疾病传播视角来解释世界历史的先行者。柯娇燕对克罗斯比的传染病史研究予以了高度评价，她认为，"人们对疾病所扮演角色的理解，经历了从简单的传播模式到传染模式的转变，促成这种转变的开创性的研究，是克罗斯比于 1972 年出版的《哥伦布大交换》"[35]。在《哥伦布大交换》中，克罗斯比探讨了天花对欧洲人征服美洲的影响。他提出："为什么欧洲人能够如此轻而易举就征服了美洲？在我们的正史和传奇故事里面，总是强调印第安人抵抗之激烈、顽强：阿兹特克人、苏族人、阿帕奇人、图皮南巴族人、阿劳坎族，各部各族奋起力御强寇，可是真正令人惊奇的事，却是他们的种种抵抗竟是如此无效。"其根本原因在于，传染病"这些人类杀手，随同探险者与征服者来到新世界。于是旧世界的致命疾病在新土地大展身手，格杀更为有力"[36]。由此印第安人丧失了对欧洲入侵者的抵抗力。在《生态帝国主义》中，克罗斯比提出，旧世界病原菌的对外传播"奠定了欧洲帝国主义者在海外成功的基础"，"造成土著人大量死亡和为移民开辟出新欧洲的主要责任者，不是残酷无情的帝国主义者本身，而是他们带来的病菌"[37]。由于在新旧世界接触之前，美洲和澳大利亚的土著人与旧世界的病菌几乎完

[35] 柯娇燕：《什么是全球史》，刘文明译，北京：北京大学出版社，2009 年，第 62 页。
[36] 艾尔弗雷德·W. 克罗斯比：《哥伦布大交换》，第 30、32 页。
[37] Alfred W. Crosby, *Ecological Imperialism:The Biological Expansion of Europe, 900-1900*. p.196.

全隔绝，他们没有经历过旧世界的疾病而缺乏对它们的免疫力，因而一旦接触便大量死亡。"对于旧世界的人们所带来的大多数病菌，他们的抵抗就像婴儿一样缺乏自卫能力。"[38] 在《美国被遗忘的传染病：1918 年流感》中，克罗斯比探讨了 1918—1919 年大流感对美国和世界历史的影响。他认为，这场大流感从美国传播到世界各地，尤其是传播到以欧洲国家为主的第一次世界大战参战国，造成了大量士兵和平民的死亡。据保守估计，大约有 55 万美国人死于这场流感，而"美国军队在第一次世界大战、第二次世界大战、朝鲜战争和越南战争中死亡的人数总计才 42 万 3 千人，远远少于这个国家在 10 个月之内死于西班牙流感的人数"。至于全世界在这场流感中的死亡人数，他认为一般估计的 2100 万太低了，因为有人估计仅在印度次大陆就有 2000 万人死亡，"那么，全世界的死亡人数是否应该估计为 3000 万或许 4000 万？"[39] 而第一次世界大战中的死亡人数才 1500 万。所以克罗斯比把这次流感看作是一场世界性灾难，并对第一次世界大战产生了影响。他认为，1919 年仍然流行的大流感，可能对巴黎和会也产生了影响，比如美国总统威尔逊在参加和会期间，因患流感而表现出"焦虑不安和精神崩溃"，由此影响他的思考和决定能力，这是他提出的"十四点"计划不能贯彻到和会中去的一个重要影响因素，同时这次患病也削弱了他争取美国国会接受《凡尔赛和约》的努力。[40]

威廉·H. 麦克尼尔对历史上传染病的研究，是其全球史研究实践的一个重要组成部分。他关于这方面的著作，主要有《瘟疫与人》(1976) 和《人类状况：一个生态的和历史的视点》(1980)。

---

[38] Alfred W. Crosby, *Ecological Imperialism:The Biological Expansion of Europe, 900-1900*. p.285.

[39] Alfred W. Crosby, *America's Forgotten Pandemic: The Influenza of 1918*. Cambridge University Press, 2003, p.207.

[40] 参见 Alfred W. Crosby, *America's Forgotten Pandemic: The Influenza of 1918*. pp.175-195。

麦克尼尔在《瘟疫与人》一书中，从宏观世界史的视角，描述和分析了人类社会自狩猎时代至近代医学诞生这一历史长河中，传染病与人类社会演进相伴随并相互影响的历史，由此阐明了传染病在人类历史变迁和文明发展中所扮演的角色。当然，由于史料的局限，加之这一开拓性研究尚无其他前人成果可以借鉴，这部人类传染病史主要探讨了欧亚大陆及近代美洲的传染病情况，对于非洲及大洋洲涉猎很少。尽管如此，它仍不失为一部全球传染病史的奠基之作。

《瘟疫与人》共分六章。第一章描述了"人类狩猎者"的生活，提出在人类的狩猎与采集时代，传染病是周期性地调节人口增长的主要影响因素。第二章探讨了人类文明形成时期人类社会与传染病的关系。第三章阐述了公元前 500 年至公元 1200 年"欧亚大陆文明疾病池的合流"。在这一时期，中国、印度和地中海地区都曾发生过大的传染病，而丝绸之路的开通，促成了欧亚大陆统一疾病池的形成，造成了中国、印度和拜占庭之间疾病的相互传播。在第四章，麦克尼尔探讨了 1200—1500 年鼠疫在欧亚大陆的传播。他认为，鼠疫传播与蒙古帝国西征有密切的关系。鼠疫的原发地是喜马拉雅山南麓，它很可能从缅甸、我国云南传到了中国内地，然后经过蒙古骑士传播到克里米亚，最后进入欧洲。1348 年欧洲黑死病便是从黑海经地中海传播到西北欧地区的。麦克尼尔在第五章中把关注点转移到了美洲，探讨了 1500—1700 年间跨越大西洋的疾病传播及其影响。他提出，由于美洲长期与欧亚大陆隔绝，使得印第安人缺乏对欧亚大陆各种传染病的免疫力。因此，当欧洲人把天花等疾病带到美洲时，造成了大量印第安人的死亡，从而加速了欧洲人对美洲的征服。在该书的最后一章，麦克尼尔主要介绍了 1700 年之后的医学进步和人类对一些传染病的预防。从《瘟疫与人》的主要内容可以看出，人类文明的进程在某种程度上也是人与传染病互动的过程。

威廉·麦克尼尔的《人类状况：一个生态的和历史的视点》（1980）是

由麦克尼尔两场演讲构成的一本小册子。他提出该书的目的，是要摆脱以往历史学家从政治、经济或文化视角来理解人类社会的模式，是将生态学的理念和术语引入历史研究之中，把"微寄生"（microparasitism）和"巨寄生"（macroparasitism）看作一对深刻影响人类生活的孪生变量，并试图寻找这对变量的转化模式。他把微寄生和巨寄生比喻为一台石磨，微寄生是下磨石，巨寄生是上磨石，人民大众则是中间的碾磨之物。"文明民族的民众"受这"两种形式的寄生"控制和剥削，往往只能勉强维生。[41] 因此，该书倾注了麦克尼尔对普通民众的关注，以微寄生和巨寄生两个范畴来理解历史变迁中一般民众的生存状况。该书第一部分的标题是"微寄生、巨寄生与城市嬗变"，探讨了人类社会从狩猎时代到城市文明形成的过程中，人类大众是如何在微寄生体系中战胜疾病而不断进步的，以及人类社会组织作为一个巨寄生体系是如何发展起来的。第二部分的标题是"微寄生、巨寄生与商业嬗变"，考察了1—19 世纪人类商业贸易的发展与微寄生、巨寄生的相互影响。陆上与海上丝绸之路，以及蒙古帝国打通欧亚大草原，促进了欧亚大陆东西两端的经济文化交流，同时也造成了各地疾病的传播与汇聚。欧洲人远航美洲及其殖民扩张，在微寄生方面造成了印第安人的大量死亡，在巨寄生方面则建立起了资本主义世界体系。综观《人类状况》一书，麦克尼尔似乎在此对《瘟疫与人》中所阐述的传染病与人类文明的关系，做了进一步的理论思考与概括。

对于威廉·麦克尼尔从全球史视角对传染病的研究，柯娇燕评价说："麦克尼尔在其著作中对传染性疾病的讨论具有巨大的影响，因此在长达十多年的时间里，疾病被当作是新的跨文化接触的结果，而且传染病对贸易、定居、政府和防御等体系的深远影响，成了寻求一种全球或世界视角的历史学

---

[41] William H. McNeill, *The Human Condition: An Ecological and Historical View*, Princeton: Princeton University Press, 1980, pp.6-8.

家研究的焦点。"[42]

克罗斯比和威廉·麦克尼尔都是视野宽广的全球史学家，他们在有关传染病的微观史料基础上，论述的主题都是宏大的，并且借助了生态学、生物学、地理学等其他学科的理论，从而使得他们的研究既有全球视野，又有生态视角，做到了全球史与生态史的结合。麦克尼尔对疾病与人的关系的全球性考察，克罗斯比对欧洲在全世界扩张的生态学解释，都是如此。这样，他们对传染病的研究，既不同于传统史学家，也不同于流行病学家，已经超越了医学社会史的研究视阈，提出了一些基于历史学、生态学与流行病学的理论思考，以此来理解世界历史上的一些重要现象。麦克尼尔和克罗斯比关于传染病史的理论思考，主要包括以下几点。

文明病

威廉·麦克尼尔提出，当人类进入文明时代，随着城市的出现，人口稠密和人畜混杂的城市生活，以及糟糕的卫生状况，使得城市成为传染病发生的温床。城市生活使得传染病不经过其他媒介而直接在人与人之间传播成为可能。他称这种源于城市的人际传播的疾病为"文明病"或"文明型传染病"。这些疾病包括麻疹、流行性腮腺炎、百日咳、天花等。以此为基础，麦克尼尔从疾病传播的角度解释了早期文明中心的扩张及其对周边的统治。他提出，文明中心的扩张有其"微寄生动能"。因为，当文明中心对传播于稠密人口之中的传染病形成免疫力之后，他们便获得了一种非常有效的"生物武器"。当他们与原先处于隔离状态的小社群接触时，这种武器便会发挥作用。以前从未接触过这些"文明病"的群体，一旦感染，便会造成大量人口死亡。不仅如此，幸存者也会因为遭受沉重打击而意志消沉，丧失对自身族群原有信仰的信心，从而屈从于征服者。"因此，如果要纠正现有材料中根深蒂固的

---

[42]　柯娇燕：《什么是全球史》，第65—66页。

偏见，就需要解释文明何以能成功地把边民纳入都市社会之框架。只有对上述流行病的模式给予适当考虑，文明社会的文化扩张才可以理解，别的解释至少是不充分或不能与人们的通常行为相吻合的。"[43] 因此，"文明病"随着人类文明的诞生而出现，并且成为文明中心的"生物武器"，在文明扩张中扮演了重要角色。也正是从这一意义上，每个文明圈都形成了具有自身特色的地方性传染病。哥伦布之后印第安人的大规模因病死亡，也可以说是欧洲大陆的"文明病"作为"生物武器"所发挥出来的威力。

寄生梯度

麦克尼尔在《瘟疫与人》中提出了"寄生梯度"（parasitic gradient），并以此来解释一些移民现象。所谓"寄生梯度"，就是指不同地区随着气温和湿度的增加，寄生虫的种类和数量随之增加，因而感染疾病的种类及频率也随之增加。造成寄生梯度的重要因素是气候环境。在气候寒冷而干燥的地区，生物种类相对较少，寄生虫的种类或数量也相对较少；而在气候炎热、潮湿的地区，生物种类相对较多，寄生虫的种类或数量也相对较多。这样，不同气候带之间的差异造成了寄生虫生存环境的差异，由此造成了人类感染疾病环境的梯度差异。一个生活在较温暖潮湿地区的族群，向较寒冷和干燥地区迁移时，感染疾病的机会较少；相反，从寒冷干燥地区迁移到温暖潮湿地区，感染疾病的机会便会增加。因此，在北半球，南方地区的传染病，对于北方入侵者来说始终是一种威胁。[44] 麦克尼尔用这种"寄生梯度"理论来理解中国古代南方地区的发展史。他认为，中国早期文明起源于中原地区，南方相对比较落后。南方的开发之所以进展缓慢，主要是由于寄生梯度影响了向南方的移民。中国南方地区适宜农耕，理应得到较快发展，但是，一种因素"隐然阻碍着文明的农村和城市生活迅速而成功地拓展到中国文化摇篮以

---

[43]　威廉·H. 麦克尼尔：《瘟疫与人》，余新忠、毕会成译，北京：中国环境科学出版社，2010年，第45页。
[44]　威廉·H. 麦克尼尔：《瘟疫与人》，第20页。

南的地区：拓荒的中国人在向南移入更肥沃的农业地区时的同时，也正在攀爬异常陡峻的疫病阶梯！……这样，习惯于北方疾病环境的人们在适应南方迥异的疾病方式时不得不面临着可怕的问题。"[45] 麦克尼尔从寄生梯度出发对中国古代南方地区开发的推论，虽有待进一步论证，但无疑具有新意。克罗斯比在解释欧洲的对外扩张与移民时，虽然没有明确提出寄生梯度理论，但也与麦克尼尔的解释极为相似。他提出，欧洲人之所以主要在北美洲和澳大利亚等地区成功移民，是因为这些地区的气候与西欧颇为相似，"它们位于相似的纬度。它们几乎全部或至少三分之二处于南北温带地区，也就是说，它们有大致相似的气候。欧洲人自古以来赖以用作食物和纤维的植物，以及他们赖以获取食物、纤维、动力、皮革、骨制品和肥料的动物，都易于在年降雨量为 50 至 150 厘米的冬暖夏凉的气候里繁殖"[46]。他指出，欧洲人在到达美洲之前，就已经开始去非洲探险，但他们没有大规模移民非洲，其中一个重要原因，就是热带气候及其生态环境，不适宜欧洲人居住。"欧洲人力图在热带地区建立定居地，但一般都失败了，而且常常是惊人的失败。""虽然欧洲人可以征服热带地区，但他们没有将热带地区欧洲化。"[47] 亚洲、非洲、美洲热带地区的炎热、潮湿、肉食动物和病原体，使得欧洲人及其动植物很难在这些地区生存下去。麦克尼尔和克罗斯比的研究表明，从寄生梯度视角来思考和研究移民问题，会为我们提供一个理解历史的新维度。

处女地传染病

克罗斯比在解释旧世界的传染病何以对新世界居民具有如此大的杀伤力时，提出了"处女地传染病"（virgin soil epidemics）这一概念。他说："毫无疑问，慢性病是印第安人口急剧下降的重要因素，而最大的杀手极有可能是

---

[45]　威廉·H.麦克尼尔：《瘟疫与人》，第 53 页。

[46]　Alfred W. Crosby, *Ecological Imperialism: The Biological Expansion of Europe, 900-1900*, pp.5-6.

[47]　Alfred W. Crosby, *Ecological Imperialism: The Biological Expansion of Europe, 900-1900*, p.134.

传染病，处女地传染病尤为明显。处女地传染病是指一个群体所患的疾病，其中最年长的成员也终生没有接触过这种疾病，该群体因此在免疫学上毫无抵抗力并处于危险之中。"[48] 因此，处女地传染病是外来疾病，从旧世界传播到美洲的这类疾病包括：天花、麻疹、水痘、百日咳、斑疹伤寒、伤寒、淋巴腺鼠疫、霍乱、猩红热、疟疾、黄热病、白喉、流感等。由于在新旧世界接触之前，美洲和澳大利亚的原住民与旧世界的病菌几乎完全隔绝，他们没有经历过旧世界的疾病而缺乏对它们的免疫力，因而一旦接触便大量死亡。"对于旧世界的人们所带来的大多数病菌，他们的抵抗就像婴儿一样缺乏自卫能力。"[49] 因此，克罗斯比在《哥伦布大交换》一书中，着重指出了"处女地传染病"的巨大杀伤力，这是欧洲殖民者在美洲取得成功的关键。麦克尼尔在《瘟疫与人》中也做了类似的表述，指出欧洲人带到美洲的传染病造成了印第安人的大量死亡和加速了欧洲人对美洲的征服。

微寄生与巨寄生

"微寄生"与"巨寄生"是麦克尼尔提出的两个孪生概念。"微寄生"是微生物寄生在人体中形成的寄生关系。当人类感染病菌之时，刚开始时会由于病菌的影响而感到身体不适，但如果人体中一旦形成对该病菌的免疫力，就会在人与病菌之间达成一种平衡，即微寄生平衡，作为寄生虫的病菌与作为寄主的人"和平共处"。麦克尼尔将微寄生模式与人类社会组织相比较，将人类社会中的统治与被统治、剥削与被剥削的关系，比喻为"巨寄生"，并以此来解释早期人类社会组织。以生物学上的微寄生来理解人类社会中的巨寄生，是麦克尼尔研究传染病史的重要理论思考。微寄生由微生物与人的关系构成，而巨寄生则由人与人的关系构成。麦克尼尔认为，这两种寄生之间存在着密切的关系。例如，在古代河谷文明中，从事灌溉农业的农民很容

---

[48] Alfred W. Crosby, *Germs, Seeds and Animals: Studies in Ecological History*, p.97.

[49] Alfred W. Crosby, *Ecological Imperialism: The Biological Expansion of Europe, 900-1900*, p.285.

易患血吸虫病,这种微寄生使农民变得身体虚弱、无精打采,因而无力抵抗其他人类的进犯,促使了河谷地区早期文明社会组织的形成。农民受到压迫与剥削,与依赖其劳动成果维生的人形成巨寄生关系。[50] 这样,微寄生和巨寄生之间有着密切联系,并且相互支持。麦克尼尔将微寄生与巨寄生进行比较,认为它们颇有相似之处。在微寄生中,寄生虫要想生存下去,就不能将寄主杀死,尤其是当它没有新的寄主可以转移时,更是如此,从而在寄生虫与寄主之间达到共生的微寄生平衡。巨寄生也是如此。巨寄生中的掠夺者不会采取杀鸡取卵的方式来获取利益。在早期文明中,成功的掠夺者演变成征服者,因为他们学会了劫掠农民的新方式,不再掠走农民的全部收成,而是只取走一部分。而农民也尽量生产超过维持他们自身生活的粮食,以便在被剥削之后还能生存。这样,征服者与农民之间就达到了一种巨寄生平衡。剩余产品可以看作是人类巨寄生中的抗体,一个成功的政府会使得交纳租税的人民,具有抵抗大规模掠夺和外来入侵的免疫力,这种方式就像寄主因轻微感染而具有抵抗致命疾病的免疫力。疾病免疫力通过刺激抗体的形成而产生,并提高身体的抵抗力。同样的道理,政府通过刺激食物及原料的生产,使得有足够的剩余产品来供养军队,从而获得抵抗外来巨寄生的免疫力。因此,导致强大军队和政治组织发展起来的巨寄生,极像使人们遇到细菌和病毒时产生身体抵抗力的微寄生。[51] 在《人类状况》一书中,麦克尼尔对微寄生与巨寄生这两个范畴做了进一步解释,并分析了人类社会变迁中不同时期的传染病模式与巨寄生形式。从人类狩猎时代到城市文明形成,人类由于驯养动物而招致了一些新的传染病,又由于城市的兴起而出现了新的“文明病”。后来,随着商业的发展,各地区之间的联系日益紧密,传染病的传播模式也有所变化,尤其是远程贸易导致了远距离的疾病交流。与此相一致,人类社

---

[50] 威廉·H.麦克尼尔:《瘟疫与人》,第29页。
[51] 威廉·H.麦克尼尔:《瘟疫与人》,第34—35页。

会的巨寄生形式也不断变化，经历了从狩猎社群到城邦、帝国的组织形式，以及资本主义世界体系的形成。

（二）全球化进程中的传染病

全球化是人类社群跨文化、跨地区的交往日益紧密并呈网络化发展的过程，在这一过程中，病菌也随着人员、动植物、商品的流动而传播开来。因此，在全球史研究过程中，疾病传播与跨文化互动互为解释的视角，既可以从跨文化互动视角来解释疾病传播，也可以从疾病传播视角来理解跨文化互动。淋巴腺鼠疫在蒙古人西征过程中被利用，最终间接导致了欧洲 14 世纪黑死病的大爆发。天花则在欧洲人向美洲扩张过程中起了帮凶的作用，使大量印第安人死于非命。疟疾、黄热病等疾病则给欧洲人向热带地区的扩张带来了麻烦，使欧洲殖民者直到 19 世纪末才敢于深入非洲腹地。同样，欧洲人到印度之后，把霍乱这种疾病传播到了欧亚大陆许多地方，造成 19 世纪霍乱的全球性流行。1918 年大流感伴随着第一次世界大战而使所有涉及战争的国家都没能幸免于难，使人们见识了流感这种平常疾病的威力，并对第一次世界大战的进程产生了影响。

如何从全球史出发来理解和解释全球化进程中的疾病传播现象？这里以 19 世纪霍乱流行和 1918 年大流感为例予以说明。

19 世纪的霍乱

19 世纪是霍乱流行的世纪，从 1817 年到 1896 年共有 5 次大规模的爆发，流行范围从印度扩展到亚洲其他地方和欧洲，然后又进一步殃及非洲和美洲，造成了全球性的灾难。在此以 19 世纪前 3 次霍乱的流行为例，探讨霍乱在全球化背景下如何从印度河流域扩散为全球性流行病。

1817 年 8 月，孟加拉的杰索尔地区出现霍乱，9 月便在加尔各答市大规模爆发，然后经一年时间传播到整个印度次大陆。1820 年，霍乱向东传播到暹罗的曼谷和菲律宾的马尼拉，并于 1821 年分别传播到爪哇和中国东南沿海城市。1822 年经长崎港传入日本。与此同时，霍乱于 1821 年向西传播到阿曼，1822 年经波斯湾传到巴格达和叙利亚，并于 1823 年经里海传播到伏尔加河口的俄罗斯城市阿斯特拉罕。印度洋上的岛屿桑给巴尔和毛里求斯也在 1823 年出现了霍乱。到 1824 年各地疫情基本结束，这是霍乱的第一次大范围流行，但主要在亚洲。

1827 年，孟加拉地区再次发生霍乱，扩散到整个印度后于 1829 年传播到阿富汗、波斯和俄罗斯的奥伦堡，1830 年传入阿斯特拉罕，并沿着伏尔加河及其支流传到察里津、萨拉托夫、喀山和莫斯科。1831 年，霍乱继续向西传播到布列斯特、格罗德诺、华沙和圣彼得堡。1831 年 8 月到达柏林和维也纳，10 月传至汉堡，并由此经北海传播到英格兰东北部港口城市桑德兰。1832 年，霍乱席卷了包括伦敦、都柏林、巴黎在内的西欧大部分地方。1832 年 6 月，霍乱跨越大西洋传播到北美的蒙特利尔、纽约和费城。1833 年传入拉丁美洲北部的一些地区。这次霍乱传播的另一条路线是经波斯、美索不达米亚于 1831 年传入阿拉伯半岛的汉志，然后从这里的麦加等地传播到巴勒斯坦、叙利亚和埃及，并于 1835 年进一步传入东非的苏丹、埃塞俄比亚、索马里和桑给巴尔。这次霍乱也向东传播，但只到达爪哇地区。

1839—1856 年爆发了第三次全球性霍乱，发源地还是孟加拉，但波及范围更广。它向东于 1840 年由英军传播到马来西亚、新加坡和中国东南部，然后再从中国西部于 1844 年传到中亚、阿富汗和波斯。它向西从孟买经海路于 1846 年传到美索不达米亚、亚丁和汉志，然后由美索不达米亚传到里海沿岸，并沿着第二次霍乱传播的路线于 1848 年传播到西欧；与此同时，霍乱也由汉志传播到埃及，并于 1849—1850 年经北非传到突尼斯。1848 年底，霍乱由西欧传播到美国，并在 1849 年传遍美国全境。1850 年，霍乱传入加勒比海地区。1855 年，葡萄牙人将霍乱带到了巴西，由此南美洲也未能幸免于难。

综观这三次大规模的霍乱流行，有三点值得我们注意。首先，霍乱的传播范围一次比一次广，从孟加拉扩散到整个印度次大陆，然后走出印度向东西两个方向传播，第一次主要流行于亚洲，第二次传播到了欧洲、北美东海岸和东非，第三次则由此进一步扩大到了北非、美国中西部和拉丁美洲的大部分地方。其次，霍乱的传播路线主要是水路，先是经海洋向东西两个方向传播，然后从港口城市沿河流蔓延到内陆，而且重灾区也从亚洲转移到欧美城市。再次，从传播媒介和方式来看，除了朝圣者、商人等传统的疾病传播者，欧洲的军队和殖民者（移民）也构成了传播主体，尤其是他们同商人一道造成了疾病的远距离传播，使得这三次霍乱流行表现出不同于古代社会疾病传播的现代特征。这三点表明，19 世纪上半叶霍乱成为世界性疾病与当时欧洲主导的全球化有着密切的关系。霍乱长期以来只是恒河三角洲孟加拉的地方性疾病，但到 19 世纪上半叶突破其原有范围传播到全世界，正是欧洲的殖民扩张活动和资本主义世界体系的形成造成了地方性疾病的全球化。

恒河三角洲的自然条件有利于霍乱弧菌的繁殖，这种病菌主要通过水传播，而人们前往恒河的宗教朝圣活动（尤其是仪式中的河水洗浴和饮用河水）将霍乱传播到了恒河流域周边的许多地方。不过，当时的朝圣者主要是步行，因此疾病传播的速度和范围都受到限制。然而，英国殖民者的到来改变了这种状况。英国军队在整个印度快速频繁地活动，大量修建种植经济作物的灌溉渠却没有足够的排水沟，加尔各答等人口集中的大城市出现，这些都为霍乱在印度的传播提供了前所未有的条件。更重要的是，英国的殖民和贸易活动加强了印度与外界的联系，使得孟加拉的霍乱最终走出印度成为一种世界性流行病。

欧洲国家的殖民扩张活动是造成 19 世纪霍乱全球性流行的主因。首先，从事殖民侵略和争霸的军队在全球范围内的流动，加速了霍乱传播。例如，1840 年传入中国的霍乱就是由鸦片战争中的英军从印度带来的。1854 年，参加克里米亚战争的法国军队将霍乱从法国北部带到了马赛，然后在从马赛派遣到希腊和土耳其时将霍乱带到了黑海地区。其次，由西欧前往美洲的移民将霍乱带到了北美和拉丁美洲。例如，1832 年 6 月，从都柏林到纽约的爱尔兰移民将霍乱带到了纽约。当然，霍乱传播到加勒比海地区和南美洲，除了欧洲移民的媒介作用外，殖民者从事的奴隶贸易也扮演了重要角色。另一方面，西欧自第二次霍乱之后成了霍乱流行的重灾区，并随着殖民者的扩张活动而成为霍乱向外扩散的中心，这与当时西欧社会状况密切相关。此时以英国为代表的西欧国家正处于工业化和城市化的早期阶段，人口集中到城市，城市生活（尤其是供水和排污）设施和公共卫生环境却远远跟不上城市化的步伐，由此造成了城市的拥挤、肮脏甚至恶臭熏天。恩格斯在 1844 年的《英国工人阶级状况》中就提到英国城市"到处是垃圾，没有排水沟，也没有污水沟，有的只是臭气熏天的死水洼"。这种状况使城市公共水井极易受到污染，导致霍乱在西欧的肆虐。

当然，19 世纪上半叶的交通技术革命，尤其是轮船的发明和使用，也大大加速了霍乱的传播，使得三次霍乱都通过水路而不断扩大传播范围。这正如威廉·麦克尼尔在《瘟疫与人》中所说："18 世纪中期之后更先进的汽船和铁路运输所取得的成就之一，便是加快了霍乱从所有重要的世界中心向全球传播的步伐。"[52]欧洲殖民者正是通过快捷的现代交通工具渗透到世界各个角落，从而把病菌带到了世界各地。

综上所述，19 世纪上半叶三次世界性霍乱流行是在欧洲资本主义经济发展和对外扩张的条件下发生的，世界历史进程由欧洲列强所主导，世界各地被迫卷入到欧洲列强主导的全球化进程中，正是在这个将各民族都卷到西方"文明"中的世界，霍乱得以大范围流行。因此，如果将 19 世纪的霍乱

---

[52] 威廉·H. 麦克尼尔：《瘟疫与人》，第 159 页。

流行置于世界历史进程中来理解，可以说它是这一时期欧洲主导的资本主义全球化这一历史进程中的一个副产品。这一历史现象给予我们启示与反思：地方性疾病在全球化进程中有可能变成全球性疾病，正是欧洲殖民扩张和霸权主导下的全球化导致了霍乱的世界性传播。

1918 年大流感

在第一次世界大战接近尾声的时候，一场大流感席卷全球。这场流感从1918 年春天开始，一直持续到 1919 年夏天，中间经历了三次流行高峰，在全世界造成的死亡人数，保守估计有 2100 万，也有人估计高达 1 亿，世界上将近一半的人口受到了传染。[53] 因此从死亡人数来说，其灾难性甚至要超过第一次世界大战。

早在 1918 年流感暴发之时，人们就对流感的起源地有各种推测。最通行的说法是认为流感来自西班牙，这场流感也因此被称为"西班牙流感"或"西班牙女郎"。但是，这种看法不久就被否定了，尽管"西班牙流感"这一名称一直保留了下来。在学术界，关于 1918 年大流感的起源地存在争议。一些学者认为，第一次世界大战期间去法国的中国劳工带去了流感病毒，由此导致了流感的大暴发。[54] 对此奥克斯福德（J.S.Oxford）指出："事实上，文献表明了 1918—1919 年病毒是从欧洲向中国的东向传播，而不是向西传播。"[55] 但奥克斯福德认为，1918 年大流感最早出现于法国境内的英军军营，因为流感在如此短的时间内传播范围如此之广，说明了这种疾病在此前已经存在。然而，后来的病毒学家研究表明，1916—1917 年在法国出现的传染

---

[53]　Walter Gable, "The Influenza Epidemic of 1918".http://www.co.seneca.ny.us/history/The%20Influenza%20Pandemic%20of%201918.pdf

[54]　Christopher Langford, "Did the 1918-19 Influenza Pandemic Originate in China?" *Population and Development Review*, Vol. 31, No. 3, 2005, pp.473-505.

[55]　J.S.Oxford, "The So-called Great Spanish Influenza Pandemic of 1918 May Have Originated in France in 1916", *Philos Trans R Soc Lond B Biol Sci*. Vol.356(1416), 29 December 2001, pp.1857-1859.

病病毒并非 1918 年流感病毒，1918 年流感病毒是在大规模爆发前几个月才出现的新病毒。美国学者埃德温·乔丹（Edwin Jordan）、约翰·M. 巴里（John M Barry）、艾尔弗雷德·克罗斯比（Alfred W. Crosby）等人认为，1918 年流感的源头在美国，由美国军队带到了法国，然后散布到整个欧洲及至世界各地。[56] 巴里提出，1918 年大流感最有可能的起源地是美国堪萨斯州的哈斯克尔县，这里在 1918 年 1 月就出现了这种疾病。事情的起因，可能是由该县征召入伍的人将流感病毒带进了福斯顿军营。1918 年 3 月 4 日，福斯顿军营中的一个炊事兵患了流感。在 3 周之内这里有 1100 多名士兵患病，还有分散在基地各处的几千人需要医务室处理。与此同时，福斯顿军营源源不断地向其他美军基地及欧洲提供兵力，流感也随之扩散到美国其他地方和欧洲。[57] 从 1918 年大流感在世界范围内传播的时间顺序来看，这种说法也更合理，因而学术界大多赞同这一说法。

　　1918 年 4 月，流感在法国布雷斯特出现，这里是美国远征军登陆的主要港口。据估计，在一战期间前往法国的 200 万美军中，有 791000 人在此登陆。由此，流感传播到西线的英法军队中。当时有人记载，4 月份，布雷斯特、波尔多、肖蒙特、马恩河、孚日山等地的军队中出现了一种温和的流感，由于其最初的症状非常温和，因此被称为"三日热"。[58] 就在同一个月，英国海军中也出现了流感。到 5 月，在西线的所有军队——美军、法军、英军和德军都有士兵患流感。因此，英国人中患流感的首先是在法国作战的士兵，他们从美军那里受到传染。有人统计，英军从 5 月到 7 月病倒了 226615 人。英国民众中出现流感患者也是在 5 月，到 7 月底，流感在英国大面积传

---

[56]　John M Barry, "The site of origin of the 1918 influenza pandemic and its public health implications", *Journal of Translational Medicine*, 20 January 2004, 2:3.

[57]　约翰·M. 巴里：《大流感——最致命瘟疫的史诗》，钟扬、赵佳媛、刘念译，上海：上海科技教育出版社，2008 年，第 112—118 页。

[58]　Niall Johnson. *Britain and the 1918-19 Influenza Pandemic: A Dark Epilogue*. Routledge, 2006, p.40.

播开来。流感是从沿海港口传播到英国本土的，因此首先出现流感的地方是格拉斯哥、朴次茅斯、南安普敦、利物浦等港口城市，这些地方有海军舰队经常停靠。[59]

然而，流感病毒并不是传播到欧洲的参战国便止步了。1918 年 5 月，流感扩散到参战的其他协约国和中立的西班牙，6—7 月传播到以德国为首的同盟国并散布到亚洲。9—10 月，除重灾区欧洲国家外，亚洲、非洲、南美洲、大洋洲的主要国家和地区，以及大西洋、太平洋上的岛屿，都受到了流感的冲击。

传染病在世界网络中从一个地方传播到另一个地方，出现"多米诺骨牌效应"式的传播及后果，是全球史学者关注的一种重要现象。1918 年大流感的传播也不例外。在此，笔者以西非国家尼日利亚的情况为例做一简要分析。

第一次世界大战爆发后，塞拉利昂、黄金海岸和尼日利亚作为英国殖民地也被卷入战争，虽然尼日利亚并没有直接派军队前往欧洲，但作为英军重要的物资供应地，与英国及其他英属殖民地保持了密切联系。正是这种联系，使得 1918 年在欧洲肆虐的流感很快传播到了西非。

1918 年 8 月 15 日，英国皇家海军军舰"曼图亚"（Mantua）号抵达塞拉利昂的弗里敦添加燃料（煤炭），而船上有 200 名患流感的船员。到 8 月 24 日，给这艘船装载煤炭的一些当地工人便病倒了，其中还有 2 人死于肺炎。[60] 这样，流感在塞拉利昂爆发。8 月 28 日，塞拉利昂的总督电告阿克拉的总督，所有前往黄金海岸的英国或塞拉利昂船只都有可能感染了流感。但未来得及采取措施，一艘从弗里敦出发的船只在 31 日到达了海岸角，这个城市随即出现了流感。9 月 3 日，当这艘船到达阿克拉时，全体船员都病倒

[59]　Niall Johnson. *Britain and the 1918-19 Influenza Pandemic: A Dark Epilogue.* p.53.

[60]　约翰·M. 巴里：《大流感：最致命瘟疫的史诗》，第 216 页。

了，其中有 16 人上岸接受治疗。这样，流感在黄金海岸传播开来。[61] 9 月 14 日，一艘远洋班轮比达（Bida）号抵达尼日利亚的拉各斯，从阿克拉上船的流感患者将病毒带到了拉各斯，使这里成了流感在尼日利亚的入境口岸。9 月 23 日，拉各斯出现了首例"岸上"病例。随后，流感沿着铁路线和海运线两个方向迅速传播。向内陆地区，10 月 1 日到达阿贝奥库塔，10 月 5 日到达伊巴丹。向沿海地区，9 月 27 日，远洋班轮拉文斯通（Ravenston）号到达福卡多斯，船上有 2 名患流感的欧洲人。9 月 28 日，载有一名流感患者的巴滕格（Batanga）号船抵达卡拉巴尔。10 月 4 日，另一艘载有 1 名流感患者的汽船贝努埃（Benue）号也到了福卡多斯。10 月 17 日，流感从福卡多斯传到内陆的瓦里。[62] 从 1918 年 9 月下旬到 11 月上旬一个多月的时间，流感沿着铁路、公路、河流等贸易线迅速传播到内陆腹地，尼日利亚南北各省无一幸免。由此可见，在欧洲肆虐的流感能够迅速传播到西非，与塞拉利昂、黄金海岸和尼日利亚作为大英帝国的殖民地和保护领有很大关系，它们与宗主国之间的紧密联系和频繁互动，为流感提供了快捷的传播途径。

尼日利亚受到大流感的冲击，造成大量青壮年人口死亡和粮食短缺，使得当地农民不得不放弃传统的薯蓣而改种木薯，由此改变了尼日利亚人的主食。流感对尼日利亚劳动力的影响，从当时北部诸省的代理副总督高尔（W. F. Gowers）的话可见一斑："其结果是死亡人数……包含了相当大部分的年轻人和身体强健的人。这种人力丧失对今后数年中乡村的生产能力肯定有显明的影响。"[63] 劳动力短缺对尼日利亚社会生活带来了一系列的负面影响。根

---

[61]　K. David Patterson, "The Influenza Epidemic of 1918-19 in the Gold Coast", *The Journal of African History*, Vol. 24, No. 4 (1983).

[62]　Don C. Ohadike. "Diffusion and physiological responses to the influenza pandemic of 1918–19 in Nigeria". *Social Science & Medicine*, Vol. 32, Issue 12 (1991).

[63]　D. C. Ohadike. "The Influenza Pandemic of 1918-19 and the Spread of Cassava Cultivation on the Lower Niger". *The Journal of African History*, Vol. 22, No. 3 (1981).

据当时南部诸省高级卫生官贝伦吉（J.Beringer）的记载："由此造成的后果是，大量人口死亡妨碍了政府、商人、小贩、市场和社团的活动，总的来说使它们停止或几乎停止了运转。轮船无人卸货，陆路和水路交通中断，邮政、电信和搬运服务没有了，至关重要的卫生服务则是极为艰难地维持着，有时候死者无人掩埋，食物也变得非常匮乏和昂贵。"[64] 这样，在大量劳动力死亡引起粮食生产不足情况下，尼日利亚农民将粮食作物的种植转向了比薯蓣易于栽培的木薯。木薯是在 16 世纪由葡萄牙人引入西非的，这种作物生命力强，在贫瘠土地上也能茂盛生长，而且栽培中无需耗费大量劳动。因此，1918 年流感之后，尼日利亚南部的木薯种植面积快速增加，到 20 世纪 30 年代，木薯种植在整个地区普及开来，乃至今日发展成为世界上最大的木薯生产国。

由此我们可以看到这样一个历史事件的关联性逻辑：尼日利亚在 1919 年之后开始放弃薯蓣而改种木薯，造成这一改变的主要原因是 1918 年流感造成了劳动力短缺和食物匮乏；而尼日利亚之所以出现流感，是由于英国军舰将流感传播到了塞拉利昂和黄金海岸，并进而传播到尼日利亚；英国海军之所以携带流感病毒，是因为当时欧洲战场上正流行这种疾病；而这种疾病之所以在欧洲发生，是由于美军参战，将流感带到了欧洲。在这个流感传播的链条中，军队是重要的媒介，而军队之所以能够充当这个媒介，在于两个重要的国际性机制：殖民体系和世界大战。

20 世纪初，帝国主义世界殖民体系已经建立起来，轮船、火车、汽车、电报等新发明所建立起来的现代交通和通信网络，也将地球大大缩小了，全球化正以前所未有的速度推进。在这种情况下，一场局部战争有可能发展成为世界大战，一种地方性流行病也有可能发展成为全球性传染病。1918 年

---

[64]　D. C. Ohadike. "The Influenza Pandemic of 1918-19 and the Spread of Cassava Cultivation on the Lower Niger". *The Journal of African History*, Vol. 22, No. 3 (1981).

的尼日利亚正处于这样一个时代，由此便不可避免地卷入到了世界大战与世界性流感之中。因此，如果我们超越国别史的界限，从整体、关联和互动的视角来探讨疾病的大范围传播，并由此理解全球化条件下历史事件的关联性，可以为我们提供一个理解历史的新维度。

第十章　大历史与小大历史

"我是谁？我的归属何在？我所属的那个整体又是什么？"换句话问，人究竟是什么？人类在地球上目前的生存处境如何？人类的未来又何在？现代人的生存窘境和重重困惑使这些鲜有当代史学家触碰的大问题再次摆到了史学家的面前。当代"大历史"的创始人大卫·克里斯蒂安在其专著《时间地图：大历史导论》中开宗明义就提出了这样的问题。另一位"大历史"的早期倡导者和理论家弗雷德·斯皮尔则将其最近的著作直接命名为《大历史与人类的未来》。刘新成教授也指出："在全球化趋势日益明显的今天，人类面临的最大问题是什么？简而言之，就是各人类群体如何自处（即身份认同）和如何处理彼此关系（即文明对话）的问题。"[1] 显然，随着史学家对整个人类的可持续生存和"全球公民"身份认同问题的关注，大历史问世了。

第一节　大历史及其核心概念

一、大历史概述

大历史的问世

"大历史"一词由澳大利亚学者大卫·克里斯蒂安（David Christian）于

---

[1]　刘新成：《文明互动：从文明史到全球史》，《历史研究》，2013 年第 1 期。

20 世纪 80 年代末 90 年代初创造。据说,"大历史"问世的背景非常简单:1988 年,在澳大利亚悉尼麦考瑞大学历史系的一次教师研讨会上,有人提出"历史该从何时讲起"的问题,擅长俄罗斯历史的克里斯蒂安主张"从最初讲起"。可哪里是所谓的"最初"呢?是猿转变成人的一刻,还是作为人类生存环境的地球的形成,抑或 137 亿年前的宇宙"大爆炸"?克里斯蒂安选择将宇宙"大爆炸"作为大历史叙述的起点,并于 1991 年在国际知名的《世界史杂志》上发表了《为"大历史"辩护》一文,首次使用"大历史"一词并阐发其大历史思想。[2] 受此启发,荷兰史学家弗雷德·斯皮尔(Fred Spier)1996 年率先出版了《大历史的结构》一书,从理论上做进一步的探讨,并同时在阿姆斯特丹大学开设"大历史"课程。2004 年,克里斯蒂安的专著《时间地图:大历史导论》问世。2007 年,美国历史教育家辛西娅·布朗(Cynthia Brown)的教科书《从"大爆炸"至今的大历史》出版。2010 年,斯皮尔又推出专著《大历史与人类的未来》。2013 年克里斯蒂安又出版了《大历史:在有无之间》。[3] 大约在此前后,"大历史"得到微软前总裁比尔·盖茨的青睐,在其支持下,国际大历史学会遂于 2010 年 8 月 20 日成立,并于 2012 年 8 月在密歇根州的伟谷州立大学(Grand Valley State University)举行了第一次大会,吸引了来自世界各地多个学科的学者、教师和热情参与者共二百多人,大会的主题为"大历史教学与科研:探索一个新兴的学术领域";而同样得到盖茨私人基金大力支持的旨在普及中小学历史教育的"大历史项目"也已启动。在更高的层面,据克里斯蒂安称,截至 2011 年,全世界至少有

---

[2]　Marnie Hughes-Warrington, "Big History," *Social Evolution & History*, Vol. 4, No. 1 (Mar., 2005), pp. 8-9; David Christian, "The Case for 'Big History'," *Journal of World History*, Vol. 2, No. 2 (1991), pp. 223-238.

[3]　Fred Spier, *The Structure of Big History: From the Big Bang until Today* (Amsterdam: Amsterdam University Press, 1996); David Christian, *Maps of Time: An Introduction to Big History* (Berkeley, CA: University of California Press, 2004); Cynthia Stokes Brown, *Big History: From the Big Bang to the Present* (New York: New Press, 2007). David Christian, Craig Benjamin, and Cynthia Brown, *Big History: Between Nothing and Everything* (New York: McGraw-Hill, 2013).

50 所大学开设有大历史课。[4] 此外还有一系列相关组织和机构问世，如俄罗斯大历史和系统研究中心，新英格兰大历史中心等。

大历史之所以能够如此迅速的发展，有着深层的原因。首先，"大历史"的诞生源自史学家对"世界史"名不副实的状况的不满。美国学者认识到，"20 世纪末新世界史面临的核心挑战是如何讲述全球时代整个世界的历史"[5]。有学者视此为超越传统民族国家历史叙事的呼吁，但对另外一些学者来说，从"世界"到"全球"的转变还远远不够，他们要超越传统"史学"的界限，书写包括人类起源与进化、生命体和地球甚至整个宇宙演化的"大历史"。[6] 而这种"大历史"之所以可能，是因为现代史学具备了先前不曾有过的两个基本条件：其一，近一个世纪的史学研究积累；其二，自 20 世纪中叶以来发生的"精确计时革命"（Chronometric Revolution）。[7] 事实上，有很多侧重时间维度的学科，如古生物学、地质学、宇宙学等学科的学者纷纷加入到"大历史"的建构中来，出现了所谓自然科学的"历史化"和历史的"科学化"。在很大程度上，威廉·麦克尼尔也有类似的普世史追求，主张史学家开阔视野，运用多学科的研究成果将人类在地球上的历史纳入到更为宽广的宇宙、生物和社会背景之中，以实现历史的科学化。[8]

其次，"大历史"的问世是史学家对我们这个时代关乎人类生存的种种不确定性的激烈回应。一方面，在"大历史"学家看来，我们这个时代正经

[4] David Christian, *Maps of Time: An Introduction to Big History*, 2nd ed. with a New Preface (Berkeley, CA: University of California Press, 2011), pp. xxiii-xxvi.

[5] Michael Geyer and Charles Bright, "World History in a Global Age," *The American Historical Review*, Vol. 100, No. 4 (Oct., 1995), p. 1041.

[6] Marnie Hughes-Warrington, "Big History," *Social Evolution & History*, Vol. 4, No. 1 (Mar., 2005), p. 8.

[7] David Christian, "The Return of Universal History," *History and Theory*, Theme Issue 49 (Dec., 2010),pp. 16-19.

[8] William H. McNeill, "History and the Scientific Worldview," *History and Theory*, Vol.37, No. 1 (1998), pp. 12-13, quoted in Christian, *Maps of Time*, p. 4; William H. McNeill., "A Short History of Humanity," *New York Review of Books*, Vol.XLVII, No. 11 (Jun., 29, 1999), pp. 9-11.

历着某种深刻的危机："在一个充斥着核武器、生态危机俨然跨越了众多国界的世界里，我们非常有必要将人类看作一个整体。在此背景下，那种主要关注民族、宗教和文化分立的历史叙述显得狭隘、不合时宜甚至非常危险"[9]；另一方面，即在人的精神方面，后现代主义者声称任何形式的元叙事，无论是历史的还是科学的，都不过是对既定权力的维护，从而掩盖了真实存在的混乱、断裂和无意义，而这种虚无主义的论断对改善人类的生存状况并无助益。中国学者对此亦有所认识，甚至言辞激烈，锋芒直指西方人与自然对立的世界观和消费主义的资本主义制度。[10] 作为回应，"大历史"的目标就是要追根溯源，谱写出一部能够赋予当今人类社会以"定位感"和"归属感"的"现代创世神话"。[11]

最后，从史学史的角度来看，"大历史"的问世在本质上是"普世史"的回归。"普世史"在 19 世纪史学专业化兴起以前，一直是历史叙述的常态。但此后，"普世史"却逐渐从史学家的视野中消失了。在克里斯蒂安看来，其原因有三：史学家对所谓"科学"史学的追求、民族主义的盛行、兰克史学在大学或学院内部的确立或机构化。[12] 在这种情势下，史学细化成多个分支专业，史学家把精力集中在民族史的书写和国家文明发展轨迹的梳理上，根本无暇顾及对宏大历史的考察，直至后来汤因比、斯宾格勒、威廉·麦克尼尔等人著作的问世，这种情况才得到改变，全球史被普遍承认为一种历史叙述范式。

何谓大历史？

"大历史"或克里斯蒂安所谓的"普世史"与以往的"普世史"有所不

[9] David Christian, *Maps of Time*, p. 8.

[10] 王文元：《人类的自我毁灭》，北京：华龄出版社，2010 年，第 80—82 页。

[11] 大卫·克里斯蒂安：《时间地图：大历史导论》，晏可佳等译，上海：上海社会科学院出版社，2007 年，第 1—6 页；克里斯蒂安等：《大历史：在宇宙演化中书写世界史》，《光明日报》2012 年 3 月 29 日第 11 版。

[12] David Christian, "The Return of Universal History," *History and Theory*, pp. 13-15.

同。大历史试图从所有可能的尺度（甚至涵盖整个宇宙）去理解过去，并同时关注历史的偶然因素及细节和能够廓清细节的大格局，或可称之为一种全面、统一的关于已知世界或宇宙的历史。[13] 斯皮尔的定义是"大历史乃不同尺度上复杂性生发与消亡的历史"[14]，这句话显得有些令人费解，本节第二部分将解释其中的"复杂性"概念。借用国际大历史学会官方网站上（http://www.ibhanet.org/）为"大历史"所下的定义，我们对"大历史"的内涵可以有一个更为清晰明确的认识："大历史试图用现今人类已有的可靠证据和学术方法廓清宇宙、地球、生命和人类的整合的历史。"恰如克里斯蒂安指出，大历史有别于"世界史"的最突出的特点有二：一是其跨学科的本质，二是其努力寻求多个关注历时变化的学科，如物理学、天文学、地质学、生物学等学科的"深层次的统一性"[15]，而威廉·麦克尼尔则将克里斯蒂安在"混沌和复杂性中［发现］的无尽的华尔兹"称作大历史"最重要的成果"[16]。

毫无疑问，大历史目前仍处于建构之中，所以近年来大历史在内涵方面又有一些新的拓展。比如斯皮尔在哈佛大学天体物理学家蔡森（Eric Chaisson）相关著述的基础上正尝试将"复杂性的提升"（increasing complexity）和"能量流"（energy flow）作为大历史叙述的核心观念，并提出和探讨历史发展过程中的"金凤花条件"（goldilocks conditions）问题。克里斯蒂安对"集体知识"（collective learning）、"精确计时革命"和"普世史回归"的意义进行了探讨。近年来由诺贝尔奖获得者荷兰大气化学家保罗·克鲁岑（Paul Crutzen）提出的"人类世"（Anthropocene）概念也迅速成为大

[13] David Christian, "The Return of Universal History," *History and Theory*, pp. 6-27.

[14] Fred Spier, "How Big History Works: Energy Flows and the Rise and Demise of Complexity," *Social Evolution and History*, Vol. 4 No. 1 (March 2005), pp. 87-135; Fred Spier, *Big History and the Future of Humanity*, p. 21; Fred Spier, "Complexity in Big History," *Cliodynamics*, Vol. 2, No. 1 (2011), pp. 146-166.

[15] David Christian, *Maps of Time*, 2nd ed., pp. xxiii-xxiv.

[16] William H. McNeill, "Foreword," in David Christian, *Maps of Time*, p. xvii.

历史学家竞相讨论的话题。总之，大历史是一个开放的学术领域，其视野之宏阔、统合力之强大、融合人文科学与自然科学意愿之强烈，都是以往任何一个学科、任何一种形式的历史撰述所无法比拟的。难怪威廉·麦克尼尔将克里斯蒂安的大历史成果《时间地图——大历史导论》与牛顿和达尔文的成就相提并论，称其为将"自然史与人类史综合成了一篇宏伟壮丽而又通俗易懂的叙述"[17]。

代表人物和代表作品

大历史的代表人物无疑首推大卫·克里斯蒂安和弗雷德·斯皮尔，二人分别担任国际大历史学会首届的主席和副主席。

大卫·克里斯蒂安 1946 年生于纽约的布鲁克林，后随父母迁居尼日利亚并在那里度过了自己的童年，7 岁到英国就读于一所寄宿制学校，毕业后考入牛津大学攻读现代史并于 1968 年获学士学位。两年后，克里斯蒂安在加拿大的西安大略大学获硕士学位。1974 年获牛津大学博士学位，论文的主题是沙皇亚历山大一世不曾成功的一场改革。1975 年至 2000 年，他在澳大利亚悉尼麦考瑞大学任教，主要讲授俄罗斯史、俄罗斯文学及欧洲历史等课程。在法国年鉴学派的影响下，他的兴趣转向了俄罗斯人日常生活史，并著有两部有关俄罗斯人饮食的著作《面包和盐：关于俄罗斯食品与饮料的社会史和经济史》（1985）和《活命之水：解放前夕的伏特加酒与俄罗斯社会》（1990）。2001 年，克里斯蒂安转至美国加州的圣迭戈州立大学任教，传授大历史的理念和方法并讲授世界史、环境史及内陆欧亚史，2009 年又回到澳大利亚的麦考瑞大学。在此前后，克里斯蒂安还开始在美国的佛蒙特大学和韩国的梨花女子大学兼任教职，梨花女子大学也因此成为亚洲首个开设大

---

[17] William H. McNeill, "Foreword", in David Christian, *Maps of Time*, p. xv.

历史课的大学。

克里斯蒂安的《时间地图：大历史导论》一书 2004 年由美国加州大学出版社出版，次年便获得美国世界史协会（WHA）的年度最佳图书奖。2007 年，该书的中译本面世。2008 年，为推广大历史教学，克里斯蒂安推出了大历史简明读本《飞逝的世界：人类简史》。2013 年，他又与大历史教育家辛西娅·布朗（Cynthia Brown）和克雷格·本雅明（Craig Benjamin）合著，出版了一部大历史教材《大历史：在有无之间》。[18]

弗雷德·斯皮尔生于 1952 年，现任荷兰阿姆斯特丹大学跨学科研究所大历史专职教授，也是全球首个且目前唯一的大历史专业教职。从 1994 年起，斯皮尔便在阿姆斯特丹大学开始讲授大历史课程；2003 年起，在埃因霍芬科技大学开设一年一度的"大历史系列讲座"；2009 年起，在阿姆斯特丹大学学院发起"历史课程中的大问题"系列讲座；2013 年起，在著名的鹿特丹伊拉斯姆斯大学组织开设所有入学新生必修的名为"起源"的课程模块。

除大历史之外，斯皮尔还熟悉世界史与人类史、拉美史及拉美人类学、社会史和环境史、文化人类学、自然科学通论（尤其是生物化学）等，懂荷兰语、英语、西班牙语，能够阅读法语和德语文献，并粗通拉丁语、古希腊语、希伯来语和奇楚亚语（南美洲原住民的一种语言）。斯皮尔如此广博的知识储备可能是其最终转向大历史的重要原因之一。当然，这与其教育背景密切相关：1978 年，斯皮尔在莱顿大学获生物化学硕士学位，此间的主要研究课题为植物基因工程和寡核苷酸的合成；1987 年，在阿姆斯特丹自由大学获得文化人类学硕士；1992 年，在阿姆斯特丹大学获得文化人类学及社会史专

---

[18] "有无之间"来自帕斯卡尔的《沉思录》："因为，人在自然界中到底是个什么呢？对于无穷而言就是虚无，对于虚无而言就是全体，是无和全之间的一个中项。他距离理解这两个极端都是无穷之远，事物的归宿以及它们的起源对他来说，都是无可逾越地隐藏在一个无从渗透的神秘里面；他所由之而出的那种虚无以及他所被吞没于其中的那种无限，这二者都同等地是无法窥测的。"见 *David Christian, et al, Big History: Between Nothing and Everything*, p. xv. 可参阅帕斯卡尔：《思想录》，何兆武译，北京：商务印书馆，1985 年，第 30 页。

业博士学位，并于 1994 年发表其多年研究秘鲁宗教与政治、基于其博士论文的专著《秘鲁的宗教政体》，该书一出版旋即获得好评，美国著名人类学家埃里克·沃尔夫（Eric Wolf，1923—1999）将其列入学生的必读书目，而历史学家威廉·麦克尼尔则称此书乃"一部思想成熟、智力超群的学者之作"。

斯皮尔步入大历史研究有一段颇为传奇的经历，也与他对人类命运的思考紧密相关。他最初是受到 1968 年 12 月阿波罗 8 号（Apollo 8）登月舱驾驶员威廉·安德斯拍摄的一幅照片的启示，这就是著名的"地出"（Earthrise）照片（见图一）。"看着这张照片，我震惊了，有一种前所未有的感觉。霎时间，它改变了我对地球的整个认知。……以前我所接受的都是些零散的知识，彼此从不搭界，更不要提从一个统一的角度呈现。"[19] 此后是来自罗马俱乐部出版的《增长的极限》一书的震撼，书中特别谈到了事关人类可持续生存的五个重要变量，即人口增长、食物生产、工业生产、自然资源的有限和无可避免的环境污染。[20] "但在此时，我周围没有一个人，包括中学教师和后来的大学教授，谈到过从太空拍摄到的地球图片实际上是一种视角的巨大转变，而继续坚守既定的教育格局和各自的学科领域。……我感到这是非常令人沮丧的互不关联（most distressing disconnect）。而我却愈发担心我们共同面对的环境问题，想弄清人类究竟是如何步入这一境地的。"[21] 于是便有了后来几十年如一日的求索，试图找到一种新的令人满意的彼此关联的知识框架，直至 1992 年访问澳大利亚悉尼的麦考瑞大学、巧遇已经从事大历史教学研究的大卫·克里斯蒂安，他最终走上了研究大历史之路。目前，斯皮尔正致力于深入并拓展其专著《大历史与人类的未来》中的大历史思路，以期为人类迎接未来的挑战提供启示。

---

[19]　Fred Spier, *Big History and the Future of Humanity*, p. 2.

[20]　Fred Spier, *Big History and the Future of Humanity*, pp. x-xi.

[21]　Fred Spier, *Big History and the Future of Humanity*, p. xi.

哈佛大学天体物理学家埃里克·蔡森博士将其学术旨趣锁定在两个宏大目标上：一、研究方面，对各种物理的、生物的和文化的现象进行跨学科的热动力学研究，以廓清星系、恒星、行星、生命和人类社会的起源和演化规律，并以此为基础描绘出一种统一的宇宙－演化世界观及人类在宇宙

图1 《地出》

（图片来源：http://en.wikipedia.org/wiki/Earthrise.）

中位置自我觉察的演进。二、教学方面，调动优秀教师和计算机模拟专家努力设计出更好的方法、技术辅助手段和崭新的课程体系，以让更多的教师加入其中，向学生传授自然科学的全貌。为此，蔡森教授在哈佛大学多年来一直为本科生开设一年一度的宇宙演化课。

除了克里斯蒂安、斯皮尔、蔡森以外，全球各地还有许多颇具视野和成就的大历史学家，笔者比较熟悉的有美国达拉斯南卫理公会大学的约翰·米尔斯（John Mears）、加州大学伯克利分校的沃尔特·阿尔瓦莱兹（Walter Alvarez）、加州多明尼克大学的辛西娅·布朗（Cynthia Stokes Brown）、俄罗斯科学院的阿科普·拿撒勒钦（Akop P. Nazaretyan）、密歇根伟谷州立大学的克雷格·本雅明(Craig Benjamin)、南缅因大学的巴里·罗德里格（Barry Rodrigue）、阿姆斯特丹大学的埃斯特·奎黛克斯（Esther Quaedackers）等。

二、大历史理论与核心概念

大历史理论首先来源于史学家高屋建瓴的境界。"胸怀《地出》的史学家书写人类史自然不同于任何以往的历史叙述。"[22] 斯塔夫里阿诺斯在陈述自己的学术观点时曾说过:"就如一位栖身月球的观察者从整体上对我们所在的球体进行考察时形成的观点,因而,与居住在伦敦或巴黎、北京或德里的观察者的观点判然不同。"[23] 于沛教授评论说:"然而,这在实际中是很难办到的",这是因为,我们不能将"一位"居高临下的观察者的意见强加到"民族文化背景不同,历史思维和认知的方式不同,以及历史观和价值观的不同等等"的民族或国家记忆之上。[24] 但大历史学者在求同的过程中看到的却是历史研究对象的另一面,即鲜有史学家问津的普遍性或整体性:月球自然比地球要小得多,但从月球看地球,地球不过也是"宇宙飞船式的""地球村"[25]。不同的是,在这样的一个"村落"居住着数十亿的人类,且划分成数百个国家或更多的群体,彼此言语不通,情感各异,为生存你争我夺、各不相让,在近现代,工业化与高科技竟成为更高层次、更大范围的群体争权夺利的工具,以至于根本没有注意到人类整体的生存环境已经岌岌可危。

正是对人类整体命运的关注,大历史学家力图建构起自己同时也是世人渴望的框架性理论。包括史学家在内的许多人都看过《地出》的照片,但却很少有人像克里斯蒂安或斯皮尔那样能够积极反思并努力建构基于现代科学的"创世神话",所以大历史甫一问世,便受到了众多学者的热切关注和认同。一位大历史学家曾说,大历史实际上是"现代创世神话框架下逻辑知识、

[22] Fred Spier, *Big History and the Future of Humanity*, p. 111.

[23] L.S. 斯塔夫里阿诺斯:《全球通史——1500 年以前的世界》,吴象婴、梁赤民译,上海:上海社会科学院出版社,1999 年,第 54 页。

[24] 于沛:《全球史:民族历史记忆中的全球史》,《史学理论研究》,2006 年第 1 期。

[25] 斯塔夫里阿诺斯:《全球通史——1500 年以前的世界》,第 55 页。

信仰和价值观的多位合一"，而斯皮尔则试图在大历史的框架下推演人类的道德。[26]

很显然，大历史是从大处着眼看世界的，而不是传统专业史学中的"小为美"[27]。这一点从克里斯蒂安和斯皮尔的专著中均可一目了然，且人类史这个传统世界史关注的范畴只占很小的部分。克里斯蒂安的《时间地图》全书六部十五章，从"无生命的宇宙"到"地球上的生命"，首先是传统宇宙史、地球史、地质演化史、生物（命）进化史的内容；及至"早期人类的历史"，也是先谈复杂性和能量，再问"人为什么会产生"，追溯灵长目动物、人科动物等的进化历程，仍然是一个没有"人的世界"；待最终触及"农业的起源"、城市、国家和文明，我们又很快步入现代化和全球化，看到"20世纪的大加速"并很快进入了"未来"。斯皮尔的《大历史与人类的未来》全书八章，一章绪论、一章理论说明、两章宇宙史和星球演化史，然后是生命的进化，整个人类史占两章偏多的篇幅，但也不过几十页，然后同样是以瞻望未来结束。教材《大历史：在有无之间》同样是围绕"整个历史"的八个"临界点"或"阈限"（threshold）展开的，即：一、大爆炸和宇宙的起源；二、星系和恒星的起源；三、新的化学元素的最初生成；四、太阳和太阳系的涌现；五、地球上生命的涌现；六、智人的出现；七、农业；八、现代世界与人类世，并进而瞻望未来，以"宇宙中的人类"告终。这样的安排显然无法让传统的世界史家甚至全球史家满意。

但是，大有大的好处。正如克里斯蒂安所说：只有从大处着眼，才能够提炼出我们这个时代"迫切需要将人类看作一个整体"的视角，才能够容许

---

[26]　Craig Benjamin, "The Convergence of Logic, Faith and Values in the Modern Creation Myth", *World History Connected*, Vol. 6, No. 3 (Oct., 2009), 19 pars；[荷]弗雷德·斯皮尔：《大历史中的道德问题初探》，孙岳译，载《全球史评论》第六辑，2013年。

[27]　Fred Spier, "Big History Research: A First Outline," *Evolution: A Big History Perspective*, No. 2 (2011), pp. 26-36.

史学家大胆借鉴其他各个研究领域的最新成果并打破阻碍学科之间合作的藩篱，才能够发见为人类赋予意义的强有力的"元叙事"框架或"现代创世神话"，也才能够了然人自身的局限并认识到任何"完美的描述"均不可企及从而抱持一种开放的现实主义学术心态，而不是抱残守缺、故步自封。[28] 斯皮尔同样非常明确：大历史就是关于"必然性"（necessity）的，所以它必然要采纳"自上而下"的理念，因为只有这样才能见到"自下而上"研究取向根本无缘得见的"总体格局"。斯皮尔还非常坦白：为弥补知识和见解上的短视和缺憾，他的做法是"把自己的观点交给从天文学家到社会科学家的多个不同领域的专家去评判"[29]，这种跨学科的努力在史学家当中是不多见的。

更重要的是，大历史学家为历史的叙述提供了前所未有的清晰框架或叙事线索，并为此提出了一系列的核心概念，比如"体系"（regime）、"集体知识"、"物质与能量"、"复杂性"、"复杂性的提升"、"能量流"和"金凤花原理"等。

集体知识

"集体知识"（collective learning）是克里斯蒂安在《时间地图》一书中逐渐梳理出的一个大历史极为核心的概念，主要用于界说人类史的发展历程。不过早期的阐述不甚详尽，也不大成体系，但近年来克里斯蒂安对"集体知识"颇为用心，也愈发重视，甚至称"大历史的建构实乃集体知识的演练"[30]。

---

[28]　David Christian, *Maps of Time*, pp. 8-11.

[29]　Fred Spier, *Big History and the Future of Humanity*, pp. 18-21, xiv.

[30]　参见克里斯蒂安的《时间地图》，以及 David Christian, "Collective Learning," in *Berkshire Encyclopedia of Sustainability: The Future of Sustainability*, ed. Ray C. Anderson (Great Barrington, MA: Berkshire Publishing, 2012), Vol. 10, pp. 49-56. 克里斯蒂安在 2012 年国际大历史学会第一次大会上的发言之一就是关于"集体知识"的。他指导的大历史专业博士生大卫·贝克（David Baker）毕业论文主要也是探讨"集体知识"。可参阅大卫·贝克：《集体知识：起源、机制和意义》，刘凌寒译，载《全球史评论》第六辑，2013 年。

简而言之，"集体知识"是指"某一物种非常精确、有效地分享信息的能力，其结果是在个体习得知识的同时，知识能够被存储到群体和整个物种的集体记忆之中，从而实现世代的累积"[31]。"集体知识"概念为何如此重要？在克里斯蒂安看来，这主要是因为它"能够解释整个生物圈的历史上人之为人的特质；说明在近四十亿年的演化过程中人类为何能够成为唯一一个长时期不断变化的物种；廓清人类史演进的独特本质，正如同自然演化概念帮助廓清生物进化史演进的独特本质一样；使人明了为何当今人类拥有如此卓尔不凡、令人惊骇的力量，以至许多学者惊呼人类的诸多活动已经威胁到人类自身甚至大部生物圈的可持续生存"[32]。

"集体知识"这一概念的核心有二："集体"和"临界点"。正因为"集体"分享信息，人类创造的知识便不会因为某个人的死亡而消逝，而能快速、准确、有效地传播分享，从而形成一种愈来愈大的集体知识信息库；正因为突破了"临界点"，人类拥有了超越基因变异的强有力的文化，借助人类特有的语言和符号系统传播知识，其速度之快，范围之广，造成了一种无可限量的协同创新能力。[33] 这种人类独有的协同创新能力虽曾导致大规模使用矿物质燃料并制造出原子弹以至造成严重的环境污染或危及人类自身的安全，但它同时说明人类有潜力再度利用"集体知识"找到解决之道。[34]

然而，大历史更多的理论和概念来自斯皮尔。虽然这许多概念并非斯皮尔原创，但却是他广泛阅读、深入思考、多方借鉴后有意识的建构。此处无法全面展开，故此只集中在斯皮尔阐发的几个核心概念上。

---

[31]   David Christian, "Collective Learning," in *Berkshire Encyclopedia of Sustainability*, p. 49.

[32]   David Christian, "Collective Learning," in *Berkshire Encyclopedia of Sustainability*, p. 49.

[33]   David Christian, *Maps of Time*, pp. 183-184; David Christian, "Collective Learning," in *Berkshire Encyclopedia of Sustainability*, p. 53.

[34]   David Christian, "Collective Learning," in *Berkshire Encyclopedia of Sustainability*, pp. 55-56.

复杂性

谈到"复杂性",必须先交代"物质"和"能量"的概念。其实,在物理学中,对"物质"的定义并不是非常清楚,且有循环定义的嫌疑。比如,蔡森将"物质"定义为"凡占据空间且拥有质量的存在",又将"质量"定义为"物体包含物质的总量"。不止如此,几乎所有的物理学教程都是这样"含糊不清"地界定,所以也就很难明白无误地界定"能量"。[35] 对此,斯皮尔的界定是:物质是原则上人能够触碰的一切存在,而"能量"则是能够改变物质结构或运动方式(其中包括物质的复杂程度)的那种东西。[36]

在斯皮尔看来,宇宙间存在的万物有着不同的复杂度,而伴随复杂度的不同,物质中会涌现出不同的特性。物质复杂度的高低取决于其组块(building blocks)的多寡、彼此间联系的程度(connections)和排列组合的顺序(sequences);如此便出现了一个由无生命的物质经有生命的存在到高度复杂的文化社会的复杂程度等级。无生命的物质是迄今人类所知的宇宙间最大量的存在,其次是有生命的存在,再次是复杂程度极高的文化社会。就此,斯皮尔提出了一个比喻:若假定地球的重量为一吨,即一辆普通轿车的重量,那么地球上一切有生命存在物的重量约为17微克,相当于轿车上剥落的一小片漆,整个太阳系的重量大致相当于一艘超级油轮;而整个银河系的重量(更不要提整个宇宙的重量)目前还不为人所知,所以无法比喻。[37]

无生命物质的存在和运动完全遵从最基本的"自然规律",其中并不存在一个或多个"信息中心"决定其存在的外观或内情,虽然有时人们会对大自然貌似精巧的存在叹为观止,甚至认定其中必有某种"蓝图"的设

---

[35]　Fred Spier, *Big History and the Future of Humanity*, p. 21.

[36]　Fred Spier, *Big History and the Future of Humanity*, p. 23.

[37]　Fred Spier, *Big History and the Future of Humanity*, pp. 24-29.

计者在发挥作用。有生命的存在显然要比无生命的存在复杂得多，前者最大的特点是要通过某种特殊的机制不断地获取物质和能量以维持生存，为此，有生命物的身上往往会发展或"涌现"出由简单到复杂的特殊机制，如储存在 DNA 之中的遗传信息组织等。迄今为止复杂程度最高的文化社会——主要指人类社会，其获取物质和能量的机制和总量都远非其他有生命物可比：整个人类的净重约占地球上全部生物总重量的约十万分之五，然而人类控制地球上全部有生命存在物的比例竟高达 25% 至 40%。但就总体而言，有生命的存在物很有可能只是一种边缘性的存在，其一是数量甚为稀少，其二是有生命的存在往往位于更大体系（regime）的边缘地带。比如，地球便处于太阳系相对边缘的地带，而大多数生命体只是附着在地球的表层。

能量流

复杂性的提升和持续存在必然要求有能量在物质中流动，因为只有这样才能令任何形式的复杂结构涌现。比如生命的涌现就必然要求有能量在生命体的内部持续流动，而行星、恒星和星系要存在也同样需要能量的流动。这一点已成为现代科学的共识。比如，根据比利时化学家、物理学家、诺贝尔化学奖获得者、非平衡态统计物理与耗散结构理论奠基人伊利亚·普里高津（Ilya Prigogine，1917—2003）的说法，人类欲持续其复杂性的存在就必须要不断地吃喝并呼吸，一旦停止这类摄入能量的活动，人类的复杂性存在很快就会解体。人类摄入的能量有很多功能，比如维持新陈代谢的持续不断地进行、行为、思考等。在此过程中，摄入的高能物质转化成低能物质并被排泄掉。[38] 加拿大环境科学家瓦茨拉夫·斯米尔（Vaclav Smil）称："能量是举

---

[38]　Fred Spier, *Big History and the Future of Humanity*, p.30.

世皆然的唯一共性：能量有多种存在形式，但只有一种形式的能量转化成其他形式的能量才会使众星闪烁、行星转动、植物生长、文明演进。能够认识到这一共性可谓 19 世纪人类最伟大的成就之一；但令人吃惊的是，这一认知却并未引领世人从事围绕能量展开的全面系统的研究。"[39]

金凤花原理

"金凤花原理"是基于英国浪漫派诗人罗伯特·骚塞（Robert Southey，1774—1843 年）创作的童话故事《三只熊》，又名《金凤花姑娘和三只熊》或《金凤花姑娘》，故事情节非常简单：

有个小姑娘离家到树林去玩，在森林里迷了路，怎么也找不到回家的路，却闯到林中的一座小房子。房子里住着三只熊：熊爸爸、熊妈妈和熊宝宝。恰好三只熊都不在家。小姑娘走进饭厅，看见桌子上有大中小三碗粥，分别是熊爸爸、熊妈妈和熊宝宝的，每只碗旁边都放着一把汤匙：大的、中等的和小的。经过一番尝试和选择，小姑娘觉得熊宝宝的小碗粥最好喝，于是就喝掉了小碗粥。小姑娘想坐下来歇歇，看见桌子旁边有大中小三把椅子，经过尝试和选择，她最终选择了小椅子。但小椅子给她摇垮了，小姑娘摔倒在地板上。她爬起身走进第二间房间。房间里有大中小三张床，经过尝试和选择，小姑娘躺到小床上睡着了。三只熊回到家里，一阵惊讶和吵闹，小姑娘被吵醒了。她睁开眼，看见三只熊，其中小熊正要咬她。小姑娘连忙扑到窗口，从窗口跳出来，飞也似的逃跑了。熊

---

[39] Vaclav Smil, *Energies: An Illustrated Guide to the Biosphere and Civilization* (Cambridge, Mass., The MIT Press, 1999], p. x, 转引自 Fred Spier, *Big History and the Future of Humanity*, p.30.

没能追上她。[40]

无疑，这则寓言故事是有深意的。斯皮尔将故事解读为"复杂性"产生的条件：

> 蔡森虽注意到但却未能阐发的问题是：复杂性只有在适当的条件下才能涌现。这里的条件包括，首先，合适的组块及能量流；其次，合适的温度、压力和辐射等众多外在因素。如果条件不适当，复杂性就不会涌现，或很快消亡。复杂性消亡的原因通常在于能量流出现了问题，对某种具体的复杂性存在而言，能量流过高或过低都会导致复杂实体的消亡。比如，包括人类在内的生物若失去合适温度的保护而持续置身零摄氏度以下或40摄氏度以上的环境便会死亡。显然，人类只能在一定温幅的条件下才能够生存，而且诸如此类的幅度限制不止适用于所有生物，还包括岩石、行星和恒星。[41]

斯皮尔由"金凤花条件"提炼出"金凤花原理"和"金凤花等级"的概念，借以梳理从宇宙大爆炸至未来人类生存的条件和历程。[42]

有了这样的框架和叙事线索，大历史的全貌便呈现出来了。以下是国际大历史学会官方网站（http://www.ibhanet.org/）对大历史的梗概介绍：

大约自138亿年前，一段至今持续不断的历史被开启了，其间曾经历过几次显著的临界跃迁。大历史讲述的就是这样一段基于证据的有关复杂性涌

---

[40] Robert Southey, "The Story of the Three Bears," in *The Annotated Classic Fairy Tales*, ed. Maria Tatar (New York: W. W. Norton & Company, Inc., 2002), pp. 375-379.

[41] Fred Spier, *Big History and the Future of Humanity*, p. 36.

[42] Fred Spier, *Big History and the Future of Humanity*, pp. 36-40.

现的历史，伴随时间的流逝，最初相对简单的物质组合成新的单位，后者也因此具有了一些新的特性和更大的能量流。

在宇宙大爆炸后最初时刻，整个宇宙的温度极高、密度极大，所以物质只能以夸克-胶子汤的形式存在。随着宇宙的膨胀和渐趋冷却，物质也开始呈现新的形式，包括最初的质子和中子，而中性原子的出现还要晚得多。早期的宇宙差不多处于一种完全的均质状态，但些许的不均从最初便已存在，而且伴随宇宙时间的推移并受引力的驱动，这些物质的非均质程度开始加大，密度较小区域的物质被拉向密度较大的区域。这一过程造成了我们如今所见到的宇宙存在的大格局，包括星系、星系团和超星系团。

在星系内，引力造成了气团的塌陷从而形成了恒星，其间原子核通过核聚变过程形成更重的元素。在第一代恒星问世前，宇宙中只有氢、氦和少量的锂（都是在宇宙大爆炸后的瞬间形成的，因为那时宇宙的温度还足够高，能够支撑聚变过程）。而巨大的恒星在形成过程中也同时通过聚变造就了碳、氧以至于铁等多种重元素。当恒星耗尽燃料后发生爆炸形成超新星时，其释放出的巨大能量又造就了金、铀等更重的元素。被超新星抛射出来的富含重元素的气团与先前就存在的气团和尘埃团混合，然后在引力的作用下塌陷就形成了第二代恒星。因为第一代恒星造就了重元素，这些重元素便可在引力的作用下形成有岩石或陆地的行星。

太阳和地球的生成大约是在 46 亿年前。太阳系位于银河系外旋臂，被称为猎户臂或猎户支臂。我们与银河系中心的距离在 25000—28000 光年之间，而银河系中恒星的数量要以数千亿计。太阳系环绕银河系的中心运转，速度是每秒大约 220 公里，绕行一圈需要 2.25 亿至 2.5 亿年的时间。在过去的 46 亿年间，地球经历了许多划时代的变迁，包括大气层的变化、陆地的出现、板块的迁移等。

地球上的元素和分子通过化学变化形成了各式各样的组合。约 4 亿年前，其中的一些组合中出现了膜，有了膜，就可以获得更多的化学元素和能量并从而形成新陈代谢和带变异的繁殖。我们称作生命的东西就是在这种极端不均匀的进化过程中形成的，有时候会变得更加复杂多样一些。如此经过几次重大的变迁就形成了诸如细胞核、光合作用、意向性运动、多细胞的专业化合作、头、骨干、四肢等生命体的特质和功能。

大约6500万年前恐龙灭绝后哺乳动物开始勃兴，并进而导致类人科动物的出现。最终，在距今20万年出现了智人。这种双足、大致无毛、脑容量极大、对生拇指的人类后来发明了象征符号系统和极富想象力的语言，他们的后代继承了前代的社会性特征，且有明确的道德规范。

人类通过自己的文化系统改造了自然，并同时在这一过程中造就了自身。从食腐到采集再到狩猎，随着生活方式的转变，人类在大约7万年前离开了最初的非洲故乡，向全球各地迁徙，其间在大约2万年前穿越白令海峡进入美洲（关于此举的确切时间还存在不少学术争论）。他们先是成群结伙，后又形成血亲集团、组成村落、建立酋邦、构筑城市、成立民族国家、建成庞大帝国，其间，人类跨越了几个主要的临界点，如最初的农业立国、发现并使用化石燃料直至近年来步入信息数字时代。

人类在自身的形成和发展过程中经历了多次彼此间的战争，并致使环境恶化、资源枯竭。诸如此类的很多问题严重影响了人类的生活质量，甚至危及到整个人类的生存。我们目前面临着一场异常严峻的危机，我们有可能因之而丧失自己的复杂性特征。在地球上曾经存在过的所有物种有99%现在已经灭绝。迄今为止，还没有任何一个复杂物种能够持续生存几百万年的时间；人类如能持续存在数百万年，那真是我们值得庆幸的一件事情。

大历史能否为人类提供这样一种统一连贯的历史叙事，以帮助人类培育本属于人类社会性特征的同情与合作情结呢？人类能否组合成一个不同以往的复杂程度更高的完美共同体呢？还是听任现有社会复杂程度的群体走向无情的灭亡？

　　但不管对此如何作答，假若数十亿年之后在地球上还有任何物种生存的话，那么明智的选择终将是跳上宇宙飞船向另外一个星系进发，因为生活在地球上的生物到那时将面对一个异常炽热的太阳。大约在五十亿年之后，太阳核心处的氢燃料将最终耗尽并演变成为一颗红巨星，滚滚的热浪使所有的海洋迅速干涸，然后吞噬整个地球。太阳最终会蜕掉原有的外层，只剩下其核心，即一颗白矮星，而这颗白矮星在数万亿年之后也将冷却下来，直至最后消失。与此同时，其他星系亦将离我们周边的星系群而去，那时候地球上的天空将不再有繁星闪烁，而这些曾经闪烁的繁星正是人类了解宇宙和地球周边宇宙背景的唯一途径。

第二节　小大历史与大历史的前景

一、小大历史

　　大历史既然是从普遍、统一的宏大视角审视整个的历史，试图建构同一性的"创世神话"，而不是像传统史学追求"小为美"并因此"细而微"的多样化或多元化目标，那么大历史本身是否会因为"粗而疏"而不具有可研究性呢？换句话说，是否只有几个大历史学家提供了上述大历史基本原理和框架，其他人只顾推衍、演绎就行了呢？对此，包括著名世界史学家杰里·本特利和著名史学理论家伊格尔斯（Georg G. Iggers）在内的不少史学家都曾提出过质疑。显然，果如上述，大历史必将很快走进一个死胡同。即便大历史在高中、大学通识教育中做得再成功也无法弥补其无法深入研究的缺憾。

　　对此，大历史学者的回应是：一、保持大历史的"开放性"，广泛吸纳来自各个不同学科的研究成果并积极争取不同学科学者的加入和积极建构，以提升大历史的跨学科研究潜力，上面提到的有关"人类世"的热烈讨论即为一例，又比如最初的大历史课多是不同专业的专家共同讲授。二、哪怕是在探讨"深层次的统一"或普遍规律这种关乎大历史核心命题的问题时也绝不会故步自封，而是多方借鉴，以务本求真、求实为旨归，比如上述有关"集体知识""金凤花原理"等的探讨，比如斯皮尔请教多方专家批评自己的思路观点等[43]。三、加大对大历史的研究力度。为此，斯皮尔曾提出过一个《大历史研究纲要》，列举了五类可供研究的方向，其中最具特色的就是"小大历史"的研究。[44]

在斯皮尔看来，"小大历史"（Little Big History）就是"把某个研究主题放到大历史的总体框架中并试图（但不必总是）追溯其至宇宙大爆炸的起源，以期丰富人们对该主题的理解"，而研究者的选题可以多种多样。[45]其实，"小大历史"是斯皮尔的学生和同事埃丝特·奎黛克斯（Esther Quaedackers）在2007年最先想到的。当时只是为了给学习大历史的同学布置作业，"让同学们选择一个自己感兴趣的主题，然后将这一主题与系列课程每一讲的内容相联系"，却没有想到"大多数同学对此感到兴致盎然"，因为这一方面加深了他们对大历史概念的理解，而另一方面，"他们看到了先前从未想到过的各种密切关联，从而对每一研究主题的丰富有了更深刻的认识，他们还因此提出了更多有益的问题"。[46]所以斯皮尔总结说："小大历史"远不止是教学方面的一个辅助工具，它完全有望成为严肃的研究项目。[47]

[43] Fred Spier, *Big History and the Future of Humanity*, pp.xiv.

[44] Fred Spier, "Big History Research: A First Outline," *Evolution: A Big History Perspective*, No. 2 (2011), pp.32-33.

[45] Fred Spier, "Big History Research: A First Outline," *Evolution: A Big History Perspective*, No. 2 (2011), p.32.

[46] 埃丝特·奎黛克斯：《天安门的小大历史》，孙岳译，载《全球史评论》第六辑，2013 年。

[47] Spier, "Big History Research: A First Outline," p.32.

从本质上说，"小大历史"就是以"大历史"的宏大视角审视微小的研究课题，甚至可以小到一座城市、一幢建筑或一种植物，但更重要的是研究者方法独特，往往能够据此发现某些至为重要的发展格局或规律。换句话说，"小大历史"是要"从一粒沙子中窥见整个世界"：

> 一粒沙的小大历史会讲述无生命的物质塑造沙子的过程，因为沙子的主要成分是氧和硅原子，而后者最初是在星体的核心处酝酿而后凝结成体积更大的岩石并在大约四十五亿年前成为我们的这颗行星——地球——的一个组成部分。还会讲到后来生命体的活动如何影响到了这粒沙子的形成，因为菌类生物会令岩石粉碎，当然此外还有一些非生物的因素，而后来人类又学会了把沙子粘连起来，做成了砖、砂浆、水泥、玻璃等建筑材料并以此改变了整个地球的面貌。[48]

2011 年 7 月在首都师范大学召开的世界史学会第 20 届年会上，"小大历史"这一组讨论令人耳目一新：克雷格·本杰明（Craig Benjamin）以距今约 14,000 年的约旦古城耶利哥为例说明环境在人类早期文明形成中的重要作用；乔纳森·马科利（Jonathan Markley）从粟、黍、稻、竹、谷等禾本科植物中看到了塑造中华文明不可或缺的力量；而埃斯特·奎黛克斯对天安门的建筑格局进行了新的解读，给与会学者留下了深刻的印象。[49]

与以往任何讨论"天安门"的历史不同，奎黛克斯把"天安门"置于宇宙史、生命史和人类史的大框架下加以审视。宇宙史让作者看到四种力：引力、强核力、弱核力和电磁力，尤其是引力和电磁力对建造天安门的影响，

---

[48] 埃丝特·奎黛克斯：《天安门的小大历史》，《全球史评论》第六辑。

[49] Craig Benjamin, "The Little Big History of Jericho"; Jonathan Markley, "China in Big History"; Esther Quaedackers, "The Big History of a Big Square: New Perspective on the Architecture of Tiananmen Square". 另可参见方林：《世界史学会第 20 届年会简述》，《全球史评论》第四辑，2011 年。

因为"任何一座建筑都可以被看作是这两种力之间某种不甚牢靠的平衡所致"。为实现力的平衡,"中国古代天安门的建筑师在天安门的基底采取了拱形通道的形式……努力使建筑本身的格局与自然力的分布相吻合,因而使整栋建筑具备合理的压应力,也就是说,整体结构与其所使用建材在引力和电磁力的作用方向上相同"。

人类史的考察让读者见识了人类"灵活多变的建筑能力",以至"过去几千年……积累的无数种先例"给后代建筑师造成了极大的负担:"面对一项设计任务,设计师总有成千上万种不同的解决思路",他们须在"各式各样的建材,建筑技术,空间布局方案,审美效果,象征意义,经济效益等"方面加以平衡,"以无数种不同的方式对此进行综合考虑,然后拿出一套方案来"。但这是值得的,因为"采纳文化上由来已久的建筑风格"会降低建筑费用,所以"天安门的建筑师只采纳了[众多方案中的]一种方案"。事实上,与欧洲的建筑传统不同,中国古代建筑表现出令人惊讶的"一致性",以至"中国许多的传统建筑——包括寺庙和宫殿——与传统的庭院建筑颇有几分相像":

> 天安门恰好符合这样的一个传统:在某种意义上,天安门就是一个围墙环绕的皇家大院,里面又有很多小院,如紫禁城、花园、祭坛、宫殿、办公场所、作坊和仓库。当然,这个皇家大院的规制规模、用料的讲究和装饰的奢华是寻常的庭院无法比拟的,但皇城的空间布局、厅堂的格局和应用的建筑技术却是根本相同的。另外,皇城的戍楼与传统庭院的门廊也非常接近:一根立柱,一个横梁,上面是曲线的屋顶,下面是一块独立的空间。

作者的意图非常明确,是"将天安门的建筑格局与更为宏阔的发展趋势相联系,比如建筑师与建筑风格的问世,人类发展出的灵活多变的建筑策略,生命体的一般意义上的建筑策略以及影响所有建筑策略的更为根本的力和过程"。当然，小大历史的研究取向及其对一些问题的解答都还是尝试性的。

此类联结宇宙史与人类史的历史研究在中国是否也有先例呢？中国史学传统中"究天人之际"的主张与此相似。中国学者也有基于中国文化和史学传统的"小大历史"之作。有3篇中国学者的论文可以说是这方面的成果，即发表在《皇家学会会刊》上的《中国公元10年—1900年间周期性气候变冷促使自然灾害与战争频发》（作者共七名，包括中国科学院的张知彬、田辉东，法国巴黎高师的伯纳德·卡扎勒斯和尼尔斯·切·斯登塞斯，挪威奥斯陆大学生物系的基尔·L.考斯鲁德，德国弗里德里希-亚历山大-埃朗根-纽伦堡大学地理研究所的阿契姆·布朗宁和中国社会科学院世界历史研究所的郭方），论述中国公元10年至1900年间战争的发生频率、谷物价格、旱灾、水灾、蝗灾和温度之间的变量关系；[50] 古环境气候学家许靖华的《太阳、气候、饥荒与民族大迁移》一文，认为世界史上的民族大迁徙是气候变迁导致的生存危机所致；[51] 还有北京大学中国持续发展研究中心叶文虎教授的《论人类文明的演变与演替》。[52] 叶文虎本来是环境学家，但对人类历史的演进，尤其是人类文明的未来发展颇为关注，因此近年来思考并撰写或与人合作撰写了一些"究天人之际"的"历史"文章 [53]，并对史学研究提出了相应的建议，认为中国现代史学是以"人与人"的关系为主线的，而忽略"人与自然"的关系对人类文明进程的重大作用。以"人与人"的关系和"人与自然"的关

---

[50]　参见孙岳：《大历史、小历史与人的历史》，载《全球史评论》第六辑，2013年。

[51]　许靖华：《太阳、气候、饥荒与民族大迁移》，《中国科学》（D辑），1998年8月第28卷第4期。

[52]　叶文虎：《论人类文明的演变与演替》，《中国人口·资源与环境》，2010年4月第20卷第4期。

[53]　叶文虎、陈剑澜、邓文碧：《中国传统的天人关系理论与可持续发展的伦理学基础》，《中国人口·资源与环境》，1999年7月第9卷第3期；叶文虎、毛峰：《三阶段论：人类社会演化规律初探》，《中国人口·资源与环境》，1999年2期；叶文虎、宋豫秦：《从"两条主线论"考察中国文明进程》，《中国人口·资源与环境》，2002年第12卷第2期；王奇、叶文虎：《人类社会发展中两种关系的历史演变与可持续发展》，《中国人口·资源与环境》，2005年第2期；叶文虎：《创建中国发展的新模式》，《中国发展》，2009年2月第9卷第1期；宋豫秦、叶文虎：《第三次文明》，《中国人口·资源与环境》，2009年第4期；叶文虎：《论人类文明的演变与演替》，《中国人口·资源与环境》，2010年第4期。

系这两条主线考察人类文明进程，有利于科学历史观的构建。[54]

迄今，"小大历史"的个案研究还不多，而且围绕其研究方法也还存在争议，但"小大历史"确是一种颇有启发性的思路和方法，对我们周围习以为常的事物起到"陌生化"作用的同时，还令读者重新思考更为深层的问题。

二、大历史的前景

大历史确实不同于以往传统的世界史。如果说以往的历史主要是关注人本身的，那么大历史则更关注人类生存的大背景——宇宙、地球、生命演进，以及人在其中的定位；如果说传统的历史多注重探寻人与人或人与社会之间的关系，或者人类社会的发展轨迹，那么大历史拷问的显然是更深层的一个问题：这一切如何可能？故此后者采用了诸如"集体知识""能量流"与"复杂性的提升""金凤花原理"之类的叙事线索。如果说既往的历史总是执着于过去，那么大历史关心的却同时包括未来，大历史或可谓指向未来的历史。

大历史在中国应该有其发展的基础。首先，中国文化中具有超越的境界和"天人合一"的精神追求，前者与大历史颇多契合之处，而后者更有超越大历史的人文蕴涵。事实上，中国学者早就认识到："任何事物都有它的历史——任何事物的存在都占有一段时间，不仅限于人类，大至宇宙（现在认为它有 120 亿—150 亿年），小至基本粒子（10^{-6}–10^{-23} 秒），都占有一段或长或短的时间，也就是说都有其历史。……一切事物都有它的历史"[55]，只不过到了近现代，可能是受西方科学史学和细化学科的影响，中国的史学才逐渐只局限于"人的历史，……人类社会过去的发展过程"，更喜欢纠缠于"社

[54] 叶文虎、宋豫秦：《从"两条主线论"考察中国文明进程》，《中国人口·资源与环境》，2002 年第 2 期。
[55] 宁可：《什么是历史？——历史科学理论学科建设探讨之二》，《河北学刊》，2004 年第 6 期。

会形态、国家、民族……个人生活的喜怒哀乐的无穷无尽的、各色各样的、此起彼落的事件、事物、事态、事情的形成、发展、转换、变化、结束的过程"[56]。但即便如此，融汇上下四方、往古来今的史学作品也时有所见，比如科学史家董光璧决意"把我们的生命和文明置于宇宙故事之中……让宇宙的伟大历程进入人类的自我意识，使人们的精神健全起来，不再自命不凡，停止彼此争斗，天空会变得清洁，土地会恢复肥沃，生活也会洋溢情趣"[57]。又比如齐涛的著作虽名为《世界史纲》，却要从宇宙史和地球与生命的演化史讲起，然后才是人类最终形成至今的短暂历史，故而主张一定要"调整心态，摆正人与自然、人与其他各种动物生命的关系……跳出地球、俯瞰自然"，认识到"能够物化的思维和意识"乃人猿揖别的本质特征，与西方大历史学家的结论几乎不谋而合。[58] 另一方面，大历史更多是为人类社会发展进行物质定位，而中国人从古至今的"天人合一"的精神追求或可为人类在宇宙间的生存提供精神定位。如果说古代的"天人合一"理念还有不少"天人感应"之类的迷信色彩，那么现代有越来越多的学者认识到，"天人合一"实乃联结人与自然的中国史学和哲学传统，而更有学者指出"天人合一"理念对当今世界的生态文明建设和世界共同体建设的重要意义。[59]"天人合一"或可谓中国人对"大历史"的一大独特贡献。

其次，中国自古便有"究天人之际"的史学传统，而这一传统或可成为

[56] 宁可：《什么是历史？——历史科学理论学科建设探讨之二》，《河北学刊》，2004 年第 6 期。

[57] 董光璧：《创序的自然与文明的危机》，载董光璧、田昆玉：《天地之初——自然的演进和生命的诞生》，哈尔滨：东北林业大学出版社，1996 年，引言。

[58] 齐涛：《世界史纲》，济南：泰山出版社，2012 年，第 46—47、50 页。关于齐涛著《世界史纲》的评论，见孙岳：《中国人的大历史？》，《光明日报》2012 年 7 月 29 日第 5 版。

[59] 费孝通：《从反思到文化自觉和交流》，《读书》，1998 年第 11 期；费孝通：《"美美与共"与人类文明》，《学习与研究》，2006 年第 5 期；吴承明：《究天人之际，通古今之变》，《中国经济史研究》，2000 年第 2 期；瞿林东：《天人古今与时势理道——中国古代历史观念的几个重要问题》，《史学史研究》，2007 年第 2 期；Tu Weiming, "The Ecological Turn in New Confucian Humanism: Implications for China and the World," *Daedalus*, Vol. 130, No. 4, Religion and Ecology: Can the Climate Change? (Fall, 2001), pp. 243-264 等。

建构具有中国特色"大历史"的有力支撑。司马迁提出"究天人之际、通古今之变"中的"天人"虽有含糊不清之嫌，但"天人"的理念从来都不是不变的。事实上，有越来越多的现当代学者将"究天人之际"中的"天人"理解成自然与人类社会发展之间必须加以协调的关系。黄留珠明确指出司马迁的"究天人之际、通古今之变、成一家之言"乃中国"大历史"传统的肇端，[60]而叶文虎更试图在"天人合一"观念中挖掘"可持续发展提供一种必要的伦理学基础"，[61] 提出了人类社会发展的"三阶段论"和"三元互动论"，并基于此得出"当今人类正处于由工业文明时代向环境文明时代转折的过渡时期"的结论。[62] 值得指出的是，中国人的"大历史"观是在西方的"大历史"之外展开的，甚至从未听说过西方人的"大历史"。这种东西方不谋而合的发展，正说明我们这个时代在呼唤统合人文与自然的大历史，而自然科学家加入史学研究的队伍无疑将对史学的发展产生极大的助力，尤其是有助于中国的史学家重续"究天人之际"的史学传统。

当今中国的发展需要大历史的视野，而史学家理应为此发挥自身独特的优势。诚如大历史学家及多方学者所指出的那样，人类目前面临着一场史无前例的挑战，而出路正在于具备"全球视野"并步入"生态文明"，[63] 而这正是大历史发端的初衷，即从最根本的源头重新梳理人类在宇宙、太阳系、地球、有生群体中的位置及生存原理，并进而探寻人类的前途甚至最终归宿。

---

[60]　黄留珠：《论司马迁的"大历史"史观》，《人文杂志》，1997 年第 3 期。

[61]　叶文虎、陈剑澜、邓文碧：《中国传统的天人关系理论与可持续发展的伦理学基础》，《中国人口·资源与环境》，1999 年第 3 期。

[62]　参见叶文虎、毛峰：《三阶段论：人类社会演化规律初探》，《中国人口·资源与环境》，1999 年第 2 期；王奇、叶文虎：《人类社会发展中两种关系的历史演变与可持续发展》，《中国人口·资源与环境》，2005 年第 2 期；叶文虎：《论人类文明的演变与演替》，《中国人口·资源与环境》，2010 年第 4 期。

[63]　如 Johan Rockström, *et al.*, "A Safe Operating Space for Humanity," *Nature*, No. 461 (2009), pp. 472-475; Paul R. Ehrlich and Anne H. Ehrlich, "Can a Collapse of Global Civilization Be Avoided?," *Proceedings of the Royal Society B*, Vol. 280 (Jan., 2013), pp. 1-9；Al Gore, *The Future: Six Drivers of Global Change* (New York: Random House, 2013)；周生贤：《走和谐发展的生态文明之路》，《环境科学研究》，2008 年第 21 卷第 1 期；潘岳：《中华传统与生态文明》，《光明日报》2009 年 1 月 14 日，第 7 版；姜春云（春雨）：《跨入生态文明新时代》，《光明日报》2008 年 7 月 17 日第 7 版。

与此同时，"大历史"效仿由来已久的"神话"传统，试图创造一个基于现代科学的最新最可靠成果的"创世神话"。迄今为止，中国学者对大历史所作出的反应虽不是很多，但大多是给予积极的评价，并认定"大历史"所表现出来的对人类历史的人文关怀"远超世界通史"。[64]

---

[64]　刘耀辉：《大卫·克里斯蒂安的"大历史"观述略》，《国外理论动态》，2011 年第 2 期；刘耀辉：《大历史与历史研究》，《史学理论研究》，2011 年第 4 期；朱卫斌：《"大历史"与中国高校世界史教学评论》，《历史教学》（高校版）2012 年第 1 期；克里斯蒂安等：《大历史：在宇宙演化中书写世界史》，《光明日报》2012 年 3 月 29 日第 11 版；孙岳：《超越人类看人类？——"大历史"批判》，《史学理论研究》2012 年第 4 期；刘耀辉：《大卫·克里斯蒂安的大历史理论探析》，《人文杂志》2013 年第 7 期。

附录：全球史研究入门参考文献

一、理论与方法

1. S. 康拉德：《全球史导论》，陈浩译，商务印书馆，2018年。

2. 塞巴斯蒂安·康拉德：《全球史是什么》，杜宪兵译，中信出版集团，2018年。

3. 柯娇燕：《什么是全球史》，刘文明译，北京大学出版社，2009年。

4. 帕特里克·曼宁：《世界史导航》，田婧、毛佳鹏译，商务印书馆，2016年。

5. 入江昭：《全球史与跨国史》，邢承吉、滕凯炜译，浙江大学出版社，2018年。

6. 刘文明：《全球史理论与文明互动研究》，中国社会科学出版社，2015年。

7. 夏继果、杰里·本特利主编：《全球史读本》，北京大学出版社，2010年。

8. 刘新成主编：《全球史评论》，中国社会科学出版社。

9. 林恩·享特：《全球时代的史学写作》，赵辉兵译，大象出版社，2017年。

10. 爱德华·W. 萨义德：《东方学》，王宇根译，生活·读书·新知·三联书店，2019年。

11.Dominic Sachsenmaier, *Global Perspectives on Global History*, Cambridge University Press,2011.

12.Douglas Northrop, *A Companion to World History*, Blackwell Publishing Ltd, 2012.

13.Diego Olstein, *Thinking History Globally*, Palgrave Macmillan, 2015.

14.James Belich, John Darwin, Margret Frenz, and Chris Wickham,*The Prospect of Global History*, Oxford University Press, 2016.

15.Ross E. Dunn, Laura J. Mitchell, and Kerry Ward, *The New World History*, University of California Press, 2016.

16.Bruce Mazlish, *The New Global History*, Routledge,2006.

17.Madeleine Herren, Martin Rüesch and Christiane Sibille, *Transcultural History: Theories, Methods, Sources*,Springer-Verlag Berlin Heidelberg, 2012.

18.Dipesh Chakrabarty, *Provincializing Europe: Postcolonial Thought and Historical Difference*, Princeton University Press, 2007.

二、专题研究

19. 威廉·麦克尼尔:《瘟疫与人》,余新忠、毕会成译,中信出版社,2018 年。

20. 威廉·麦克尼尔:《竞逐富强》,孙岳译,中信出版社,2020 年。

21. 贡德·弗兰克:《白银资本》,刘北成译,中央编译出版社,2005 年。

22. 贡德·弗兰克:《19 世纪大转型》,吴延民译,中信出版社,2019 年。

23. 伊曼纽尔·沃勒斯坦:《现代世界体系》(1—3 卷),高等教育出版社,1998 年。

24. 伊曼纽尔·沃勒斯坦:《现代世界体系》(第 4 卷),吴英译,社会科学文献出版社，2013年。

25.珍妮特·L.阿布卢格霍德：《欧洲霸权之前》，杜宪兵、何美兰、武逸天译，商务印书馆，2015年。

26.艾尔弗雷德·W.克罗斯比：《哥伦布大交换》，郑明萱译，中信出版社，2017年。

27.阿尔弗雷德·克罗斯比：《生态帝国主义》，张谡过译，商务印书馆，2017年。

28.J.R.麦克尼尔：《阳光下的新事物：20世纪世界环境史》，韩莉、韩晓雯译，商务印书馆，2013年。

29.彭慕兰：《大分流》，史建云译，江苏人民出版社，2003年。

30.杰里·本特利：《旧世界的相遇》，李大伟、陈冠堃译，上海三联书店，2015年。

31.布鲁斯·马兹利什：《文明及其内涵》，汪辉译，商务印书馆，2017年。

32.C.A.贝利：《现代世界的诞生》，于展、何美兰译，商务印书馆，2013年。

33.马立博：《现代世界的起源》，夏继果译，商务印书馆，2017年。

34.菲利普·D.柯丁：《世界历史上的跨文化贸易》，鲍晨译，山东画报出版社，2009年。

35.J.M.布劳特：《殖民者的世界模式》，谭荣根译，社会科学文献出版社，2002年。

36.约翰·霍布森：《西方文明的东方起源》，孙建党译，山东画报出版社，2009年。

37.于尔根·奥斯特哈默：《世界的演变：19世纪史》，强朝晖、刘风译，社会科学文献出版社，2016年。

38.帕特里克·曼宁：《世界历史上的移民》，李腾译，商务印书馆，

2015 年。

39. 菲利普·费尔南多-阿梅斯托:《1492:世界的开端》,赵俊、李明英译,东方出版中心,2013 年。

40. 斯文·贝克特:《棉花帝国》,徐轶杰、杨燕译,民主与建设出版社,2019 年。

41. 乔吉奥·列略:《棉的全球史》,刘嫩译,上海人民出版社,2018 年。

42. 托马斯·本德:《万国一邦》,孙琇译,中信出版社,2019 年。

43. 大卫·阿米蒂奇:《独立宣言:一种全球史》,孙岳译,商务印书馆,2014 年。

44. 入江昭:《全球共同体》,刘青等译,社会科学文献出版社,2009 年。

45. 卜正民:《维梅尔的帽子》,刘彬译,文汇出版社,2010 年。

46. 娜塔莉·泽蒙·戴维斯:《行者诡道》,周兵译,北京大学出版社,2018 年。

47. 约翰·达尔文:《帖木儿之后》,黄中宪译,中信出版社,2021 年。

48. 克里尚·库马尔:《千年帝国史》,石炜译,中信出版社,2019 年。

49. 简·伯班克、弗雷德里克·库珀:《世界帝国史》,柴彬译,商务印书馆,2017 年。

50. 大卫·阿布拉菲亚:《伟大的海:地中海人类史》,徐家玲等译,社会科学文献出版社,2018 年。

51. 佩里格林·霍登、尼古拉斯·珀塞尔:《堕落之海:地中海史研究》,吕厚量译,中信出版社,2018 年。

52. 梅里·E. 威斯纳-汉克斯:《历史中的性别》,何开松译,东方出版社,2003 年。

53. S.A.M. 艾兹赫德:《世界历史中的中国》,姜智芹译,上海人民出版社,2009 年。

54. 滨下武志:《近代中国的国际契机》，朱荫贵、欧阳菲译，中国社会科学出版社，1999 年。

55. 李伯重:《火枪与账簿：早期经济全球化时代的中国与东亚世界》，三联书店，2017 年。

56. 仲伟民:《茶叶与鸦片：十九世纪经济全球化中的中国》，生活·读书·新知·三联书店，2010 年。

57. 大卫·克里斯蒂安:《时间地图：大历史导论》，晏可佳译，上海社会科学院出版社，2007 年。

58. 弗雷德·斯皮尔:《大历史与人类的未来》，孙岳译，中信出版社，2019 年。

59. Merry E. Wiesner-Hanks, *The Cambridge World History* (Vol.1-7), Cambridge University Press, 2015.

60. Marshall G. S.Hodgson, *The Venture of Islam: Conscience and History in a World Civilization*, The University of Chicago Press, 1977.

61. Nayan Chanda, *Bound Together: How Traders, Preachers, Adventurers, and Warriors Shaped Globalization*, Yale University Press, 2007.

62. Robin Cohen, *Global Diasporas: An Introduction*, Routledge, 2008.

63. Bernard Bailyn, *Atlantic History: Concept and Contours*, Harvard University Press, 2005.

64. Donald R. Wright, *The World and a Very Small Place in Africa: A History of Globalization in Niumi, the Gambia*, M.E. Sharpe, 2004.

65. Linda Colley, *The Ordeal of Elizabeth Marsh: A Woman in World History*, Pantheon Books, 2007.

66. Sanjay Subrahmanyam, *Three Ways to Be Alien: Travails and Encounters in the Early Modern World*, Brandeis University Press, 2011.

67.Gerrit W. Gong, *The Standard of 'Civilization' in International Society*, Oxford University Press, 1984.

68.Richard H.Grove, *Green Imperialism: Colonial Expansion, Tropical Island Edens and the Origins of Environmentalism,1600-1860*, Cambridge University Press, 1995.

三、世界通史

69. 威廉·麦克尼尔:《西方的兴起》,孙岳等译,中信出版社,2015 年。

70. 约翰·R.麦克尼尔、威廉·H.麦克尼尔:《人类之网:鸟瞰世界历史》,王晋新、宋保军等译,北京大学出版社,2011 年。

71. 斯塔夫里阿诺斯:《全球通史》,董书慧、王昶、徐正源译,北京大学出版社,2005 年。

72. 杰里·本特利、赫伯特·齐格勒:《新全球史》,魏凤莲译,北京大学出版社,2014 年。

73. 理查德·W·布利特等:《大地与人:一部全球史》,刘文明、邢科、田汝英译,商务印书馆,2020 年。

74. 皮特·N.斯特恩斯等:《全球文明史》,赵轶峰等译,中华书局,2006 年。

75. 菲利普·费尔南德兹-阿迈斯托:《世界:一部历史》,叶建军等译,北京大学出版社,2010 年。